U. Möcks 2009

Soziale Probleme – Studien und Materialien
herausgegeben von Prof. Dr. Siegfried Lamnek

Band 3

Anti-Aggressivitäts-Training auf dem Prüfstand

Gewalttäter-Behandlung lohnt sich

Stefan Schanzenbächer

mit einem Vorwort von Siegfried Lamnek

Centaurus Verlag
Herbolzheim 2003

Der Autor, geb. 1965, Dipl.-Pädagoge, Dipl.-Theologe, Dr. phil., studierte Katholische Theologie und Pädagogik an der Katholischen Universität Eichstätt und promovierte dort 2002 bei Prof. Dr. Siegfried Lamnek. Er ist Leiter des Modellprojektes des Landes Brandenburg „Boxenstopp - Training gegen Gewalt" zur Integration jugendlicher Gewalttäter und zur Prävention jugendlicher Delinquenz beim Caritasverband für Brandenburg e.V. Darüber hinaus ist er nebenberuflich im Fort- und Weiterbildungsbereich sowie als Lehrbeauftragter an der Fachhochschule Zittau / Görlitz tätig.

Die Deutsche Bibliothek – CIP-Einheitsaufnahme

Bibliographische Information der Deutschen Bibliothek
Die Deutsche Bibliothek verzeichnet diese Publikation in der Deutschen Nationalbibliographie; detaillierte bibliographische Daten sind im Internet über http://dnb.ddb.de abrufbar.

ISBN 3-8255-0389-4

ISSN 0945-8484

Satz: Vorlage des Autors
Umschlaggestaltung: DTP-Studio, Antje Walter, Hinterzarten
Druck: primotec-printware, Herbolzheim

Für Janine

Vorwort

Gewaltkriminalität – insbesondere von Jugendlichen – stellt zweifelsfrei ein soziales Problem unserer Zeit dar. Sie ist aber „weder ein Phänomen unserer Zeit, noch ein spezifisch deutsches" (Lamnek 2000: 238). Gleichwohl entwickelt sich Jugendgewalt – insbesondere auch durch die massenmediale Berichterstattung, sensationalistisch einzelne tragische Vorkommnisse aufgreifend – in fast regelmäßigen Abständen immer wieder zu einem bestimmenden Thema des öffentlichen, politischen und wissenschaftlichen Interesses und Diskurses. Unabhängig von den hypertroph ausgebildeten subjektiven Vorstellungen von Jugendgewalt in der Bevölkerung sind Jugendkriminalität und Jugendgewalt wegen der zu beklagenden Opfer immer auch ein soziales und zu vermeidendes Problem jeder Gesellschaft.

Als soziales Problem wird Jugendgewalt zum alltäglichen und wissenschaftlichen Gegenstand von Erklärung, Prognose und Prävention. Legislative, Judikative und Exekutive beschäftigen sich in vielfältiger Weise mit diesen Fragestellungen und versuchen Lösungsmöglichkeiten aufzuzeigen und zu realisieren. Dabei wird in unterschiedlichem Ausmaß auf wissenschaftliche Expertise zurückgegriffen. Dieser Band von Stefan Schanzenbächer ist dieser Kategorie wissenschaftlicher Analyse zuzuordnen, denn er ist der Versuch einer evaluativen Begleitung von Präventionsmaßnahmen im Bereich der Jugendgewalt.

Im Kontext von Sekundär- und Spezialprävention wurde schon vor längerer Zeit ein spezifisches Anti-Aggressivitäts-Training (AAT) entwickelt und praktisch eingesetzt: Das AAT wird seit 1987 in der Jugendstrafanstalt Hameln und seit 1992 auch in anderen Handlungsfeldern sozialer Arbeit praktiziert und lieferte schon sehr früh ein handhabbares Programm zur Behandlung gewalttätiger Jugendlicher. Im Zuge der 1995 beginnenden Zertifizierungskurse am Institut für Sozialarbeit und Sozialpädagogik (ISS) in Frankfurt am Main zur Ausbildung von Anti-Aggressivitäts-Trainern wurde auch die Notwendigkeit einer Qualitätsentwicklung, -sicherung und -prüfung des AAT erkannt.

Die Arbeit von Stefan Schanzenbächer steht in diesem Kontext von Spezialprävention durch Anti-Aggressivitäts-Trainings und deren qualitativer Ausgestaltung und ist eine wissenschaftlich-empirisch fundierte Wirkungsforschung. Sie betrachtet nicht nur Anti-Aggressivitäts-Trainingskurse, die außerhalb der Jugendstrafanstalt Hameln durchgeführt worden sind, sondern es werden auch zum ersten Mal Coolness-Trainings als etwas vereinfachte Form des AAT evaluiert. Unter allen bisher vorliegenden systematischen Evaluationsforschungen zum Anti-Aggressivitäts-Training ist diese empirische Studie – neben der Rückfalluntersuchung von

Ohlemacher et al. (2001) – erst die zweite, breiter angelegte wissenschaftlich-evaluative Begleitforschung.

Schanzenbächers Evaluationsstudie basiert auf den amerikanischen Program-Evaluation-Standards und geht multimethodisch mit einer Triangulation von quantitativen und qualitativen Methoden vor. Der quantitativen Erhebung mit dem Fragebogen zur Erfassung der Aggressivitäts-Faktoren (FAF) folgen halbstandardisierte Telefoninterviews mit den Teams der AAT-Projekte. Der Vergleich der Experimentalgruppen mit der Kontrollgruppe ergab für die sechs Subskalen des FAF einen insgesamt doch sehr positiven Befund. Dieser gibt Anlass zu der begründeten Feststellung, dass der Abbau der Aggressivitätsneigungen tatsächlich dem Anti-Aggressivitäts-Training zuzuschreiben ist. Darüber hinaus ermittelte der Autor, welche Gestaltungsmerkmale das Ergebnis des Anti-Aggressivitäts-Trainings beeinflussen, woraus auch praktische Vorschläge für deren Verbesserung ableitbar sind.

Es ist das Verdienst Stefan Schanzenbächers, dass er den FAF einer kritischen Bestandsaufnahme hinsichtlich seiner grundsätzlichen Verwendbarkeit unterzieht. Durch den systematischen Vergleich verschiedener Trainingskurse gelingt es, die unabhängigen Variablen des jeweiligen Settings unter dem Aspekt ihrer Erklärungskraft für den Erfolg bzw. Misserfolgs des AAT auszuweisen. Zudem dürfte seine Studie zu den wenigen umfassenderen Arbeiten im deutschsprachigen Raum zählen, die sich auf die Standards des „Joint Committee on Standards for Educational Evaluation" bezieht.

Letztlich ist die Arbeit Stefan Schanzenbächers in zweierlei Hinsicht bedeutsam: Einerseits gibt sie einen theoretisch-systematischen Einblick in eine spezifische Behandlungsmethode jugendlicher Gewalttäter, in der Absicht eingesetzt, spezialpräventiv zu wirken, und zeigt Möglichkeiten der praktischen Umsetzung im sozialarbeiterischen Alltag auf. Zum Zweiten aber gewinnt die Arbeit wichtige fachtheoretische, sozialpolitische und alltagspraktische Erkenntnisse, die helfen können, das soziale Problem der Jugendgewalt „in den Griff zu bekommen". In diesem Sinne wünsche ich der Leserschaft viele Anregungen für neue Wege aus Gewalt und Gewaltbereitschaft und interessante Impulse für die weitergehende Qualitätsentwicklung des Anti-Aggressivitäts- und Coolness-Trainings.

Eichstätt, im Oktober 2002 Siegfried Lamnek

Vorwort

Die Studie kommt einem vielfach geäußerten Verlangen nach und untersucht die Wirkung des Anti-Aggressivitäts-Trainings. Auch in der Fachgruppe am Institut für Sozialarbeit und Sozialpädagogik (ISS) in Frankfurt am Main, aber auch in zahlreichen Vorträgen, Workshops und Fortbildungsveranstaltungen wurde wiederholt die Frage bezüglich Evaluation an den Autor gestellt.

Das Buch setzt aber keinesfalls ein Grundwissen über diese Trainingsmaßnahme im Umgang mit gewaltbereiten und aggressiven jungen Menschen voraus. Es beschreibt die Grundlagen, gibt aber darüber hinaus auch einen breiten Einblick in die derzeitige Praxis. Zahlreiche Zusammenfassungen und Abbildungen sollen dabei zur Benutzerfreundlichkeit beitragen. Wir hoffen, dies ist gelungen.

Es ist sicher auch eine Frage von Konventionen, wenn ein Autor an den Anfang seines Buches Worte des Dankes setzt. Ich möchte sie jedoch als weit mehr verstanden wissen, weiß ich doch um die Tatsache, dass die Realisierung dieser Aufgabe ohne die Unterstützung vieler Personen nicht möglich gewesen wäre.

So möchte ich an dieser Stelle meinem Doktorvater, Professor Siegfried Lamnek, außerdem Professor Jens Weidner (Fachhochschule Hamburg), Otto Jehn und Dr. Rainer Kilb (Institut für Sozialarbeit und Sozialpädagogik, ISS, Frankfurt am Main) und den Psychologen Dr. Michael Heilemann und Bruno Steinhauer ganz herzlich danken. Den folgenden Trainerkolleginnen und –kollegen verdanke ich das Material zur Auswertung, was diese Evaluation dadurch überhaupt erst möglich machte: Anja Cosmai, Torsten Dohnalek, Uwe Eckhoff, Jochen Ewald, Wolfgang Fischer, Engelbert Gentner, Dieter Hansen, Monika Jetter-Schröder, Max Kunkel, Rupert Morath, Manfred Prass, Wolfgang Reck, Frank Römhild, Karl-Heinz Sames, Horst Schawohl, Sabine Schmale, Georg Schumacher und Stefan Werner.

Alle zu erwähnen, die mich in irgendeiner Form unterstützt haben, ist unmöglich. Ein besonderer Dank gebührt dennoch Thomas Sichert für seine Korrekturarbeiten und Familie Stephan für ihre Unterstützung beim „Endspurt“, der nicht immer ohne Stress ablief (das dürfte vielen Leserinnen und Lesern nicht ganz unbekannt sein). Außerdem danke ich herzlich Familie Koller für die mehr als komfortable „Studentenbude“. Die gemütlichen Kaffeerunden vor Andreas Türk, Kallvass, Arabella und Co bleiben unvergessen. Ich danke auch Roswitha und Peter Hoffmann für den intensiven fachlichen und persönlichen Austausch und natürlich meiner Familie.

Letztlich möchte ich mich bei den Brandenburger Kolleginnen und Kollegen für ihren engagierten Einsatz und die kollegiale und angenehme Zusammenarbeit beim

gemeinsamen Aufbau von Anti-Aggressivitäts-Trainingskursen im ganzen Land bedanken.
Und ich zolle „unseren" Jugendlichen großen Respekt für das, was sie an sich Großartiges leisten – ich möchte Sie ermuntern, hierin nicht nachzulassen und uns weiterhin in unserem Engagement zum Schutz von Opfern zu unterstützen.

Berlin, im August 2002 Stefan Schanzenbächer

Kontaktadresse:
Institut für Sozialarbeit und Sozialpädagogik (ISS)
Am Stockborn 5 - 7
60439 Frankfurt am Main
info@iss-ffm.de
www.iss-ffm.de

Inhaltsverzeichnis

Abkürzungen

AAT	Anti-Aggressivitäts-Training
AGT	Anti-Gewalt-Training
CT	Coolness-Training
DIFFAF1...	Bezeichnung für die Differenzen der Mittelwerte des Pretests und des Posttests der einzelnen Stanineskalen des FAF
FAF	Fragebogen zur Erfassung der Aggressivitätsfaktoren
FAF1	Bezeichnet die Skala 1 des FAF (spontane Aggressionen)
FAF2	Bezeichnet die Skala 2 des FAF (reaktive Aggressionen)
FAF3	Bezeichnet die Skala 3 des FAF (Erregbarkeit)
FAF4	Bezeichnet die Skala 4 des FAF (Selbstaggressionen)
FAF5	Bezeichnet die Skala 5 des FAF (Aggressionshemmung)
FPI	Das Freiburger Persönlichkeitsinventar
ISS	Institut für Sozialarbeit und Soziapädagogik, Frankfurt am Main
NFAF1...	Bezeichnung für die Rohwerte der einzelnen Skalen des FAF (Prosttest)
STAVFAF1...	Bezeichnung für die Staninewerte der einzelnen Skalen des FAF (Pretest)
STANFAF1...	Bezeichnung für die Staninewerte der einzelnen Skalen des FAF (Posttest)
SUM13	Bezeichnet die Summe der Aggressivitätsindikatoren (Summe der Skalen FAF1 bis FAF3).
VFAF1...	Bezeichnung für die Rohwerte der einzelnen Skalen des FAF (Pretest)
Vl	Versuchsleiter
Vp	Versuchsperson
Vpn	Versuchspersonen

1) Einleitung

„Früher hätte ich das Wort Opfer gar nicht in den Mund genommen. Ich wusste gar nicht, dass das alles Opfer sind. Das hab ich auch erst gelernt. Die Menschen als Opfer zu sehen, die man da geschlagen hat. Dass das auch wirklich Opfer sind, jetzt. Und daran auch denken. Und dass man das nicht mehr aus der Welt schaffen kann. Wenn man da mal zugehauen hat. Früher haste daran gar nicht mehr gedacht. Biste nach Hause gegangen. Hast dich schlafen gelegt. Aber die Opfer haben auch daran gedacht".

So äußerte sich im Sommer 2001 ein Jugendlicher[1] in einem Presseinterview. Ähnlich wie Sascha (vgl. Schanzenbächer 2001 b) konnte auch ihn nur ein konzertierter Großeinsatz gleich mehrerer Streifenwagenbesatzungen bändigen. Sich für die seinerzeit tätlichen Übergriffe und die ausgesprochenen Rachegedanken bei den Beamten zu entschuldigen – für den Täter noch wenige Monate vorher undenkbar. Dass er gelernt hatte, dies anders zu sehen, dass er sich nun in seine Opfer hineinversetzen konnte und dass er sich bei einem Opfer entschuldigte, das ist der Erfolg eines Anti-Aggressivitäts-Trainings im Land Brandenburg.

Perspektivenwechsel: „Fast täglich sind wir mit massenmedialen Berichten über besonders schlimme Formen von Jugendkriminalität ebenso konfrontiert wie mit statistischen Meldungen über steigende Jugendkriminalität. Besorgnis und Angst in der Bevölkerung nehmen zu, politischer Aktionismus wächst, aber die beklagenswerten Zustände ändern sich offenbar nicht zum Besseren" (Lamnek 1998: 379). Selbst wenn Schlussfolgerungen von Wissenschaftlern (beispielsweise Lamnek 1998: 393 f.) „so ziemlich alles über den Haufen (werfen), was in der Öffentlichkeit an ‚Legenden' (Lamnek) über Jugendgewalt kursiert" (Findeisen & Kersten 1999: 16), so sind dennoch Sozialpolitik und Sozialarbeit gefordert.

Stichworte dazu heißen Prävention und Prophylaxe. Vor diesem Hintergrund formuliert Lamnek als Ziele die Internalisierung gesamtgesellschaftlicher Normen und Werte. „Junge Menschen (sollen) ein ausreichendes Selbstwertgefühl entwickeln und soziale Kompetenzen, die ihnen das Gefühl der Integration vermitteln, sodass Verantwortung und Gemeinschaftssinn entfaltet werden können (...). (Ein) Ansatzpunkt für sozialarbeiterische bzw. -pädagogische Intervention wäre (...) die Tatsache, dass in gewalttätigen Jugendgruppen spezifische interne Handlungsnormen herrschen, die zur Abgrenzung von den Erziehungsumgebungen und deren verfolgten Handlungszielen dienen. Der Kreislauf der Gewalt könnte in diesem Fall durch ein gezieltes Angebot von alternativen Orientierungen zu Gewalthandlungen

1 Wir vermeiden hier aus Gründen der Anonymität die Nennung eines Namens.

durchbrochen werden" (2000: 260). Außerdem müssen Kinder, Jugendliche und Heranwachsende „frühzeitig verstehen, mit Frustrationserlebnissen und Konflikten gewaltfrei umzugehen. Sie müssen eine gewisse Frustrationstoleranz erlernen und erfahren, dass egoistische Interessen im Gemeinschaftsleben nicht grenzenlos befriedigt werden können. Interpersonale Konflikte müssen gewaltfrei ausgetragen werden. (...) Und wenn dann alle präventiven und prophylaktischen Maßnahmen im Einzelfall vergeblich waren und deviantes oder kriminelles Verhalten auftritt, so sind die Täter auf ihre Verantwortung hinzuweisen. Sie müssen ein Unrechtsbewusstsein entwickeln, indem die Abweichung sanktioniert wird" (Lamnek 1998: 409). Dabei sollte man nicht den Fehler begehen, dass „Kleines (...) als jugendtypisch ignoriert und nur bei Großem (...) interveniert" wird. Vielmehr sollte auf Kleinigkeiten reagiert werden, „damit Großes erst gar nicht passiert" (Weidner 2001: 22), nach dem Leitgedanken: immer „mit Maß und Augenmaß" (Lamnek 1998: 409).

An dieser Stelle ist es die Soziale Arbeit, „die – ganz unbescheiden – hochtrabende Konzeptideen in die Praxis transferiert und sich nicht mit einer gelungenen individuellen und/oder gesellschaftsorientierten Ursachenanalyse zufrieden gibt (...) und zusammen mit innovationsfreudigen Juristen und Kriminologen (...) erfolgreich versucht, die Reaktionsspielräume der Instanzen sozialer Kontrolle zu verbessern" (Weidner 2001: 13). In diesem Kontext sind beispielsweise Diversion, Täter-Opferausgleich, Erlebnispädagogik, Soziales Training, Mediationsverfahren, Konfliktlotsen, Anti-Gewalt-Trainings (Weidner 2001: vgl. 13), Deeskalationsstrategien und zu guter Letzt eben auch das Anti-Aggressivitäts-Training (AAT) entstanden, bei dem der o. a. Jugendliche aus Brandenburg teilgenommen hatte.

Dieses Anti-Aggressivitäts-Training wird definiert als „eine deliktspezifische, sozialpädagogisch-psychologische Behandlungsmaßnahme für gewalttätige Wiederholungstäter. Das Training basiert auf einem lerntheoretisch-kognitiven Paradigma, wobei Erkenntnisse der Aggressionstheorien im Vordergrund stehen" (Weidner 1994: 31).

Ob das Anti-Aggressivitäts-Training, das teilweise als „unstreitig erfolgreich" (Scholz 2001: 125) beurteilt wird, tatsächlich das ist, was deren Verfechter behaupten, nämlich eine wirkungsvolle Methode zur Prävention und Prophylaxe, aber auch zur Behandlung jugendlicher Kriminalität, das wollen wir in dieser Arbeit untersuchen. Wir stellen das Anti-Aggressivitäts-Training dazu auf den Prüfstand.

2) Das Anti-Aggressivitäts-Training (AAT) für gewalttätige junge Menschen

Die Bundesministerien des Innern und der Justiz brachten Juli 2001 den Ersten Periodischen Sicherheitsbericht heraus mit dem Ziel, „ein möglichst umfassendes Bild der Kriminalitätslage zu erstellen, das Erkenntnisse aus den vorhandenen amtlichen Datensammlungen (...) erstmalig in einem Bericht zusammenfasst und zugleich mit Ergebnissen wissenschaftlicher Untersuchungen zu Erscheinungsformen und Ursachen von Kriminalität verknüpft" (2001 b: 3). Dass für den ersten Bericht Kinder- und Jugenddelinquenz als „spezielles und besonders dringlich empfundenes Schwerpunktthema ausführlich" (2001 b: 3) dargestellt wird, begründen die Herausgeber damit, dass das Thema – besonders die Gewaltdelinquenz junger Menschen – „in den vergangenen Jahren erhöhte öffentliche Aufmerksamkeit hervorgerufen hat" (2001 b: 3).

Der Bericht macht deutlich, „dass die Delinquenz von Kindern und Jugendlichen zu einem großen Teil ein alterstypisches Phänomen ist, das sich im Zuge des Erwachsenwerdens und der sozialen Reifung meistens von selbst verliert. Problematisch wird die strafrechtliche Auffälligkeit von Kindern und Jugendlichen vor allem dann, wenn sie sich mehrfach wiederholt oder sogar in einer kriminellen Karriere verfestigt. Anlass zur Sorge geben aus Sicht der Bundesregierung auch weniger die absoluten Zahlen mit ihren Steigerungsraten als vielmehr einzelne Entwicklungen, insbesondere im Bereich der Gewaltkriminalität. Nicht übersehen werden darf, dass sich die im Wesentlichen von Körperverletzungs- und Raubdelikten geprägte Gewaltdelinquenz junger Menschen vielfach gegen die eigenen Altersgenossen richtet, so dass sowohl Täter als auch Opfer häufig in einer einzelnen Bevölkerungsgruppe – die der männlichen Jugendlichen und jungen Männer – zu finden sind" (BMI & BMJ 2001 a: 608). Zur Entwicklung der Kriminalität bei Jugendlichen und Heranwachsenden konstatieren die Ministerien weiter, dass „sich 1999 bei den registrierten Diebstahlsdelikten ein Rückgang gezeigt (hat), der sich günstig auf die Gesamtbelastung ausgewirkt hat. Allerdings sind einzelne Deliktbereiche, wie Körperverletzungen und Drogendelikte, im Hellfeld weiter angestiegen; auch dies sind Deliktsgruppen, deren Registrierung wesentlich durch das Anzeigeverhalten der Geschädigten und (...) durch polizeiliche Kontrollstrategien beeinflusst ist. Insgesamt sollte die Straftatbelastung dieser Altersgruppen eine nüchterne Bewertung und vor allem eine stärkere Gewichtung präventiver Überlegungen erfahren" (BMI & BMJ 2001 a: 592).

Der erste Periodische Sicherheitsbericht erwähnt das Anti-Aggressivitäts-Training explizit an keiner Stelle. Es ist anzunehmen, dass die Autoren es als sozialen Trainingskurs unter die „neuen ambulanten Maßnahmen" subsumiert haben. Soziales Training als ambulante Maßnahme findet sich jedoch an mehreren Stellen im Text erwähnt. „Durch die mit dem 1. JGGÄndG 1990 erfolgte Erweiterung der Weisungen um die Betreuungsweisung, den sozialen Trainingskurs und den TOA (Täter-Opfer-Ausgleich, Anmerkung des Verfassers) sollten die erzieherisch wirksamen Reaktionsmöglichkeiten des Jugendrichters verbessert werden" (BMI & BMJ 2001a: 368). Der Gesetzgeber wollte damit die traditionellen Sanktionen weitgehend ersetzen, da aus der Forschung „seit langem bekannt (ist), dass die stationären Maßnahmen des Jugendstrafrechts (Jugendarrest und Jugendstrafe) sowie die Untersuchungshaft schädliche Nebenwirkungen für die jugendliche Entwicklung haben können" (BT Drucksache 11/5829, S. 1; zitiert bei: BMI & BMJ 2001 a: 366). Ambulante Reaktionen sind daher auch vorrangig anzuwenden. Diese Notwendigkeit „ergibt sich nicht nur aus dem rechtsstaatlichen 'ultima ratio'-Prinzip, sondern auch aus dem Erziehungsgedanken des JGG, der in erster Linie auf Förderung der sozialen Integration der jungen Menschen in die Gesellschaft gerichtet ist. Im Gegensatz zu den Rechtsfolgen des Erwachsenenstrafrechts (...) können soziale Trainingskurse (...) die Kompetenzen der jungen Straftäter stärken und die Ablösung von der Familie, die Integration in das Erwerbsleben oder die Eigenständigkeit von Wohnung und Geldverwaltung fördern sowie für sie bestehende Leistungsansprüche erschließen und damit günstigere Voraussetzungen für Eigenverantwortlichkeit schaffen (BMI & BMJ 2001 a: 593).

Bisher ist eine theoretische Grundlegung des zu behandelnden Gegenstandes unterblieben. Daher wollen wir am Anfang versuchen klarzustellen, was wir unter Gewalt und Aggressivität verstehen und welche Phänomene sich darunter subsumieren lassen. Wir werden uns dazu an den drei Namensbestandteilen des Gegenstandes orientieren und ergo in drei Schritten vorgehen: Zum Teilbegriff „Anti" werden wir den „Eintopf Jugendgewalt" und seine „Zutaten" betrachten (2.1, 2.3 und 2.4). Der Begriff „Aggressivität" führt uns zu den Erklärungsansätzen von Aggression und Aggressivität (2.2). Ebenso ausführlich gestaltet sich der dritte und letzte Teil dieses Kapitels (2.5). Neben einer Betrachtung der Gestaltungselemente des Anti-Aggressivitäts-Trainings möchten wir dort auf die Rahmenbedingungen und den Ablauf des Trainings näher eingehen.

2.1) Zum Begriff jugendlicher Gewalt

Soziologisch betrachtet tangiert die hier vorliegende Untersuchung den weiten Bereich abweichenden Verhaltens. „Delinquente Verhaltensweisen lassen sich nämlich im allgemeinen als Untergruppe aller möglichen abweichenden Verhaltensweisen auffassen“ (Lamnek 1993: 12). Nicht jede Form jugendlicher Gewalt kann als kriminelles Tun bezeichnet werden. Man denke zum Beispiel an die Beschimpfung eines Mitschülers. Diese Situation ist durchaus als Gewalt beschreibbar, sie kann auch in einem sozialen System (Schule) als abweichendes Verhalten gelten, als Delinquenz gilt dies nicht.

An dieser Stelle deutet sich eine Vielfältigkeit in der Verwendung des Gewaltbegriffs an. Dies soll im Folgenden diskutiert werden, um dann zu einem relativ klaren theoretischen Konzept unserer Arbeit zu gelangen.

Gewalt ist keine Eigenschaft, sondern wird als Sachverhalt definiert. „Sie ist demnach nur ‚das Wort, mit dem wir das Handeln anderer benennen'“ (Lamnek 2000: 239), also Teil einer „sozialen Wirklichkeitskonstruktion“ und eine „Frage sozialer Interpretation“ (Neidhardt 1986: 115). Dabei ist die Bedeutung des Wortes unbestimmt und es wird allgemein recht flexibel ermessen, ob eine Handlung als gewalttätig oder nicht zu gelten hat. In Anlehnung an Bandura definiert Lamnek Gewalt „als zielgerichtete, intentionale, direkte, physische, psychische oder soziale Schädigung (...), deren Illegalität sich aus der gesellschaftlichen Beurteilung, aus Merkmalen des Täters, des Opfers und den Definitionen der sozialen Kontrollinstanzen ergibt“ (2000: 240).

Gewalt basiert nicht auf einem Aggressionstrieb, wird auch nicht weitervererbt, sondern im täglichen sozialen Miteinander gelernt. Soziologisch betrachtet erklärt sich Gewalt als „eine Form ‚sozialen Handelns'“ (Lamnek 2000: 240), an die sich Fragen nach der Absicht des Täters, der Konstellation des Umfeldes und der Normgebung der Beteiligten knüpfen lassen. Sie grenzt sich von der Bereitschaft zur Gewaltausübung als bestimmte Eigenschaft einer Person ab.

Man unterscheidet zwischen personaler und struktureller Gewalt (Galtung 1975). Beide verkörpern Macht und intendieren die Schädigung. Während letztere „als Beeinträchtigung des Individuums (...) als Folge gesellschaftlich oder institutionell festgelegter Umstände auch ohne Einmischung eines personalen Akteurs begriffen“ (Lamnek 2000: 240) wird, findet personale Gewalt zwischen einzelnen Akteuren statt, die in der gewalttätigen Situation mit unterschiedlich viel Macht versehen sind.

Von beiden Formen grenzt sich der „‚Kompetenzbegriff' der Gewalt ab, der im Grundgesetz, Artikel 19 und 20, als ‚öffentliche oder rechtssprechende' Gewalt zum Ausdruck kommt“ (Weidner 1995: 8). Gemeint ist das Gewaltmonopol, das typischer Weise in modernen Gesellschaften dem Staat obliegt (Weber 1980; Elias 1991).

Gewalt liegt nach Galtungs Begriff der strukturellen Gewalt dann vor, „wenn Menschen so beeinflusst werden, dass ihre aktuelle somatische und geistige Verwirklichung geringer ist als ihre potenzielle Verwirklichung" (1975: 9). Kritik daran setzt an einer gewissen Überfrachtung des Begriffs der Gewalt an, da er für viele Erscheinungen herhalten muss und wie ein „Hosengummi" dehnbar ist (Neidhardt 1997). Auf der anderen Seite bereiten zu enge Begriffe Schwierigkeiten in der allgemeinen Konsensfindung und lassen „Erscheinungen, die (...) aber u. U. mit beträchtlichen Folgen verbunden sind" (Fuchs o. J: 4), unberücksichtigt. „Gewalt wird untererfasst" (Lamnek o. J: 3). Dagegen „kanzeln" zu weite Definitionen nahezu alles als Gewalt ab und laufen Gefahr, „zu dramatisieren und deviante Erscheinungen, die bisher keine Konnotation von Gewalt aufweisen, in Gewalt umzudefinieren und die ‚Täter' zu stigmatisieren" (Fuchs o. J.: 4, Peters 1995). Aus den Operationalisierungsproblemen können sich „erhebliche Kommunikationsprobleme" (Neidhardt 1986: 121) und „Streit" (Baumann 2000) entwickeln. Denn „Menschen besitzen in dieser Hinsicht ungleiche Toleranzen, die im übrigen auch noch variieren, je nach Situation und sozialer Konstellation" (Neidhardt 1986: 121).

„Mit Blick auf den Gewaltanwender unterscheiden wir: personale, institutionelle, strukturelle und kulturelle Gewalt" (Lamnek o. J: 3). Im Bereich der personalen Gewalt ist eine Gewalttat eines Einzelnen als individuelle, die einer Gruppe von Menschen als kollektive Gewalt zu bezeichnen. Gewalt in oder außerhalb einer Institution wird von ihr selbst oder von deren Angehörigen verübt. Als strukturelle Gewalt bezeichnet man das Vorhandensein verschieden verteilter Ressourcen und Bildungschancen. Sie ist „Ausdruck von Zwangsmerkmalen sozialer Systeme. Die Elemente des Wert- und Verhaltenssystems einer Gesellschaft, die strukturelle Gewalt zulassen, werden auch als kulturelle Gewalt bezeichnet" (Lamnek, o. J: 3). Die als strukturell und kulturell bezeichneten Gewaltakteure praktizieren indirekte Formen der Gewalt, wohingegen Personen eher direkt aufeinander einwirken. „Institutionelle Gewalt weist beide Merkmale auf" (Lamnek o. J: 3): ein zugestellter Bußgeldbescheid setzt beispielsweise den einzelnen Bürger indirekt unter Druck; Polizisten, die eine Demonstration unter Einsatz von Schlagstöcken auflösen, üben direkte Gewalt aus.

Gewalthandeln kann weiter „in instrumenteller wie auch in expressiver Form auftreten. Während sich der erste Aspekt auf den zielgerichteten und geplanten Einsatz von Gewalt bezieht und i.d.R. auch mit Lernerfahrungen verbunden ist, zielt der zweite Aspekt auf die Situativität und Episodenhaftigkeit von Gewalterfahrungen" (Heitmeyer et al. 1995: 18) ab. Expressive Gewalt „gewinnt an Bedeutung im Zuge der Präsentation von Einzigartigkeit, über die das Individuum wahrgenommen werden will. Dazu ist das Medium Gewalt besonders geeignet, weil es zur Tabuverletzung dienen kann, die erhöhte Aufmerksamkeit sichert, damit die angebliche Einzigartigkeit unterstreicht und die Suche nach immer neuen Spannungszuständen befriedigt. Deshalb wird diese Form zunehmend gefährlich, weil sie unkalkulierbar wird, nur dem Situationsgefühl ausgeliefert" (Heitmeyer et al. 1995: 72).

Zur expressiven Gewalt kann auch die „destruktive Gewalt" (Heilemann & Fischwasser-von Proeck 2001) zählen. Sie ist „ein Verhalten, das die Gegenwehr und den Willen sowie das Selbstbestimmungsrecht des Opfers brechen will. Dies geschieht durch das Hervorrufen von Angst, von Schmerzen oder beides" (18). Weitere Elemente sind das Überlegenheitsgefühl des Täters, seine Kompensation der persönlichen „Mickrigkeit", sein Ziel, den Körper zu einem „Gewaltinstrument" zu trimmen, die Suche nach Öffentlichkeit und die nachfolgend nötige Abwehrarbeit des Täters, um Strafverfolgung zu vermeiden und eigene Schuldgefühle zu verdrängen. Im Blick auf das Opfer kann „destruktive Gewalt auch als ‚Mord an der Seele des Opfers' beschrieben werden" (Heilemann & Fischwasser-von Proeck 2001: 18 f.)

Im Hinblick auf die Art der Gewalt „erscheint uns ein in verbale, psychische, physische und Gewalt gegen Sachen (und Tiere, Ergänzung des Verfassers) unterteilter Begriff als gesunder und pragmatischer Kompromiss zwischen den bereits besprochenen Risiken der Begriffsdefinitionen, um jugendliche (...) Gewalt zu erklären" (Lamnek 2000: 241). In Gewaltstudien (hier: Fuchs et al. 1996: vgl. 98 f.) werden diese Gewaltbegriffe mittels Items veranschaulicht. Verbale Gewalt wird beispielsweise durch das Item „Einen Mitschüler angeschrieen, dass er weinen musste" erfasst. Physische Gewalt wird durch das Item „Auf einen Mitschüler eingetreten, der in einer Prügelei zu Boden gegangen war" und psychische Gewalt durch das Item „Einem Mitschüler Prügel angedroht, dass er macht, was ich sage" abgebildet. Für den Index Gewalt gegen Sachen wird zum Beispiel das Item „Fahrräder, Schultaschen, Bücher etc. von Mitschülern beschädigt" herangezogen.

„Bestimmte Gewalthandlungen sind gesetzlich kodifiziert zugelassen, also legal, so das staatliche Gewaltmonopol oder das elterliche Erziehungsrecht, das z. B. die körperliche Züchtigung (in Grenzen) durch die Erziehungsberechtigten zulässt" (Lamnek o. J.: 4). Auf der anderen Seite stehen die illegalen Gewaltaktivitäten, die einerseits legitim, andererseits aber eben auch illegitim sein können. Die strafrechtliche Definition fasst unter dem Begriff "Gewaltkriminalität" eine Reihe von Delikten zusammen, „die der schweren oder zumindest mittelschweren Kriminalität zuzurechnen sind. Im Einzelnen sind dies folgende Straftatbestände: Mord, Totschlag und Tötung auf Verlangen, Vergewaltigung und sexuelle Nötigung, Raub, räuberische Erpressung, räuberischer Angriff auf Kraftfahrer, Körperverletzung mit Todesfolge, gefährliche und schwere Körperverletzung, erpresserischer Menschenraub, Geiselnahme und Angriff auf den Luft- und Seeverkehr" (BMI & BMJ 2001 a: 41). Als gefährliche Körperverletzung gelten auch „die jugendtypischen Konstellationen bei Raufhändeln unter Gruppen Jugendlicher" (BMI & BMJ 2001 a: 42 f.). Der Periodische Sicherheitsbericht konzediert, dass „mit dieser Definition (...) nicht alle Straftaten erfasst (werden), bei denen Gewalt angewandt wird. So fehlen etwa im Hinblick auf die personenbezogenen Gewaltdelikte die Nötigung oder die einfache Körperverletzung. (...) Gegen Sachen gerichtete Gewalt, beispielsweise Sachbeschädigung nach § 303 StGB, wird von dieser polizeilichen Definition nicht umfasst. Derartige Delikte wurden 1983 vor allem deswegen nicht in den Begriff der Gewaltkriminalität einbezogen, weil ihre durchschnittliche Tatschwere insgesamt betrachtet deutlich hinter der der oben genannten Straftaten zurückbleibt. In Kauf genommen wurde damit auch (dies ist pragmatischen Gründen geschuldet, Anmerkung des Verfassers), dass etwa eine einfache Körperverletzung, bei der dem Opfer mit bloßen Fäusten ein Nasenbeinbruch, blutende Wunden und schwere Prellungen zugefügt werden, nicht als Gewaltkriminalität definiert wird. Auf der anderen Seite wird die eher harmlose Rangelei von zwei 15-jährigen Fußballfans, bei der der Stärkere dem Schwächeren die Fan-Mütze vom Kopf reißt, um sie als Siegestrophäe behalten zu können, strafrechtsdogmatisch als Raub und damit als Gewaltdelikt gewertet" (BMI & BMJ 2001 a: 41).

Letztlich ist die Intentionalität von Gewalt zu betrachten. Handlungen, „die als zielgerichtete Einwirkung erfolgen", stehen Handlungen gegenüber, „die zur unbeabsichtigten Schädigung oder Zerstörung führen" (Lamnek o. J: 4). Selg nennt hierzu das Beispiel des Schmerzzufügens „beim Schwanken in einer schaukelnden Straßenbahn" (1974: 16). Der Vorsatz, jemanden zu schädigen, ist aber nicht die einzige Motivation für eine Gewalthandlung.

Wenn nach Weidner als Zielgruppe des Anti-Aggressivitäts-Trainings „Gewalttäter" gelten, die sich aus allen „Bereichen der Gewaltkriminalität" (1995: 12) rekrutieren, so muss unsere Definition von Gewalt weiter reichen. Denn die vorliegende Arbeit erfasst auch Teilnehmer von Coolness-Trainings. Es „orientiert sich am Bereich der sekundären Prävention und setzt in Schule, Peer-group, Streetwork und Jugendhilfe auf Freiwilligkeit" (Kilb et al. 2000: 264).

Lamnek (2000: vgl. 240) differenziert mögliche Formen von Gewalt in folgender Tabelle, ohne dafür den Anspruch auf Vollständigkeit zu reklamieren:

Tabelle 1: Differenzierung des Gewaltbegriffs (nach Lamnek 2000: 240)

Art der Akteure	Zahl der Akteure	Unmittelbarkeit der Gewalt	Zweck der Gewalt	Art der Gewalt	Rechtsform	Akzeptanz	Vorsatz
- personal	- individuell	- direkt	- expressiv	- physisch	- legal	- legitim	- intentional
- institutionell	- kollektiv	- indirekt	- instrumentell	- psychisch	- illegal	- illegitim	
- strukturell				- verbal			- zufällig
- kulturell				- Sachen			

Als Grundlage unserer Untersuchungen gelten besonders die gerasterten Gewaltarten.

Wir betrachten Gewalt damit als personale, individuelle aber auch kollektive, direkte, expressive oder instrumentelle, physische, psychische, verbale oder gegen Sachen (und Tiere) gerichtete, illegale oder legale, zugleich illegitime und intentional ausgeführte Handlung (vgl. Lamnek o. J.: 4). „Damit sind eher alltägliche und weniger schwerwiegende Gewalthandlungen (wie etwa Prügeleien unter Schülern) ebenso gemeint, wie die schweren Formen der Gewaltkriminalität“ (Lamnek o. J.: 4). Selbst wenn „die theoretische Grundlagenforschung (...) eher zu einer engen Fassung des Gewaltbegriffs“ (Neidhardt 1986: 137) neigt, müssen wir die Definition hier weiter fassen, um alle Ausprägungen bei den von uns untersuchten Teilnehmergruppen einschließen zu können.

2.2) Zur Abgrenzung von Aggression und Aggressivität

Haben wir uns bisher dem Phänomen der Gewalt gewidmet, so müssen wir uns nun – analog unseres geplanten Vorgehens – der Psychologie zuwenden und die Begriffe Aggression und Aggressivität betrachten. Aus Sicht der Aggressionsforschung ist Gewalt „ein modisch gewordener Begriff“ (Selg 1974: 19), den man in der Psychologie lange vergeblich suchte. „'Gewalt' war gleichbedeutend mit angedrohter oder ausgeführter physischer Aggression. Weil dieser Gewaltbegriff durch andere Begriffe der Aggressionspsychologie gut ersetzbar war, fand er nur selten Verwendung. Er hätte als zusammenfassender Begriff für alle ernsthaften Aggressionen benutzt werden können“ (Selg 1974: 19). Auch die mittlerweile stattgefundenen Definitionserweiterungen durch die Gewaltforschung haben daran nur wenig geändert. Nolting bildet dieses Verhältnis wie folgt ab:

Abbildung 1: Schema zum Verhältnis der Begriffe Aggression und Gewalt (Nolting 1993: 26)

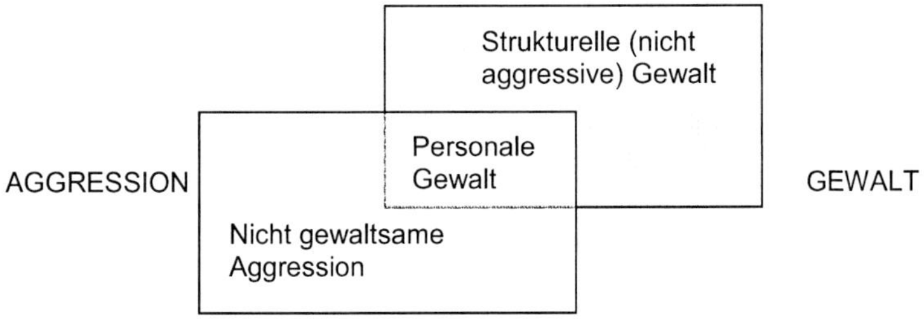

Der Begriff Aggression ist ähnlich vielfältig beschrieben wie der Gewaltbegriff. Nach Selg kann es auch „eine endgültige (wahre, richtige) Definition (...) nicht geben. Es gibt nur nützliche, vorläufige Umschreibungen bzw. Akzentuierungen, die den Weg für verschiedene operationale Definitionen offen halten. Was jeweils konkret als Aggression angesehen wird, ist historisch bedingt. (...) Vielleicht wird morgen auch das Wort ‚Aggression' aus der Psychologie verstoßen, weil schärfere Begriffe für bessere Theorien geprägt sein werden" (1974: 18). Dennoch möchten wir wesentliche Diskussionslinien aufzeigen.

Erste Definitionsversuche unternahmen Dollard et al. Sie beschrieben die Aggression als „sequence of behavior, the goal-response to which is the injury of the person, toward whom it is directed" (1937: 9) formuliert hatten.

Buss kritisiert daran das im Wort „goal-response" angedeutete intentionale Moment, das ja – behavioristisch betrachtet – nicht beobachtet werden kann. Buss formuliert: "Aggression is defined as a response that delivers noxious stimuli to another organism" (1961: 1) und betont den interpersonalen Aspekt von Aggression, klammert aber – so Selgs Argumentation – Selbstaggression aus.

Merz hingegen berücksichtigt wie Selg in seiner Definition die Aggressionsabsicht. Aggression „umfasst jene Verhaltensweisen, mit denen die direkte oder indirekte Schädigung eines Individuums, meist eines Artgenossen intendiert wird" (1965: 571).

Feshbach (1964) versucht die Ansätze zusammen zu fassen und stellt fest, dass Aggression stets eine Schädigung (injury) von Objekten oder Personen inkludiert. Bezüglich der Motivation oder der Absicht existieren keine einheitlichen Konstrukte. Seine Überlegungen klammern die Absicht nicht gänzlich aus, da er „eine Unterscheidung in eine unbeabsichtigte und in eine motivierte Aggression" (Selg 1974: 13) anbietet. Wie bei Buss (1961) nimmt sein eklektisches Verständnis auch folgende Dreiteilung aggressiver Verhaltensweisen vor:

- „Die inzidentelle (unbeabsichtigte, Anmerkung des Verfassers) Aggression bedingt unangenehme Konsequenzen beim Opfer, ohne die Absicht des Aggressors";
- die feindselige (,hostile') Aggression intendiert die Opferschädigung (und zählt wie die nachfolgende Art zur motivierten Aggression, Anmerkung des Verfassers);
- die instrumentelle Aggression ist auf ein nicht aggressives Ziel (ein Objekt, Anmerkung des Verfassers) gerichtet, wobei die Schädigung des Opfers ein sekundäres (Neben-) Produkt zur Erreichung des Ziels ist" (Weidner 1995: 6).

Nach Feshbach soll aber „die feindselige Aggression in eine mehr expressive und in eine i. e. S. feindselige unterteilt werden. (...) Eine strenge Unterteilung (...) lasse sich meist (aber gar) nicht aufrecht erhalten" (Selg 1974: 14).

Kaufmann (1965) kritisiert Feshbach: „Aggression bleibe Aggression, sei sie instrumentell oder feindselig" (Selg 1974: 14). Sein antezendent orientierter Ansatz formuliert: „Aggressions will be used to denote behaviors which a) are transitive, that is, are directed against some object; b) have a subjective prohability > 0 – on the part of the attacker – of reaching that object, and either removing it from attackers goal path, or implanting a noxious stimulus to it, or both" (Kaufmann 1965: 353).

Für die hier vorliegende Arbeit greifen wir auf den Aggressionsbegriff von Selg zurück. Dies aus zweierlei Gründen: Einerseits basieren seine Ausführungen auf Ansätzen der Lerntheorie. Andererseits ist er Mitautor des Fragebogens zur Erfassung von Aggressivitätsfaktoren (FAF).

Nach ihm besteht Aggression „in einem gegen einen Organismus oder ein Organismussurrogat gerichteten Austeilen schädigender Reize (,schädigen' meint beschädigen, verletzen, zerstören und vernichten; es impliziert aber auch wie ,iniuriam facere' oder ,to injure' schmerzzufügende, störende, Ärger erregende und beleidigende Verhaltensweisen, welche der direkten Verhaltensbeobachtung schwerer zugänglich sind); eine Aggression kann offen (körperlich verbal) oder verdeckt (phantasiert), sie kann positiv (von der Kultur gebilligt) oder negativ (missbilligt) sein" (Selg 1974: 15 f). Mit dieser Definition differenzierte Selg die Ausführungen von Dollard et al. (s. o.) aus.

In der Sache decken sich damit die hier verwendeten Begriffe von Gewalt und Aggression. Während in soziologischen Überlegungen eher der Begriff der Gewalt Verwendung findet, gebraucht man im Zusammenhang mit psychologischen Erwägungen den Begriff „Aggression".

In Anlehnung an Weidner (1995: vgl. 8) möchten wir diesen Aggressionsbegriff um die vier Klassifikationen von Werbik (1971) ergänzen, obwohl sie nur „einen engen Teilbereich bisheriger Aggressionsforschung" abdeckt und die „Untersuchung von Kindern und sprachlich Ungeschulten“ (Selg 1974: 18) ausschließt. In ihnen sind Selbstbeschreibungen von Tätern sprachlich normiert.

- „1. Explizit destruktiv orientierte Handlungen, wobei das Ziel Opferverletzung bzw. -tod ist;
- 2. explizit negativ intendierte Handlungen, wobei das Ziel einen unangenehmen Zustand des Opfers verfolgt;
- 3. implizit destruktiv intendierte Handlungen, wobei Tod oder Verletzungen des Opfers mittelbar als Folge in Kauf genommen werden, aber nicht primäres Ziel sind;
- 4. implizit negativ intendierte Handlungen, wobei ein unangenehmer Zustand für das Opfer als Nebenprodukt bei der Zielsetzung billigend in Kauf genommen wird“ (Weidner 1995: 7).

Während Weidner nur Punkt 1 in seine Überlegungen aufnimmt, haben wir den Aggressionsbegriff – wie auch schon bei unserer Definition von Gewalt – weiter gefasst, um auch Teilnehmer an Coolness-Trainings erfassen zu können. Alle 4 Punkte beschreiben die Handlungen der Teilnehmer an den Trainingsmaßnahmen. Ein noch weiter gefasster Aggressionsbegriff, der „vom lateinischen Ursprung des Wortes (...) (aggredi = herangehen)“ (Nolting 1993: 24) ausgeht und eher positiv besetzt ist, ist aber nicht Gegenstand der vorliegenden Arbeit.

Die letzte Definitionsklärung, die wir vornehmen wollen, bezieht sich auf den Begriff der Aggressivität, obwohl sich nach Collatz „bereits der Versuch, eine saubere allgemein gültige Definition der Begriffe ‚Aggression' und ‚Aggressivität' zu geben, (...) sich als zum gegenwärtigen Zeitpunkt nicht durchführbar“ (1973: 127) erweist. „Die Umgangssprache pflegt beide Begriffe nicht streng zu trennen. (...) Und wenngleich die verschiedenen Wissenschaftszweige, die sich mit diesem Phänomen befassen, sorgfältiger formulieren als die Alltagssprache: die Vielfalt der Aggressionserscheinungen bleibt; und im Grunde haftet allen Theorien, die diese Heterogenität der Erscheinungen undifferenziert unter den verschwommenen Ausdrücken Aggression oder Aggressivität subsumieren und erklären, etwas klischeehaft Vereinfachendes an“ (Collatz 1973: 127).

Diesen Vorwurf sehen wir in der folgenden lexikalischen Definition bestätigt. Danach ist Aggressivität die „allgemeine und umfassende Bezeichnung für gehäuft auftretendes feindseliges, sich in verbalen oder tätlichen Angriffen äußerndes Verhalten bzw. das Überwiegen feindselig-ablehnender und oppositioneller Einstellungen beim Menschen“ (Drever & Fröhlich 1975: 44).

Ein für unser Forschungsvorhaben geeignetes Konstrukt[2] finden wir erneut bei Selg (1974). Er nennt Buss, der dem Terminus „hostility" (Feindseligkeit) ein besonderes Gewicht zukommen lässt. „Buss meint mit Feindseligkeit eine negative Attitüde, welche Aggression oft begünstigt, ohne jedoch bei allen Aggressionen eine Rolle zu spielen. (...) Eine Attitüde (ist) auf bestimmte Objekte (hier Personen) gerichtet, während Habit-Systeme (und auch Eigenschaften) mehr von bestimmten Verhalten her gekennzeichnet sind" (Selg 1974: 20). Buss betrachtet Aggressivität als eine Persönlichkeitsvariable, besser als ein Habit-System. Unter Habit versteht Selg „eine erlernte Verbindung zwischen einem Reiz bzw. einem Reizkonstrukt und einer Verhaltensweise (Reaktion oder Response)" (1974: 20). Die Unterscheidung von Buss zwischen Aggressivität und Feindseligkeit wurde von der amerikanischen Aggressionsforschung allerdings nicht weitergeführt.

Selg lehnt sich jedoch an ihn an, wenn er Aggressivität wie folgt definiert: Aggressivität ist „eine erschlossene, relativ überdauernde Bereitschaft zu aggressivem Verhalten" (1974: 20).

„Aggressivität" bildet kein einheitliches System. Vielmehr geht Selg davon aus, dass es verschiedene Aggressivitäten geben wird, je nach dem, welche Faktoren man annimmt. „Deren unterschiedliche Ausprägungen lassen sich z. Z. am besten lernpsychologisch erklären: wer in bestimmter Weise mit Aggressionen erfolgreich war, verbindet in ähnlichen Situationen wieder hohe Erfolgserwartungen" (Selg 1974: 21). Weiter tritt die Frage nach der Intension zur Beurteilung der Aggressivität in den Hintergrund. „Wer immer wieder anderen Schaden zufügt oder andere verletzt, darf als aggressiv (...) gelten" (Selg 1974: 21), da hier nicht mehr von Zufällen ausgegangen werden kann. Aggressivität wird demnach „erst aus einer Vielzahl von Handlungen erschlossen" (Selg 1974: 21). Aber: Selbst, wenn einem Menschen eine hohe körperliche Aggressivität zugeschrieben werden kann, kann daraus keinesfalls erklärt werden, warum er in einer Situation zugeschlagen hat. Diese Person „verübt keine Aggression, weil sie eine hohe Aggressivität ‚hat', sondern weil ihre Lerngeschichte zu aggressivem Habits führte, die durch situative Anreize innerer und/oder äußerer Art aktiviert werden" (Selg 1974: 21).

Diese lerntheoretisch fundierten Überlegungen von Selg bilden die Basis für die hier vorliegende Arbeit. Die Teilnehmer der von uns evaluierten Trainingskurse können in diesem Sinne als aggressiv gelten, da sie fast alle Mehrfach-Gewalttäter waren. Da diese Personen auch als tatsächliche Zielgruppe des Anti-Aggressivitäts-

2 Ein Konstrukt ist zu verstehen als „die Verbalisierung eines nicht genau zu bestimmenden Zusammenhanges verschiedener beobachtbarer Einzelphänomene. Es ist die Formulierung eines Forschungskonzeptes und letztlich ein Eingeständnis, nicht – oder noch nicht – in der Lage zu sein, die Dinge auf einen Nenner zu bringen" (Collatz 1973: 127).

Trainings gelten (siehe Standards), wird diese Trainingsmaßnahme zu Recht als Anti-Aggressivitäts-Training bezeichnet.

Zusammenfassung: Begrifflich-definitorische Grundlegungen der Studie
In diesen einleitenden Abschnitten haben wir Begriffsbezeichnungen unserer Arbeit definiert, die wir zusammenfassend im Folgenden skizzieren wollen:

- Gewalt, Aggression und Aggressivität werden terminologisch sowohl alltagssprachig als auch wissenschaftlich sehr unscharf verwendet. Auf eine klare Abgrenzung zwischen den Begriffen wird oftmals verzichtet. Im Sinne einer begrifflich-definitorischen Grundlegung gelten für die vorliegende Studie folgende Definitionen:
- Gewalt betrachten wir als personale, individuelle aber auch kollektive, direkte, expressive oder instrumentelle, physische, psychische, verbale oder gegen Sachen (und Tiere) gerichtete, illegale oder legale, zugleich illegitime und intentional ausgeführte Handlung (vgl. Lamnek o. J.: 4). Damit haben wir einen eher weiter gefassten Gewaltbegriff unserer Arbeit grundgelegt, um damit auch eher alltägliche und weniger schwerwiegende Gewalthandlungen (wie etwa Prügeleien unter Schülern), aber auch die schweren Formen der Gewaltkriminalität erfassen zu können.
- Den eher in der Psychologie verwendeten Terminus der Aggression definieren wir als gegen einen Organismus oder ein Organismussurrogat gerichtetes Austeilen schädigender Reize und als explizit oder implizit destruktiv oder negativ intendierte Handlungen, wobei die Tötung, Verletzung oder Schädigung des Opfers direktes Ziel ist oder zumindest billigend in Kauf genommen wird.
- Während mit „Gewalt" und „Aggression" eher die Aktion bezeichnet wird, (soziologisch: Handlung; psychologisch: Austeilen), verstehen wir unter Aggressivität „eine erschlossene, relativ überdauernde Bereitschaft zu aggressivem Verhalten" (Selg 1974: 20), was die wiederholte Schädigung anderer bedeutet.
- Da dies für das Gros der Teilnehmer gilt, ist die Bezeichnung Anti-Aggressivitäts-Training zutreffend. Je nach Betrachtungsweise könnten prinzipiell jedoch alternativ auch die Begriffe Anti-Gewalt-Training oder Anti-Aggressions-Training verwendet werden.

Wie stellt sich die Situation jugendlicher Gewalt dar? Wie kann aggressives und gewalttätiges Handeln erklärt werden? Diese Fragen möchten wir in den nächsten Abschnitten betrachten. Hierbei können wir nicht konsequent in der Begriffswahl bleiben, da eine strenge Orientierung an unsere obigen Ausführungen den hier zur Verfügung stehenden Rahmen deutlich sprengen würde. Gleichwohl betrachten wir es als eine gute Lösung, zum Aufgreifen dieser Fragestellungen sich schwerpunktmäßig auf einen Definitionsaspekt zu konzentrieren. Während sich unsere Ausführungen zu Gewalt, Aggression und Aggressivität unter dem weiten Begriff des „sozial abweichenden Verhaltens“ subsumieren lassen, tritt der Bereich des nonkonformen Verhaltens hierbei weitgehend in den Hintergrund. Dieser fasst „in der Regel sämtliche normverletzenden Handlungsweisen unabhängig von ihrer rechtlichen Strafbarkeit“ zusammen, dem beispielsweise auch die Beschimpfung zuzuordnen ist. Wir widmen uns in den nächsten Abschnitten eher den devianten Verhaltensweisen, die „nicht nur gesellschaftlich unkonventionell und unerwünscht sind, sondern zugleich auch förmlich geächtet und sanktioniert werden, weil sie gegen geschriebene und ungeschriebene Normen verstoßen“ (Hurrelmann et al. 1985: 116). „Kriminelles“ oder „delinquentes“ Verhalten als Teil des devianten Handelns sind weiterhin die Formen, „die nach gesetzlichen Festlegungen strafbar sind“ (Hurrelmann et al. 1985: 116 f.). Dies lässt sich in folgender Abbildung zusammenfassen:

Abbildung 2: Sozial abweichendes Verhalten und seine Untergruppierungen

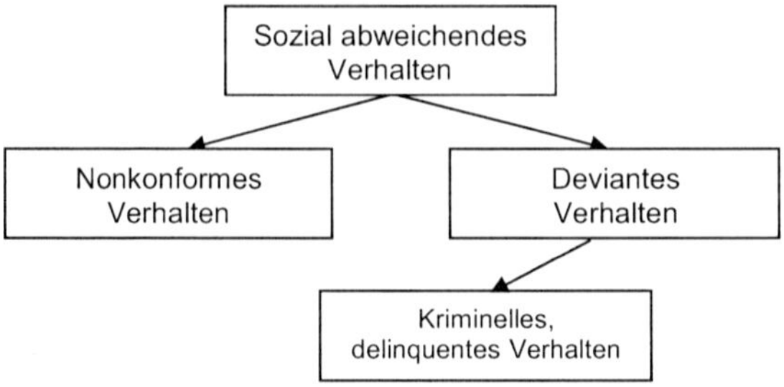

Vgl. Hurrelmann et al. 1985: 116 f.

2.3) Zur Situation jugendlicher Gewalt

Nach diesen definitorischen Grundlegungen möchten wir anfangs die Situation jugendlicher Gewalt betrachten. Einleitend referieren wir hierzu die wesentlichen Ergebnisse von Lamnek:

- „Das Gewaltniveau der Jugendlichen ist nach wie vor nicht Besorgnis erregend hoch.
- Es hat kein nennenswerter Anstieg von Jugendgewalt stattgefunden, auch nicht die massenmedial viel beklagte Annäherung an amerikanische Verhältnisse hin-

sichtlich des Waffenbesitzes oder der Tötungsdelikte. Im Bereich der Gewalt an Schulen hat insgesamt lediglich die verbale Gewalt mäßig zugenommen.
- Gewalt ist nach wie vor ein jugendphasenspezifisches Phänomen geblieben (...).
- Die Mehrzahl der Delikte liegt eher im Bagatellbereich, während die schweren Delikte von einer kleinen Gruppe (,harter Kern') begangen werden. Bei der Beurteilung des ,Anstiegs der Jugendgewalt muss diese wichtige Differenzierung berücksichtigt werden. In den letzten Jahren hat nachweislich die durchschnittliche Tatschwere von Jugenddelikten eher abgenommen.
- Die Dramatisierung des Phänomens Jugendgewalt ist zu einem großen Teil dem einseitigen Herausgreifen der Jugendproblematik aus der Gewaltdebatte zuzuschreiben. Der festgestellte Anstieg der Frauen- und Alterskriminalität wird z. B. nicht massenmedial thematisiert.
- Die Medienpräsenz führt zu einer Steigerung der subjektiven Angst der Bevölkerung und somit zu einer Sensibilisierung, die sich in einem veränderten Anzeigeverhalten ausdrückt. Dieses erklärt schließlich die höhere Registrierungswahrscheinlichkeit von Jugendgewalt mit" (2000: 59).

Engen wir weiterhin unsere Betrachtungen auf die Jugendkriminalität in den strafrechtlichen Formen ein, so können wir dazu auf die Polizeiliche Kriminalstatistik (PKS) rekurrieren. Sie dient einerseits dazu, „die Kriminalitätsentwicklung, die einzelnen Arten der Delikte, den Umfang und die Zusammensetzung des Kreises der Tatverdächtigen sowie eine Veränderung der Kriminalitätsquotienten beobachten zu können" (Heilemann & Fischwasser von Proeck 2001: 8), andererseits zur „Erlangung von Erkenntnissen für vorbeugende und verfolgende Verbrechensbekämpfung, organisatorische Planungen und Entscheidungen sowie kriminologisch-soziologische Forschungen und kriminalpolitische Maßnahmen" (Bundesministerium des Innern 2001: 2). Wir sind uns dabei bewusst, dass die Zahlen der PKS „nur die Spitze des Eisbergs sind. (...) Die polizeiliche Kriminalstatistik bietet also kein wirklichkeitsgetreues Spiegelbild der realen Kriminalität, sondern nur eine je nach Deliktart mehr oder weniger starke Annäherung an sie. Folgende Einflussfaktoren können sich auf die Entwicklung der Zahlen in der PKS auswirken: Anzeigeverhalten (z. B. Versicherungsaspekt), polizeiliche Kontrolle, statistische Erfassung, Änderung des Strafrechts (und) echte Kriminalitätsänderung" (Heilemann & Fischwasser von Proeck 2001: 15; siehe weiterführend auch: Albrecht & Lamnek 1979).

Tabelle 2: Entwicklung der Tatverdächtigenbelastungszahlen bei Kindern (bis unter 14 Jahre) in einzelnen Deliktbereichen (Bereich: Bundesrepublik insgesamt)

Straftatengruppe	TVZB		Veränderung	
	2000	1999	absolut	in %
Straftaten insgesamt	2 274	2 341	-67	- 2,9
Diebstahl insgesamt	3 308	3 502	-194	-5,9
„schwerer“ Diebstahl	483	535	-52	-10,8
Raubdelikte	93	87	6	6,5
Sachbeschädigung	1 032	982	50	4,8
Körperverletzung	617	562	55	8,9

Tatverdächtige der Altersgruppe bezogen auf je 100.000 Einwohner derselben Altersgruppe (nur Deutsche). Quelle: Bundesministerium des Innern 2000: PKS; siehe auch: www.bka.de.

„Der starke Anstieg der Anzahl tatverdächtiger deutscher Kinder seit 1993 hat sich erstmals 1999 (-1,9 %) nicht mehr fortgesetzt. Ihre Zahl sank 2000 gegenüber 1999“ (www.bka.de) erneut, nämlich um 2,9 Prozent. „Die Aufschlüsselung nach Einzeldelikten zeigt, dass bei tatverdächtigen Kindern der Ladendiebstahl eindeutig dominiert, sowohl anteilsmäßig als auch hinsichtlich der absoluten Abnahme der Tatverdächtigenzahl bei den deutschen und nichtdeutschen tatverdächtigen Kindern. Bei Ladendiebstahl wird die Entwicklung der ermittelten Tatverdächtigen vom Kontroll- und Anzeigeverhalten im Einzelhandel beeinflusst. Den höchsten prozentualen Anstieg der deutschen tatverdächtigen Kinder gab es bei Körperverletzung“ (www.bka.de). Es ist noch zu ergänzen, dass nur 2,3 Prozent aller deutschen Kinder im Alter zwischen 8 und 14 Jahren von der Polizei als Verdächtige einer Straftat (inklusiv Ladenstiebstahl) registriert wurden.

Tabelle 3: Entwicklung der Tatverdächtigenbelastungszahlen bei Jugendlichen (14 bis unter 18 Jahre) in einzelnen Deliktbereichen (Bundesrepublik insgesamt)

Straftatengruppe	TVZB		Veränderung	
	2000	1999	Absolut	in %
Straftaten insgesamt	7 258	7 226	32	0,4
Diebstahl insgesamt	7 640	8 320	-680	-8,9
„schwerer“ Diebstahl	2 219	2441	-222	-10,0
Raubdelikte	539	564	-25	-4,6
Sachbeschädigung	3 023	3 009	14	0,5
Körperverletzung	2 994	2 828	166	5,5

Tatverdächtige der Altersgruppe bezogen auf je 100.000 Einwohner derselben Altersgruppe (nur Deutsche). Quelle: Bundesministerium des Innern 2000: PKS; siehe auch: www.bka.de.

Legt man einer knappen Bewertung auch die allgemeinen Zahlen der PKS zugrunde, lässt sich konstatieren: „Bei den deutschen Jugendlichen gab es gegenüber dem Vorjahr einen leichten Anstieg. Die Anzahl nichtdeutscher tatverdächtiger Jugendlicher ist dagegen, wie schon im Vorjahr, weiter gesunken. Trotz erheblichem Rückgang bildet der Ladendiebstahl bei den Jugendlichen den größten Deliktsanteil. Jedoch sind bei ihnen auch andere Bereiche in beachtlicher Größenordnung vertreten. Den absolut stärksten Anstieg gab es bei der Körperverletzung" (www.bka.de).

Tabelle 4: Entwicklung der Tatverdächtigenbelastungszahlen bei Heranwachsenden (18 bis unter 21 Jahre) in einzelnen Deliktbereichen (Bundesrepublik insgesamt).

Straftatengruppe	TVZB		Veränderung	
	2000	1999	Absolut	in %
Straftaten insgesamt	7 476	7 243	233	3,2
Diebstahl insgesamt	5 197	5 592	-395	-7,6
„schwerer" Diebstahl	1 949	2 161	-212	-10,9
Raubdelikte	497	530	-33	-6,6
Sachbeschädigung	2 052	2 146	-94	-4,6
Körperverletzung	3 078	3 016	62	2,0

Tatverdächtige der Altersgruppe bezogen auf je 100.000 Einwohner derselben Altersgruppe (nur Deutsche). Quelle: Bundesministerium des Innern 2000: PKS; siehe auch: www.bka.de.

„Während die Anzahl nichtdeutscher tatverdächtiger Heranwachsender insgesamt rückläufig war, stieg sie bei den deutschen an. Für die deutschen als auch für die nichtdeutschen tatverdächtigen Heranwachsenden gab es bei ‚schwerem' Diebstahl und bei Ladendiebstahl einen deutlichen Rückgang" (vgl. www.bka.de). Auch in dieser Altersgruppe stieg bei den deutschen Tatverdächtigen die Zahl der Körperverletzungsdelikte. Die Tatverdächtigenbelastungszahl betrug bei den deutschen männlichen Heranwachsenden 11 841 und lag damit noch etwas über der Zahl der deutschen männlichen Jugendlichen.

Tabelle 5: Entwicklung der Tatverdächtigenbelastungszahlen bei Jungerwachsenen (21 bis unter 25 Jahre) in einzelnen Deliktbereichen (Bundesrepublik insgesamt)

Straftatengruppe	TVZB		Veränderung	
	2000	1999	absolut	in %
Straftaten insgesamt	5 379	5 160	219	4,2
Diebstahl insgesamt	3 103	3 326	-223	-7,2
„schwerer" Diebstahl	1 056	1 175	-119	-11,3
Raubdelikte	260	291	-31	-11,9
Sachbeschädigung	1 069	1 099	-30	-2,8
Körperverletzung	2 204	2 173	31	1,4

Tatverdächtige der Altersgruppe bezogen auf je 100.000 Einwohner derselben Altersgruppe (nur Deutsche). Quelle: Bundesministerium des Innern 2000: PKS; siehe auch: www.bka.de.

„Bei den tatverdächtigen Jungerwachsenen im Alter von 21 bis unter 25 Jahren ist analog zu den Heranwachsenden bei den deutschen ein Anstieg und bei den nichtdeutschen ein Rückgang zu beobachten. Ausgeprägt war der Rückgang nichtdeutscher tatverdächtiger Jungerwachsener bei Ladendiebstahl und ‚schwerem' Diebstahl, wobei bei den letzteren auch die Zahl der deutschen tatverdächtigen Jungerwachsenen rückläufig war. Bei der Körperverletzung wurden zum Teil starke Zunahmen der deutschen tatverdächtigen Jungerwachsenen registriert" (vgl. www.bka.de). Die Tatverdächtigenbelastungszahl der deutschen männlichen Jungerwachsenen lag aber im Vergleich zu diesen Altersgruppen mit 8.515 deutlich niedriger.

Die Durchschau aller Tabellen zeigt bei den deutschen Tatverdächtigen in allen Altersgruppen einen starken Anstieg im Bereich der Körperverletzung. Bei den nichtdeutschen zeigt sich der Trend nicht so deutlich und nicht in allen Altersgruppen. Aus der Tatsache, dass vor allem bei Gewaltstraftaten (und hier insbesondere bei Körperverletzung) die Zahlen der Kriminalstatistik „zwar valide (gültig), aber auch extrem ‚unrepräsentativ'" (Heilemann & Fischwasser von Proeck 2001: 14) sind, ziehen Heilemann & Fischwasser von Proeck folgenden Schluss: „Dem Täter gelingt es mit der Tat offenbar, das Opfer zur vollkommenen Aufgabe zu zwingen. Die wenigen Opfer, die dem Druck der Täter widerstehen und trotzdem zur Polizei gehen, haben nach der Anzeige, vor der Gerichtsverhandlung, während des Prozesses und nach der Urteilsverkündigung ein extremes Martyrium auszustehen. Plötzlich sind sie für jene Opfer, die nicht angezeigt haben, der abschreckende empirische Beweis, dass der Gang zur Polizei sich nicht lohnt. Und damit eine quasi spätere Bestätigung dafür, sich mit dem Täter im Nachhinein ‚verbrüdert' zu haben, obwohl er dem Opfer das eigene Ich geraubt hat" (2001: 14)[3].

Zusammenfassung: Empirische Grundlegungen der Studie

Im vorangegangenen Teil der Studie haben wir uns den aktuellen empirischen Befunden über jugendliche Gewalt zugewendet. Zusammenfassend lässt sich festhalten:

- Insgesamt betrachtet kann nach wie vor von keiner dramatischen Lage der Jugendkriminalität gesprochen werden.
- Dies soll aber nicht als Bagatellisierung verstanden werden. Der festgestellte Anstieg der Körperverletzungsdelikte in allen Altersgruppen spricht hier dagegen.
- Unabhängig von einer Diskussion um die „Brauchbarkeit" der Daten der PKS reicht der Perspektivwechsel auf die hinter den Zahlen stehenden Opfer aus, um

3 Kiefl & Lamnek sprechen in diesem Zusammenhang von sekundärer Viktimisierung (1986: 239 ff.).

die Notwendigkeit adäquater und – im Blick auf die hier vorliegende Arbeit – insbesondere (sozial-) pädagogischer Interventionen aufzuzeigen.

- Es gilt hierbei vor allem den „harten Kern“ so genannter Mehrfach- und Intensivtäter anzusprechen und einzubinden. Gerade diese zählen zu den Zielgruppen des Anti-Aggressivitäts-Trainings (siehe 2.5.3).

2.4) Ausgewählte Theorieansätze zur Erklärung von Aggression, Aggressivität und Gewalt bei Jugendlichen

Versuche, jugendliche Gewalt, Aggression und Aggressivität zu erklären, können unter verschiedenen thematischen Vorzeichen durchgeführt werden und reichen „von der biologisch-genetischen, physiologischen, individualpsychologischen, sozialpsychologischen, mikrosoziologischen bis zur makrosoziologischen Ebene“ (Albrecht 1993: 503). Da dieses Phänomen aber nur „multivariat zu erklären ist“ (Lamnek 2000: 256), können einzelne Ansätze „nur schlaglichtartig Hinweise für das Zustandekommen und die Entwicklung abgeben“ (Lamnek 2000: 256). Wir wollen im Folgenden einige Theorien diskutieren, die sich mit dem Verhalten Jugendlicher, Heranwachsender bzw. junger Erwachsener befassen, verzichten dabei aber „auf die Einhaltung disziplinärer Grenzen und vermeiden jegliches Vollständigkeitsstreben, da dies nie einzulösen wäre“ (Albrecht 1993: 504, weitergehend Lamnek 1993 und 1994). Schließlich wird es weniger um eine Diskussion dieser Theorien per se gehen. Jedoch möchten wir eine Dichotomisierung in der Darstellung vornehmen: Einige Erklärungsansätze flossen nicht explizit in die theoretische Gestaltung des Anti-Aggressivitäts-Trainings ein; diese sollen zuerst dargelegt werden. Andere Ansätze wiederum führten zur Konzeptionierung des Trainings. Daher haben wir bei der anschließenden Erwähnung dieser Theorien zugleich die Frage nach dem Wie ihrer Einbindung zu diskutieren.

2.4.1) Modernisierungstheoretische Erklärungen

Auf der Makroebene kann Jugendgewalt „als eine der Modernisierungsfolgen gesehen werden“ (Lamnek 2000: 256). Dabei entfallen die traditionellen Integrationsabläufe und werfen den Einzelnen zunehmend auf sich selbst zurück. Er gerät zur „lebensweltlichen Reproduktionseinheit des Sozialen“ (Beck 1986: 209). „Zwar verfügt er bei der Lebensgestaltung und Lebensplanung über mehr Wahlmöglichkeiten (Pluralisierung), ist aber auch immer mehr der Wahlverpflichtung ausgesetzt“ (Lamnek 2000: 256 f.).

Die von Heitmeyer et al. als Ambivalenz bezeichnete Situation zeigt sich in weiteren Facetten:

- „Die Gleichheit in machen Bereichen wird größer, dadurch steigt aber auch der individuelle Konkurrenzdruck zur sozialen Platzierung und Statussicherung.
- Die Individualisierung nimmt zu, aber als Masse verschwindet sie in Standardisierung.
- Selbst wo Autonomie auftaucht, ist auch Anomie nicht weit.
- In dem Maße, in dem alte Strukturen und Umgangsformen reißen und neue Optionen sich vervielfachen bis zur Kontingenz, wächst das Bedürfnis nach Unterscheidung.
- Die Befreiung aus einem Lebenslaufkorsett erhöht die Verlustmöglichkeiten sozialer Verortung.
- Die Möglichkeiten größerer individualistischer Selbstdeutung gehen mit einer Destabilisierung sozialer Lebenszusammenhänge einher.
- Durch die Entwicklung zur organisierten Gesellschaft ist der einzelne immer weniger auf andere angewiesen. Dadurch erhöhen sich die Möglichkeiten für eine individualisierte Lebensweise, aber auch das Einmünden in isolierte und anonymisierte Lebensformen ergibt sich, ohne dass ein Zurück in gemeinschaftlich unterfütterte Sozialformation möglich ist.
- Der Verlust von Gewissheiten entsteht, aber das Bedürfnis nach ihnen bleibt (...). Dies ist dann besonders drängend, wenn sich das Wissen darum durchsetzt, dass das Besondere dieser Epoche darin besteht, dass mit neuen Gewissheiten politischer oder sonstiger Art nicht mehr gerechnet werden kann (...).
- Die Auflösung von Traditionen eröffnet neue Verhaltensweisen, aber die selbstverständlichen Regelungswege zur Verminderung von Konflikten gehen verloren.
- Die Lockerung von Normen und die Optionsvielfalt erhöhen die Freiräume, führen aber auch zu einer Subjektivierung von Werten und Normen. Kommt es zu Verständigungsverlusten über gemeinsam geteilte Werte und Normen, die zur sozialverträglichen Lösung von Konflikten vorauszusetzen sind, dann kann der Freiheitsgewinn in das Recht des Stärken umschlagen“ (1995: 50 f.).

Dieser „Biographisierungsdruck durch die kulturelle Norm zur eigenständigen Orientierung und Plazierung“ (Heitmeyer et al. 1995: 57) wird als „Individualisierungsfalle“ bezeichnet. Er lässt die „Schattenseiten der Individualisierungsprozesse“ deutlich werden und zeigt komplexe Formen von Desintegration, nämlich kulturelle Desorientierung und strukturelle Desorganisation. In der Folge drohen:

- „Auflösungsprozesse von Zugehörigkeiten und Beziehungen zu anderen Personen oder von Lebenszusammenhängen (...);
- Auflösungsprozesse der faktischen Teilnahme an gesellschaftlichen Institutionen (z. B. vor allem der Integration durch Arbeit und Beruf oder Wahlbeteiligung) (...);
- Auflösungsprozesse der Verständigung über gemeinsame Wert- und Normvorstellungen (z. B. durch Subjektivierung und Pluralisierung) (...).

Der Zusammenhang von solchen Auflösungsprozessen und Gewalt wird allerdings nur dort angenommen, wo Desintegration als Verlust von Zugehörigkeit, Teilnahmechancen oder Übereinstimmung erfahren und wahrgenommen wird" (Heitmeyer et al. 1995: 60) oder wenn in der Situation von „Unsicherheit" und „Angst" Gewalthandeln als „subjektiv sinnhaft erscheint" (Heitmeyer 1989: 26). Denn Gewalt kann gerade Jugendlichen die Illusion vermitteln, etwas unmittelbar bewirken, beeinflussen und gestalten zu können, wozu ihnen ansonsten die Handlungsressourcen fehlen. „Gewalt wird damit expressiv, sie wird zum Mittel der Selbstbehauptung", vermittelt Handlungssicherheit und erscheint auf diesem Hintergrund subjektiv legitim und sinnvoll. Dieser Erklärungsversuch scheint gerade für ostdeutsche Jugendgruppen aus der „von Marginalisierung und Desintegration besonders betroffenen Unterschicht" (Lamnek 2000: 257) zu gelten.

Problemverschärfend wirkt sich nämlich aus, dass dem Einzelnen die Rahmenbedingungen in der Gesellschaft (zum Beispiel die Massenarbeitslosigkeit) aufgezwungen werden. So lässt sich nach Heitmeyer et al. festhalten, „dass die aktuelle Lage auf dem Arbeits- und Wohnungsmarkt beziehungsweise generell die Entwicklung in der Sozialstruktur für Jugendliche in beiden Teilen Deutschlands erhebliche Desintegrationsgefahren mit sich bringt (...). Die Entwicklung der Jugendkriminalität zeigt, dass Jugendliche zunehmend auf illegale Instrumente zurückgreifen, um solche Statusprobleme zu bewältigen" (1995: 97).

2.4.2) Belastungs- und stresstheoretische Erklärungen

„Belastungs- und stresstheoretische" (Bacher 2001: 355) Faktoren bieten eine weitere Grundlage zur Erklärung abweichenden Verhaltens. Nach Hurrelmann et al. besteht kein Zweifel daran, „dass die Lebensphase Jugend in den letzten Jahrzehnten einem tief greifenden Strukturwandel unterworfen ist. (...) Der Prozess der historischen Ausdifferenzierung der Lebensphase Jugend ist (aber) nicht dadurch außer Kraft gesetzt, dass in einigen Handlungsbereichen des Alltags Jugendliche und Erwachsene vor den gleichen Anforderungen stehen und sie die gleichen Handlungs- und Verhaltensformen zeigen. Vielmehr muss in differenzierter Betrachtung davon ausgegangen werden, dass parallel zum Prozess der Ausdifferenzierung von Lebensphasen, der sich tendenziell weiter fortsetzt, auch ein Prozess der Ausdifferenzierung von sozialen Institutionen und Organisationen stattfindet“ (1985: 57).

Letzterer fordert von den Jugendlichen, dass sie „jeweils eigene Wege der individuellen Entfaltung und der sozialen Integration finden. In vielen Bereichen gelingt ihnen eine erwachsenenähnliche und erwachsenengleiche Bewältigung der Handlungsanforderungen. (...) In anderen Bereichen werden ihnen (aber) solche Entfaltungsspielräume verschlossen“ (Hurrelmann et al. 1985: 59).

Da der Einzelne weiter als „produktiv realitätsverarbeitendes Subjekt“ (Hurrelmann & Ulich 1998: 9) betrachtet wird, ergeben sich Probleme im Individuations- und Integrationsprozess, „wenn wegen spezifischer, personaler oder sozialer Bedingungen vorübergehend oder dauerhaft in einem oder mehreren der genannten Handlungsbereiche unangemessene oder unzureichende Kompetenzen erworben und die von der sozialen Umwelt erwarteten und angeforderten Fertigkeiten, Fähigkeiten, Motivationen und Dispositionen nicht erbracht werden können. Die Handlungs- und Leistungskompetenzen der Person (oder anders formuliert: die „Persönlichkeit bzw. Persönlichkeitsentwicklung“ (Hurrelmann & Ulich 1998: 9), Anmerkung des Verfassers) entsprechen in diesem Fall nach Profil und Struktur nicht den jeweils durch institutionelle oder Altersnormen festgelegten vorherrschenden Standards. Kann diese ‚Nicht-Passung' von objektiven Anforderungen und subjektiven Kompetenzen nicht durch geeignete personale oder soziale Strategien verändert oder bewältigt werden, so sind erhebliche individuelle Beanspruchungen und Belastungen der Jugendlichen zu erwarten, die zu Störungen des weiteren Individuations- und Integrationsprozesses führen können“ (Hurrelmann et al. 1985: 106).

Jugendliche reagieren auf diese Problemkonstellationen individuell unterschiedlich, entweder konform oder nichtkonform. Nichtkonforme Formen der Problemverarbeitung können sein: „politischer Extremismus, Ablehnung vorherrschender gesellschaftlicher Werte, Alkoholismus, Drogenkonsum“ (Hurrelmann et al. 1985: 111), aber eben auch Kriminalität und Gewalttätigkeit.

2.4.3) Geschlechtsspezifische Faktoren

Eine weitere Möglichkeit, gewaltbereites Handeln zu erklären, ist die Betrachtung der „geschlechtsspezifischen Faktoren“ (Kersten 2000: 49). Die gesellschaftlichen Strukturen „bieten dem männlichen Geschlecht in der Regel eine ausgeprägtere Definitionsmacht, mehr ökonomische Ressourcen und umfangreichere Freiheits- und Entscheidungsspielräume“, die auf „die traditionelle geschlechtsspezifische Arbeitsteilung zurückzuführen“ (Lamnek 2000: 253) sind. Diese Erwartungen wirken sich als besonders prägend in der Zeit der Geschlechtsreife aus. Im Ergebnis zwingen sie Jungen, gewalttätig aufzutreten und sich von der enger gefassten weiblichen Welt abzugrenzen. Frauen hingegen erfahren, dass die männlich besetzten Werte kulturell höher geschätzt werden, sie aber diese Männlichkeit nicht für sich in Anspruch nehmen sollen. „Auch wird den Geschlechtern nicht gleichermaßen gestattet, Aggressionen auszuleben: Während für Jungen spielerisches Kräftemessen, körperliches Ausagieren und Behaupten zur männlichen Geschlechterrolle gehört, um damit Konkurrenzverhältnisse einzuüben und Rangpositionen herzustellen, ist für Mädchen ein derartiges Verhalten sozial nicht erwünscht, da sie dem weiblichen Stereotyp zufolge eher sanft, zurückhaltend, sozial vermittelnd und passiv sein sollten“ (Lamnek 2000:253 f.).

Besonders in der Schule manifestieren sich diese Stereotypen: Mädchen werden unterfordert und müssen sich zurücknehmen und zu verlieren lernen, während den Jungen durch Sozialisation ein „Männlichkeitswahn“ vermittelt wird. Beide Geschlechter verspüren aber Macht-, Aggressions- und Gewaltbedürfnisse. Frauen drücken diese aber anders aus und projizieren diese Bedürfnisse auf Männer. „Sie ‚lassen durchgreifen', ‚lassen kämpfen' und erleben dadurch scheinbare Erfahrungen von Schutz und Geborgenheit, statt selber gewalttätig aktiv zu werden“ (Lamnek 2000: 254). Diesen Auftrag führen Jungen und junge Männer gerne aus. Mit diesen traditionellen Geschlechterrollen können sie ihre Gewalttaten rechtfertigen. Die Klischees haben sich dadurch bis heute bewahrt. An anderer Stelle wird dies als „Robin-Hood-Mentalität“ („Helfen findet durch Gewalt statt“) bezeichnet. Es ist festzustellen, dass vor allem marginalisierte männliche Jugendliche Identitätseinbußen befürchten, wenn sie ihre Versorgungs- und Schutzfunktionen im Laufe des gesellschaftlichen Wandels zunehmend in Frage gestellt sehen. „Die männliche Gewalt ist im Sinne der Robin-Hood-Mentalität eine kollektive Reaktion, ein Verteidigungs- und Abwehrkampf gegen die materielle und ideelle Erosion eines jahrhundertelangen tradierten Geschlechterstatus“ (Lamnek 2000: 254 f.).

2.4.4) Psychologische und sozialpsychologische Theorien

Nachdem wir uns einigen Theorien zur Erklärung abweichenden Verhaltens zugewendet haben, soll es uns nun stärker darum gehen, die weiteren Ansätze auch hinsichtlich ihrer praktischen Relevanz zu betrachten. „Eine solche Beurteilung hat zusätzlich zu erfolgen, weil aus der theoretisch-abstrakten Beurteilung der Erklärungsmöglichkeiten der Theorien nicht automatisch und logisch deren praktische Verfügbarkeit folgt“ (Lamnek 1993: 261). Im Blick auf unseren Forschungsgegenstand, dem Anti-Aggressivitäts-Training, besteht die praktische Brauchbarkeit der Theorien in deren Verwendbarkeit bei dessen Konzeptionierung.

Die nachfolgenden Theorien prägten denn auch die theoretische Fundierung dieser Trainingsmaßnahme. Demnach wird dieser Abschnitt unserer Arbeit auch das Wie dieser Einbindung zu diskutieren haben. Es „wird gefragt, welchen Beitrag Aggressionstheorien unter dem Aspekt der Verhaltensmodifikation leisten" (Weidner 1995: 37) und ob sie für die Gestaltung des Anti-Aggressivitäts-Trainings fruchtbar geworden sind. Damit leiten wir gleichzeitig zu der Darstellung des Anti-Aggressivitäts-Training als dritten Schwerpunkt dieses Kapitels über.

Psychologische und sozialpsychologische Theorien führen abweichendes Verhalten auf psychologische Störungen der Jugendlichen zurück. Nach Lamnek kommen aber auch diese Ansätze heute nicht mehr umhin, „soziale Faktoren zu berücksichtigen, die eine potentielle Täterpersönlichkeit so sehr beeinflussen und formen, dass eben diese Persönlichkeit erst entstehen kann. Die Zuordnung zu psychologisch oder soziologisch, aber auch innerhalb der psychologischen Teildisziplinen ist daher häufig nur eine Frage der Prioritätensetzung und der Wertung bestimmter Theorieelemente" (1993: 59). Folgende psychologische und sozialpsychologische Theorien gilt es im Rahmen einer Erfassung und Konzipierung des Anti-Aggressivitäts-Trainings zu diskutieren:

Die ethologische Triebtheorie

„In Abgrenzung zum psychoanalytischen Triebmodell (s. u.) postulieren ethologische Instinkttheoretiker Aggression als angeborene, evolutionär-selektiv notwendige Verhaltensdisposition" (Weidner 1995: 13). Die Trieblehre von Lorenz benennt vier große Triebe, von denen einer der Aggressionstrieb ist. „Aggressionsenergie bildet sich ständig neu; ihre Abfuhr hängt aber von auslösenden Reizen ab" (Selg 1974: 26). Seine bei der Beobachtung von Tieren aufgestellten Aussagen generalisierte er auch auf den Menschen. „Beim Menschen soll der Aggressionstrieb besonders verhängnisvoll ausgebildet sein. Die neuzeitliche Zivilisation erlaube ihm nicht genug sinnvolle Entladungen; es soll deshalb zu Störungen in der physischen und psychischen Gesundheit kommen" (Selg 1974: 26 f.).

Selg ist es auch, der das gesamte trieb- und instinkttheoretische Konstrukt in Frage stellt: „Genau besehen erklären jedoch Trieblehren menschliches Verhalten gar nicht; sie benennen es nur mit überflüssigen Begriffen. Etwas vereinfacht: man sieht eine Schlägerei, abstrahiert daraus einen Aggressionstrieb, sieht ängstliches Verhalten und erschließt einen Fluchttrieb, sieht Kinder spielen und spricht von einem Spieltrieb. Wie umfangreich müssen Trieblisten sein, um menschliches Verhalten insgesamt zu ‚erklären'? Freud wollte mit zwei Triebsystemen auskommen. Lorenz benennt vier, McDougall achtzehn, alle Trieb- und Instinkttheoretiker zusammen mehr als 14 000" (Selg 1974: 27).

Demnach bietet „für die konzeptionelle Entwicklung des Anti-Aggressivitäts-Trainings (...) das ethologische Theorieverständnis wenig Hilfe, da sich kaum praxisrelevante Anteile ableiten lassen" (Weidner 1995: 15). Denn die Katharsishypothese, also die Sublimierung auf Ersatzhandlungen bzw. kleine, harmlose Aggressionen wie Sport, Kunst oder Wissenschaft, die Lorenz zur Kanalisation größerer und gefährlicher Aggression vorschlägt, ist „so gut von der Empirie widerlegt, wie in der Psychologie überhaupt etwas widerlegt werden kann" (Selg 1974: 28).

Das psychoanalytische Delinquenzverständnis unter dem Aspekt der Aggression

Mit diesem Konstrukt sind die Namen Adler und Freud verbunden. „Adler postulierte zunächst einen Aggressionstrieb, sah aber später die Aggression zu Gunsten eines Machttriebs als weniger bedeutsam und als reaktiv an; für Freud war die Aggressivität lange nur eine Komponente der Sexualität oder der Ichtriebe (...), bevor er allmählich (...) der Aggression einen selbstständigen Trieb, den Thanatos, als Gegenspieler des Eros zuordnete" (Selg 1974: 25 f.). Daraus haben sich zwei Delinquenzkonzepte entwickelt, nach denen bestimmte Persönlichkeitsstrukturen abweichendes Verhalten verursachen: „Ergeben sich im Verlaufe der Sozialisation ungelöste Konflikte zwischen verdrängten Triebansprüchen des Es und einem zu starken Über-Ich, das u. U. auf rigide elterliche Erziehungs- oder Unterwerfungsprozesse zurückgeht, so kommt es u. U. zur neurotisch bedingten Kriminalität, die auch als ‚Ausagieren' gedeutet wird, während andere Neurotiker sich in der Symptomwahl z. B. gegen die eigene Person richten. Erfolgt dagegen durch gravierende Störungen der frühen Mutter-Kind-Beziehung, die eine Identifikation mit der Mutter und eine Gewissensbildung verhindert oder behindert haben, die Ausbildung eines zu schwachen Über-Ichs, so muss mit durch Verwahrlosung bedingter Kriminalität gerechnet werden" (Albrecht 1993: 504 f.).

Die Psychoanalyse bietet zur Frage der Aggression umfassende theoretische Erklärungen. „Adlers Überlegungen zur Nähe des Aggressionstriebs zum Geltungsbedürfnis als Folge von Minderwertigkeitsgefühlen scheinen beim Gros der Teilnehmer des Anti-Aggressivitäts-Trainings erkennbar" (Weidner 1995: 38). Oftmals scheint denn auch die äußere raue Fassade einen verletzlichen Kern zu schützen. Aggressive Regungen bei den Teilnehmern können so erklärt werden. Weidner weist jedoch darauf hin, dass sich diese aggressiven Reaktionen auch „im Sinne mikrosoziologischer Status-‚ingroup'-Analysen begreifen" (1995: 38) lassen, mittels derer sie ihr Umfeld kontrollieren wollen.

„Für die therapeutische Praxis im Umgang mit Aggressionstätern bietet das psychoanalytische Delinquenzverständnis wichtige Erkenntnisse" (Weidner 1995: 19). Selbst wenn die Modifikationsmöglichkeiten begrenzt sind (es kann nur die Äußerungsintensität vermindert werden, nicht aber Aggressivität per se, da sie triebhaft ist), kann nach diesem Modell Delinquenz durch Erziehung verhindert werden.

Dennoch können Verständnisprobleme perzipiert werden. „Denn das klassisch-neutrale, analytische Therapieverständnis mit seiner Betonung frühkindlicher Konflikte und seinem Interesse am Unbewussten kann von der Zielgruppe des Anti-Aggressivitäts-Trainings kaum nachvollzogen werden" (Weidner 1995: 39). Die nicht nur dort, sondern in vielen therapeutischen Settings, vorherrschende Distanz zwischen Berater und Klient erscheint den Teilnehmern lebensfremd und abgehoben, was sie als autoritätsablehnende und durchsetzungsstarke Menschen verwerfen. Das gilt es, im Trainingskurs zu vermeiden, um bei den Teilnehmern eine Veränderung erzielen zu können. Daraus leitet sich die Notwendigkeit ab, dass ein soziales Training mit gewaltbereiten Jugendlichen deren Sprache und Angst machende, aggressive Interaktionen zu integrieren hat.

Eine Alternative psychoanalytischer Pädagogik stellt der Ansatz von Redl & Wineman (1979) dar. Sie bieten einerseits eine „aktive und konfliktbereite Auseinandersetzung im Hier und Jetzt" (Weidner 1995: 39) unter Einbeziehung aller unmittelbar Beteiligten und direkt dort, wo sich der Vorfall ereignete. Dadurch wird eine Leugnung der Realität erschwert, die psychoanalytisch „als Methode zur Vermeidung von ‚Realunlust und Realangst'" (Weidner 1995: 40) gedeutet wird. Andererseits suchen Redl & Wineman (1979) einen biografieanalytischen Bogen zwischen dem aggressiven Ereignis und dem individuellen Verhalten zu spannen.

Beide Inhalte erweisen sich als sehr nützlich für das Anti-Aggressivitäts-Training. Zum einen suchen die Jugendlichen „selbst nach Erklärungen für ihr offensichtlich übertrieben aggressives Verhalten" (Weidner 1995: 40), was es im Anti-Aggressivitäts-Training aufzugreifen gilt. Zum anderen kann „die Auseinandersetzung am ‚Ort des Geschehens', d. h. auch (...) unter Einbeziehung von Beteiligten (Opfer, Provokateure etc.) (...) demnach zur Überwindung der Realitätsleugnung bei aggressiven Jugendlichen hilfreich sein" (Weidner 1995: 40).

Die Frustrations-/Aggressions-Hypothese (F-A-H)

„Die Frustrations-/Aggressions-Hypothese verfolgt einen monokausalen, psychoanalytisch orientierten, auf einen Trieb zurückgehenden Erklärungsansatz, der Aggression als Reaktion auf spezifische Bedingungen begreift" (Weidner 1995: 20). „Dass auf Frustrationen grundsätzlich Aggressionen folgen, muss jedoch nicht zutreffen. In Anwendung dieser Annahmen auf die Kriminalität kommt man zu der Hypothese, dass Kriminelle mehr Frustrationen zu erleiden haben als andere" (Lamnek 1993: 91).

Die Frustrations-/Aggressions-Hypothese findet nur wenig Einlass in die Konzeptionierung des Anti-Aggressivitäts-Trainings. Hilfreich ist die Feststellung, dass „nicht die Provokations- bzw. Frustrationsstärke die Aggressionsintensität bestimmt, sondern die Feindseligkeitswahrnehmungen, die bei gewalttätigen Jugendlichen durch sozialisationsbedingte Enttäuschungen und Kränkungen besonders ausgeprägt sind" (Weidner 1995: 40). So kann ein brutaler Faustschlag in das Gesicht durch einen Kumpel als durchaus in Ordnung gelten, „weil noch eine Abrechnung von früher offen gewesen" (Weidner 1995: 22) sei, während gleicher Teilnehmer sich über die Kritik eines Vollzugsbeamten maßlos provoziert fühlt. Als ein Ziel des Anti-Aggressivitäts-Training muss daher gelten, diese Feindseligkeitswahrnehmungen zu reduzieren. Ein Zweites ist zu bedenken: Das Ausleben dieser Feindseligkeit ist gar nicht vorrangiges Ziel. Gewalttätigen Jugendlichen geht es in erster Linie um die Steigerung ihres Selbstwertes. „Das Opfer wird quasi zur ‚Tankstelle' des Selbstbewusstseins" (Weidner 1995: 40). Die Unterstützung der Selbstachtung im Anti-Aggressivitäts-Training durch positive Leistungen kann demnach Aggressionen effektiver und direkter reduzieren.

Die Lerntheorie

„Während sich die Frustrations-Aggressions-Theorie nur mit aggressionsspezifischen Mechanismen befasst, (...) werden nach der lernpsychologischen Betrachtung Aggressionen wie alle anderen Verhaltenstypen (z. B. Sprechen, Schreiben, Fußball spielen) erlernt; Aggressionen nehmen also keine Sonderstellung ein" (Selg 1974: 30).

Allgemein wird zwischen dem klassischen (Pawlow) und dem operanten (Skinner) Konditionieren sowie dem Imitationslernen (Bandura) unterschieden.

Die Lerntheorie ist für das Anti-Aggressivitäts-Training relevant, besonders seit Bandura „die Entstehung, Auslösebedingungen, Bedingungen für die Beibehaltung sowie die Modifikation und Kontrolle aggressiven Verhaltens untersucht hat" (Weidner 1995: 41). „Nach lernpsychologischer Ansicht wird auch die Bereitschaft zur Aggression, der Drang oder die bei einigen Menschen erkennbare Lust zur Aggression gelernt und eventuell wieder verlernt. Es gibt keine Triebe und keine spezifischen Auslöser, die Aggression erzwingen" (Selg 1974, zitiert bei Weidner 1995: 28). Vielmehr ist nach der Lerntheorie entscheidend für die Abwendung von der Gewalt, dass die aggressiven Menschen mit alternativen Verhaltensweisen ebenso ihre Ziele in ihrer Umwelt erreichen können. Ein Jugendlicher kann beispielsweise im Sinne „präventiver Konfliktlösungsstrategie" (Weidner 1995: 42) mittels Gewalt gegenüber seinem eigenen Vater positive Ergebnisse erzielen, wenn dieser anschließend die Mutter und ihn seltener schlägt. Diese Erfahrung führt beim Jugendlichen zu einem „Überlegenheitsgefühl des nicht-mehr-behelligt-Werdens als zentraler Lebensaspekt (...). Aggressives Verhalten wird auf diesem Hintergrund zur Selbst- und Fremderwartung" (Weidner 1995: 42), woraus sich weiterhin verhaltensbestimmende Hypothesen entwickeln, nach denen Friedfertigkeit nur der schwache und feige Mensch zeigt, Aggressivität jedoch zu Respekt und Überlegenheit führt.

Als Ziel des Anti-Aggressivitäts-Trainings muss demnach formuliert werden, den Teilnehmern „die prosoziale Hypothese Friedfertigkeit = Souveränität" (Weidner 1995: 42) anzueignen. Methodisch geschieht dies auf der Basis der Aufmerksamkeitsprozesse des Modelllernens. Es ist den Teilnehmern zu vermitteln und erfahrbar zu machen, welchen Wert friedfertiges und prosoziales Verhalten besitzt. Dies können im Bereich des Jugendstrafvollzugs beispielsweise Vollzugslockerungen oder allgemein kein Widerruf der Bewährung bedeuten. „Gleichzeitig muss dieses prosoziale Verhalten an statushohe Kriterien im Sinne von Macht- und Prestigehierarchien gekoppelt sein, die den gewalttätigen Jugendlichen außerhalb seines delinquenten Handelns interessieren" (Weidner 1995: 42). Dies können besondere Sport- oder Kulturangebote sein. Ein Drittes ist zu beachten: Lerntheoretisch müssen auch Verstärkungen eingebaut werden. Genauer geht es darum, den Jugendlichen ein Feed-back darüber zu geben, dass das Umfeld ihnen nur vortäuscht, so beliebt und anerkannt zu sein. In Wirklichkeit steckt die Angst der anderen dahinter. Im Anti-Aggressivitäts-Training hat ein Feedbackverfahren dieses Wechselspiel aufzudecken mit dem Ziel, diese internalisierten Selbsttäuschungen in Frage zu stellen. „Problematisieren der Selbstbekräftigung ist notwendig, weil es die kognitive Wendigkeit beim Gewalttäter verstärkt, qualvolle Konflikte oder destruktive Handlungen zu bagatellisieren. Diesen Verharmlosungen sollte ein Anti-Aggressivitäts-Training entgegentreten" (Weidner 1995: 43). Dabei gewonnene Erfolge werden lerntheoretisch auch dadurch verstärkt, dass die Jugendlichen Bekanntschaft mit den „potenziell belohnenden Aspekten" der Umwelt machen. So werden andere „freundlicher, wenn sie nicht mehr länger in Schrecken und Wut versetzt werden. Positive Aufgeschlossenheit fördert dann wieder herzliche Gegenreaktionen. Wenn eine wechselseitig verstärkende Interaktion zwischen gewaltlosem Verhalten und den Belohnungen aus der Umwelt einmal ins Leben gerufen ist, können sich weit reichende Veränderungen ergeben, auch wenn freundliches Verhalten niemals bewusst entwickelt wurde" (Bandura, zitiert bei Burschyk et al. 1997: 82).

Die Theorie der moralischen Entwicklung und der Rechtssozialisation

Für die Konzipierung des Anti-Aggressivitäts-Trainings waren die Ausführungen von Lawrence Kohlberg (1974) hilfreich, obwohl Kritik dahingehend anzubringen ist, dass diese Theorie „zum einen die emotionalen Faktoren allzu sehr vernachlässigt, vor allem aber relativ unbegründet unterstellt, die Befähigung zu einem bestimmten Niveau der moralischen Reflexion sei bedeutungsgleich mit der Anwendung dieser Kompetenz im tatsächlichen Verhalten, ganz abgesehen davon, dass Handeln immer in bestimmten Situationen erfolgt, die hier völlig außer Betracht bleiben" (Albrecht 1993: 506).

In Kohlbergs entwicklungspsychologischem Stufenmodell der moralischen Entwicklung benannte er drei aufeinander folgende Entwicklungsstadien (präkonventionelle, konventionelle und postkonventionelle Phase), die wiederum in 6 Stufen unterteilt sind. Kohlberg nahm an, dass „sich mit steigendem Niveau moralischen Bewusstseins die Wahrscheinlichkeit delinquenten Handelns reduziert" (Weidner 1995: 50). Das moralische Bewusstsein des überwiegenden Teils der Zielgruppe des Anti-Aggressivitäts-Trainings lässt sich der präkonventionellen Phase zuordnen. Demnach gilt als Ziel eines Trainings die konventionelle Phase. Im Blick auf den Kontext, „in dem die Moral häufig genug lautet ‚Auge um Auge, Zahn um Zahn'" (Weidner 1995: 53) darf die postkonventionelle Phase als unerreichbar gelten. Und selbst die gewaltfreieren, gesetzeskonformen Einstellungen müssen erst in Konfliktsituationen die Probe bestehen. Jugendliche in der präkonventionellen Phase akzeptieren Normen im Sinne einer Solidarität mit der Gruppe. „Verbote gelten nur, solange Gefahr besteht, entdeckt zu werden. Legitimiert die Gruppennorm Gewalt, kann diese in ihren ausgefallensten Formen der Statuserhöhung dienen" (Weidner 1995: 65). Eine Anti-Aggressivitäts-Trainingsgruppe ist in diesem Verständnis zum Beispiel durch den Einsatz von Privilegien zu einer ‚Positiven Peer-Gruppe' formbar. Denn aggressive Jugendliche demonstrieren positives, friedfertiges Verhalten, „wenn sie ihren Sozialstatus nicht verlieren und einen größeren Nutzen im prosozialen Engagement erkennen können" (Weidner 1995: 66).

Gewaltfreie Konfliktlösungsstrategien lassen sich erzielen, indem das Trainerteam kognitive Konflikte und damit eine „moralische Dilemma-Diskussion" erzeugt. In einer Schlägerei zum Beispiel würden die Teilnehmer anfangs bedingungslos ihren Kumpel unterstützen und ihren Bewährungswiderruf riskieren. Erst zu einem späteren Zeitpunkt würden sie das Dilemma diskutieren und differenziert abwägen können, was am besten zu tun ist. „Das moralische Dilemma gilt es auch in der nachträglichen Beurteilung von Gewalttaten zu aktivieren, indem Tatrechtfertigungen der Jugendlichen konfrontiert werden". Gelingt dies, „können so genannte ‚Fairness-Formen', Rollenübernahme oder die Situationsbeurteilung von unterschiedlichen moralischen Ebenen erprobt werden" (Weidner 1995: 67). Als beispielhaftes Modell einer praktischen Umsetzung nennt Weidner das „big-brother-system" der Glen Mills Schools (Grissom & Dubnov 1989). Dieses System kann in das Anti-Aggressivitäts-Training eingegliedert werden „mit dem Ziel, dass sich veränderungsbereite, durchsetzungsstarke Trainingsteilnehmer aktiv und friedfertig für schwache Jugendliche engagieren" (Weidner 1995: 68).

2.4.5) Soziologisch orientierte, ätiologische Theorien

Gemeinsam ist den ätiologischen Theorien, dass sie nach dem Warum abweichenden Verhaltens fragen. Im Einzelfall differieren die einzelnen Theorien darin, dass sie die Ursachen „in schichtspezifischen Sozialisationsdefiziten, in der Diskrepanz von kulturellen Zielen und institutionellen Mitteln oder in unterschiedlichen Zugangschancen zu illegitimen Mitteln" (Lamnek 1993: 95) sehen.

Die Anomietheorie

Nach der Anomietheorie entsteht abweichendes Verhalten „durch Anpassung der Gesellschaftsmitglieder an die widersprüchlichen kulturellen und sozialen Verhältnisse der Gesellschaft" und wird folglich „begriffen als individuelle Reaktion auf strukturelle gesellschaftliche Bedingungen" (Lamnek 1994: 19).

„‚Anomie' (Durkheim) ist ein Zustand der Regellosigkeit, der zu sozialer Desintegration führen kann" (Weidner 1995: 47). Ein persönliches Scheitern der Integration wirkt sich nämlich schlecht auf die soziale Identität des Subjektes aus. An dieser Stelle ist zudem die Frage persönlicher Ressourcen entscheidend, die weiter durch „risikoförderliche oder risikoarme sozialstrukturelle Merkmale des Handelnden – u. a. Geschlecht, Alter, Bildung, Nationalität – bedingt" (Lamnek 2000: 257) sind. Scheitert Integration, können durch Desintegration bzw. Desintegrationsbefürchtungen anomische Zustände verursacht werden. Ergo bestehen „Divergenzen zwischen kultureller Struktur als Verhaltensforderungen an das einzelne Gesellschaftsmitglied und sozialer Struktur als ungleiche Verteilung von legitimen und illegitimen Realisierungschancen" (Lamnek 1993: 141). Diesem anomischen Druck kann durch delinquentes Verhalten begegnet werden. Als bedeutsam für die Zielgruppe des Anti-Aggressivitäts-Trainings ist der von Merton formulierte Anpassungstyp der Innovation zu sehen: Eigentums- und Vermögensdelinquenz sind hier zuzurechnen. „Aber auch irrationale Gewalttätigkeiten gegen Personen oder Sachen können aus Frustration über den anomischen Druck entstehen (...). Als Beispiel nennt Merton (...) den nicht-utilitaristischen ‚Vandalismus', das mutwillige Zerstören von privatem oder öffentlichem Eigentum" (Weidner 1995: 47 f.).

Bei der kritischen Würdigung der Anomietheorie müssen wir hinsichtlich ihrer Erklärungskraft eine nur eingeschränkte Relevanz konzedieren. Sie erklärt nicht alle von uns eingangs als Gewalt und Aggression definierte Erscheinungsformen (beispielsweise Körperverletzungen). Hinsichtlich ihrer Relevanz für die Praxis sieht Lamnek eine gewisse Präventionswirkung darin, wenn man für den einzelnen jungen Menschen die sozialstrukturell vorgegebenen Bedingungen in der Gesellschaft verändert. „Wenn also bei einem Gefährdeten ein Milieuwechsel vorgenommen wird (...), bei dem sich die Zugangschancen zu illegitimen Mittel verringern, die zu den legitimen (z. B. durch einen Arbeitsplatz) erhöhen, so reduziert sich die Wahrscheinlichkeit für das Auftreten weiterer abweichender Verhaltensweisen“ (1993: 264).

Die Subkulturtheorie

Den Sachverhalt Jugendgewalt erklärt auch in gewissem Maße die Theorie der Subkultur. Sie geht davon aus, dass „in größeren, komplexen sozialen Gebilden Normen, Werte und Symbole nicht für alle Elemente dieses sozialen Systems (...) gleich gelten oder gleiche Bedeutung haben. Vielmehr sind große soziale Konfigurationen in sich strukturiert durch verschiedene Subsysteme, die sich untereinander nicht zuletzt auch dadurch unterscheiden können, dass in ihnen unterschiedliche, differenzierte, nuancierte Werte und Normen gelten können“ (Lamnek 1993: 143). Aus der Perspektive dieser Theorie heraus ist Jugend als „Subsystem der Gesamtgesellschaft“ zu charakterisieren. „Analog könnte man von einer Subkultur der Gewalt (vgl. Lamnek 1993: 181 ff.) sprechen, bei der sich die Gewalttätigkeit normativ verselbständigt hat und zu einem eigenständigen Wert geworden ist“ (Lamnek 2000: 157).

Die Subkulturtheorie ist auch für das Anti-Aggressivitäts-Training relevant, da bei der Zielgruppe die sekundäre Sozialisation sehr stark von der Peer-Gruppe bestimmt wird. Nach Weidner steht die Intensivität der Peer-Gruppen-Orientierung in direkter Relation zu der Stärke der „Enttäuschungen und Kränkungen innerhalb der primären Sozialisation“ (Weidner 1995: 55). Die motivationale Komponente liegt darin, dass die Gruppenkohäsion Probleme löst, „indem sie Statuskriterien schafft, nach denen diese Kinder und Jugendlichen zu leben im Stande sind“ (Cohen 1961: 91, zitiert bei Weidner 1995: 55).

Die Subkulturtheorie der Gewalt von Wolfgang/Ferracuti „bieten auch für bundesdeutsche Extremtäter relevante Erklärungsansätze: Danach kommt physischer Aggression eine hohe Bedeutung im Wert- und Normengefüge zu, d. h. dass sie den Sozialisationsprozess, die interpersonellen Beziehungen, den gesamten Lebensstil durchdringt und sich in der Persönlichkeitsstruktur niederschlägt, wobei gewaltlose Akte in spezifischen Situationen negativ als ‚schwach‘, ‚weiblich‘ oder ‚memmenhaft‘ sanktioniert werden. Gewalt gilt als Verhaltenserwartung“ (Weidner 1995: 56).

Wesentlich für ein erfolgreiches Anti-Aggressivitäts-Training ist daher, wie der Gewalttäter die kulturellen Kräfte und Verhaltenserwartungen beurteilt, die auf ihn einwirken. Miller hat in seinem Kristallisationskonzept acht Brennpunkte beschrieben:

- „1. Schwierigkeiten vermeiden, im Sinne äußerer Konformität
- 2. Härte und Maskulinität

- 3. Geistige Wendigkeit und Manipulationsbereitschaft in Abgrenzung zur Intellektualität
- 4. Erregung und Abenteuerbereitschaft
- 5. Fatalismus in Abgrenzung zu langfristigem, zielgerichteten Handeln
- 6. Autonomie bei gleichzeitiger Ablehnung der Verantwortung für Konsequenzen des eigenen Handelns
- 7. Zugehörigkeit zu einer Peer-Gruppe
- 8. Statuserlangung in einer Peergruppe" (Weidner 1995: 57).

Die Zugehörigkeit zu einer Gruppe impliziert, dass sich das einzelne Gruppenmitglied eher an den Gruppennormen orientiert denn an äußerer Konformität, da sonst der Ausschluss aus der Gruppe droht. Einzelne Kristallisationspunkte werden als Coolness beschrieben. Es zeigt deren Attraktivität unter gewaltbereiten delinquenten Jugendlichen, da ein Großteil von sich behauptet, cool zu sein.

Vor dem Hintergrund dieser Ansätze der Subkulturtheorie gilt es für ein erfolgreiches Anti-Aggressivitäts-Training, „den Teilnehmern den funktionellen Wert friedfertigen Verhaltens vermitteln zu können" (Weidner 1995: 70). Dazu muss das Training „die nach außen durchsetzungsstarken Jugendlichen innerlich selbstbewusster machen" (Weidner 1995: 70), indem es ihnen „Fähigkeiten zu verbaler und gewaltfreier Auseinandersetzung und sozialakzeptierte Techniken zur Durchsetzung eigener Ansprüche" (Weidner 1995: 54) vermittelt, damit das Überlegenheitsgefühl des nicht-mehr-behelligt-Werdens einem neuen Gefühl ‚erfolgreicher-Konfliktlösung-ohne-Gewalt' weichen kann.

Ein Zweites leitet sich daraus ab: Da „die individuelle Einstellung der Täter weniger zur Verharmlosung neigt als die subkulturell gruppenorientierte, gewaltrechtfertigende Meinung, (muss) von jedem einzelnen Täter zunächst eine nicht verharmlosende Tatbeschreibung abverlangt werden" (Weidner 1995: 71). Parallel dazu wird versucht, Gruppennormen zu schaffen, die Gewalt nicht mehr rechtfertigen, um beim jungen Menschen die Diskrepanz zwischen diesem Neutralisierungsverlangen der Subkultur und einer Empathie für das Opfer zu verstärken.

Das Neutralisierungsverlangen verweist uns auf einen weiteren theoretischen Erklärungsansatz, der nachfolgend erklärt werden soll.

Die Theorien des differenziellen Lernens

Die Theorien des differenziellen Lernens „bauen auf allgemeineren Lerntheorien (s. o, Anmerkung des Verfassers) auf und gehen von der Grundthese aus, dass das abweichende Verhalten ebenso wie das konforme Verhalten (daher der Begriff differenziell, Anmerkung des Verfassers) erlernt wird. Da Lernen hier nicht nur verhaltenstheoretisch gefasst, sondern insbesondere als Prozess im Rahmen von Sozialisation verstanden wird, sind die Theorien des differenziellen Lernens ausgesprochen (mikro-) soziologisch“ (Lamnek 1994: 21). Wesentlich im Zusammenhang mit unserer Studie ist die Annahme, dass nicht nur das abweichende Verhalten, sondern auch die Einstellungen dazu erlernt werden. Wir weisen damit auf die Wichtigkeit der Neutralisierungsthese von Sykes und Matza bei der Konzipierung des Anti-Aggressivitäts-Trainings hin.

Die fünf Techniken der Neutralisierung lassen sich wie folgt charakterisieren:

- Ablehnung der Verantwortung: Der Delinquent zeigt sich unverantwortlich für seine Straftat, weil beispielsweise die Gewalt „auf ihn zuflog“ und er sich so hilflos in die Situation getrieben sieht.
- Verneinung des Unrechts: Der Täter räumt zwar ein, dass seine Handlung illegitim sei, rechtfertigt sie aber moralisch. „Der andere hat angefangen“ oder „das war doch harmlos“ sind dafür typische Redeweisen.
- Die Ablehnung des Opfers: Das Opfer wird zum Täter gemacht und verdient damit das Unrecht („was muss der mich auch provozieren“). Hierzu zählen auch fremdenfeindliche und rassistische Ansichten, die das Opfer nur „zu 80 % als Mensch“ oder alle Ausländer als kriminell und bedrohlich erscheinen lassen.
- Die Verdammung der Verdammenden: Der Täter greift die Kontroll- und Sanktionsinstanzen an, um vom Unrecht seiner Tat abzulenken. „Diese werden in ihrer Legitimation oder Seriosität angezweifelt und angeprangert und damit deren Berechtigung, den Gewalttäter negativ zu sanktionieren, in Frage gestellt“ (Lamnek o. J: 14).
- Die Berufung auf höhere Instanzen. Die Normen der Kontroll- und Sanktionsinstanzen gelten als nachrangig. Der Delinquent beruft sich beispielsweise auf die Ehre der Familie oder stellt die Hilfe für einen Freund oder „Kamerad“ als vorrangig dar.

Gerade die letzte Technik verdeutlicht, dass die These der Neutralisierungstechniken eng mit der Theorie der Subkultur (s. o.) verbunden ist. Anknüpfend an unsere Ausführungen zu Millers Kristallisationskonzept (s. o.) rekapitulieren wir, dass die Zugehörigkeit zu einer Gruppe die Orientierung an deren Normen verlangt. „Das Erlangen von Status verlangt Härte, geistige Wendigkeit, Abenteuer- und Risikobereitschaft (auch im delinquenten Sinne) sowie Autonomie. Die Ablehnung der Verantwortung für Konsequenzen wird durch Techniken der Neutralisierung umgesetzt. Durch diese Techniken werden Verurteilungen durch Instanzen sozialer Kontrolle, d. h. der Zusammenbruch der äußeren Konformität ‚annehmbar‘ gemacht. Neutralisierungstechniken verringern die erfahrene kognitive Dissonanz und schützen vor Schuldgefühlen und Selbstvorwürfen. Neutralisierungstechniken werden im Interaktionsprozess der Peers erlernt. Sie können als Vorbedingungen für delinquentes Verhalten verstanden werden, denn sie relativieren beim Täter neben den

Schuldgefühlen sowohl die Opferperspektive als auch die Angst vor Sanktionen" (Weidner 1995: 57). Sykes & Matza (vgl. auch Lamnek 1993: 212 ff.) sprechen in diesem Zusammenhang vom entschuldigenden Versager. Dies gilt es, in einem Anti-Aggressivitäts-Training in Frage zu stellen (siehe auch 3. curricularen Faktor in Abschnitt 2.5.5).

„Die normative Orientierungen an den Kristallisationspunkten und die Neutralisierung ihrer deviant-delinquenten Sequenzen bilden die Grundlage verfestigter Strukturen und Interaktionen in Peer-Gruppen" (Weidner 1995: 58). Auch für die Zielgruppe des Anti-Aggressivitäts-Trainings hat die zentrale These der Theorie der differenziellen Assoziation von Sutherland eine wichtige Bedeutung, nach der „eine Person dann delinquent wird, wenn Gesetzesverletzende begünstigende Einstellungen gegenüber den Einstellungen, die Gesetzesverletzungen negativ bewerten, überwiegen" (Lamnek 1993: 188). Dieser Tatsache muss bei der Behandlung gewalttätiger und aggressiver Jugendlicher und Heranwachsender Beachtung geschenkt werden.

Die Kontrolltheorien

Zur Erklärung abweichenden Verhaltens durch ätiologische Theorien[4] bezieht sich Weidner letztlich auf die Kontrolltheorie von Hirschi. Sie geht davon aus, „dass der Mensch ohne besondere soziale Kontrolle und Einbindung im Normalfall abweichendes Verhalten zeigen wird, das auch die Form von Kriminalität annehmen kann" (Albrecht 1993: 513). „Hirschi differenziert dabei vier Formen von Bindung:

- 1. Attachment, die Beziehung zu anderen Personen und Institutionen,
- 2. Commitment, gesellschaftliche Bindungen auf Grund instrumenteller Interessen,
- 3. Involvement, Bindungen auf der Grundlage der faktischen Teilnahme an den gesellschaftlichen Institutionen,
- 4. Belief, die Bindungen auf Grund gemeinsamer Normen und Wertvorstellungen" (Weidner 1995: 48).

Besonders beachtenswert scheint uns die dritte Form, die die „soziale Einbindung in bestimmte Netzwerke" betont. „Dahinter steckt die Alltagsbeobachtung, dass solche Personen, die durch Arbeitsauslastung und durch soziale Kontakte mit geschätzten anderen Personen nahezu nie alleine sind, auch keine Gelegenheit haben, kriminelle Handlungen zu begehen" (Albrecht 1993: 514). Bei einem Grossteil der von uns oben beschriebenen Zielgruppe fehlt die Einbindung in ein so geartetes

---

4 Bei der Zuordnung der Kontrolltheorie zu den ätiologischen Ansätzen folgen wir „unkritisch" Weidner (1995) und Albrecht (1993).

Netzwerk. Daher ist es notwendig, begleitend zur Trainingsmaßnahme den jungen Menschen beim Aufbau sozialer Beziehungen zu unterstützen.

2.4.5) Der Labeling Approach

Im Gegensatz zu den im vorherigen Abschnitt beschriebenen ätiologischen Theorien existiert nach Auffassung des Labeling Approach abweichendes Verhalten als solches nicht. Es wird vielmehr per definitionem begründet. „Es ist also die informelle oder formelle soziale Kontrolle, die die Abweichung ‚feststellt'. Die soziale Kontrolle schafft damit die Abweichung, die es ohne sie nicht gäbe" (Lamnek 1994: 23).

Die zentrale These Tannenbaums: „The young delinquent becomes bad, because he is defined as bad" (1953, zitiert bei Lamnek 1994: 23) macht deutlich, dass nicht irgendwelche Ursachen zu abweichendem Verhalten führen, "sondern die Abweichung wird begriffen als ein Zuschreibungsprozess des Attributes der Devianz zu bestimmten Verhaltensweisen im Verlaufe von Interaktionen" (Lamnek 1994: 23).

„Da man vor der Handlung selbst gar nicht bestimmen kann, was sie bedeutet, kann man sie auch nicht im üblichen Sinne kausal erklären, denn bei etwas anderem Verlauf des Definitionsprozesses hätte sie vielleicht etwas ganz anderes bedeutet" (Albrecht 1993: 515 f.). Ein besonders deutliches Beispiel zu diesem Phänomen gibt der Blick auf die Handhabung und Erklärungskraft offizieller Statistiken: Durch eine veränderte Reaktion der Allgemeinheit in Richtung Einbezug der formalen Kontrollinstanzen werden schon immer vorhandene Ungezogenheiten, Streiche oder das Stehlen von Äpfel aus „Nachbars Garten" zu kriminellen Handlungen gemacht.

Der erste, der Tannenbaums Ansatz wieder aufgriff, war Lemert. Auf ihn „geht die Unterscheidung von primärer und sekundärer Devianz zurück, wobei die sekundäre Devianz im Rahmen der Labeling-Perspektive von größerer Bedeutung ist. Sekundäre Abweichung beruht, im Gegensatz zu primärer, die durchaus auf solche Ursachen zurückgeführt werden kann, die in den bisher bearbeiteten Theorien des ätiologischen Paradigmas genannt wurden, auf einer in der Folge eines bestimmten Verhaltens vorgenommenen Rollenzuschreibung seitens der sozialen Umwelt als Abweicher (...) Treten derartige Erfahrungen gehäuft auf, so wird mit der Zeit diese Rollenzuschreibung akzeptiert und das Verhalten danach ausgerichtet" (Lamnek 1993: 220). Diesen Aufschaukelungsprozess beschreibt Lemert wie folgt:

- „1. primary deviation,
- 2. social penalties,
- 3. further primary deviation,

- 4. stronger penalties and rejection,
- 5. further deviation, perhaps with hostilities and resentment beginning to focus upon those doing the penalizing,
- 6 crises reached in the tolerance quotient, expressed in formal action by the community stigmatizing of the deviant,
- 7 strengthening of the deviant conduct as a negative reaction to the stigmatizing and penalties,
- 8 ultimate acceptance of deviant social status and efforts at adjustment on the basis of the associated role" (1951: 77)

Ein weiterer Vertreter des Labeling Approach ist Becker. Er betont die Setzung und Anwendung von Normen als Mittel der Macht und der Schaffung von sozialen Ungleichheiten. Er schreibt: „Abweichendes Verhalten wird von der Gesellschaft geschaffen ... Ich meine ...., dass gesellschaftliche Gruppen abweichendes Verhalten dadurch schaffen, dass sie Regeln aufstellen, deren Verletzung abweichendes Verhalten konstituiert und dass sie diese Regeln auf bestimmte Menschen anwenden, die sie zu Außenseitern abstempeln ... Der Mensch mit abweichendem Verhalten ist ein Mensch, auf den diese Bezeichnung erfolgreich angewandt worden ist; abweichendes Verhalten ist Verhalten, das Menschen so bezeichnet" (Becker 1981, zitiert bei Weidner 1995: 62). Mit Beckers Ausführungen verbindet sich der Begriff der sich selbst erfüllenden Prophezeiung (self-fulfilling prophecy). Er steht für die abweichende Karriere, die dadurch initiiert wird, dass die Etikettierung weitere abweichende Verhaltensweisen erwarten lässt. Die konformen Handlungsmöglichkeiten werden dadurch zunehmend zurückgedrängt.

Als letzten Vertreter nennt Weidner im Zuge seiner Konzeptionierung des Anti-Aggressivitäts-Trainings Sack. Seine Position wird „als ‚radikaler Ansatz' beschrieben, da er die Ursachenforschung völlig vernachlässigt bzw. ablehnt. (...) Dabei betont Sack, dass die Machtaspekte ‚Normsetzung' und ‚Normanwendung' nicht allein den Instanzen sozialer Kontrolle zuzuordnen sind, sondern als Alltagsinterpretation begriffen werden sollten" (Weidner 1995: 62 f.).

Dass „die Zuschreibung von intentionalen Eigenschaften und Vorgängen ein generelles Merkmal der interaktiven und kommunikativen Prozesse zwischen Menschen darstellen" (Sack 1972; zitiert bei Weidner 1995: 63), hat auch die Zielgruppe des Anti-Aggressivitäts-Trainings erfahren. „Wiederholungstäter sprechen schon im Bezug auf die primäre Sozialisation vom ‚abgestempelt werden als Verbrecher, schwarzes Schaf und von Prophezeiungen einer kriminellen Laufbahn'. (...) Zuschreibungen durch Instanzen sozialer Kontrolle innerhalb der tertiären Sozialisation werden als ‚besonders einschneidend erlebt'" (Weidner 1995: 63) und können wegen der begrenzten Handlungsmöglichkeiten kaum kompensiert werden. So konterkarieren Labeling-Prozesse eine prosoziale Stabilisierung der Persönlichkeit. Schlimmstenfalls arten diese in extrem negativ elitäre Selbstcharakterisierungen aus. „Die Menschenverachtung, Härte und Sinnlosigkeit dieses negativen Elitedenkens gilt es im Anti-Aggressivitäts-Training zu thematisieren" (Weidner 1995: 71).

Auch Albrecht betont, dass Labeling-Prozesse gerade bei Personen, „deren Identitätsbildungsprozess auf Grund der typischen Verlaufsmuster, wie dies bei der Jugend der Fall ist, besonders gravierende Auswirkungen haben. (...) Man kann aus zwingenden Gründen annehmen, dass die Jugend als eine brisante Übergangsphase (...) auch jene Phase ist, in der gesellschaftliche Etikettierungen besonders explosive Folgen haben" (1993: 517). Dass diese Prozesse auch durch entsprechende „städtische Raumentwicklungen vermittelt und verfestigt" werden können, hat Kilb (2002: 48) am Beispiel Frankfurt am Main dargelegt.

Zusammenfassung:
Der vorliegende Abschnitt referierte wesentliche Theorien, die Gewalt, Aggression und Aggressivität zu erklären suchen. Vollständigkeit haben wir längst nicht erreicht, dies war auch nicht unsere Absicht. Wir konnten aber die Vielfältigkeit an Erklärungsansätzen verdeutlichen. Die Ansätze, die das Grundgerüst der theoretisch-definitorischen Gestaltung des Anti-Aggressivitäts-Trainings bilden, sollen zur besseren Veranschaulichung abschließend grafisch dargestellt werden.

Abbildung 3: Das Grundgerüst der theoretisch-definitorischen Gestaltung des Anti-Aggressivitäts-Trainings

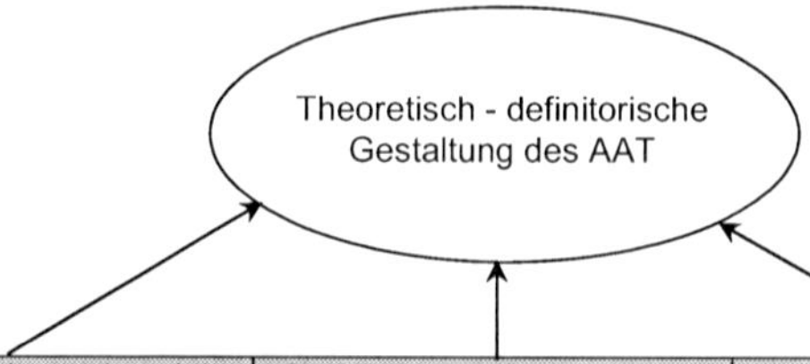

Psychologische und sozialpsychologische Theorien	Soziologischorientierte ätiologische Theorien	Der Labeling Approach
➢ Das psychoanalytische Delinquenzverständnis unter dem Aspekt der Aggression (Adler Freud/Redl/Wineman) ➢ Die Frustrations-/Aggressions-Hypothese (F-A-H) (Dollard et al.) ➢ Die Lerntheorie (Pawlow/Skinner/Bandura) ➢ Die Theorie der moralischen Entwicklung und der Rechtssozialisation (Kohlberg)	➢ Die Anomietheorie (Merton) ➢ Die Subkulturtheorie (Cohen/Miller/Wolfgang /Ferracuti) ➢ Die Theorien des differentiellen Lernens (Sutherland/Sykes/Matza) ➢ Die Kontrolltheorie (Hirschi)	➢ Mikrosoziologische Theorien (Lemert, Becker) ➢ Makrosoziologische Theorien (Sack)

Die Differenzierung beim Labeling Approach wurde im Text nicht explizit herausgearbeitet. Zur besseren Darstellung greifen wir auf Lamnek (1993: 105) zurück.

2.5) Das Anti-Aggressivitäts-Training für Gewalttäter

Nach den phänomenologischen Ausführungen dieses theoretischen Kapitels unserer Arbeit möchten wir uns nun intensiver dem Anti-Aggressivitäts-Training zuwenden. Zunächst werden wir uns der Frage annehmen, welche Elemente im Anti-Aggressivitäts-Training zum Einsatz kommen. Grob betrachtet sind dies bestehende pädagogisch-psychologische Konzepte und psychologische Fachrichtungen oder Teile daraus. Im anschließenden Abschnitt werfen wir einen Blick in die Entstehungsgeschichte des Trainings. Die Qualität und die Finanzierung des AAT sind Gegenstand der nachfolgenden Abschnitte. Schließlich stellen wir das Curriculum und den sich daraus aufbauenden Ablauf der Maßnahme im Allgemeinen vor und schildern im Besonderen einem konkreten Kurs, wie er unter der Leitung des Autors im Land Brandenburg stattgefunden hat.

2.5.1) Gestaltungselemente, Methodiken und Techniken des Anti-Aggressivitäts-Trainings

Insgesamt können wir in den Ausführungen Weidners (1995) acht Elemente ausmachen, die in unterschiedlicher Weise das Anti-Aggressivitäts-Training gestalten.

Die Konfrontative Therapie
Das Anti-Aggressivitäts-Training ist geprägt durch die Konfrontative Therapie Corsinis. Sie „strebt einen schlagartigen, schnellen Erkenntnisgewinn des Menschen an" (Weidner 2002: 43). Konfrontative Therapie „beruht in erster Linie auf Heiders (1958) Theorie über zwischenmenschliche Beziehungen, Festingers (1957) Theorie der kognitiven Dissonanz sowie Zeigarniks Theorie der unerledigten Handlungen. Im Wesentlichen vertritt die Konfrontative Therapie die Auffassung, dass Menschen unter geeigneten Bedingungen plötzliche und anhaltende Persönlichkeitsveränderungen zum Besseren durchmachen können. Zwar kann die Vorbereitung der Konfrontativen Therapie beträchtliche Zeit in Anspruch nehmen, aber die Therapie selbst wirkt unverzüglich und ruft beim Klienten außerordentlich starke Gefühlsbewegungen hervor. Die Behandlungsmethode wird in der Regel in der Gruppe durchgeführt, und das eigentliche Verfahren ist entweder das Psychodrama oder die Hinter-dem-Rücken-Technik" (Corsini 1994: 555), die im Anti-Aggressivitäts-Training überwiegend durch den „Heißen Stuhl" (s. u.) ersetzt wird.

Nach Corsini muss eine Therapie nicht lange, kompliziert und teuer sein, wenn es gelingt, das schwierigste Hindernis, den Widerstand des Klienten, zu überwinden. „Die Therapie wird im Wesentlichen zu einem Machtkampf, in dem der Therapeut sagt: ‚Werde geheilt!' und der Klient sagt: ‚Nein!'" (Corsini 1994: 559). Diesen Machtkampf gilt es zu vermeiden und durch „zielbewusstes, schlaues, arglistiges, heimliches und gewaltsames" Handeln (Corsini 1994: 559) zu ersetzen. Konfrontative Therapie geht im Kern davon aus, dass der Klient selbst das Leistungsvermögen zur Veränderung besitzt. Daher gilt es auch im Anti-Aggressivitäts-Training, unter Einsatz konfrontativer Elemente dieses Potenzial im jungen Menschen freizusetzen.

Die provokative Therapie
Die provokative Therapie kommt nicht nur im 6. Teil des Sitzungscurriculums zum Tragen, sie prägt, im Sinne eines „Systems für die Arbeit mit Klienten" (Farrelly & Matthews 1983: 957), noch breiter als es die Konfrontative Pädagogik tut, den pä-

dagogischen Stil des gesamten Anti-Aggressivitäts-Trainings. Ihr Begründer ist Farrelly, der die provokative Therapie in den sechziger Jahren in den USA „ in engem Kontakt mit Carl Rogers“ (Farrelly & Brandsma 1986: 12) entwickelt hat. Nach dem Motto „Lachen ist die beste Medizin“ (Farrelly & Brandsma 1986: VII), wird mit Ironie und Humor das Leiden der Klienten „auf die Schippe genommen... Es wirkt paradox, dass sich die Patienten durch diese Form des Umgangs auf die Dauer mehr akzeptiert fühlen, als durch eine stets ‚rücksichtsvoll-sensible' Behandlungsweise. Dieser ‚frische Wind', der alles Pathos hinwegfegt, wird als belebend für den therapeutischen Prozess empfunden“ (Farrelly & Brandsma 1986: V). „In der provokativen Therapie spielt der Therapeut nicht die Rolle des ewig verständnisvollen Übervaters, sondern den advokatus diaboli, (...) der den Klienten provoziert, um Grenzerfahrungen herauszulocken und diese dann sachlich ‚straight' zu besprechen“ (Weidner 1993: 10).

Die provokative Theorie basiert auf zehn zentralen Annahmen (Farrelly & Brandsma 1986: vgl. 43 – 68):

- „Menschen verändern sich – sie wachsen innerlich, wenn sie auf Herausforderungen reagieren“.
- „Patienten können sich verändern, wenn sie wollen“.
- „Patienten haben weit mehr Möglichkeiten, eine schöpferische und angepasste Art des Lebens zu entwickeln, als sie oder die meisten Kliniker es annehmen“.
- „Die psychische Zerbrechlichkeit der Patienten wird in hohem Maße überschätzt – von ihnen selbst und von anderen“.
- „Die schlecht angepassten, unproduktiven, antisozialen Haltungen und Verhaltensweisen eines Patienten können drastisch verändert werden“.
- „Erfahrungen im Erwachsenenalter oder aus der Gegenwart sind mindestens so bedeutsam (...) als Kindheitserfahrungen oder frühere Erfahrungen bei der Prägung von Werten, Einstellungen und Verhaltensweisen“.
- „Der Umgang des Patienten mit dem Therapeuten spiegelt relativ genau sein normales Verhalten in sozialen und zwischenmenschlichen Beziehungen wider“.
- „Menschen machen Sinn. Das menschliche Wesen ist besonders logisch und verstehbar“.
- „Der Ausdruck des therapeutischen Hasses und des fröhlichen Sadismus gegen den Patienten kann für ihn (den Therapeuten, Anmerkung des Verfassers) sehr wohltuend sein“.
- Die bedeutsamsten Botschaften zwischen Menschen sind nicht sprachlicher Natur“.

Außerdem ergänzen zwei Hypothesen diese soeben aufgeführten Grundsätze. Danach geht Farrelly davon aus, dass ein so provozierter Mensch zum einen sich in die – zu der vom Therapeuten vorgegebene – entgegengesetzte Richtung bewegt. Zum anderen orientiert der Mensch sich an seinen eigenen Ressourcen, wenn man ihn auffordert, „seine Selbstverteidigung und sein eingeschränktes Verhalten fortzusetzen“ (Farrelly & Brandsma 1986: 69).

Provokative Therapie bedient sich vielerlei Techniken, deren Aufzählung allerdings den Rahmen dieses Kapitels sprengen würde. Eine „zentrale, wesentliche Schlüsselrolle in der provokativen Therapie“ spielt allerdings der Humor; „er muntert auf und ist notwendig, er ist keine Randerscheinung zur ‚richtigen Arbeit'“ (Farrelly & Brandsma 1986: 127) und soll „die Klienten zu positivem und entfaltungsfördernden Handeln“ (Farrelly & Matthews 1983: 957) motivieren. Als Arten von Humor nennt Farrelly: „1. Übertreibung, 2. Nachahmung, 3. Spott (Lächerlichkeit), 4. Entstellung, 5. Sarkasmus, 6. Ironie, 7. Witz usw.“ (1986: 135 f.). Selbstverständlich finden diese Formen auch im Anti-Aggressivitäts-Training immer wieder Anwendung, beispielsweise bei einer Sitzung auf dem „Heißen Stuhl“.

Der „Heiße Stuhl“ aus der Gestalttherapie

Konfrontative und provokative Therapie werden am direktesten durch die Technik „Heißer Stuhl“ in der Arbeit mit den Klienten umgesetzt. Er findet als für den außenstehenden Betrachter wohl spektakulärste Methodik auch im Anti-Aggressivitäts-Training entsprechende Verwendung. Der „Heiße Stuhl“ ist „seit längerem ein feststehender Begriff in der sozialpädagogisch-psychologischen Praxis“ (Scholz 2001: 125). Er ist nicht erst im Zuge des Anti-Aggressivitäts-Trainings in der Hamelner Jugendanstalt kreiert worden, sondern „hat seinen Ursprung im Begriff des ‚leeren Stuhls' wie er bereits 1915 vom Psychiater Moreno, dem Erfinder der Psychodrama-Therapie (...) verwendet wurde“ (Weidner 1993: 9). Dabei stellt der Klient sich seinen Konfliktgegner in einem Rollenspiel geistig vor Augen und führt mit Unterstützung des Therapeuten so einen Dialog, als würde das Gegenüber auf dem Stuhl sitzen. Moreno hat diese Form später zum Psychodrama weiter entwickelt, wo er in einer Art spontaner Theaterinszenierung auch den Konfliktgegner als Rollenspieler eingebunden hat. Dabei ist der Therapeut der Regisseur, die Klientin oder der Klient agieren als Hauptdarstellerinnen und die übrigen Gruppenmitglieder erhalten zugewiesene Rollen.

„Das Pendant zu Morenos ‚leerem Stuhl' ist der ‚Heiße Stuhl' des Gestalttherapeuten Frederick Perls (1893 – 1979). Inspiriert durch Moreno (...) favorisierte Perls den „Heißen Stuhl“ als eine Methode der Gestalttherapie. In der Sitzung sollte darauf diejenige Person ‚Platz nehmen, die an ihrer Psyche arbeiten will' (...). Ziel der Gruppe ist es, alle Gedanken auf die Person zu fokussieren, um ihr optimale Hilfestellung zu geben“ (Weidner 1993: 9). Dazu sitzt der Klient auf dem Stuhl, während die übrigen Gruppenmitglieder und das Trainerteam ihn einkreisen. Ausgangspunkt von Perls' Gestalttherapie ist ein „zwiebelschaliges Modell“. Es meint, dass eine Person mit Klischees (1. Schale) und Rollen (2. Schale) umgeben ist. Geht der Klient dieser Schalen verlustig, hat dies seelische Blockaden (3. Schale) zur Folge. Diese gilt es im therapeutischen Prozess ähnlich einer Explosion zu überwinden. Erst so kann sich eine neue Identität herausschälen. „Perls attackiert in seiner Therapieform die inneren Widerstände, die uns hemmen und einschränken" (Weidner 1993: 10). Ohne, dass sich der Einzelne dies bewusst macht und zu ertragen lernt, ist eine erfolgreiche Behandlung nicht möglich.

Der „Heiße Stuhl" des Anti-Aggressivitäts-Trainings „hat sich von Perls ‚hot seat' entfernt. Es geht nicht mehr darum, dem Klienten in einer Gruppensitzung ein ruhiges, sachliches Feed-back zu geben. Es geht darum, ihn zu attackieren und so zum Nachdenken zu zwingen" (Weidner 1993: 11).

Die kognitive Psychologie

Die kognitive Perspektive soll nach Weidner die deutliche Begrenztheit lerntheoretisch-verhaltenstherapeutischer Ansätze in der Arbeit mit delinquenten Jugendlichen erweitern. „Als ‚kognitiv' sind die Prozesse zu bezeichnen, die an dem Erwerb, der Organisation und dem Gebrauch von Wissen beteiligt sind Die kognitive Psychologie beschäftigt sich mit dem Problem, wie das Individuum Informationen und Verständnis über seine Umwelt erwirbt und auf der Basis seiner Kognitionen in ihr handelt und auf sie einwirkt" (Weidner 1995: 111). Als Kognitionen sind zu bezeichnen, was der einzelne über sich, seine Umwelt oder sein eigenes Verhalten meint oder (sicher) weiß. Das Individuum gilt als zielgerichtet und nach „kognitiver Konsistenz" strebend, d. h. „Menschen versuchen, Widersprüche in ihren Kognitionen – also in ihren Meinungen, Überzeugungen, Werthaltungen usw. über sich selbst und bestimmte Aspekte ihrer Umwelt – zu vermeiden. Inkonsistenz zwischen zwei Kognitionen wird als unvernünftig und unangenehm erlebt und motiviert das Individuum, Konsistenz zwischen ihnen herzustellen" (Weidner 1995: 111).

Nach Kelly gibt es keine objektive Wirklichkeit, da Phänomene nur durch Konstrukte Bedeutung erlangen. Menschen entwerfen ihre eigenen Schablonen von der Welt, die Kelly Konstrukte nennt. An diese Konstrukte versucht der Einzelne jeweils die Realität anzupassen. „Entsprechend begreift Kelly den Mensch als Wissenschaftler, der ein Konstruktsystem – eine Theorie – entwickelt, um Phänomene vorhersagen und kontrollieren zu können" (Weidner 1995: 112). Individuelle Gewalt als Konstrukt kann in diesem theoretischen Modell erst vor dem Hintergrund ähnlicher Begebenheiten und durch das Gegenkonstrukt Friedfertigkeit begriffen werden. „Für die pädagogische Praxis impliziert dies als zentralen Gedanken die Empathie, um das Konstruktsystem des gewalttätigen Jugendlichen zu begreifen und ihm auf dieser Verstehensbasis wirksam helfen zu können. Helfen ist in diesem Sinne ‚ein Prozess der Rekonstruktion von Konstruktsystemen. Dies bedeutet, dass einige Konstruktionen ersetzt, neu hinzugefügt, einige verfestigt und andere gelockert, einige mehr durchlässig und andere weniger durchlässig gestaltet werden müssen. Psychotherapie ist folglich die psychologische Rekonstruktion des Lebens'" (Weidner 1995: 113).

Praktisch lernt sich die Gruppe im Anti-Aggressivitäts-Training in direkter Interaktion kennen, d. h. sie erfragt die Kernkonstrukte der einzelnen Teilnehmer. In Rollenspielen soll der aggressive Jugendliche friedfertige, also kontrastvolle Rollen spielen. Genauso sind beispielsweise Gespräche „über Gefühle und Zärtlichkeiten mit anderen ‚harten Jungs'" (Weidner 1995: 114) hilfreich. Schwierig wird es dann, wenn der Jugendliche nicht mehr weiß, ob das alte Konstrukt noch immer oder das neue Konstrukt bereits gilt. Dann ist es notwendig, „dem Jugendlichen (statt eines starren Konstrukts, Anmerkung des Verfassers) kognitiv komplexere Erklärungsmuster zu vermitteln, (...) ‚zumal die Prozesse des Individuums (...) psychologisch kanalisiert (sind) durch die Art und Weise, in der es Ereignisse antizipiert. (...) Das Individuum strebt also nicht nach der Verstärkung oder Vermeidung von Schmerz, sondern nach Validierung und Ausdehnung seines Konstruktsystems. Wenn jemand etwas Unangenehmes erwartet und es tritt ein, dann erhält er eine Bestätigung'" (Weidner 1995: 115).

Da im Anti-Aggressivitäts-Training bei der Auseinandersetzung mit der Gewalttat diese Systeme ständig in Frage gestellt werden, sind Angst, Furcht, Bedrohung und Schuld für die Teilnehmer immer präsent:

- „Angst ist die Erkenntnis, dass die Ereignisse, mit denen man konfrontiert ist, außerhalb der Bandbreite des Nutzens des Konstruktsystems liegen. Jemand ist ängstlich, wenn er entweder kein Konstruktsystem zur Verfügung hat oder mit seinem Konstruktsystem unterliegt.
- Im Gegensatz dazu erlebt man Furcht, wenn ein neues Konstrukt sich anschickt, in das eigene Konstruktsystem einzudringen.
- Von noch größerer Bedeutung ist die Erfahrung von Bedrohung. Bedrohung ist das Bewusstsein von bevorstehenden umfassenden Veränderungen in der hauptsächlichen Struktur" (Kelly, zitiert bei Weidner 1995: 116).
- Schuld wird in diesem theoretischen System als das Bewusstsein begriffen, „sich von seiner grundlegenden Rollenstruktur entfernt zu haben. Das heißt, ein Jugendlicher, der sich als ‚Schläger' definiert, wird sich bei friedfertigem Verhalten schuldig fühlen, weil ihm sein Härte-Konstrukt missglückt ist" (Weidner 1995: 117). Diese Gefühle werden durch Erwartungen einer Gruppe verstärkt.

Ständig besteht in diesen Erfahrungen die Versuchung, auf die vorherigen Konstrukte zurückzugreifen, das Training abzubrechen und zur Feindseligkeit zurückzukehren. Der Jugendliche ist vielmehr geneigt, sein Konstruktsystem zu verteidigen und so auch andere weiterhin zu zwingen, sich entsprechend der eigenen Erwartungen zu verhalten.

Die rational-emotive Therapie (RET)
Aus einer Gesamtheit mehrerer kognitiver Theorien und auf der Basis der Ausführungen zur kognitiven Therapie kommt im Anti-Aggressivitäts-Training die rational-emotive Therapie als Variante der kognitiven Verhaltenstherapie zum Tragen. Sie basiert auf Kellys Attributionstheorie (Attribution als die Schlussfolgerung entsprechend der Perzeption, vgl. Weidner 1995: 111). „Die RET wurde gewählt, weil ihr emotional-direkter, konfrontativer Kommunikationsstil in rational orientierten Sitzungen im Umgang mit aggressiven Wiederholungstätern als besonders geeignet erscheint" (Weidner 1995: 111 f.) und dabei auch „das kognitive Element (selbst-) schädigendes Verhaltens betont" (Weidner 1995: 118). Die theoretischen Grundlagen der RET mögen recht einfach sein. Aber ihre unkomplizierten Formulierungen sind sehr gut für konfrontative Streitgespräche mit aggressiven Jugendlichen geeignet und werden im Gegensatz zu beispielsweise psychoanalytischen Ansätzen (vgl. 2.4.4) von ihnen nicht abgelehnt.

„Nach der rational-emotiven Therapie entstehen psychische Probleme – wie extreme Minderwertigkeitsgefühle mit einhergehendem niedrigem Kränkungsniveau bei gewaltaffinen Jugendlichen – aus ‚Fehlwahrnehmungen bzw. falscher Kognition des Wahrgenommenen, aus ihrer emotionalen Unter- oder Überreaktion auf normale oder ungewöhnliche Stimuli sowie aus gewohnheitsmäßigen, dysfunktionalen Verhaltensmustern, die sie dazu bringen, unangemessene Reaktionen zu wiederholen, selbst wenn sie deren Mängel erkennen'" (Weidner 1995: 118 f.). Bildlich lässt sich dies durch das ABC (vgl. Weidner 1995: 119) beschreiben. Kommt es in einer Diskothek zu einer Provokation (= A: activity), kann der Jugendliche dies irrational als existenziellen Angriff auf seine Persönlichkeit deuten (= B: belief) und antwortet darauf mit Gewalttätigkeit[5] (= C: consequence). In der therapeutischen Erweiterung dieses Erklärungsversuchs folgt das „Infragestellen dieser irrationalen Überzeugungen bis zur Einsicht der Nichtverifizierbarkeit" (Weidner 1995: 119) (= D: dispute). Ziel dieser Intervention sind modifizierte Effekte (= E: effects), und zwar sowohl kognitive als auch Verhaltenseffekte.

Als zentrale Annahmen der RET gelten:

- Die kognitive Mediation: Nicht nur die objektiven Ereignisse, sondern auch die damit verbundenen Einsichten bestimmen die emotionale Reaktion des Jugendlichen.

5 Alternativ könnte der Jugendliche natürlich auch die Provokation (A) als „nur" lästig empfinden (B) und die Diskothek verlassen (C), um eine Auseinandersetzung zu vermeiden.

- Dysfunktionale Gefühlszustände: Sie sind „das Ergebnis antiempirischer, unverizifierbarer Hypothesen und des Unvermögens, zwischen Verhinderbarem und Nicht-Verhinderbarem zu differenzieren" (Weidner 1995: 120).
- Disputation: Die irrationalen Anschauungen werden im Sinne einer „Konfrontation als Hilfe" (Weidner 1995: 129) aufgedeckt und die irrationalen Denkmuster verstärkt, um zu verdeutlichen, wie diese die eigenen Gefühle bestimmen. Es ist möglich, auf diese Weise die Kognitionen zu verändern.
- Inhalte irrationaler Einstellungen: Als solche gelten Mussvorstellungen (etwas ist absolut notwendig), Katastrophendenken (die Folge einer Handlung wird überbewertet), Selbsterwartungen („die irrationale Herabsetzung der eigenen Person" (Weidner 1995: 120)) und die niedrige Frustrationstoleranz (die Unfähigkeit, Ereignisse der Umwelt zu ertragen).
- Bewusste Erfahrung: Die RET richtet „ihr Vorgehen introspektiv aus". Dabei geht es um „die Einsicht in den Symptomursprung" (Weidner 1995: 124), obwohl der Jugendliche auch ohne diese Einsicht sein situationsinadäquates Verhalten verlernen kann.

„Das methodische Vorgehen der RET ist neben der kognitiven Disputation durch emotive Techniken und durch verhaltenstherapeutische Verfahren bestimmt. Dies sind im Einzelnen:

- Verstärkung von rationalen Denkmustern: Dabei wird der Teilnehmer „im Dialog belehrt, konfrontiert und zu Analysen angehalten" mit dem Ziel, dass er seine „antizipierten Katastrophen durchspielt und dabei erkennt, wie sie zu bewältigen sind" (Weidner 1995: 121).
- Herausforderung: Diese Disputationstechnik legt die Mussvorstellungen der Jugendlichen in Form von Provokationen bloß. Auf diese Weise sollen sie sich von ihren Zwangshaltungen distanzieren.
- Rollenaufzählung: Sie „thematisiert die unterschiedlichen (...) Selbstabwertungen" (Weidner 1995: 121).
- Gegenüberstellen inkompatibler Kognitionen: Demgemäß können Dissonanzen reduziert werden.
- Schamreduzierende Mutproben: Dies ist eine emotive Technik und spricht „Gefühle des Teilnehmers unmittelbarer an als die Disputationen. (...) ‚Schamreduzierende Mutproben eignen sich auch dazu, deutlich zu machen, dass die tatsächlichen Folgen mancher Handlungen bei weitem nicht den zuvor vorhandenen Befürchtungen nahe kommen'" (Weidner 1995: 122).
- Imaginationstechnik: Unter anderem geht es hierbei darum, dass sich der Jugendliche vorstellen soll, wie er eine beispielsweise angsterregende Situation „nun mit rationalem Denken" (Kessler, zitiert bei Weidner 1995: 123) meistert.

Abschließend sei betont, dass die rational-emotive Philosophie „von einer optimistischen Anthropologie geprägt ist, dass nämlich kein Mensch für irgendetwas abgeurteilt wird, ungeachtet der Scheußlichkeit seiner Handlungen. Seine Taten mögen messbar und verrucht sein, aber er selbst wird deshalb nie als Person eingestuft und abgestempelt werden'" (Weidner 1995: 123). Demzufolge strebt das Anti-Aggressivitäts-Training „keinen Zugriff auf die gesamte Seele des Teilnehmers" an, sondern will „punktgenau defizit-, d. h. aggressivitätsorientiert vorgehen" (Weidner 1995: 125).

Die Glen-Mills Schools

In dieser Behandlungsmaßnahme war Weidner als Co-Trainer mehrere Monate tätig. Seine dort gemachten Erfahrungen beeinflussten die Ausgestaltung der Konzeption des Anti-Aggressivitäts-Trainings. Es handelt sich bei den Glen-Mills-Schools um einen „privaten, nicht-geschlossenen" Jugendvollzug in Glen Mills, einem kleinen Ort nahe Philadelphia, der gewalttätige Gangjugendliche aus den umliegenden Großstädten aufnimmt, „die als aggressiv-manipulativ und subkulturell engagiert gelten" (Weidner 1995: 129). Ziel ist die „Transformation vorinstitutioneller Verhaltensstandards in den institutionellen Alltag" (Weidner 1986: 50) durch das Neuorganisieren des Handelns der Großstadtgangs in der Einrichtung zu erreichen. Dazu ist es zunächst notwendig, ein subkulturfreies Milieu zu schaffen. Dazu wendet Glen Mills „das Interaktionsritual in sieben Stufen (an), die jeder Schüler und jeder Mitarbeiter kennt und beherrscht" (Ottmüller 1988: 76). „Ziel ist es, Unterdrückungsversuchen bzw. Gewaltrechtfertigungen eine institutionalisierte Reaktion entgegenzusetzen" (Weidner 1995: 130). Gruppendruck und Modelllernen kommen hier wesentlich zum Tragen. „Behandelte, ehemals gewalttätige Jugendliche mit hohem Status in Glen Mills dienen als Vorbilder. Sie verhalten sich analog der institutionellen Normen und konfrontieren die mitinhaftierten Normbrecher. Sie gelten als Gegenspieler (Antagonisten) der Subkultur. Das hat zur Folge, dass gewalttätige Neulinge, die statushöhere Insassen kooperativ handeln sehen, selbst eher zur Kooperation bereit sind und rückläufig aggressives Verhalten zeigen" (Weidner 1995: 131). Nach der Erklärung von Weidner bedingen diese konfrontativen Interaktionen, „dass in den Glen-Mills-Schools Unterdrückung, Misshandlung oder Drogenhandel zur Ausnahme geworden sind. (...) Die Jugendlichen (sind) zur Anpassung an das behavioristisch orientierte Institutionsmodell bereit" (1995: 132).

Einzelne Programmpunkte lassen sich nach Weidner (1995: vgl. 132 f.) in die deutsche Kriminalrechtspflege übertragen, die im Folgenden genannt werden:

- Delikt- bzw. Defizitorientierung statt unspezifischer „Breitband-Sozialtherapie“.
- „Integration von prosozial agierenden Insassen bzw. Ex-Schlägern oder Pazifisten als friedfertige Rollenmodelle für gewalttätige Inhaftierte“.
- Konfrontation zur Überwindung von Neutralisierungstechniken.
- Einbindung der Jugendlichen in Sport- und Freizeitangebote.
- „Integration der Trainingsteilnehmer in ein gestaffeltes Privilegiensystem, das dem Jugendlichen Statusgewinn, auch ohne Engagement in der Subkultur ermöglicht“.

Das Geschlechtsrollenseminar für sexuelle Gewalttäter

Auch diese Behandlungsmaßnahme hat „die konzeptionelle Ausgestaltung des Anti-Aggressivitäts-Trainings beeinflusst“ (Weidner 1995: 129). Diese Geschlechtsrollenseminare wurden seit 1981 von Heilemann in der Jugendanstalt Hameln geleitet (vgl. Heilemann 1985). Sie definieren sich „als gemeindenahe Sexualstraftätertherapie, deren gruppentherapeutische Angebote eine Verminderung der Vergewaltigerbereitschaft anstreben“. Praktisch setzen sich im Sinne einer Konfrontation mit nicht-aggressiven Rollenmodellen „'selbstbewusste Frauen' mit den frauenfeindlichen Vorstellungen der Vergewaltiger auseinander“. Ziel der auf die jeweilige Persönlichkeit des Probanten zugeschnittenen Interventionen ist „die Auseinandersetzung mit den Lebenslügen, die zur Rechtfertigung der Vergewaltigung vom Täter herangezogen werden bzw. der Abbau von Verdrängungsmechanismen, um dem Täter die Folgen seines Handelns einsichtig zu machen“ (Weidner 1995: 134).

Thematische Schwerpunkte bilden die Themen ‚Sexualität und Gefühlswelt', ‚aggressiv-sexuelle Ausbeutung der Frau', ‚Gewalt als lusterzeugende Komponente', ‚Opferperspektive', und ‚Dominanzgefühl und Frustrationsbewältigung in verschiedenen Phasen heterosexueller Kontakte'.

Im direkten Erfahrungsaustausch zwischen beiden Projekten wurde das Curriculum des Anti-Aggressivitäts-Trainings entwickelt. Weidner konnte vor allem darauf vertrauen, dass „unter den Rahmenbedingungen der Hamelner Jugendanstalt eine deliktspezifische Behandlung möglich ist, die auch zum Teil außerhalb der Mauern (extramural) stattfindet, um beim motivierten Teilnehmer den negativen Einfluss der Insassensubkultur zu reduzieren“ (Weidner 1995: 135).

Das Anti-Aggressivitäts-Training als spezielles soziales Training

„Beim Anti-Aggressivitäts-Training handelt es sich um eine Spezialisierung des sozialen Trainings. (..) Es orientiert sich unmittelbar am lebens- und alltagspraktischen Üben (...) und kann als sozialpädagogische Breitbandbehandlungsmaßnahme“ (Weidner 1995: 135 f.) bezeichnet werden. Ihr liegen lerntheoretische Annahmen zu Grunde, und sie erhebt nicht den Anspruch einer Therapie. Das soziale Training ist durchaus auch für die Zielgruppe des Anti-Aggressivitäts-Training geeignet, muss allerdings spezifiziert werden und sollte dann durch „Spezielles Soziales Training“ (Otto, zitiert bei Weidner 1995: 136) gekennzeichnet sein.

Das Anti-Aggressivitäts-Training ist zum einen delikt- und defizitspezifisch, was bedeutet, dass dabei das Delikt des Teilnehmers im Vordergrund steht. „Bei dem Ansatz besteht zwar die Gefahr einer zu verengten Sicht der Gesamtpersönlichkeit der Teilnehmer, er hat aber den Vorteil, dass die Teilnehmer Gespräche zur Gewalt als ihr Thema annehmen und darüber nachzudenken bereit sind, während sie sich gegen die Auseinandersetzung mit ihrer Gesamtpersönlichkeit zur Wehr setzen“ (Weidner 1995: 136). So suchen Gewalttäter beispielsweise nach Konfliktlösungsstrategien und „Anleitungen für den Umgang mit Provokationen“ (Weidner 1995: 138), die im sozialen Training thematisiert werden können.

Zum anderen orientiert sich das Anti-Aggressivitäts-Training am Begriff „antagonistisch“, der sich „auf das Selbstverständnis der Trainer bezieht. Diese verstehen sich als Widersacher (=Antagonisten), als friedfertige Gegenspieler zu den gewalttätigen Teilnehmern“ (Weidner 1995: 138). Außerdem unterstützen Nicht-Professionelle die professionellen Trainerinnen und Trainer. Dies können Personen sein, die auf anderen Ebenen mit dem Thema Gewalt arbeiten (z. B. Kampfsportler), aber auch „gemeindenahe“ (Heilemann & Fischwasser-von Proeck 2001: 96) Ehrenamtliche und Ex-Gewalttäter, die als Tutoren bezeichnet werden. Diese Einbindung ist aus dreierlei Hinsicht nützlich:

- Erstens bringen die Nicht-Professionellen „ihr Werte- und Normverständnis und ihre Betroffenheit zur Gewaltkriminalität in die Sitzungen ein und bilden damit ein Pendant zur Gewaltverherrlichung“ in der Subkultur.
- Zweitens bieten deren mannigfache Biographien, Charaktere und Sozialisationsgeschichten „den Teilnehmern modellhafte Einblicke in Verhaltensalternativen“.
- Drittens sichern die Nicht-Professionellen „eine zahlenmäßig gleichstarke und solidarische Mitarbeitergruppe während der Sitzungen“ (Weidner 1995: 138 f.). Ein so gearteter Gegenpart ist dringend geboten, um im Verlauf des Kurses die Oberhand zu behalten.

Abschließend sollen diese Ausführungen im Überblick grafisch dargestellt werden.

Abbildung 4: Gestaltungsmerkmale, Methodiken und Techniken des Anti-Aggressivitäts-Trainings

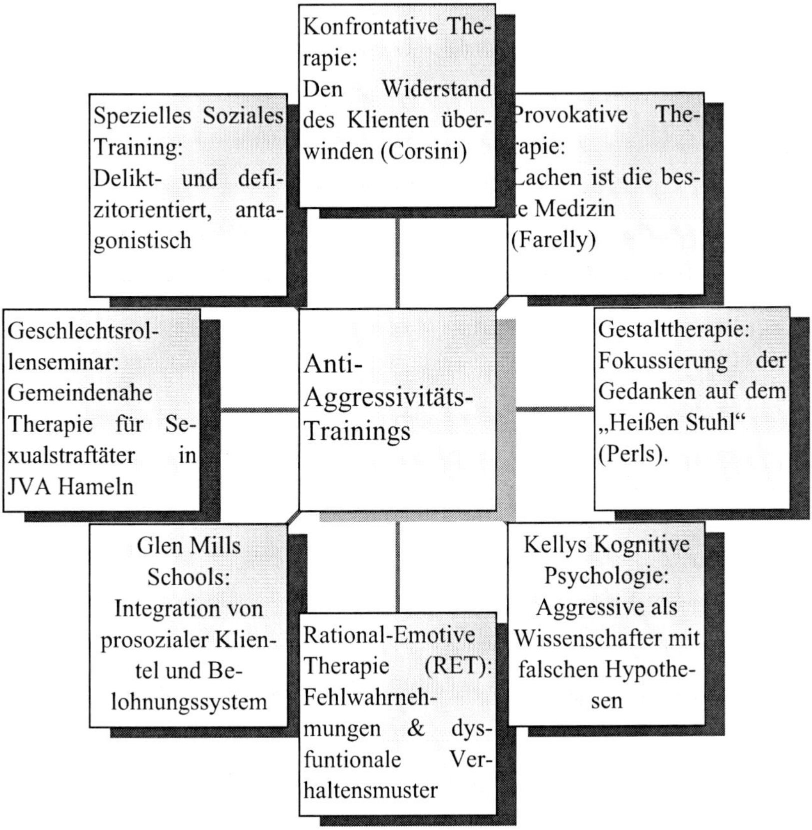

2.5.2) Die Entwicklung des Anti-Aggressivitäts-Training

Das Anti-Aggressivitäts-Training wurde erstmals in der Jugendanstalt Hameln entwickelt. Dort hatte sich „im Herbst 1986 eine interdisziplinäre Arbeitsgruppe unter Beteiligung von gewaltaffinen Insassen" (Weidner 1995: 126) gebildet, die die „Gewalttätigkeit im Jugendvollzug" (Weidner 1995: 126) thematisieren und daraus praktische Konsequenzen für den Strafvollzug erarbeiten sollte. Außerdem zählten zu dieser Arbeitgruppe „Personen mit psychologischer, sozialpädagogischer bzw. soziologischer Ausbildung“ (Ohlemacher et al. 2001 a: 4).

Ausgangspunkt dieser Entwicklungen bildeten jedoch die in Hameln schon 1981 gestarteten Geschlechtsrollenseminare (s. o.) unter der Leitung des Anstaltspsychologen Heilemann (1996: 243). Die dazu erarbeiteten Grundlagen bildeten gewissermaßen nach Aussage von Heilemann & Fischwasser-von Proeck das „Mutterkonzept“ des Anti-Aggressivitäts-Trainings. „Die Grundidee für das Anti-Aggressivitäts-Training wurde aus diesem Mutterkonzept abgeleitet“ (Heilemann & Fischwasser-von Proeck 2001: 69) und in einer zweijährigen Durchführung unter Weidner erprobt. In den Jahren 1989 bis 1991 bekam das Training durch die Mitarbeit von Wolters (1997: 222) eine sporttherapeutische Ausrichtung. Nachdem Weidner 1995 die Jugendstrafanstalt Hameln verlassen hatte, wurden – wieder unter der Leitung von Heilemann – „aufeinander aufbauende Trainingsphasen (Deskriptionsphase, Konfrontationsphase, Attraktivitätsphase und Realisierungsphase) entwickelt. (...) Die modernste Variante der Therapie läuft seit September 2000: AAT pro“ (Heilemann & Fischwasser-von Proeck 2001: 69) und stellt die Fortsetzung des „'alten' AAT“ (Heilemann & Fischwasser-von Proeck 2001: 102) dar. Dabei handelt es sich „um eine sehr stark präventionsorientierte[6] Maßnahme“ (Heilemann & Fischwasser-von Proeck 2001: 125), denn dieses Modell ist „im Offenen Vollzug der Jugendanstalt Hameln angesiedelt“ (Heilemann & Fischwasser-von Proeck 2001: 123). Damit tritt nun auch das Urmodell des Hamelner Anti-Aggressivitäts-Trainings – wenn auch eingeschränkt, da auch der Offene Vollzug „eine Abteilung der Jugendanstalt Hameln“ (Heilemann & Fischwasser-von Proeck 2001: 124) ist – nach außen. Innerhalb der Haftanstalt wird das Projekt „LoGo entwickelt. LoGo steht für den Begriff ‚Leben ohne Gewalt organisieren’. Die Ziele dieses Trainings unterscheiden sich nicht wesentlich vom ‚alten’ AAT“ (Heilemann & Fischwasser-von Proeck 2001: 102). Damit hat das Hamelner Modell „jetzt sowohl einen ‚stationären’ als auch einen ambulanten (...) Arm“ (Heilemann & Fischwasser-von Proeck 2001: 123).

Doch nicht erst seit kurzem wurden das Hamelner Modell und Modifikationen davon außerhalb dieser Jugendstrafanstalt angewendet. Schon 1992 gab es beispielsweise Anti-Gewalt-Trainingsmaßnahmen in den Jugendvollzugsanstalten Geldern (Buchert & Metternich 1994) und Neuburg-Herrenwörth (vgl. Bauer-Cleve et al. 1995). Aber „das Konzept des AAT wurde nicht nur im Jugendvollzug vertieft, sondern auch in unterschiedlichste Bereiche (sozial-) pädagogischen und psychologischen Handelns übertragen“ (Schanzenbächer & Weidner 1997: 270). So wurde „von Februar bis Juni 1994“ (Cladder-Micus & Kohaus 1995: 258) das Konzept eines ambulanten Anti-Aggressivitäts-Trainings erprobt. Weitere Projekte

6 Daher die Bezeichnung „.pro“.

folgten spätestens, nachdem im Dezember 1994 am Institut für Sozialarbeit und Sozialpädagogik (ISS) in Frankfurt am Main unter der Leitung von Weidner die Ausbildung von Anti-Aggressivitäts-Trainerinnen und –Trainer begann (vgl. Kilb 1994). Daraus entwickelte beispielsweise der Caritasverband Frankfurt e. V. seit 1994 unter der Leitung des Autors das Kartprojekt (vgl. Schanzenbächer 1997) für Lückekinder eines Frankfurter sozialen Brennpunktes (vgl. Schanzenbächer 1995) und vollzog „den ambulanten Transfer, auch mit dem Ziel, Gewaltkarrieren frühzeitig zu begegnen" (Schanzenbächer & Weidner 1997: 270). Schrittweise wurde diese Methode auch in andere Bereiche eingeführt, „nämlich in allgemein bildenden Schulen und in Schulen der Erziehungshilfe, in Bewährungshilfe und Soziale Trainingskurse der Jugendgerichtshilfe, in der offenen und mobilen Kinder- und Jugendarbeit, in verschiedenen ambulanten und stationären Maßnahmen von Hilfe zur Erziehung" (Kilb et al. 1997: 8), wo sie sich bis heute stark erweitert hat.

Diese umrissene Entwicklung möchten wir mit nachfolgender Grafik veranschaulichen:

Abbildung 5: Entwicklung des Anti-Aggressivitäts-Trainings

Zeitachse	Jugendanstalt Hameln (stationär)	Jugendanstalt HM (ambulant)	Projekte außerhalb von Hameln
1981	Vorentwicklungen: „Mutterkonzept“ Geschlechtsrollenkurse Entwicklung des Ur-Konzeptes (Heilemann)		
Herbst 1986	Arbeitsgruppe (Heilemann, Weidner)		
1987	AAT-Erprobungsphase (Weidner, Fischwasser-von Proeck)		
1989	Sporttherapeutische Akzentuierung des AAT (Weidner, Wolters)		
1991	AAT im „klassischen“ Stil (Weidner)		
1992			Jugendstrafvollzug, JGG-Bereich, Bewährungshilfe, Soziales Training, Jugendgerichtshilfe, Umfeld von Täter-Opfer-Ausgleich, Jugendarbeit, Jugendsozialarbeit, Streetwork, Hort, ambulante und stationäre Jugendhilfe, schulischer Bereich (vgl. Kilb & Weidner 2000 b: 380)
1995	Weiterentwicklung des AAT (Heilemann, Fischwasser-von Proeck		
ab Sept. 2000	LoGo	AAT.pro	

2.5.3) Die Qualitätsanforderungen für das Anti-Aggressivitäts-Training

Die Qualitätsentwicklung für das Anti-Aggressivitäts-Training differenziert sich anhand der drei klassischen Qualitätsdimensionen: Die vorliegende Arbeit leistet einen Beitrag zur Ergebnisqualität. Die Prozessqualität führt zu dem Projekt „Evaluation und Begleitforschung", worauf wir an weiterer Stelle eingehen wollen, und die Strukturqualität wird durch die Qualitätsstandards eingehalten. Mit der Einführung dieser Qualitätsstandards verbindet sich auch der markenrechtliche Schutz von Anti-Aggressivitäts-Training und Coolnesstraining als deren abgemilderte Variante durch das Deutsche Patent- und Markenamt[7].

Die folgenden fachlichen Qualitätsstandards wurden auch unter Mitwirkung des Autors formuliert (Kilb et al. 2000: vgl. 263 ff.). Sie sind praxisgerecht und dürfen „als Grundvoraussetzung für eine Verhaltensmodifikation bei aggressiven Wiederholungstätern gelten (...). Die fachlich hochwertige Arbeit der Professionellen steht dabei im Mittelpunkt, damit im Bereich von AAT und CT einem minderwertigen Etikettenschwindel vorgebeugt werden kann":

- „Das AAT ist im Bereich der tertiären Prävention (...), bei der Bewährungs- und Jugendgerichtshilfe, beim § 10 JGG und in den unterschiedlichen Formen des Strafvollzugs anzusiedeln. Behandlung von gewaltbereiten Wiederholungstätern unter Zwang wird als Einstiegs-Sekundärmotivation akzeptiert. Das Coolness-Training orientiert sich am Bereich der sekundären Prävention und setzt in Schule, Peer-group, Streetwork und Jugendhilfe auf Freiwilligkeit".
- Zur Zielgruppe zählen „Jugendliche, Heranwachsende und junge Erwachsene, die sich gerne und häufig schlagen, die selbstbewusst auftreten und Spaß an der Gewalt haben. Sie müssen kognitiv und sprachlich dem Programm folgen können". Demnach ist das Anti-Aggressivitäts-Training nicht geeignet für „Suizidale, für Grenzfälle zur Kinder- und Jugendpsychiatrie, für vorherrschend Alkohol- und Heroinabhängige, für Mitglieder der organisierten Kriminalität".
- Das Training „umfasst bei einer Gruppengröße von 5 Teilnehmern zirka 60 Stunden".
- Der Kurs wird in der Regel von zwei Mitarbeiterinnen und/oder Mitarbeitern geleitet, die ein entsprechend abgeschlossenes Hochschulstudium vorweisen können. Eine dieser Leitungskräfte sollte zertifizierte Anti-Aggressivitäts-Trainerin bzw. zertifizierter –Trainer sein und entsprechend über Selbsterfahrung auf dem „Heißen Stuhl" verfügen.

---

7 Dies würde eigentlich auch eine entsprechende Kennzeichnung mit „©" respektive „®" verlangen. Wir haben aus Gründen der Einfachheit jedoch darauf verzichtet.

- „Der Trainingseinstieg umfasst die Motivationsarbeit durch Tätergespräche, erlebnispädagogisches, beziehungsaufbauendes ‚Locken' sowie eine interessante, spannende, konfrontative Gesprächsführung und Sitzungsgestaltung, z. B. mit Co-Trainern (Ex-Schläger, friedfertige Kampfsportler). Sekundäre Behandlungsmotivationen, wie richterlicher Druck, drohender Schulverweis, drohender Widerruf oder anstehende Gerichtstermine sollen nach den ersten vier Sitzungen einem primären Interesse weichen".
- Der Inhalt des Trainings orientiert sich an den Eckpfeilern: Einzelinterviews, Analyse der Aggressivitätsauslöser, Tatkonfrontation und Provokationstest auf dem „Heißen Stuhl", Opferkommunikation und Distanzierungsbrief zur Gewalt an die Clique.
- Am Ende einer Sitzung ist besonders nach heftigen Konfrontationen auf eine entsprechende Entspannungsphase zu achten.
- „Das optimistische Menschenbild des Anti-Aggressivitäts-Trainings (...) signalisiert: Die Professionellen sollten den Täter als Person mögen, bei gleichzeitiger massiver Ablehnung seiner Gewaltbereitschaft" (Kilb et al. 2000: 264 f.).

Im Rahmen des oben erwähnten Projektes „Begleitforschung und Evaluation" werden die Projekte „in einer jährlich stattfindenden Fachtagung im ISS reflektiert" um damit zum einen „korrektive Funktionen für die laufenden Projekte" zu erfüllen und zum anderen „Anstöße für die Fortentwicklung der Trainingscurricula" (Kilb et al. 2000[8]: 269) zu geben. „Das Gesamtprojekt hat vier Standbeine:

- Prototypen verschiedener Handlungsprojekte, die längerfristig begleitet werden und Austausch unter sämtlichen im ISS ausgebildeter Absolvent/innen
- Trainingsausbildung und Information zum AAT mit den drei Veranstaltungstypen und dem Aufbau einer Infothek
- Produktionssparte ‚Unterrichtsmaterial' (Merchandising)
- Projekt ‚Begleitforschung und Evaluation'" (Kilb et al. 2000: 272. Anordnung durch den Autor).

Nachdem im Rahmen einer Qualitätsdebatte die oben genannten Qualitätsstandards entwickelt wurden, geht es weiterhin darum, dass „einerseits das Curriculum den aktuellen praktischen Bedingungen und Fragestellungen fortlaufend angepasst wird und andererseits die Wirkungen dieser Maßnahmen bei den Teilnehmerinnen und Teilnehmern kurz- mittel- und langfristig evaluiert werden" (Kilb et al. 2000: 266). In einem „Kreislauf einer Qualifizierungs- und Evaluationsstruktur" (Kilb et al.

8 Der Aufsatz erschien auch bei Kilb & Weidner 2000 a.

2000: 267) bedingen sich fortlaufend Trainingspraxis, Reflexion und Auswertung sowie die Trainingsausbildung gegenseitig.

In diesen Qualitätsentwicklungsprozess ist auch die vorliegende Arbeit als formative Evaluation eingebunden. Ein solcher Prozess setzt grundlegende Offenheit und die Bereitschaft zur kritischen Auseinandersetzung mit den erreichten Ergebnissen voraus. Ansonsten läuft er als sich selbst befriedigender Aktivismus letztlich ins Leere und verhindert eine ständige Qualitätsverbesserung und eine „reflexive Fortentwicklung des AATs im Sinne eines permanenten Theorie-Praxis-Transfers" (Kilb et al. 2000: 274). So kann im Blick auf die vorliegenden Ergebnisse betont werden, dass die Fachgruppe Wert auf eine kritische Evaluation gelegt und sich äußerst offen gegenüber dem Ergebnis gezeigt hatte. Mit unterschwelligen oder gar offen ausgesprochenen Manipulationsforderungen wurde der Autor nicht konfrontiert (vgl. Standard N3 in Kapitel 3.1.2).

2.5.4) Die Finanzierung des Anti-Aggressivitäts-Trainings

Die Finanzierung eines Anti-Aggressivitäts-Training gestaltet sich so vielfältig wie die Angebotsstruktur. So werden die Maßnahmen „zu etwa jeweils der Hälfte von öffentlichen und von freien Trägern angeboten, vereinzelt auch von selbstständigen TrainerInnnen oder Kleinteams. Sie werden häufig in der eigenen Einrichtung (80 %), weniger oft extern durchgeführt" (Kilb & Weidner 2000 b: 381). Dieser Rahmen bedingt entsprechend die Finanzierung.

Dort, wo das Anti-Aggressivitäts-Training im Kontext der bisherigen Leistungsstruktur einer Einrichtung angeboten wird, kann es meistens über die eigenen Ressourcen bestritten werden. Externe Angebote erfordern die Akquisition weiterer Mittel. Hierzu sind eine Projektfinanzierung aus Mitteln des Landes, des Kreises, der Kommune, der Justiz und/oder weiteren Finanzquellen (Vereins- und Stiftungsgelder, Spenden, Bußgelder), Regelfinanzierung oder die Finanzierung über Fachleistungsstunden (Beispiel: 64 Std. x 35,79 € = 2290,56 €/pro Person) denkbar.

Das breite Spektrum sehen wir am besten durch einige Beispiele expliziert:

- In Aßlar beispielsweise werden als Kosten „von dem Förderverein Bewährungshilfe oder von dem Jugendamt des Lahn-Dill-Kreises oder von dem Jugendamt der Stadt Wetzlar 2600.- DM pro Teilnehmer gezahlt" (Sames 2001: 5).
- In Ulm verteilen sich die Personalkosten „zur Hälfte auf die Stadt Ulm und die Justiz (Landgericht Ulm, Bewährungshilfe, Anmerkung des Verfassers), wobei keine zusätzlichen Personalkosten entstanden, da das AAT (...) im Rahmen der bisherigen Arbeitszeit durchgeführt wird. Die Sachmittel in Höhe von ca. 8000.-

DM jährlich teilen sich die Stadt Ulm und der örtliche Verein für Bewährungs- und Straffälligenhilfe Ulm e. V." (Reck & Morath o. J.: 2).

- Beim Landesverband Bayern der Arbeiterwohlfahrt werden „die gesamten Kosten (...) vom Stadtjugendamt (München, Anmerkung des Verfassers), mit der Auflage, drei Kurse pro Jahr durchzuführen, übernommen". Das Anti-Aggressivitäts-Training wird hier „als eine Regelstelle auf unbefristete Zeit vollfinanziert" (Toprak 2001: 90).
- Im Land Brandenburg werden Anti-Aggressivitäts-Trainingskurse innerhalb des Projektes Boxenstopp unter der Leitung des Autors angeboten. Die Finanzierung des Projektes geschieht durch das Ministerium für Jugend, Bildung und Sport, das Ministerium des Innern und das Ministerium der Justiz und für Europaangelegenheiten mit ihren Initiativen „Tolerantes Brandenburg" und dem Landespräventionsrat „Offensiv für Sicherheit" sowie dem Programm der Bundesregierung und der Europäischen Union „XENOS – Leben und Arbeiten in Vielfalt" im Rahmen des Projektverbundes des Deutschen Caritasverbandes „Offener Umgang mit Fremden, Gleichstellung und Partizipation in der Arbeitswelt".

Die Kosten für eine Teilnahme an einem Anti-Aggressivitäts-Training sind sehr divergent. Weitere, von uns im Jahr 2000 ermittelte, Kostensätze für einen Platz lagen zwischen 3150.- DM (rund 1610.- €) und 3700.- DM (rund 1890.- €).

2.5.5) Die curricularen Faktoren des Anti-Aggressivitäts-Trainings in der Jugendstrafvollzugsanstalt Hameln

Abbildung 5 illustriert die Vielfältigkeit der Einsatzfelder, in denen das Anti-Aggressivitäts-Training – entsprechend angepasst – implementiert ist. Zur zusammenfassenden Beschreibung haben sich drei Begriffe herausgebildet: Neben Anti-Aggressivitäts-Training (AAT) auch Coolness-Training (CT) und Anti-Gewalt-Training (AGT). Während AAT und CT markenrechtlich geschützt sind und die Qualitätsstandards (siehe Abschnitt 2.5.3) einige wenige Unterschiede zwischen beiden Trainingsformen beschreiben, ist das AGT nicht näher vereinheitlicht und nur punktuell in Ansätzen von AAT (zum Beispiel bei Kilb & Weidner 2000 b: 380 f.) abgegrenzt. Auch die Verwendung der Bezeichnungen in den Projekten divergiert. Darüber hinaus wird der Begriff auch als Bezeichnung für ganz andere Kursformen in der Arbeit mit gewaltbereiter Klientel verwendet. In seiner Urform besteht das Anti-Aggressivitäts-Training jedenfalls aus insgesamt acht curricularen Faktoren, die dessen inhaltlichen Rahmen bilden und die wir in einer Tabelle gegenüberstellen. Zur weiteren Beschäftigung verweisen wir auf Weidner (1995: 147 bis 160).

Tabelle 6: **Die curricularen Faktoren des Anti-Aggressivitäts-Trainings (Weidner 1995: vgl. 146 f.)**

Faktoren	Lerninhalte	Lernziele
1. Aggressivitätsauslöser (Bandura)	Was sind provozierende Situationen? Wann ist für den Teilnehmer Gewalt 'zwingend notwendig'?	Infragestellen 'zwingender Notwendigkeiten'. Frühzeitiges Erkennen gewaltaffiner Entwicklungen. Rückzug bzw. Schlichtung als Alternative (Toch).
2. Selbstbild zwischen Ideal- und Realselbst (Joffe/ Sandler)	Das Ideal des Teilnehmers ist hart, unbeugsam, 'cool' und gnadenlos. Das reale Selbst ist dagegen leicht kränkbar, wenig selbstbewusst und als 'Versager' abgestempelt.	Widerlegung der Hypothese 'Härte macht unangreifbar' (Kelly). Dissonanzausgleich durch veränderte Rollenerwartungen: Kränkbare Persönlichkeitsanteile respektieren.
3. Neutralisierungstechniken (Sykes/ Matza)	Auseinandersetzung mit der Tat. Analyse vorgeschobener Rechtfertigungen (Legendenbildung). Konfrontation der Neutralisierung. Einmassierung des Realitätsprinzips (Opferfolgen).	Das Wecken von Schuld und Schamgefühl. Übernahme der Verantwortung. Die Veränderung des Selbstbilds: Vom souveränen Kämpfer zum entschuldigenden Versager (Skes/Matza).
4. Opferkommunikation (Rössner, /Kuhn)	Ängste, Behinderungen, Schmerzen, Trauer von Gewaltopfern: Film- und Tonbandinterviews mit Gewaltopfern. Entschuldigungsbrief.	Opfereinfühlungsvermögen. Mitgefühl statt Verharmlosung, Hass und Härte. Betroffenheit über mögliche und reale Opferfolgen wecken.
5. Aggressivität als Vorteil (Bandura)	Gewalttätige Unterwerfung zur Erhöhung des Selbstwertgefühls, 'Tankstelle' des Selbstbewusstseins. Respekt.	Die Kosten Nutzen-Analyse: Jede weitere Körperverletzung nach der vorzeitigen Entlassung kann erneute Haftzeit kosten.
6. Provokationstests (Farrelly/ Matthews)	Das Aufstellen einer Hierarchie irritierender Situationen von leichten Belästigungen bis zu aggressivitätsauslösenden Provokationen.	Trotz Provokation gelassen bleiben. Das 'Austesten' der eigenen Grenzen. Die größte Niederlage des Provokateurs ist das Ignorieren der Provokation.
7. Subkultur (Polsky)	Welche Rolle in der Gleichaltrigen-Gruppe verlangt welches Verhalten? Das Infragestellen der 'negativen, aggressiven Führungsrolle'.	Analyse von Gruppenstrukturen. Steigerung der Antizipationsfähigkeit. Der Durchsetzungsstarke kann sich auch pro-soziales Verhalten leisten.
8. Institutionelle Gewalt (Waldmann)	Das Durchleuchten der justiziellen Wege aggressiver Insassen. Erniedrigungen und Angriffe auf die Identität der Trainingsteilnehmer.	Feedback an die Trainer bezüglich der Gefahr der Identitätszerstörung. Beschwerdestrategien gegen Ungerechtigkeiten statt Bedrohung.

2.5.6) Das Curriculum des Anti-Aggressivitäts-Trainings in Hameln

Wie wir in Tabelle 6 gesehen haben, setzt sich das Curriculum „aus Trainingsfaktoren, Lerninhalten und Lernzielen zusammen" (Weidner: 1995: 140), die sich wiederum in drei Phasen, einer Integrations-, einer Konfrontations- und einer Gewaltverringerungsphase, verteilen (vgl. Weidner 1995: 141 f.).

1. Die erste Phase, die Integrationsphase, dauert idealtypisch einen Monat. Hierin eingebettet ist das Aufnahmegespräch, das die Erwartungen des Teams aufzeigen und zugleich die Teilnahmemotivation des Teilnehmers klären soll. Außerdem sind die Aggressivitätsauslöser (Faktor 1) Bestandteil dieser ersten Phase. Dabei schildern die Teilnehmer ihre Gewalterfahrungen. Dies können einerseits schmerzhaft erlebte Ereignisse aus der Kindheit sein, andererseits aber auch Schlägereien mit Gleichaltrigen. „Auf der Grundlage dieser biografischen Erfahrungen und dem aktuellen Vollzugsverhalten werden provozierende Situationen herausgefiltert, die zu gewalttätigen Handlungen geführt haben" (Weidner 1995: 144).
2. Inhalte der Konfrontationsphase, die sich vom zweiten bis vierten Monat des Trainings erstreckt, sind die curricularen Faktoren: Selbstbild zwischen Ideal- und Realselbst (Faktor 2), Neutralisierungstechniken (Faktor 3), Opferkommunikation (Faktor 4) und Provokationstests unter aktuellem Bezug (Faktor 6).
3. Die letzten beiden Monate eines Trainingskurses umschließen die Gewaltverringerungsphase. Die verbleibenden curricularen Faktoren Aggressivität als Vorteil (Faktor 5), Subkultur (Faktor 7) und institutionelle Gewalt (Faktor 8) werden hier bearbeitet. Praktisch wird erwartet, dass „sich die Teilnehmer a) im Vollzug für schwächere Personen einsetzen und b) mit den Eltern und der Freundin über die reale Schuld sprechen und damit aktiv von der verharmlosenden Legendenbildung abrücken" (Weidner 1995: 144).
4. Neben diesen drei Phasen beschreibt Weidner auch eine vierte, die Nachbetreuung, die sich dem Training anschließt. Dabei können die Ex-Teilnehmer als Tutoren bei Sitzungen weiterer Gruppen teilnehmen. Vorraussetzungen dazu sind, dass sie „über ihren Wandel zu einem friedfertigeren Verhalten" (Weidner 1995: 144) berichten und die Rechtfertigungen der neuen Teilnehmer durch kritisches Nachfragen anzweifeln werden. Dies hat einen großen Vorteil, da diese Tutoren „die Probleme ihrer kriminellen Schicksalsgenossen besser als das professionelle Personal (verstehen). Indem sie ihren Schicksalsgefährten durch Behandlung zu helfen versuchen, können sie die Techniken der Neutralisation (...) nicht mehr einsetzen, um ihre Kriminalität zu rechtfertigen" (Schneider, zitiert nach Weidner 1995: 145).

Als flankierende Maßnahmen setzt Weidner das sporttherapeutische Angebot ‚Asiatische Bewegungskünste zur Stärkung der Selbstbeherrschung' (Weidner & Wolters 1991), weitere Freizeitangebote, bspw. Fitnesstraining, Rennradfahren, Musikband, Grillen/Kochen (Weidner 1995: 141), sowie „Diskussionsveranstaltungen über Provokation und Gewalt mit Experten" (Weidner 1995, 142) ein.

Das Training erstreckt sich über die Dauer von sechs Monaten und findet wöchentlich für fünf Stunden in der betreuungsrelevanten Zeit und teilweise am Wochenende statt.

Auch diese Ausführungen sollen durch ein Schaubild abschließend dargestellt werden.

Abbildung 6: Das Curriculum des Anti-Aggressivitäts-Trainings (Weidner 1995: vgl. 141 f.)

Dauer: 6 Monate	Die einzelnen Phasen mit den curricularen Faktoren	Flankierende Maßnahmen
1. Monat	**Integrationsphase** ⇨ Aufnahmegespräch o Erwartungen der Trainer o Veränderungsbereitschaft ⇨ Aggressivitätsauslöser	Rennrad Fitness-Training Musik Kochen Grillen Asiatische Bewegungskünste
2. Monat 4. Monat	**Konfrontationsphase** ⇨ Selbstbild zwischen Ideal- und Realselbst ⇨ Neutralisierungstechniken ⇨ Opferkommunikation ⇨ Provokationstests	
5. Monat 6. Monat	**Gewaltverringerungsphase** ⇨ Aggressivität als Vorteil ⇨ Subkultur ⇨ institutionelle Gewalt	
	Nachbetreuung ⇨ Tutorenarbeit	

2.5.7) Ablauf eines Anti-Aggressivitäts-Training im Land Brandenburg

Zum Abschluss des Kapitels intendieren wir, den Leserinnen und Lesern einen detaillierten Einblick in den Ablauf eines Trainings zu ermöglichen. Wir beschreiben im Folgenden ein Anti-Aggressivitäts-Training, das unter der Leitung des Autors als Projektleiter des Projektes Boxenstopp des Caritasverbandes für Brandenburg e. V. vom März 2001 bis Juli 2001 im Land Brandenburg[9] durch geführt wurde. Das im Anschluss dargelegte Anti-Aggressivitäts-Training war eine Kooperationsveranstaltung zwischen:

- der Abteilung Allgemeiner Sozialer Dienst/Jugendgerichtshilfe eines kommunalen Jugendamtes, aus dem eine Mitarbeiterin bei diesem Kurs mitarbeitete. Sie war zugleich das Bindeglied zu den Jugendlichen vor Ort;
- einer Sicherheitskonferenz mit verschiedenen Einrichtungen dieser Stadt als mitarbeitende Mitglieder, die einen Teil der Kosten übernahm,
- eines örtlichen Verkehrsvereins, in dessen Räumlichkeiten das Anti-Aggressivitäts-Training stattfand sowie
- dem Caritasverband für Brandenburg e. V., Projekt Boxenstopp, dessen Leiter der Autor ist.

Neben einer detaillierten Schilderung des Kursverlaufs sind dazu in kursiver Schrift Erklärungen und Interpretationen angemerkt. Das Training orientierte sich am „Hamelner“ Curriculum. Etwas vereinfachend lässt sich der Ablauf mit der nachfolgenden Tabelle kompakt darstellen:

9 Nähere Angaben müssen an dieser Stelle aus Gründen der Anonymisierung unterbleiben (siehe Standard K3).

Tabelle 7: Grobstruktur des Sitzungscurriculums eines Anti-Aggressivitäts-Trainings im Land Brandenburg

Sitzung	Curriculum	Methodische Umsetzung	Kursbegleitende Angebote
1	Einführung	Gruppengespräch: - Bedingungen - Regeln und Absprachen Vertrag Evaluation (Pretest)	Erlebnisorientierte Elemente: - Fahrt mit Mokicks und Motorroller - Kartracing
2 – 4	Kennen lernen	Gruppengespräch: Teilnahme - Motivation Lebensgeschichte Interviews	- Gemeinsames Essen - AIKIDOO - Abschlussfest (Grillen)
5 – 11	Neutralisierungstechniken Aggressivität als Vorteil Selbstbild zwischen Ideal- und Realselbst	Vorbereitung mit der Gruppe „Heißer Stuhl" - Sitzungen Ausklang in der Gruppe Hausaufgabe: Opferbriefe	Begleitende Themen: - Rechtsextremismus - Alkoholmissbrauch - persönliches Zielnetz
12	Provokationstests	„Heißer Stuhl" - Sitzungen Ausklang in der Gruppe	Unterstützende Übungen: - Vertrauensstärkung
13 – 19 außer 15	Opferkommunikation	Gruppengespräch: Besprechen der Opferbriefe Rollenspiele: Opferbefragung Besuch einer Kriminalpolizistin „Heißer Stuhl" - Sitzungen Ausklang in der Gruppe Täter-Opfer-Gespräch	- Motivation - „Warm-up" - Entspannung Spiel „Tabu"
15	Aggressivitätsauslöser Subkultur Institutionelle Gewalt	Rollenspiele mit Videoreflexion (alternative Konfliktlösungsmöglichkeiten) Gruppengespräch	
20	Nachbesprechung	Gruppengespräch Urkunden Tutorenwahl Evaluation (Posttest)	

Vortreffen Mo, 5. März 2001, 16.00 bis 17.45 Uhr

Ein erstes Vortreffen fand am 5. März 2001 von 16.00 bis 17.45 Uhr statt. Es waren nur zwei potenzielle Teilnehmer da. Mit ihnen wurde der Vertrag (siehe Standard K3) besprochen und beide füllten die psychologischen Fragebögen FAF und FPI aus. Die hier fehlenden Jugendlichen wurden von der Jugendgerichtshelferin nochmals angeschrieben und in deren Sprechstunde eingeladen. Insgesamt waren 1 weibliche und 5 männliche Jugendliche für dieses Anti-Aggressivitäts-Training vorgesehen.

1. Sitzung: Fr, 16. März 2001, von 14.00 bis 20.00 Uhr

Statt dieser erwarteten 6 Personen kamen nur 4 männliche Teilnehmer: Michael, Marco, Markus und Roman[10].

14.00 – 15.15 Spielerische Übung zum Einstieg.
Begrüßung.
Vorstellungsrunde.
Ausfüllen der Fragebögen FAF und FPI.
Erarbeitung der Regeln: Folgende Regeln wurden dabei erarbeitet und aufgeschrieben:

1) Pünktlichkeit: Jeder darf im Verlauf des gesamten Kurses maximal 20 Minuten Verspätung haben. Andernfalls wird der Teilnehmer aus dem Kurs ausgeschlossen.
2) Handys sind – auch während der Pausen – ausgeschaltet.
3) Rauchen nur während der Pausen.
4) Keine Drogen.
5) Wir kommen ohne Waffen jeglicher Art zum Anti-Aggressivitäts-Training.
6) Wir verhalten uns wie Gäste.
7) Alles, was in der Gruppe passiert, bleibt in der Gruppe.

Die o. g. Regeln galten in unveränderter Fassung während des ganzes Anti-Aggressivitäts-Trainings. Sie wurden auch über den ganzen Kurs hinweg eingehalten.

15.15 – 15.30 Pause.

15.30 – 16.45 Lockerungsübung.
Ausschnitt aus dem Film „Abschied vom Faustrecht“ (Schran 1991). Damit sollte das Anti-Aggressivitäts-Training detaillierter vorgestellt und den Teilnehmern vermittelt werden, was von Ihnen erwartet wird.
Besprechung offener Fragen.
Vertragliche Vereinbarung: Die Verträge wurden von allen unterschrieben und galten nun für alle verbindlich. Es wurde außerdem eine Probephase (Integrationsphase) festgelegt, die bis zum Abschluss aller Interviews (6. Sitzung) dauerte.

16.45 – 18.45 Pause mit Kaffee und Gebäck und

10 Alle Namen sind aus Gründen der Anonymität geändert (siehe Standard K3).

	Erlebnisorientiertes Angebot: Die Teilnehmer wurden auf dem Hof vor dem Trainingsgebäude von einem Mitarbeiter des Verkehrsvereins in die Benutzung der dort zur Verfügung stehenden Fahrzeugen: 2 Mokicks, 1 Motorroller und ein Gokart eingeführt und in fortlaufenden Einheiten praktisch geschult. Dieses Angebot wurde den Jugendlichen während der meisten freitäglichen Treffen unterbreitet und diente nicht nur der Entspannung und Belohnung, sondern stellte in erster Linie ein selbstorientiertes Modul dar. Die jungen Menschen sollten sich in der Gruppe positiv erfahren können und dadurch ihr Selbstwertgefühl steigern.
18.45 – 19.45	Spiel „Tabu". Bei diesem Spiel geht es darum, den Mitspielern der jeweils eigenen Gruppe ein gesuchtes Wort so zu erklären, dass diese möglichst viele Begriffe in einer vorgegebenen Zeit erraten. Die Schwierigkeit des Spiels besteht darin, dass die jeweils eindeutigsten Wörter tabu sind. Dieses Spiel fordert und fördert Sprachvermögen und Verbalisierungskompetenzen.
19.45 – 20.00	Reflexion des Tages.
2. Sitzung:	Sa, 17. März 2001, von 9.00 bis 14.00 Uhr
9.00 – 9.15	Spielerische Übung zum Einstieg.
9.15 – 10.45	Interview 1 mit Marco: Es folgten nun ausführliche Interviews. Dabei saß der Interviewte an exponierter Stelle gegenüber der Gruppe, aus der heraus die Fragen gestellt wurden. Eine Fachkraft aus dem Team hatte die Leitung des Interviews, alle anderen aber konnten nachfragen oder Einwände einbringen. Wichtigste Ziele der Interviews waren Informationen über die persönliche Situation des Jugendlichen zu erhalten, seine Einstellungen zu erfassen (vgl. Abschnitt 2.5.1) und erste Widersprüche und Rechtfertigungen (3. curricularer Faktor) aufzudecken.
10.45 – 11.15	Pause (kleiner Mittagsimbiss).
11.15 – 12.45	Interview 2 mit Markus.
12.45 – 13.00	Pause.
13.00 – 13.30	Spiel „Tabu".
13.30 – 14.00	Reflexion des Tages und Vorsätze für die kommende Woche: Die gefassten Vorsätze bildeten ein wichtiges Bindeglied zwischen den einzelnen Sitzungen, um den doch sehr langen Zeitraum von nahezu einer Woche zu überbrücken. Es handelte

sich einerseits um den Vorsatz, auf Konflikte achten und sie ohne den Einsatz körperlicher Gewalt lösen zu wollen. Andererseits gab es aber in Absprache mit der Gruppe für jeden Teilnehmer konkrete Arbeitsaufträge, die sich aus der persönlichen Lebenssituation ergeben hatten (Beispiele: Das Ableisten von Arbeitsstunden, das Schreiben einer Bewerbung, das sich Kümmern um die Freundin).

3. Sitzung: Fr, 23. März 2001, von 14.00 bis 20.00 Uhr

14.00 – 14.45 Spielerische Übung zum Einstieg.

Reflexion der vergangenen Woche: Diese Reflexion wurde nun fortlaufend an den Anfang jedes Freitagstreffens gestellt. Wichtige Fragen waren dabei:

Was hattest du dir vorgenommen?
Was gelang dir davon, was nicht?
Gab es Konflikte – wenn ja, wie hast du sie gelöst?

Lob und Anerkennung standen immer im Vordergrund der Reflexion. Es galt, die kleinen Erfolge zu würdigen und die Jugendlichen zur Weiterarbeit im Sinne des Trainings zu motivieren. Gleichzeitig sprachen wir den Ehrgeiz in der Gruppe an, um sie zum Durchhalten des Anti-Aggressivitäts-Trainings anzuhalten, indem wir sagten: „Nur wenige haben den Kurs bisher geschafft, und wir glauben, keiner von Euch wird durchhalten". Letztlich griffen wir in der Reflexion auch auf die vorherige Sitzung zurück, indem wir die Frage stellten, ob sie im Nachgang etwas beschäftigt hatte.

14.45 – 16.45 Interview 3 mit Roman.

16.45 – 17.45 Pause mit Kaffee und Gebäck und Erlebnisorientiertes Angebot.

17.45 – 20.00 Persönliche Ziele entwickeln: Dabei erstellten wir mit jedem Jugendlichen auf einem Flip-Chart-Papier ein persönliches Zielnetz. In einem ersten Schritt wurden die für jeden Teilnehmer wichtigsten Lebensbereiche erarbeitet und dazu die persönlichen Ziele herausgestellt. In einem dritten Schritt wurde jedes Ziel in kleine und kleinste Teilziele unterteilt. Diese bildeten die Basis für die jeweiligen Vorsätze. Jedes erreichte Teilziel wurde ausgestrichen, wodurch sich – im positiven Fall – der Abstand zum Gesamtziel immer mehr verringerte.

4. Sitzung:	Fr, 30. März 2001, von 14.00 bis 20.00 Uhr
14.00 – 14.15	Spielerische Übung zum Einstieg.
14.15 – 15.30	Reflexion der vergangenen Woche.
15.30 – 17.15	Erlebnisorientiertes Angebot.
17.15 – 17.45	Pause mit Kaffee und Gebäck.
17.45 – 19.45	Interview 4 mit Michael.
19.45 – 20.00	Spiel „Tabu".

5. Sitzung:	Sa, 31. März 2001, von 9.00 bis 14.00 Uhr
9.00 – 9.30	Spielerische Übung zum Einstieg und kurze Reflexion.
9.30 – 11.00	Film „Der Fall B" (Hafner & Schapira 2000): Der Film beschreibt eine Führerfigur aus der Zeit des Nationalsozialismus.
11.00 – 11.30	Pause (kleiner Mittagsimbiss).
11.30 – 12.30	Diskussion zum Thema Rechtsextremismus.
12.30 – 13.30	Weiterarbeit an der persönlichen Zielentwicklung.
13.30 – 14.00	Spiel „Tabu".

6. Sitzung:	Fr, 6. April 2001, von 14.00 bis 20.00 Uhr
14.00 – 16.00	Spielerische Übung zum Einstieg und Reflexion der vergangenen Woche: Diese Reflexion wurde auf Grund der Ereignisse im Zusammenhang mit dem Fehlen von Markus erheblich über die Grundfragestellungen hinaus ausgeweitet. Wir wollten der ganzen Gruppe klar machen, dass alle Teilnehmer (endlich) anfangen mussten, tatsächlich etwas zu verändern. Das Signal für ihr grundsätzliches Interesse am Anti-Aggressivitäts-Training war zwar positiv, durfte aber nicht nur ein Lippenbekenntnis bleiben. Problematisch stellte sich auch wiederum die Parteinahme der Gruppe für Markus dar, der wir zu begegnen hatten.
16.00 – 17.15	Meine Ziele und Pläne für die Osterferien: Zur Überbrückung der folgenden Ferienzeit, in der keine Kurse stattfanden, sollten sich die Teilnehmer für jeden Tag kleine Vorsätze geben, die in Zusammenhang mit ihrer persönlichen Zielplanung standen. Dazwischen Kaffeepause.
17.15 – 19.30	Teilnahme an einer AIKIDO – Trainingsschule: Ziel war, der Gruppe körperbezogene Erfahrungen im Umgang mit Gewalt zu vermitteln. Die zahlreichen Übungen verdeutlichten, dass

	nicht Gewalt, sondern gezielter Körpereinsatz und Konzentration mehr Kraft erzeugen konnten.
ab 19.30	Ausklang in einer Kneipe: Die beginnenden Osterferien beendeten die Integrationsphase (siehe Kapitel 2.4.5) unseres Anti-Aggressivitäts-Trainingskurses. Wir überreichten allen Jugendlichen die „Boxenstopp – Card" als Zeichen dafür, dass sie den ersten Teil der Maßnahme bestanden hatten und daher auch am weiteren Fortgang teilnehmen konnten.
7. Sitzung:	Fr, 27. April 2001, von 14.00 bis 20.00 Uhr
14.00 – 15.00	Spielerische Übung zum Einstieg und Reflexion der Osterpause: Hierzu griffen wir auf die in der 6. Sitzung vor den Ferien erarbeiteten Vorsätze zurück.
15.00 – 17.00	Themeneinheit Alkoholmissbrauch: Dazu hatten wir zwei Suchtberater der örtlichen Drogenberatungsstelle eingeladen, die die Einheit durchführten.
17.00 – 17.30	Pause mit Kaffee und Gebäck.
17.30 – 19.00	Erlebnisorientiertes Angebot.
19.00 – 19.45	Film: „Es geschah in 11 Sekunden" und kurzer Austausch: Der Film veranschaulicht eindrucksvoll die Perspektive eines Gewaltopfers. Er sollte die Teilnehmer am Anti-Aggressivitäts-Training zum Nachdenken anregen und gleichzeitig zur Vorbereitung auf die in den nächsten Sitzungen folgenden „Heißen Stühle" dienen, wo es schwerpunktmäßig darum geht, Betroffenheit für die Opfer zu vermitteln.
19.45 – 20.00	Kurzer Ausblick auf das morgige Treffen.
8. Sitzung:	Sa, 28. März 2001, von 9.00 bis 14.00 Uhr
9.00 – 10.00	Vorbereitung des „Heißen Stuhls" mit Marco: Diese Vorbereitung fand mit der Gruppe, jedoch ohne den Beteiligten statt. Dieser wurde erst später zum Anti-Aggressivitäts-Training bestellt oder musste außerhalb des Raumes warten. Neben den Informationen aus den Interviews zog die Gruppe auch die jeweiligen Akten der Jugendgerichtshilfe in die Vorbereitung mit ein. Folgende Regeln galten für die Gruppe der Konfrontierenden für die „Heiße Stuhl" – Sitzungen: - *Wir wenden uns gemeinsam als Gruppe gegen denjenigen auf dem „Heißen Stuhl".*

	- *Wir spielen für diese Situation eine andere Rolle – nämlich für das Opfer und gegen den Täter.*
	- *Wir sind gemein und sagen „böse" Worte.*
	- *Wir akzeptieren keine Rechtfertigungen.*
	- *Wir schauspielern und sind z. B. ernst, obwohl uns gar nicht danach zu Mute ist.*
	- *Wir sagen „STOPP", wenn es nötig ist. Das gilt auch für den Täter.*
	- *Wir wenden keine körperliche Gewalt an. Das gilt auch für den Täter.*
10.15 – 10.30	„Heißer Stuhl" mit Marco: Die Sitzungen wurden mit Videokamera aufgezeichnet. Die Inhalte richteten sich nach dem allgemeinen Curriculum (3. Faktor – siehe auch Abschnitt 2.5.1).
10.30 – 11.00	„Landephase" (Pause): Es wurde zuvor mit jedem Jugendlichen besprochen, in welcher Form er nach einer möglichen Erregung durch den „Heißen Stuhl" wieder sich beruhigen kann. Das wurde dann auch so gehandhabt.
11.00 – 12.00	Reflexion des „Heißen Stuhls": Dazu wurde auch auf Sequenzen des aufgenommenen Videofilmes zurückgegriffen. Mittagspause (kleiner Imbiss).
12.00 – 12.30	Vorbereitung des „Heißen Stuhls" mit Michael.
12.30 – 13.00	„Heißer Stuhl" mit Michael.
13.00 – 13.30	„Landephase".
13.30 – 13.45	Reflexion des „Heißen Stuhls".
13.45 – 14.00	Vorsätze für die kommende Woche.

9. Sitzung:	Fr, 4. Mai 2001, von 14.00 bis 20.00 Uhr
14.00 – 15.00	Reflexion: Zusätzlich stellten wir an den jeweiligen Absolventen einer „Heißen Stuhl" – Sitzung die Frage, ob noch irgendwelche Probleme im Nachgang aufgetaucht waren.
15.00 – 16.30	„Heißer Stuhl" mit Roman: 30 Minuten Vorbereitung, 45 Minuten „Heißer Stuhl", 15 Minuten Reflexion. Roman hatte sich gut gehalten; aus Zeitgründen brach das Team die Sitzung ab. Eine „Landephase" war nicht notwendig.
16.30 – 17.45	Heißer Stuhl mit Markus: 30 Minuten Vorbereitung, 45 Minuten „Heißer Stuhl", 15 Minuten Reflexion. Markus hatte sich ebenfalls gut gehalten; aus Zeitgründen brach das Team die Sitzung ab. Eine „Landephase" war nicht notwendig.
17.45 – 19.15	Pause mit Kaffee und Gebäck und Erlebnisorientiertes Angebot.

19.15 – 20.00 Vorsätze und Ziele für die nächste Woche mit folgenden Schwerpunkten: -

- *Wiederholt mussten wir betonen, dass sich das Verhalten der Jugendlichen noch immer nicht wesentlich geändert hatte. Das, was jeder Einzelne vor der Gruppe beteuerte, waren bisher überwiegend Floskeln.*
- *Es rissen kleine Verspätungen ein. Wir wiesen auf das geringe „Rest-Budget" des Zeitkontos hin und auf die noch lange Zeit des Kurses.*
- *Am Alkohol biss sich das Team immer wieder die Zähne aus. Bisher konnten wir keine Einsicht wecken, dass gerade der Alkoholmissbrauch bei den meisten zur Gewalttat geführt hatte.*

Hausaufgabe für alle: Anfertigen des Opferbriefes.

10. Sitzung: Fr, 11. Mai 2001, von 14.00 bis 20.00 Uhr

14.00 – 15.15 „Heißer Stuhl" mit Markus: Dies war eine Überraschung. Er musste sich sofort zu Beginn des Treffens auf den „Heißen Stuhl" setzen, da bezüglich des Vorfalls in der Disco Unstimmigkeiten ans Licht kamen, mit denen wir Markus konfrontierten. Er hatte – entgegen ersterer Aussagen – doch zugeschlagen. Außerdem musste er der Gruppe erklären, warum er bei einem Volksfest polizeilich aufgefallen war. Er hielt jedoch diesmal den „Heißen Stuhl" nicht durch, sondern brach ihn ab. Eine „Landephase" folgte.

15.15 – 16.30 Reflexion der letzten Woche (für den Rest der Gruppe): Zusätzlich versuchte das Team, sich mehr zurückzunehmen. Die Jugendlichen selbst sollten jetzt stärker als bisher sich gegenseitig Feed-back geben. Außerdem sollte jeder in einem 5-minütigen Statement seine persönliche Zwischenbilanz des Trainings ziehen. Die Gruppe und das Team hörten sich die Äußerungen an und bewerteten sie in Form von Punkten nach den Kriterien: Ehrlichkeit, Realistische Einschätzung, Verbalisierungskompetenz.

Letztlich stellten wir die Bedingungen für ein erfolgreich absolviertes Anti-Aggressivitäts-Training vor: Ein bestandener „Heißer Stuhl", die Teilnahme am Täter-Opfer-Gespräch, eingeschränkter Alkoholkonsum, Verzicht auf den Einsatz körperlicher Gewalt und die gegenseitige Konfrontation im Falle eines Abweichens von den Bedingungen.

16.30 – 18.30	Pause mit Kaffee und Gebäck und Erlebnisorientiertes Angebot.
18.30 – 19.30	Vorlesen und Besprechen der Opferbriefe (4. curricularer Faktor): Es war ein erster Durchlauf. Alle Briefe wurden fortlaufend in den weiteren Sitzungen überarbeitet.
19.30 – 20.00	Ausblick auf die Woche. Spiel „Tabu".

11. Sitzung: Fr, 18. Mai 2001, von 14.00 bis 20.00 Uhr

Heute kam nur Roman zum Anti-Aggressivitäts-Training. Nach einer kurzen Reflexion und dem erlebnisorientierten Angebot, das das Team ihm nicht vorenthalten wollte, machten sich alle gemeinsam mit dem Auto auf, Michael und Markus zu suchen.

Michael fanden wir auf dem Fußballplatz. Er hatte wohl verschlafen und beabsichtigte, nachträglich eine Krankmeldung abzugeben. Dem war jetzt die Gruppe zuvorgekommen. Wir fuhren in seine Wohnung und führten dort einen „Heißen Stuhl" durch, wo er sich heftigen Konfrontationen seitens der Gruppe ausgesetzt sah. Das Ergebnis dieser Sitzung war, dass das Team sich bereit zeigte, der Gruppe einen Joker[11] zu schenken, den – mit dem Einverständnis von Roman – Michael erhielt.

Gemeinsam fuhren alle dann nach Hause zu Markus. Er war tatsächlich krank. Er hatte sich im betrunkenen Zustand den Knöchel so verdreht, dass er einen Gips bekam. Aber auch bei Markus führten wir einen „Heißen Stuhl" durch. Themen waren bei dieser Sitzung die Tatsache, dass er sich nicht rechtzeitig entschuldigt hatte und – zum wiederholten Male – der Alkoholmissbrauch. Markus brach diesen „Heißen Stuhl" aber ab. In einer nachfolgenden Besprechung ohne ihn problemati-

11 Der Joker „schenkte" einem Jugendlichen eine Sitzung. Über ihren Einsatz musste die Gruppe entscheiden. Im Nachhinein erwies sich dieses Entgegenkommen des Teams allerdings als nicht hilfreich. Michael fehlte in der letzten Sitzung nochmals und konnte so das Training nicht erfolgreich abschließen. Die Erfahrung zeigt, dass Jugendliche, die ernsthaft mitarbeiten wollen, die Anforderungen durchaus erfüllen. Ihnen kann ein enger Rahmen zusätzliche Unterstützung bieten, wohingegen andere durch ihr „Ausbrechen" schon vorwegnehmen, dass sie das Training nicht erfolgreich abschließen werden. Das „Scheitern" sollte nicht hinausgezögert, sondern – wo es möglich ist – pädagogisch „sinnvoll" aufgegriffen werden.

sierten wir die Mitarbeit von Markus im Kurs. Roman und Michael sprachen sich dabei deutlich für seinen Verbleib im Anti-Aggressivitäts-Training aus und wollten ihn dazu drängen, dass er das Training zukünftig ernster nahm.

12. Sitzung:	Fr, 1. Juni 2001, von 14.00 bis 20.00 Uhr
14.00 – 14.30	Reflexion der letzten Woche.
14.30 – 17.15	Zweite „Heißer Stuhl" – Sequenzen: Provokationstest (6. curricularer Faktor). Vorbesprechung mit den Jugendlichen: Ziel der Konfrontationsübung war es „cool" zu bleiben, denn wer „cool" bleibt, der zeigt mehr Köpfchen. Es ging darum, sich erneut einzuüben. Außerdem sollte die Restgruppe zur Konfrontation gegen einen einzelnen weiter befähigt werden. Für den einzelnen auf dem „Heißen Stuhl" konnte die Übung verdeutlichen, wie geladen und leicht erregbar er ist oder aber ein kleines Erfolgserlebnis vermitteln, durchgehalten zu haben. Durchführung: Alle drei Jugendlichen kamen auf den „Heißen Stuhl". Demnach war jeder Durchgang zeitlich begrenzt. Er bestand aus einer kurzen Vorbereitung in der Gruppe ohne den Kandidaten, ca. 15 Minuten Provokationstest, evtl. einer „Landephase" und einer Reflexion.
17.15 – 17.30	Pause mit Kaffee und Gebäck.
17.30 – 19.00	Erlebnisorientiertes Angebot.
19.00 – 20.00	Vorlesen und Besprechen der überarbeiteten Opferbriefe.

13. Sitzung:	Fr, 8. Juni 2001, von 14.00 bis 20.00 Uhr
14.00 – 15.00	Reflexion der letzten Woche. Vorsätze für die kommende Woche.
15.00 – 16.00	Opferbefragung mit Markus: Der einzelne Jugendliche saß an exponierter Stelle an einem Tisch der ganzen Gruppe gegenüber. Selbst, wenn diese Konstellation zunächst für den Teilnehmer den Anschein eines ruhigen, oberflächlichen und gemütlichen Gespräch erweckte, entwickelte sich daraus eine „Heiße Stuhl" – Sitzung, was durchaus gewollt war. Die Gruppe stellte ihm konfrontativ harte und unangenehme Fragen zu seiner Haltung als Täter gegenüber seinem Opfer. Dazu konnte auch im Einzelfall hilfreich sein, dass der Täter in die Rolle des Opfers schlüpfen und aus dieser Rolle heraus sich in dessen Gefühle hineinversetzen musste. Einzelne Jugendliche

	hatten wir an eigene Situationen erinnert, in denen sie sich verletzt, verlassen oder als Opfer gefühlt hatten.
16.00 – 16.30	Pause mit Kaffee und Gebäck.
16.30 – 18.30	Erlebnisorientiertes Angebot.
18.30 – 19.30	Opferbefragung mit Roman.
19.30 – 20.00	Besprechung des Opferbriefs von Markus.
14. Sitzung:	Fr, 15. Juni 2001, von 14.00 bis 20.00 Uhr
14.00 – 15.00	Reflexion der letzten Woche.
15.00 – 16.30	Besuch der Jugendbeauftragten des Jugendkommissariates der Kriminalpolizei: Thema dieser Einheit war, dass die Erlebnisse der Opfer von Gewalthandlungen den Teilnehmern aus erster Hand vorgetragen wurden, um nochmals die Opferperspektive zu fokussieren (symbolische Opferkommunikation – siehe 4. curricularer Faktor).
16.30 – 17.00	Pause mit Kaffee und Gebäck.
17.00 – 18.30	Erlebnisorientiertes Angebot.
18.30 – 19.30	Besprechung der Opferbriefe von Roman und Michael.
19.30 – 20.00	Kosten – Nutzen – Analyse (5. curricularer Faktor).
15. Sitzung:	Sa, 16. Juni 2001, von 9.00 bis 13.00 Uhr
9.00 – 9.30	Reflexion.
9.30 – 11.15	Besprechung des Opferbriefes von Michael.
11.15 – 11.45	Mittagspause (kleiner Imbiss).
11.45 – 13.00	„Was mache ich, wenn ich wütend bin?“ In der Gruppe sammelten wir zu dieser Frage Ideen und schrieben sie auf. Außerdem: Rollenspiele: Wie lassen sich Konflikte anders lösen: Dieser Inhalt wurde nun ein Schwerpunkt im weiteren Kursverlauf und immer wieder aufgegriffen. Hierbei ging es nämlich um den Transfer des Gelernten in den Alltag der Teilnehmer. Wir griffen die Konflikte auf, die die Jugendlichen in das Training einbrachten und spielten sie nach. In einem zweiten Schritt überlegten wir Möglichkeiten, diese Auseinandersetzungen gewaltfrei zu lösen und spielten diese Lösung ebenfalls nach. Die Szenen wurden mit Videotechnik aufgezeichnet und dahingehend analysiert, ob diese alternativen Konfliktlösungsstrategien tatsächlich hilfreich sein könnten. Damit sollte der nötige Transfer des Anti-Aggressivitäts-Trainings in den Alltag der jungen Menschen unterstützt werden. Aber es wurde

dabei auch den Jugendlichen verdeutlicht, dass Grundlage der Handlungskompetenz das eigene Selbstwertgefühl ist, das eine Anmache nicht als persönliche Bedrohung auffasst (2. curricularer Faktor).

16. Sitzung:	Fr, 22. Juni 2001, von 14.00 bis 20.00 Uhr
14.00 – 14.45	Reflexion der letzten Woche.
14.45 – 16.30	Dritte „Heiße Stuhl" – Sequenzen: Erster Jugendlicher: Michael: Diese letzten „Heißen Stühle" des Trainingskurses stellten eine Art Abschlussprüfung dar, in dem jeder Teilnehmer beweisen konnte, was er den ganzen Kurs über gelernt hatte und wie er nun über sich, seine Gewalttätigkeit und sein Opfer dachte. Die Gesprächsleitung achtete demnach auch darauf, dass alle aus dem Training relevanten Themen auf dem „Heißen Stuhl" fokussiert wurden. Dies waren beispielsweise folgende: - *Opferkommunikation, Geste der Aussöhnung mit dem Opfer.* - *Fremdenfeindlichkeit.* - *Reaktionen in Stresssituationen und bei Provokationen.* - *Drogenmissbrauch.* - *Persönliche Ziele und Bereitschaft zur Weiterarbeit als Tutor.* - *Stolzhitliste, 3 Stärken und 3 Schwächen.* *Die Jugendlichen sollten versuchen, möglichst den „Heißen Stuhl" durchzuhalten und nicht frühzeitig abzubrechen.*
16.30 – 19.00	„Landephase". Pause mit Kaffee und Gebäck. Erlebnisorientiertes Angebot.
19.00 – 20.00	Spiel: „Tabu".
17. Sitzung:	Fr, 29. Juni 2001, von 14.00 bis 20.00 Uhr
14.00 – 14.45	Reflexion der letzten Woche.
14.45 – 15.15	Vorbereitung der 3. „Heißer Stuhl" – Sequenz in der Gruppe.
15.15 – 15.45	3. „Heißer Stuhl" Sequenz mit Markus (1. Teil).
15.45 – 16.45	„Landephase". Pause mit Kaffee und Gebäck. Erlebnisorientiertes Angebot.
16.45 – 17.30	3. „Heißer Stuhl" Sequenz mit Markus (2. Teil).

17.30 – 18.30	„Landephase“. Spiel „Tabu“.
18.30 – 20.00	Überlegungen zum Täter-Opfer-Gespräch (siehe 19. Sitzung). Modifizierung der anfangs genannten Stärken: Welche neuen Stärken habe ich an mir entdeckt? Rollenspiele: Wie lassen sich Konflikte anders lösen?

18. Sitzung:	Sa, 30 Juni 2001, von 9.00 bis 14.00
9.00 – 9.30	Spielerische Übungen zum Einstieg.
9.30 – 10.00	Vorbereitung der 3. „Heißer Stuhl“ – Sequenz in der Gruppe.
10.00 – 11.30	3. „Heißer Stuhl“ Sequenz mit Roman.
11.30 – 12.15	„Landephase“ und Pause (kleiner Imbiss).
12.15 – 12.30	Vorsätze für die nächste Woche.
12.30 – 13.30	Rollenspiele zur Vorbereitung des Täter-Opfer-Gesprächs. Gespräch zum Thema: Meine eigenen Gefühle: Das Gespräch kreiste um die Frage, was es bedeutet, als Mann Schuld und Versagen einzugestehen und den anderen um Verzeihung zu bitten.
13.30 – 14.00	Rollenspiele: Wie lassen sich Konflikte anders lösen? Spielerische Übung zum Ausklang.

19. Sitzung:	Fr, 6. Juli 2001, von 14.00 bis 20.00 Uhr
14.00 – 14.30	Reflexion der letzten Woche
14.30 – 17.00	Vorbereitung des Täter-Opfer-Gesprächs: Rollenspiele und Gespräche, aber auch gemeinsamer Check der Karts und Zurichten der Kaffeerunde.
17.00 – 18.45	Täter-Opfer-Gespräch: Im Täter-Opfer-Gespräch entschuldigt sich der Täter öffentlich bei seinem Opfer für das, was er getan hat. Gleichzeitig soll durch dieses Treffen ein Stück Versöhnung zwischen Täter und Opfer erwirkt werden. Die Öffentlichkeit besteht dabei aus den anderen eingeladenen Opfern, dem restlichen Teil der Gruppe sowie der Trainerin und den Trainern. In unserem Anti-Aggressivitäts-Training kam das Opfer eines Jugendlichen. Dem Täter-Opfer-Gespräch gingen intensive Vorbereitungen und große Auseinandersetzungen der Täter mit und in der Gruppe voraus. Als sich die Möglichkeit eines solchen Gesprächs abzeichnete, schickte die Trainerin einen Brief an die Opfer, um für deren Mitarbeit zu

werben. Den von den Jugendlichen mehrfach überarbeiteten Opferbrief schickten wir in diesem Falle an das Opfer. Mit diesem Schreiben lud der Teilnehmer sein Opfer gleichzeitig zu dem Täter-Opfer-Gespräch ein. Nicht minder intensiv gestalteten wir die Vorbereitungen auf dieses Treffen. Diese waren nicht nur organisatorischer Art oder beschränkten sich nicht nur darauf, dass wir die Jugendlichen durch Rollenspiele vorbereiteten. Sehr viel Zeit mussten wir darauf verwenden, die Jugendlichen innerlich und mit ihrem Gefühl in Einklang zu bringen. Bis kurz vor dem eigentlichen Treffen kämpften einzelne Teilnehmer noch mit sich selbst, waren aber letztlich dann alle bereit, sich als schuldig zu bekennen und sich entschuldigen zu wollen. Das Treffen selbst bestand aus einem Kaffeetrinken an einem schön gedeckten Tisch, aus dem heraus der Jugendliche das Wort ergriff und sich bei dem Opfer entschuldigte. Daraus entwickelte sich eine entspannte Unterhaltung, bei der man sich gegenseitig kennen lernte. Der Abschluss bildete ein gemeinsames Kartrennen.

18.45 – 19.15 Reflexion des Tages: Es ging um folgende Fragen:
- *Stolz auf das Geleistete?*
- *Enttäuscht, dass das Opfer nicht kam?*
- *Konsequenzen für dein zukünftiges Tun?*

19.15 – 20.00 Rollenspiele: Wie lassen sich Konflikte anders lösen?

20. Sitzung: Fr, 6. Juli 2001, von 14.00 bis 20.30 Uhr

14.00 – 15.30 Abschlussreflexionen: Zusätzlich zur Frage, ob den Jugendlichen noch etwas von der letzten Woche nachgegangen war, kamen folgende Inhalte:
- *Ausfüllen des Fragebogens zur Erfassung von Aggressivitätsfaktoren (FAF).*
- *Narrative Interviews als persönliche Statements. Jeder Teilnehmer sollte in einem 5-minütigen Statement anhand eines Leitfadens seine persönliche Meinung zum Anti-Aggressivitäts-Training mitteilen.*
- *Fragerunde: Wer und was kann Euch in Eurem weiteren Entwicklungsprozess unterstützen?*

15.30 – 16.30 Rollenspiel: Wie lassen sich Konflikte anders lösen?

16.30 – 17.00 Pause mit Kaffee und Gebäck.

17.00 – 17.30 Überreichung der Teilnahmebescheinigungen und der T-Shirts: Roman und Markus haben wir zusätzlich den Titel des

„Co – Assistenten“ verliehen und sie eingeladen, als Tutor bei weiteren Anti-Aggressivitäts-Trainingkursen mitzuarbeiten.

Ab 17.30	Erlebnisorientiertes Angebot. Abschlussgrillen.

3) Methodische Anlage der Evaluation

In Anlehnung an die Definition des Bundesjugendministeriums von Evaluation, beschreibt der Bericht das Ergebnis einer systematischen, „auf vorliegenden oder neu erhobenen Daten beruhende Beschreibung und Bewertung von Gegenständen der sozialen Wirklichkeit“ (BMFSFJ 2000: 17) in diesem Falle des Anti-Aggressivitäts-Trainings. Es ist die bisher umfangreichste Forschung über diesen Gegenstand, in der wir die Wirkung dieser Maßnahme bei n = 125 AAT – Absolventen in insgesamt 32 Gruppen an 15 Projektstandorten untersucht haben. Außerdem stellten wir der Experimentalgruppe eine Kontrollgruppe mit n = 17 Nicht-Behandelten gegenüber. Der Durchführungszeitraum der Trainingskurse umfasste eine Spanne von fast vier Jahren: Die erste, in die Evaluation eingebundene, Maßnahme begann im November 1997, die letzte endete im Juli 2001.

Zwar liegen zum Anti-Aggressivitäts-Training fundierte empirische Belege vor (Ohlemacher et al. 2001, Weidner 1995, Wolters 1997, Brand & Saasmann 1999), die „die gar nicht geringe Anzahl skeptischer Positionen“ (Kilb & Weidner 2000 b: 382) nun nicht mehr gerechtfertigt sein lassen. Diese Untersuchungen schlossen aber den ambulanten Bereich sozialarbeiterischen und -pädagogischen Handels weitgehend aus. Daher wurde der Autor im Rahmen eines Projektes „Qualitätsentwicklung des Anti-Aggressivitäts-Trainings“, dessen Federführung dem Institut für Sozialarbeit und Sozialpädagogik (ISS) in Frankfurt am Main obliegt, zu einer „Wirkungsanalyse bei AbsolventInnen des AAT“ (Kilb & Weidner 2000 a: 35) in einzelnen Projekten verschiedener Handlungsfelder beauftragt.

3.1) Die verwendeten Evaluationsstandards

Ziel unserer Studie ist eine Evaluationsforschung zum Anti-Aggressivitäts-Training. Das Wörterbuch Soziale Arbeit versteht unter Evaluierung (valeo (lat.) kräftig sein, vermögen) die „akkurate Einschätzung des Wertes einer Einrichtung oder Maßnahme mit Methoden und Instrumenten der empirischen Sozialforschung“ (Müller 1988: 177). Dies ist Inhalt des vorliegenden Beitrags. Als formative Evaluation ist die Arbeit in eine Wirkungsforschung unter der Federführung des Instituts für Sozialarbeit und Sozialpädagogik (ISS) in Frankfurt am Main eingebunden, mit deren Durchführung der Autor beauftragt wurde (siehe 2.5.3).

Unsere Evaluation des Anti-Aggressivitäts-Trainings basiert auf den ‚Program Evaluation Standards’ (nachfolgend kurz ‚Standards’ genannt) des ‚Joint Committee on Standards for Educational Evaluation’ (kurz ‚Joint Committee’, vgl. 1999:

243) Sie können als das amerikanische Standardwerk zur Evaluation (vgl. Widmer & Beywl 1999: 7) bezeichnet werden. Im Folgenden möchten wir diese Standards detaillierter beschreiben und dort jeweils selbstkritisch die Frage prüfen, ob wir die 'Standards' „gewissenhaft und überlegt" (‚Joint Committee' 1999: 41) angewendet haben.

3.1.1) Die „Program Evaluation Standards" des ‚Joint Committee'

Das ‚Joint Committee' begann 1975 – bestehend aus zwölf Organisationen[12] – ein Projekt zur Entwicklung von Standards. „Im Jahre 1981 wurde das ‚Joint Committee' als permanente Non-Profit-Organisation zur Entwicklung von Evaluationsstandards (...) institutionalisiert. Im Jahr 1989 wurde der Prozess des Joint Committee für die Entwicklung von Standards durch das American National Standards Institute (ANSI) akkreditiert. Standards, die durch das ANSI anerkannt sind, werden nationale amerikanische Standards und sind als solche auf der ganzen Welt anerkannt" (‚Joint Committee' 1999: 20). „Als Ganzes genommen stellen die dreißig Standards eine Arbeitsphilosophie für Evaluation zur Verfügung. Sie definieren die Konzeption der Prinzipien durch das ‚Joint Committee', die Programm-Evaluationen anleiten und steuern sollten und sie bieten sehr praktische Hinweise dafür, wie diese Prinzipien beachtet werden können" (‚Joint Committee' 1999: 21). Das ‚Joint Committee' (1999: 25) definiert Standard als „ein Prinzip, auf das sich die in der Evaluation professionell tätigen Praktiker geeinigt haben, und dessen Beachtung dafür sorgt, dass die Qualität und die Fairness einer Evaluation verbessert werden".

Die 'Standards' beziehen sich nicht nur auf pädagogische Programme, sondern auch auf „Projekte und Materialen in verschiedensten Bereichen", aber „nicht auf die Evaluation von Fachpersonal oder einzelnen Fachleuten" (‚Joint Committee' 1999: 23 f.). Begreifen wir das Anti-Aggressivitäts-Training als ein Programm, so können wir die 'Standards' prinzipiell zu dessen Evaluation heranziehen.

Das ‚Joint Committee' teilt die 30 Standards in vier Kategorien, nämlich Nützlichkeits-, Durchführbarkeits-, Korrektheits- und Genauigkeitsstandards, ein. „Diese Kategorien entsprechen den vier Attributen einer sorgfältigen und fairen Programmevaluation" (‚Joint Committee' 1999: 24). Nützlichkeitsstandards leiten dazu an, dass Evaluationen die „tatsächlichen Informationsbedürfnisse der jeweiligen Adressaten" (‚Joint Committee' 1999: 28) beachten, wirksam und zeitgerecht sind.

---

12 Die genaue Liste befindet sich bei Widmer & Beywl 1999: 250.

Dagegen lenken die Durchführbarkeitsstandards prüfend den Blick auf die Realitätstreue und stellen die Frage, ob die Evaluation gut durchdacht, dabei wirtschaftlich und zudem auch diplomatisch ausgeführt wird.

Den Korrektheitsstandards sollte „unter allen Umständen entsprochen werden" (‚Joint Committee' 1999: 32). Sie „sollen sicherstellen, dass eine Evaluation rechtlich und ethisch korrekt durchgeführt wird und dem Wohlergehen der in die Evaluation einbezogenen und auch der durch die Ergebnisse betroffenen Personen gebührende Aufmerksamkeit widmet" (‚Joint Committee' 1999: Karte).

Eine Evaluation muss in angemessener Form Informationen hervorbringen. Dies überprüfen die Genauigkeitsstandards. Im Einzelnen sollten die mit der Evaluation beauftragten Personen „so viele erkennbare Programmbestandteile wie möglich berücksichtigen und Daten besonders zu den Bestandteilen erheben, die als wichtig erachtet werden, um Verwendbarkeit und Güte des Programms zu bewerten. Außerdem müssen die Informationen technisch angemessen und die abgegebenen Urteile müssen in einem logischen Zusammenhang zu den Daten stehen" (‚Joint Committee' 1999: 29).

„Die ‚Standards' sind seit ihrem Erscheinen in Evaluationsfachkreisen auf große Beachtung gestoßen" (Widmer & Beywl 1999: 244), was die ausführliche Bibliographie bei Widmer und Beywl (1999: 244 f.) beweist. Das haben deren Meinung zufolge folgende Aspekte im Wesentlichen bewirkt: Zum einen zeichnen sich die 'Standards' durch eine „method(olog)ische Offenheit" aus, zum anderen erfassen sie „die Qualität einer Evaluation als Ganzes" (Widmer & Beywl 1999: 245). Sie sind zudem durch die Mitwirkung vieler renommierter Personen und Organisationen institutionell breit abgestützt und daher bei den Adressaten der 'Standards' im hohen Umfang akzeptiert. Sie verfügen „über eine hohe Differenziertheit, die es ermöglicht Evaluationen in zahlreichen Facetten zu betrachten" (Widmer & Beywl 1999: 246). Letztlich lassen sich die 'Standards' durch ihre entsprechende Aufarbeitung leicht in der Praxis verwenden.

Die Bezeichnung „Standards" ist – analog dem Verständnis im Qualitätsmanagement – zu verstehen als einzuhaltende (Minimal-) Kriterien, die operational definiert sein müssen, „um entscheiden zu können, ob die Vorgabe eingehalten wurde oder nicht" (Widmer & Beywl 1999: 247). Keinesfalls verkörpern 'Standards' rigide einzuhaltende Normen, sondern einen „Maßstab zur Bewertung eines Verhaltens als gut, wünschenswert o. ä." (Fuchs et al. zitiert nach Widmer & Beywl 1999: 247). Das ‚Joint Committee' definiert dementsprechend „Standard" wie folgt: „Ein von Experten allgemein anerkanntes Prinzip, das bei der Durchführung und Nutzung von Evaluationen als Maßstab genutzt wird, um den Wert oder die Qualität einer Evaluation einzuschätzen" (‚Joint Committee' 1999: 232).

Für die Klärung der Frage bezüglich der internationalen Übertragbarkeit stellen Widmer & Beywl fest, dass die Organisationen, die bei der Erarbeitung der 'Standards' im ‚Joint Committee' vertreten waren, nahezu alle ihren Sitz in den USA hatten. „Eine Ausnahme bildet dabei im Jahre 1994 die ‚Canadian Society for the Study of Education'" (1999: 252). Außerhalb der USA wird beispielsweise im Handbuch der Europäischen Union zu Qualitätsbewertungen von Evaluationen zur Strukturpolitik auf die 'Standards' verwiesen. Widmer & Beywl vergleichen unter anderem die kulturellen Prämissen in den USA mit denen in Deutschland anhand der drei Dimensionen kollektivistisch-individualistisch, assoziativ-abstrahierend und Professionalität und stellen keine wesentlichen Differenzen fest, so dass „die Gegebenheiten in den drei genannten Dimensionen nicht gegen eine Anwendung der 'Standards' im deutschsprachigen Raum" (1999: 253) sprechen. Die Autoren vergleichen danach die Evaluation in den USA mit jener in Deutschland und leiten daraus zusammenfassend ab, „dass sich die 'Standards' in kulturellen Umfeldern, die mit jenem der USA vergleichbar sind (und dazu zählen die Autoren auch Deutschland, Anmerkung des Verfassers) durchwegs als anwendbar erwiesen haben" (1999: 255). Zwar müssen Anpassungen an die jeweiligen Situationen vorgenommen werden. Im Blick auf Evaluationen, wo dies geschah, ist Widmer & Beywl aber kein Fall bekannt, wo „Grundstruktur der 'Standards' mit den vier Hauptgruppen ‚Nützlichkeit', ‚Durchführbarkeit', ‚Korrektheit' und ‚Genauigkeit'" (1999: 257) verändert wurde und sie empfehlen auf der Basis dieser Erkenntnisse „die Anwendung der 'Standards' auf Evaluation in Deutschland" (1999: 257).

Die Autoren der 'Standards' betonen ausdrücklich, dass es Aufgabe der mit der Evaluation beauftragten Personen ist, sich zu „überlegen, wie sie (die 'Standards', Anmerkung des Verfassers) auf bestimmte Situationen (...) anzuwenden sind" (‚Joint Committee' 1999: 31). „Aus ihrem Selbstverständnis stellen die 'Standards' somit einen verbindlichen Rahmen dar, innerhalb dessen notwendige Adaptionen an spezifische Evaluationsgegenstände, kulturelle, regionale, organisatorische oder finanzielle Bedingungen konzeptionell vorgesehen sind" (Widmer & Beywl 1999: 247). Ergo muss dies auch diese Arbeit erbringen, um das Anti-Aggressivitäts-Training auf den Prüfstand stellen zu können. Wir gehen auf die Forderung des ‚Joint Committee' ein und wenden nachfolgend die 'Standards' umfassend und sorgfältig an und leisten gleichzeitig mit deren Anwendung auf ein deutsches Programm hierzu einen wesentlichen Forschungsbeitrag.

3.1.2) Die Anwendung der Standards

Im Folgenden listen wir die 'Standards' des ‚Joint Committee' (vgl. 1999: 47 ff.) auf und erklären daran ihre Einbindung und Verwendung in unserer Evaluation. Im Anschluss daran erfolgt eine kritische Prüfung dahingehend, ob unsere

Arbeit den Anforderungen des ‚Joint Committee' genügt und mit Recht als faire und qualitativ wertvolle Evaluation bezeichnet werden kann.

Nützlichkeitsstandards

„N: Die Nützlichkeitsstandards sollen sicherstellen, dass sich eine Evaluation an den Informationsbedürfnissen der vorgesehenen Evaluationsnutzer ausrichtet. Es handelt sich um folgende Standards" (‚Joint Committee' 1999: 47):

N1: Ermittlung der Beteiligten und Betroffenen

„Die an einer Evaluation beteiligten oder von ihr betroffenen Personen sollten identifiziert werden, damit deren Interessen und Bedürfnissen berücksichtigt werden können" (‚Joint Committee' 1999: 49).

Nach dem ‚Joint Committee' sind Beteiligte und Betroffene all diejenigen, „die in eine Programmevaluation miteinbezogen werden sollten oder von ihr betroffen sein könnten (...) aber auch Dritte, die Evaluationen bei ihrer Entscheidungsfindung nutzen (...), des weiteren (...) die Personen und Gruppen, deren Arbeit untersucht wird (...) und die allgemeine Öffentlichkeit" (‚Joint Committee' 1999: 49).

Wir identifizierten als für unsere Evaluation potenziell wichtige Beteiligte und Betroffene:

- Das Institut für Sozialarbeit und Sozialpädagogik (ISS) und der sich dort im Sinne eines Qualitätszirkels formierende Kreis der Dozentinnen/Dozenten, Trainerinnen und Trainer,
- die jugendlichen Teilnehmer an den Anti-Aggressivitäts-Trainingskursen,
- die Fachöffentlichkeit,
- und die allgemeine Öffentlichkeit.

Für unsere Evaluation gibt es keinen Auftraggeber im Sinne der 'Standards': Es wurden keine Gelder in Aussicht gestellt und keine vertraglichen Vereinbarungen getroffen. Die Evaluation ist vielmehr eine Dissertation des Autors. Aber die Arbeit schwebt nicht losgelöst im wissenschaftlichen Raum. Ihre Ergebnisse fließen in die Wirkungsforschung unter der Federführung des Instituts für Sozialarbeit und Sozialpädagogik (ISS) in Frankfurt am Main (siehe Abschnitt 2.5.3) ein. Damit verbindet sich ein Verhältnis gegenseitigen „Gebens und Nehmens": Der Autor konnte durch die Unterstützung durch das ISS auf das umfangreiche Material des Fachkreises zurückgreifen und leistet im Gegenzug mit der daraus entstandenen Evaluation einen wichtigen Beitrag zur Qualitätsentwicklung des Anti-Aggressivitäts-Trainings. Demnach wurde der Qualitätszirkel am ISS schon sehr frühzeitig über das Vorhaben informiert, deren Informationswünsche eingeholt und in die Berichtserstattung umgesetzt. Als passendes Forum dienten die jährlich stattfindenden eintägigen Sonderveranstaltungen am ISS „Weiterentwicklung und Evaluation des Antiaggressivitätstrainings“ und zwar an folgenden Terminen: 14. September 1999, 22. Mai 2000 (ISS 2000: 3) und 15. Mai 2001.

Außerdem informierte ein Schreiben des Autors vom 29. Februar 2000 (siehe Anhang) die Fachgruppe über das Vorhaben. Daneben fanden zahlreiche Telefongespräche zwischen dem Autor und einzelnen Leitungen der Projektorte statt. Letztlich wurden in einer umfangreichen telefonischen Befragung (s. u.) alle ausgebildeten und sich in Ausbildung befindenden Trainerinnen und Trainer kontaktiert. Die Tatsache, dass die Praktikerinnen und Praktiker den Qualitätsprozess unter der Leitung des ISS mittragen, zeigt deren hohes Engagement und das Bestreben, die eigene Praxis anspruchsvoll weiter zu entwickeln. Entsprechend wurde dieser Evaluation schon von Beginn an eine große Aufmerksamkeit entgegengebracht. Das Interesse an den Ergebnissen war sehr groß, was die Bereitschaft der Gruppe, das Vorhaben zu unterstützen, erklärt. Viele Anregungen aus diesem Kreis ließ der Autor in diese Evaluation einfließen.

Die Jugendlichen und jungen Erwachsenen als Teilnehmer an Anti-Aggressivitäts-Trainingskursen sind eine weitere Personengruppe, die als Beteiligte und Betroffene im Sinne der 'Standards' gelten. Es ist grundsätzlich sichergestellt, dass niemand von ihnen „auf Grund des Geschlechts, ethnischer Zugehörigkeit oder Sprache ausgeschlossen“ (‚Joint Committee’ 1999: 50) wird. Ausschlusskriterien bilden ausschließlich fachlich-inhaltliche Gründe, die durch die Qualitätsstandards (2.5.3) festgelegt sind. Daneben gibt es durchaus auch ein Interesse der Zielgruppen an den Ergebnissen. Dieses ist gespeist von der Frage an das jeweilige Team, was das Training dem Einzelnen bringen kann. „Wenn es anderen Jugendlichen schon etwas gebracht hat, dann kann es auch für mich nicht nutzlos sein“, so die Überlegungen einzelner Teilnehmer. Manche sind einfach auch neugierig auf das Ergebnis ihres psychologischen Tests. Wir haben keinen Überblick über die Vorgehensweisen aller Kolleginnen und Kollegen. Unserer Kenntnis nach – und wir selbst praktizieren es so – legen die Mehrheit der Teams die Ergebnisse den Jugendlichen und jungen Erwachsenen offen. Unabhängig davon wird das Resultat spätestens zum Ende des Trainings Bestandteil einer ausführlichen Reflexion in den Anti-Aggressivitäts-Trainingskursen.

Eine weitere potenzielle Gruppe, die von der Evaluation betroffen ist, ist die Fachöffentlichkeit. Ein wachsender Teil davon steht dem Anti-Aggressivitäts-Training positiv gegenüber, ein anderer eher ablehnend. Wir hoffen, dass wir mit unserer Evaluation einen nicht unerheblichen Beitrag leisten können, weitere Fachkräfte vom Erfolg dieser Maßnahme zu überzeugen oder zumindest unsere kritische Auseinandersetzung mit den Ergebnissen allgemein Beachtung findet. Gleichzeitig soll unsere Arbeit nicht nur die Befürworter stärken, sondern auch der große Kreis der Anwender in Verhandlungen mit Träger und Kostenerstatter unterstützen, um das Leistungsangebot dauerhaft und solide in der Jugendhilfelandschaft zu etablieren, was auch die Bundesregierung in ihrem ersten Periodischen Sicherheitsbericht fordert (BMI & BMJ 2001: vgl. 610).

Letztlich zeigt auch die allgemeine Öffentlichkeit ein Interesse daran, was Jugendhilfe und Justiz jungen Gewalttätern anbieten können und welche Erfolge diese Angebote erzielen. Und sie hat ein Recht darauf zu erfahren, ob die öffentlichen Kostenträger die ihr zur Verfügung stehenden Mittel nach dem Grundsatz der Effektivität in Produkte fließen lassen, die auch tatsächlich leistungsfähig sind.

N2: Glaubwürdigkeit des Evaluators

„Wer Evaluationen durchführt, sollte sowohl vertrauenswürdig als auch kompetent sein, damit bei den Evaluationsergebnissen ein Höchstmaß an Glaubwürdigkeit und Akzeptanz erreicht wird" (‚Joint Committee' 1999: 55).

Nach den 'Standards' richtet sich die Glaubwürdigkeit des Evaluators danach, was „von den Auftraggebern und weiteren Benutzern des Berichts als notwendig erachtet" (‚Joint Committee' 1999: 55) wird. Diese Anforderungen können sehr umfangreich sein, weshalb das ‚Joint Committee' die Einsetzung eines Teams empfiehlt. Nun existiert kein Team und haben wir keinen Auftraggeber im eigentlichen Sinne. Dennoch findet dieser Standard in unserer Arbeit Berücksichtigung. Wir wollen nachfolgend einige Eigenschaften nennen, die der Evaluator aufweisen kann:

- Der Evaluator erfüllt die Zulassungsvoraussetzungen gemäß § 5 der Promotionsordnung für die Geschichts- und Gesellschaftswissenschaftliche Fakultät der Katholischen Universität Eichstätt.
- Er weiß um die Unterstützung durch die Fachkolleginnen und Fachkollegen im Rahmen der Qualitätsentwicklung des Anti-Aggressivitäts-Trainings unter Leitung des ISS und deren Interesse für eine qualitativ anspruchsvolle Weiterentwicklung ihrer Praxis.
- Er ist zertifizierter Anti-Aggressivitäts-Trainer und verfügt über eine langjährige praktische Erfahrung in der Durchführung von Trainingskursen in seiner Funktion als Projektleiter beim Caritasverband Frankfurt e. V. (Schanzenbächer 1997) und beim Caritasverband für Brandenburg e .V. (Schanzenbächer 2001).
- Schließlich ist der Evaluator seit mehreren Jahren auch in der Trainerinnen- und Trainerausbildung, beispielsweise im Rahmen der Zertifizierungskurse am ISS, tätig (siehe auch unter der Internetadresse: ‚www.boxenstopp.org/Inhalte/ Projektleiter').

N3: Umfang und Auswahl der Informationen

> *„Die gewonnenen Informationen sollten von einem Umfang und einer Auswahl sein, welche die Behandlung sachdienlicher Fragen zum Programm ermöglichen und gleichzeitig auf die Interessen und Bedürfnisse des Auftraggebers und anderer Beteiligten und Betroffenen eingehen" (‚Joint Committee' 1999: 61).*

Für unsere Evaluation gibt es keinen Auftraggeber im Sinne der 'Standards', aber Beteiligte & Betroffene (siehe Standard N1). Dies sorgt für einen „angenehmen" Rahmen und garantiert die Unabhängigkeit des Evaluators. So artikulierte die Fachgruppe mehrmals während des Forschungsverlaufs den Wunsch nach einer kritischen Evaluation und zeigte sich äußerst offen gegenüber dem Ergebnis. Mit unterschwelligen oder gar offen ausgesprochenen Manipulationsforderungen wurde der Autor nicht konfrontiert. Dennoch ist vor diesem Kontext ein Ziel vorangestellt, nämlich die Wirkung des Anti-Aggressivitäts-Trainings zu erforschen und damit zugleich einen Beitrag zur Qualitätsentwicklung dieses Programms zu leisten. Die Erreichung dieses Vorhabens ist primär von wissenschaftlichem Interesse gelenkt, um den Anforderungen als Dissertation (siehe Standard N1) Genüge zu leisten. Die praktischen Erfahrungen des Autors sorgten aber auch dafür, dass – wie wir meinen – „alle wichtigen Dimensionen des Programms" (‚Joint Committee' 1999: 61) bewertet und für die Evaluation entsprechend abgegrenzt wurden (siehe Kapitel 2).

An mehreren Stellen mussten wir selektieren, um den Rahmen dieser Arbeit nicht zu sprengen. Durch entsprechende Verweise machen wir im Text darauf aufmerksam. Aus diesem Grund mussten auch eine grundsätzliche Bewertung des Anti-Aggressivitäts-Trainings und ein Rekurs auf entsprechende wissenschaftliche Beiträge ausbleiben. In den Schlussfolgerungen nehmen wir jedoch Bezug zu „früheren Evaluationen, theoretischen Abhandlungen und Forschungsberichten" (‚Joint Committee' 1999: 61).

In seinen Ausführungen warnt das ‚Joint Committee' davor, dass die Durchführung der Evaluation durch bereits festgelegte Evaluationsverfahren, beispielsweise standardisierte Tests, bestimmt wird. „Dadurch würde nämlich der Blickwinkel eingeschränkt und es ständen fast ausschließlich die Testergebnisse im Mittelpunkt der Evaluation. Im Ergebnis würden die Tests das Programm oder Curriculum steuern" (‚Joint Committee' 1999: 62). Um diesem Einwand zu begegnen, haben wir bewusst ein multimethodisches Forschungsdesign für unsere Evaluation herangezogen und das quantitative, testpsychologische Verfahren durch qualitative Forschungsmethoden ergänzt.

Gleichwohl ist eine gewisse Schwerpunktsetzung auf den verwendeten Fragebogen zur Erfassung von Aggressivitätsfaktoren (FAF) als standardisierter Test nicht ganz von der Hand zu weisen. Dem sind aber folgende Überlegungen entgegenzusetzen: Zum einen unterstützte die bereits unter N1 erwähnte Gruppe der Trainerinnen und Trainer vor Ort diese Vorgehensweise. Ausschlaggebend für diese Entscheidung war demnach die Tatsache, dass der FAF in den meisten Projektgruppen bereits als Erhebungsinstrument verwendet wurde. Als weitere Evaluationsverfahren wurden dort zusätzliche standardisierte Testverfahren (beispielsweise das Freiburger Persönlichkeitsinventar) eingesetzt, dies aber nur punktuell, was unsere Zahl an potenziell verwendbaren Fällen gedrückt hätte. Einige Teams arbeiteten durchaus mit eigens für ihre Zwecke entwickelten Evaluationsverfahren. Diese hielten jedoch entweder einer strengen, wissenschaftlichen Prüfung nicht stand oder konnten schon aus zeitlichen Gründen nicht hinreichend verglichen werden, ohne dass dies den Rahmen der vorliegenden Arbeit gesprengt hätte.

Die vom ‚Joint Committee' aufgezeigte Gefahr, dass eine einseitige Berücksichtigung von Testergebnissen das Programm steuern könnte, ist sehr berechtigt. Mit dem von uns gewählten Forschungsdesign begegnen wir dieser Schwierigkeit und können auch diese Sorge ausräumen.

N4: Feststellung von Werten

„Die Perspektiven, Verfahren und Gedankengänge, auf denen die Interpretationen der Ergebnisse beruhen, sollten sorgfältig beschrieben werden, damit die Grundlage der Werturteile ersichtlich ist" (‚Joint Committee' 1999: 67).

„In Evaluationen steckt der Begriff Wert; und das Bewerten – die Einschätzung oder Klassifizierung einer Sache nach ihrer Nützlichkeit und ihrem allgemeinen Wert – ist die grundlegende Aufgabe jeder Evaluation" (‚Joint Committee' 1999: 67). Dieser Standard hat in unserer Forschungsarbeit die gebotene Berücksichtigung gefunden. Der zentrale Wert, um den es geht, ist im Grundgesetz festgelegt: „Jeder Mensch hat das Recht auf Leben und körperliche Unversehrtheit" (Artikel 2 § 2, GG) und „niemand darf wegen seines Geschlechtes, seiner Abstimmung, seiner Rasse, seiner Sprache, seiner Heimat und Herkunft, seines Glaubens, seiner religiösen oder politischen Anschauungen benachteiligt oder bevorzugt werden" (Artikel 3 § 3, GG). Jugendliche und junge Erwachsene nehmen am Anti-Aggressivitäts-Trainings teil, weil sie gegen diese Werte – in ganz unterschiedlichem Umfang – verstoßen haben. Das Anti-Aggressivitäts-Training ist daher „radikal opferorientiert: Das Trainerteam arbeitet am Täter, aber immer und grundsätzlich im Auftrag der Opfer" (Heilemann & Fischwasser-von Proeck 2001: 67). „Der wahrgenommene Opferauftrag definiert nicht nur das Recht, sondern geradezu die Verpflichtung, (scheinbare) Grenzen zu tangieren oder gar zu überschreiten" (Heilemann & Fischwasser-von Proeck 2001: 68). Wesentliche Werte sind aber nicht nur die Würde des Opfers, sondern – entsprechend der Qualitätsstandards des AAT (2.5.3) – auch die des Täters. Allerdings konstatieren Heilemann & Fischwasser-von Proeck: „Die Menschenwürde des Täters ist während der Zeit seiner Gewaltbereitschaft in erheblichem Maße eingeschränkt. Weder findet er sich selbst letztlich als ‚würdig', noch kann er die Menschenwürde seiner Opfer in irgendeiner Weise erkennen oder gar hüten. Im besten Fall kann der Täter seine Menschenwürde zurückgewinnen, wenn er auf funktionierende Therapiestrategien und aufopferungswillige, anstrengungsbereite Therapeuten trifft" (2001: 59).

Damit besteht allerdings – im Blick auf fachliche Diskussionen – ein nur relativ breiter Konsens in der Feststellung der Werte. So konzedieren wir, zu Lasten einer gebotenen Unvoreingenommenheit uns an dieser Stelle klar positioniert zu haben, um Fehler in der Anwendung dieses Standards ausschließen zu können.

N5: Klarheit des Berichts

„Evaluationsberichte sollten das evaluierte Programm einschließlich seines Kontextes ebenso beschreiben wie die Ziele, die Verfahren und Befunde der Evaluation, damit die wesentlichen Informationen zur Verfügung stehen und leicht verstanden werden können" (‚Joint Committee' 1999: 73).

Was die Einhaltung dieses Standards anbetrifft, binden uns einige Rahmenbedingungen der Promotionsordnung. Da es sich bei dem Bericht um eine Dissertation handelt, muss er als ein sehr ausführliches Dokument in schriftlicher Form angefertigt sein. Eine Differenzierung der Berichtsform auf verschiedene Adressatengruppen war uns auf diesem Hintergrund nicht möglich. Die Form des Berichtes verpflichtete uns auch zur Anwendung von Fachsprache. Wir sind aber zuversichtlich, eine Arbeit geschaffen zu haben, die durch seine Lesbarkeit und Fülle an Erkenntnissen und Informationen von der Mehrheit unserer Adressatengruppen leicht verstanden und in der Praxis vielfach verwendbar sein wird.

Wir möchten betonen, dass uns auch dieser Standard bei der Erstellung unseres Evaluationsberichts leitete, und wir haben „ausreichende Informationen zum Kontext, zum Programm und zur Evaluation vermittelt (...), um eine gesicherte Grundlage für Schlussfolgerungen und Empfehlungen herzustellen" (‚Joint Committee' 1999: 73). Besonders durch die Schilderung des Ablaufes eines Anti-Aggressivitäts-Trainings im Land Brandenburg (2.5.8) sollen die Leserinnen und Leser einen unmittelbaren Eindruck davon bekommen, was in dem Programm tatsächlich passiert. Eine Präsentation des Berichtes, wie ihn die Richtlinien (‚Joint Committee' 1999: 73 f.) zu diesem Standard vorsehen, unterbleiben jedoch ebenso wie eine Übersetzung in andere Landessprachen.

N6: Rechtzeitigkeit und Verbreitung des Berichts

> *„Wichtige Zwischenergebnisse und Schlussberichte sollten den vorgesehenen Nutzern so zur Kenntnis gebracht werden, dass diese sie rechtzeitig erreichen können" (‚Joint Committee' 1999: 77).*

Nach dem ‚Joint Committee' (1999: 77) haben folgende Personen und Gruppen einen Anspruch darauf, über die Ergebnisse der Evaluation informiert zu werden:

- „A: Sie haben die Evaluation in Auftrag gegeben.
- B: Sie tragen die rechtliche Verantwortung für das evaluierte Programm.
- C: Sie haben das evaluierte Programm durch Steuern, Sach- oder Geldspenden unterstützt oder Zeit und Arbeit dafür investiert.
- D: Sie haben für die Evaluation eine beträchtliche Menge von Informationen bereitgestellt.
- E: Sie sind Beteiligte und Betroffene anderer Art", z.B. Vertreter der Massenmedien.

Für unsere Evaluation kommen Personen und Gruppen aus den Bereichen C, D und E in Betracht. Bei der Einhaltung des Standards werden durch die Promotionsordnung in zeitlicher Hinsicht gewisse Einschränkungen erzeugt. Definieren wir jedoch den Abschluss des Prüfungsverfahren als den Zeitpunkt, „zu dem die Informationen am besten genutzt werden können" (‚Joint Committee' 1999: 77), dann fördert dieses Verfahren durch die Verpflichtung der Öffentlichmachung der Arbeit (§ 12, Promotionsordnung) gerade an die vorgesehen Nutzer die Beachtung dieses Standards. Zudem garantieren das Promotionsverfahren die wissenschaftliche Überprüfung der Ergebnisse und das Fehlen eines Auftraggebers einen unkomplizierten und konfliktfreien Informationsfluss.

N7: Wirkung der Evaluation

> *„Evaluationen sollten so geplant, durchgeführt und dargestellt werden, dass die Beteiligten und Betroffenen dazu ermuntert werden, dem Evaluationsprozess zu folgen, damit die Wahrscheinlichkeit steigt, dass die Evaluation genutzt wird" (‚Joint Committee' 1999: 83).*

Diesem Standard genügt unsere Evaluation. Wir verweisen auf das Qualifizierungs- und Evaluationsprojekt für das Anti-Aggressivitäts-Training am ISS (siehe Standard N1). Die Ergebnisse dieser Evaluation werden in diesen Prozess zurückfließen und die Qualitätsentwicklung beeinflussen. Da der Autor als zertifizierter

Anti-Aggressivitäts-Trainer selbst in diesem Prozess mitarbeitet, kann er die Beteiligten und Betroffenen „dabei unterstützen, die Evaluationsergebnisse zu nutzen, um sinnvolle Veränderungen vorzunehmen (...) (bzw. ihnen) helfen, durch die Evaluation neue Perspektiven zum Programm zu entwickeln" (‚Joint Committee' 1999: 83). Eine zentrale Rolle wird einem eingerichteten Beirat im ISS „zur Steuerung des Gesamtvorhabens" zuteil, „der sich zusammensetzt aus einem Vertreter einer Hochschule, drei VertreterInnen von Praxisprojekten und jeweils einer Vertretung der laufenden Kursreihen. Sobald ein Evaluationsprojekt eingerichtet ist, entsendet dieses ebenfalls eine Vertretung in den Beirat. Durch diese Konstruktion soll eine reflexive Fortentwicklung des AAT im Sinne eines permanenten Theorie-Praxis-Transfers erreicht werden" (Kilb & Weidner 2000 a: 38).

Durchführbarkeitsstandards

„D: Die Durchführbarkeitsstandards sollen sicherstellen, dass eine Evaluation realistisch, gut durchdacht, diplomatisch und kostenbewusst ausgeführt wird. Es handelt sich um folgende Standards" (‚Joint Committee' 1999: 87):

D1: Praktische Verfahren

„Die Evaluationsverfahren sollten praktisch sein, so dass Störungen minimiert und die benötigten Informationen beschafft werden können" (‚Joint Committee' 1999: 89).

„Als Evaluationsverfahren bezeichnet man die Handlungen, die im Laufe der Informationsgewinnung und -nutzung vorgenommen werden, um ein Programm nach Güte und Verwendbarkeit zu beurteilen" (‚Joint Committee' 1999: 89).

In der Beurteilung unserer Arbeit auf dem Hintergrund dieses Standards können wir behaupten, dass sich die von uns gewählten Vorgänge als gut durchführbar und sehr realistisch erwiesen haben. In der Konsequenz traten im Laufe des Verfahrens keinerlei Störungen auf, so dass wir zu den notwendigen Informationen gelangen konnten. Dem gingen allerdings auch die im Rahmen einer Dissertation üblichen umfangreichen Planungsverfahren (Exposee, Zeitplan, Abstimmungen mit dem wissenschaftlichen Betreuer der Dissertation, Zwischenberichte, Gliederungen, Verlaufskizzen) voraus. Wir können an dieser Stelle feststellen, dass wir den Rahmen dabei richtig gewählt und die passende Abstimmung zwischen Niedrighalten der Kosten und gleichzeitigem Erzielen eines größtmöglichen Nutzens gefunden haben.

D2: Politische Tragfähigkeit

„Evaluationen sollten mit Voraussicht auf die unterschiedlichen Positionen der verschiedenen Interessengruppen geplant und durchgeführt werden, um deren Kooperation zu erreichen und um mögliche Versuche irgendeiner dieser Gruppen zu vermeiden, die Evaaktivitäten einzuschränken oder die Ergebnisse zu verzerren respektive zu missbrauchen" (‚Joint Committee' 1999: 95).

Bei der Meinung über das Anti-Aggressivitäts-Training ist die Fachwelt gespalten (vgl. Kilb & Weidner 2000 b: 380 ff.). Umso mehr bemühten wir uns um eine größtmögliche objektive und wissenschaftlich seriöse Vorgehensweise, um unsere Ziele, „unter fairer und gerechter Anerkennung von ausgeübten Einflüssen und Aktivitäten verschiedener an der Evaluation beteiligter Interessensgruppen" (‚Joint Committee' 1999: 95) erreichen zu können. Demgemäß haben wir an mehreren Stellen auf eine kritische Würdigung geachtet, so beispielsweise zur Verwendbarkeit des FAF (siehe Abschnitt 3.3.3).

D3: Kostenwirksamkeit

„Die Evaluation sollte effizient sein und Informationen mit einem Wert hervorbringen, der die eingesetzten Mittel rechtfertigt" (‚Joint Committee' 1999: 101).

Unsere Evaluation ist in der Tat sehr kostenwirksam. Die Kosten – seien sie nun sozialer oder monetärer Art – konnten deutlich geringer gehalten werden als den Nutzen der Arbeit.

Die monetären Kosten hielten sich – auch weil es sich um eine Dissertation handelte – in sehr geringen Grenzen und wurden komplett durch den Autor getragen. Aber auch die sozialen Kosten konnten – zumindest für jeden Einzelnen – bedeutend begrenzt werden, da sich die Ausgaben auf einen großen Kreis aus Fachkräften, die sich zur Unterstützung der Evaluation bereit erklärt hatten, verteilte. Außerdem hatten wir mit dem FAF ein Persönlichkeitsinventar eingesetzt, mit dem „bei relativ geringem Aufwand viele Informationen über einen Probanden gewonnen werden" (Fahrenberg et al.: 1994: 7) können.

Den geringen Kosten steht ein hoher Nutzen gegenüber. Aus der sehr weit greifenden Definition des ‚Joint Committee' (1999: vgl. 101) können wir für uns die Behauptung beanspruchen, dass eine Evaluation nützlich ist, wenn untersucht und offen gelegt wird, welches Programm wirkungsvoll ist. Das leistet der vorliegende Beitrag.

Korrektheitsstandards

„K: Die Korrektheitsstandards sollen sicherstellen, dass eine Evaluation rechtlich und ethisch korrekt durchgeführt wird und dem Wohlergehen der in die Evaluation einbezogenen und auch der durch die Ergebnisse betroffenen Personen gebührende Aufmerksamkeit widmet. Es handelt sich um folgende Standards“ (‚Joint Committee' 1999: 107):

K1: Unterstützung der Dienstleistungsorientierung

> *„Die Evaluation sollte so geplant werden, dass Organisationen dabei unterstützt werden, die Interessen und Bedürfnisse des ganzen Zielgruppenspektrums zu berücksichtigen und ihre Tätigkeit danach auszurichten“ (‚Joint Committee' 1999: 109).*

Das ‚Joint Committee' (1999: 109) fasst die Erklärung zu diesem Standard kurz in einem Satz zusammen: „Evaluationen sollten den Teilnehmenden an den Programmen, der Gemeinschaft und der Gesellschaft dienen“. Wir sind davon überzeugt, dass dies für unsere Evaluation in der Tat zutreffend ist. Auch hier werden wir nämlich an die Grundthematik des Anti-Aggressivitäts-Trainings heran geführt: Die Vermeidung zukünftiger Opfer. Dient das Training dem gesamten Zielgruppenspektrum, dann trifft dies umso mehr für diese Evaluation zu, die die Qualität des Anti-Aggressivitäts-Trainings fördern will. Wir haben uns auch auf die Programmpunkte konzentriert, „welche die Teilnehmenden am meisten betreffen und welche die Ziele der Organisation am meisten fördern“, nämlich die Reduzierung der Aggressivität, „um beabsichtigte und unbeabsichtigte Wirkungen des Programms auf die Lernenden zu erkennen“ (‚Joint Committee' 1999: 109). Letztlich konnten wir auch vermeiden, den pädagogischen Prozess an sich zu stören, da das Ausfüllen des Fragebogens nur einen verschwindend geringen Teil der Maßnahme an sich in Anspruch genommen hatte. Dennoch haben wir möglichen reaktiven Effekten bei experimentellen Versuchsanordnungen in unseren Ausführungen Aufmerksamkeit geschenkt.

K2: Formale Vereinbarungen

> *„Die Pflichten der Vertragsparteien einer Evaluation (was, wie, von wem, wann getan werden soll) sollten schriftlich festgehalten werden, damit die Parteien verpflichtet sind, alle Bedingungen dieser Vereinbarung zu erfüllen oder aber diese erneut zum Gegenstand von formalen Verhandlungen zu machen“ (‚Joint Committee' 1999: 115).*

Dieser Standard ist einer der wenigen, die wir nicht einhalten konnten, da es zu dieser Evaluation keinen Auftraggeber im Sinne der 'Standards' gab. Damit laufen wir auch nicht Gefahr, dass unsere Evaluation wegen möglicher Missverständnisse in der Qualität beeinträchtigt werden konnte. Zudem wurden Ressourcen nicht an die Ausarbeitung einer Vereinbarung gebunden.

Da dieser Standard mögliche Fehler ausklammern oder zumindest minimieren soll, diese Fehler in unserer Evaluation aber gar nicht auf Grund der obigen Ausführungen entstehen können, bedeutet das Nicht-Einhalten dieses Standards für unsere Evaluation keinen Qualitätsverlust.

K3: Schutz individueller Menschenrechte

„Evaluationen sollten so geplant und durchgeführt werden, dass die Rechte und das Wohlergehen der Menschen respektiert und geschützt sind" (‚Joint Committee' 1999: 121).

Es geht nicht nur um die Rechte für die betroffenen Personen in der Evaluation, sondern auch um die allgemeinen Rechte, die einerseits gesetzlich festgelegt sind oder aber auf allgemein anerkannten ethischen Grundsätzen beruhen. Aus der Liste der gesetzlichen Vorschriften des ‚Joint Committee' (1999: vgl.: 121) sehen wir die Bestimmungen über die Freiwilligkeit der Teilnahme, die Sicherheit der Privatheit gewisser Meinungen und Informationen und die vertrauliche Behandlung von Informationen als relevant für unsere Evaluation an. In diesen Punkten hielten wir uns an die Richtlinien (‚Joint Committee' 1999: vgl.: 122), was wir im Folgenden erläutern:

- Die Kontrollgruppe, die wir der Experimentalgruppe gegenübergestellt haben, setzt sich aus größtenteils behandlungsmotivierten Jugendlichen und jungen Erwachsenen zusammen. Ihnen wurde jedoch nicht willkürlich das Anti-Aggressivitäts-Training vorenthalten (das wäre schon im Blick auf potenzielle Opfer unverzeihlich), vielmehr konnten aus Gründen nicht genügend vorhandener Plätze in einem Kurs ein Teil der Interessierten nicht berücksichtigt werden. Die Aufnahme in einen Kurs erfolgte meist nach dem Zufallsprinzip (Richtlinie D). Es zeigten sich keine wesentlichen Unterschiede zwischen Experimental- und Kontrollgruppe.
- Mit jedem Jugendlichen wurde vor dem Anti-Aggressivitäts-Training ein Vertrag[13] abgeschlossen. Er erfüllt die Anforderung einer „formalen schriftlichen Vereinbarung", in der die Vorgehensweise des Evaluators festgelegt wird

13 Im Anhang ist ein Muster des Caritasverbandes für Brandenburg e. V. abgebildet.

(Richtlinie E). Außerdem finden die für uns wesentlichsten Richtlinien zum Schutz individueller Menschenrechte Berücksichtigung: So werden „die einzelnen Beteiligten (...) über ihre vorgesehene Teilnahme ausreichend unterrichtet" (Richtlinie G), die Versuchspersonen werden „über ihre Rechte (...) informiert" (Richtlinie H), es wird „die erforderliche schriftliche Erlaubnis für den Zugang zu persönlichen Akten eingeholt" (Richtlinie I), es liegt – wo nötig – ein „unterschriebenes Einwilligungsformular" der Eltern/des Sorgeberechtigten vor (Richtlinie J) und die „vertrauliche Behandlung" wird in der Gruppe garantiert (Richtlinie K).

- Letztlich hielten wir uns strikt an die Richtlinie L, nach der „keine Aussagen über die Identität der Teilnehmenden gemacht werden" sollten. Dies wendeten wir nicht nur auf die Jugendlichen und jungen Erwachsenen an, sondern auch auf die Mitarbeiterinnen und Mitarbeiter in den Projekten, um das Selbstwertgefühl und den guten Ruf der dort tätigen Trainerinnen und Trainer nicht zu gefährden, „indem ihre beruflichen Fähigkeiten und ihre persönliche Integrität in einem öffentlichen Bericht in Frage gestellt werden" (‚Joint Committee' 1999: 123). Um Rückschlüsse auf die einzelnen Projekte auszuschließen, haben wir die Orte entsprechend anonymisiert.

Dieser Standard fand also in unserer Evaluation die gebührende Berücksichtigung.

K4 Human gestaltete Interaktion

„Evaluatorinnen[14] sollten in ihren Kontakten mit Anderen die Würde und den Wert der Menschen respektieren, damit diese nicht gefährdet oder geschädigt werden" (‚Joint Committee' 1999: 127).

Die Einhaltung dieses Standards belegen deutlich die Ausführungen unter den Standards N4 und K3. Das Anti-Aggressivitäts-Training vermittelt manchem Betrachter den Anschein des „Fertigmachens". „Konfrontieren aber, laut Duden, bedeutet lediglich ‚Gegenüberstellen, um einen Widerspruch oder eine Unstimmigkeit auszuräumen' oder ‚Jemanden in die Lage bringen, sich mit Unangenehmem auseinander zusetzen.' Ein gefühlloses oder auch nur wenig mit- und einfühlendes Gebaren ist daraus konsequenterweise nicht abzuleiten. Im Gegenteil, setzt doch Konfrontation die erst durch Empathie entstehende Nähe oder Beziehung zur Persönlichkeit des Zukonfrontierenden voraus" (Wolters 2001: 27).

---

14 Das ‚Joint Committee' verwendet „ausschließlich die weibliche Form zur Bezeichnung der evaluierenden Personen" (Beywl & Widmer 1999: 8).

K5 Vollständige und faire Einschätzung

„Evaluationen sollten in der Überprüfung und in der Präsentation der Stärken und Schwächen des evaluierten Programms vollständig und fair sein, so dass die Stärken weiter ausgebaut und die Problemfelder angesprochen werden können" (‚Joint Committee' 1999: 133).

Das ‚Joint Committee' führt dazu erklärend aus, dass Ausgewogenheit bei einer Evaluation nicht bedeutet, „dass Stärken und Schwächen in gleicher Anzahl herausgearbeitet werden sollen. Vielmehr ist damit gemeint, dass man vollständig und auf faire Art und Weise sowohl die negativen als auch die positiven Aspekte des zu bewertenden Programms bewerten und im Bericht nennen soll" (1999: 133).

In diesem Zusammenhang ist „die Rolle des Verfassers als Projektorganisator, Trainer und Forscher" (Weidner 1995: 179) zu problematisieren. Sie kann einerseits zu Erkenntnisgewinn führen, „denn wenn dem Trainer im Einzelfall der Nachweis einer Behandlungs(un)wirksamkeit evident ist, kann sich dieses komplexe Geschehen dem instrumentellen Zugriff eines distanzierten Forschers entziehen" (Weidner 1995: 179). Dagegen wird von Kritikern andererseits wie folgt argumentiert: „Misserfolge von Maßnahmen führen vermutlich zu kognitiven Dissonanzen bei ihren Initiatoren" (Blass-Wilhelm 1983: 241). Kognitive Dissonanz kann aber durch die positive Interpretation, bezogen auf das Behandlungsziel, reduziert werden: „Ist der Evaluator zudem noch Mitglied der zu evaluierenden Organisation, dann fallen die Ergebnisse ganz besonders gut für den Auftraggeber aus" (Blass-Wilhelm 1983: 242 f.) Wir möchten uns hier Weidner anschließen, der diesem Gefälligkeitsdenken nicht nachzukommen gedenkt. Er „versteht sich vielmehr im dialektischen Prozess des Erkenntnisgewinns. Der Verfasser ist sich dabei durchaus der Möglichkeit bewusst, dass die neue Erkenntnis die geleistete Arbeit nicht nur kritisieren, sondern als Ganzes in Frage stellen könnte" (Weidner 1995: 180). In der vorliegenden Arbeit ist die Gefahr reaktiver Effekte zudem noch dadurch reduziert, dass der Autor in fast allen Maßnahmen gar nicht selbst mitgewirkt hat und daher aus einer doch größeren Distanz zum Gegenstand die Forschung betreiben kann, sodass wir die Einhaltung dieses Standards konstatieren können. Dennoch werden wir diesen reaktiven Effekt in 3.3.3 erneut aufgreifen.

K6: Offenlegung der Ergebnisse

„Die Vertragsparteien einer Evaluation sollten sicherstellen, dass die Evaluationsergebnisse – einschließlich ihrer relevanten Beschränkungen – den durch die Evaluation betroffenen Personen ebenso wie all jenen, die einen ausgewiesenen Anspruch auf die Evaluationsergebnisse haben, zugänglich gemacht werden" (‚Joint Committee' 1999: 139).

Wir haben diese Anforderungen an eine effektive Evaluationspraxis bereits in den Standards N3 und N6 ausführlich behandelt und sehen daher diesen Standard als beachtet an. In direktem Bezug zum genauen Anliegen dieses Standards werden wir – auch im eigenen Interesse und für die Glaubwürdigkeit der Evaluation – strikt dem „Kodex der Direktheit, Offenheit und Vollständigkeit folgen" (‚Joint Committee' 1999: 139). Wir sehen uns hier aber keinen Einschränkungen ausgesetzt, noch ist die öffentliche Sicherheit gefährdet oder drohen persönliche Freiheiten beschnitten zu werden. Vielmehr werden wir in unsere Schlussfolgerungen „die Urteile und Empfehlungen (...) sowie die Informationen und Methoden, die zu deren Formulierung verwendet wurden, klar und deutlich" (‚Joint Committee' 1999: 139) aufführen.

K7: Deklaration von Interessenkonflikten

„Interessenskonflikte sollten offen und aufrichtig behandelt werden, damit sie die Evaluationsverfahren und -ergebnisse nicht beeinträchtigen" (‚Joint Committee' 1999: 145).

„Bei einer Evaluation spricht man von einem Interessenskonflikt, wenn persönliche oder finanzielle Interessen der Evaluatorin entweder die Evaluation beeinflussen oder von der Evaluation betroffen sind (...) (oder) wenn ein Auftraggeber oder andere Beteiligte und Betroffene ein unverhältnismäßig großes persönliches oder finanzielles Interesse an der Evaluation oder an dem zu evaluierenden Programm haben" (‚Joint Committee' 1999: 145). Interessenskonflikte stellen ein ernst zu nehmendes Problem für Evaluationen dar, so dass das ‚Joint Committee' empfiehlt, erst gar keinen Konflikt zu vermeiden suchen, sondern vielmehr sich mit der Frage zu befassen, „wie damit umgegangen werden soll" (1999: 145).

Wir können feststellen, dass keine persönlichen oder finanziellen Interessen des Evaluators im Sinne der 'Standards' die Evaluation beeinflussen. Der Evaluator ist auch nicht mit dem zu evaluierenden Programm oder mit einem konkurrierenden Programm finanziell verbunden. Auch hat der Autor keine Nachteile beruflicher Art zu befürchten, die sich mit einem positiven oder negativen Ergebnis des Berichtes verbinden, da es sich hier um kein berufliches Engagement handelt. Demnach gibt es auch keine vom Evaluator beruflich oder finanziell abhängige Angestellte, deren Arbeitsplätze gefährdet sein könnten, wenn weitere Folgeaufträge auf Grund eines unpassenden Berichtes ausbleiben würden. Das Nichtvorhandensein eines Auftraggebers erweist sich auch im Zusammenhang mit diesem Standard als äußerst vorteilhaft. Das Risiko eines Interessenskonfliktes vermindert sich.

Weiterhin geht auch von weiteren Beteiligten und Betroffenen kein Interessenskonflikt aus. Aus der Fachgruppe im ISS wurde bei den unter Standard N1 erwähnten Treffen die grundsätzliche Offenheit bezüglich des Ergebnisses mehrmals betont. Dies unterstreichen auch Äußerungen von Kilb und Weidner (2000 b: 380), nach denen „gerade durch die Neueinführung der Methode (...) eine gezielte wissenschaftliche Begleitung und Anwendung wichtig zur Qualitätsentwicklung und als Wirkungsanalyse" ist, zumal man „bei der Einführung der Methode bewusst nicht den bislang üblichen Weg" geht und „über eine Ansammlung von Erfolgsmeldungen deren generelle Wirksamkeit nachzuweisen" gedenkt. Gesetz den Fall, wir konstatieren eine geringe Wirkung des Anti-Aggressivitäts-Trainings, müsste nicht über deren Abschaffung, als vielmehr über notwendige Veränderungen nachgedacht werden.

Als nicht ganz unproblematisch mag schließlich die Tatsache gelten, dass es sich bei dieser Evaluation um eine Dissertation handelt. Deren Anforderungen lassen den Forscher m. E. zu einer etwas anderen Ergebnisorientierung gelangen. Wir sehen hierin aber keinen substantiellen Interessenkonflikt, so dass wir von einer weiteren Diskussion absehen wollen.

K8: Finanzielle Verantwortlichkeit

„Die Zuweisung und Ausgabe von Ressourcen durch die Evaluatorin sollte durch eine sorgfältige Rechnungsführung nachgewiesen werden und auch anderweitig klug sowie ethisch verantwortlich erfolgen, damit die Ausgaben verantwortungsbewusst und angemessen sind" (‚Joint Committee' 1999: 151 f.).

Wie schon unter D3 aufgeführt, werden von externer Stelle keine Finanzmittel zur Verfügung gestellt. Alle monetären Kosten trägt der Evaluator selbst. Daher war dieser Standard ebenfalls nicht anwendbar.

Genauigkeitsstandards

„G Die Genauigkeitsstandards sollen sicherstellen, dass eine Evaluation über die Güte und/oder die Verwendbarkeit des evaluierten Programms fachlich angemessene Informationen hervorbringt und vermittelt. Es handelt sich um folgende Standards“ (‚Joint Committee' 1999: 155):

G1: Programmdokumentation

> *„Das zu evaluierende Programm sollte klar und genau beschrieben und dokumentiert werden, so dass es eindeutig identifiziert werden kann“ (‚Joint Committee' 1999: 157).*

Die Prüfung nach Einhaltung des Standards ergibt durch mehrere Faktoren ein positives Resultat:

- Der Evaluator besitzt gründliche Kenntnisse über das zu evaluierende Programm, da er nicht nur zertifizierter Anti-Aggressivitäts-Trainer ist, sondern darüber hinaus zahlreiche Trainingskurse selbst durchgeführt hat. Dadurch wurden für uns unabhängige Beobachter oder eigene Beobachtungen für das Programm, das Personal und die betroffenen Teilnehmenden entbehrlich (siehe Standard N2).
- Dieses Programm haben wir im theoretischen Teil unserer Arbeit ausführlich beschrieben.
- Letztlich haben wir mittels Telefoninterviews die Programmbeschreibungen erhoben und sie in den uns relevanten Bereichen „auf Unterschiede und Gemeinsamkeiten untersucht“ (‚Joint Committee' 1999: 157).

G2: Kontextanalyse

> *„Der Kontext, in dem das Programm angesiedelt ist, sollte ausreichend detailliert untersucht werden, damit mögliche Beeinflussungen des Programms identifiziert werden können“ (‚Joint Committee' 1999: 163).*

Das ‚Joint Committee' fordert in seinen Ausführungen, dass die Kontextfaktoren „bei der Planung, die der Durchführung und beim Bericht der Evaluation untersucht, beschrieben und berücksichtigt werden“ (1999: 163).

Wir konzedieren, das Programm etwas von seinem Kontext getrennt zu haben. Hier mussten wir uns gerade deshalb begrenzen und manche Kontextfaktoren unberücksichtigt lassen, um den Rahmen der Arbeit nicht zu stark zu strapazieren. Dazu erwähnen wir beispielhaft die folgenden Kontextfaktoren:

- Es handelte sich um zahlenmäßig sehr viele Projektorte und demnach auch um sehr viele divergierende Kontexte.

- Diese Projekte hatten entsprechend auch unterschiedliche Rahmenbedingungen, zum Beispiel waren sie in diversen Handlungsfeldern verortet, arbeiteten mit ungleichen Altersgruppen, basierten auf mannigfachen gesetzlichen Grundlagen der Jugendhilfe und/oder Justiz usw.
- Außerdem lagen die Standorte in verschiedenen Bundesländern und Kommunen, arbeiteten also unter ganz heterogenen politischen Kontexten.
- Letztlich erstreckten sich die Projektmaßnahmen über einen ausgeprägten zeitlichen Rahmen von immerhin 4 Jahren.

Aber: Wir konnten in unserer Evaluation keine Anhaltspunkte dafür finden, dass der Kontext wesentlich das Programm beeinflusst. Zudem erfragten wir in den Telefoninterviews (siehe Abschnitt 3.4) die jeweils vorherrschenden räumlichen Bedingungen und konnten auch hier keine Zusammenhänge zu einem erfolgreichen Verlauf des Trainings ermitteln. Unsere Feststellungen werden durch die Ergebnisse einer Umfrage von Kilb & Weidner bestätigt, die sich „auf die Strukturen im Jahre 1999" (2000 b: 380) beziehen. In diesem Kontext scheint uns ein Ergebnis besonders wesentlich zu sein. Danach findet sich „die anfängliche Skepsis gegenüber ihrer (der Anti-Aggressivitäts-Trainingskurse, Anmerkung des Verfassers) Implementierbarkeit in bestehende Einrichtungen und Systeme (...) in den Ergebnissen nicht bestätigt. 90 % der AnwenderInnen charakterisieren diese als gut integrierbar" (2000 b: 381) Weiter konstatieren die Autoren, dass „Angebotsort, Setting und institutioneller Kontext (...) breit gestreut" (2000 b: 381) sind.

Im Zusammenhang der Kostenwirksamkeit (siehe Standard D3) scheint daher eine intensivere Analyse des Kontextes der Anti-Aggressivitäts-Trainingskurse nicht vertretbar zu sein. Unsere Befunde lassen begründet vermuten, dass ein immenser Kostenaufwand, der für eine wissenschaftlich seriöse Vorgehensweise notwendig wäre, im Verhältnis dazu nur einen sehr geringfügigen Nutzen hervorbrächte. Das Anti-Aggressivitäts-Training gilt als sehr flexibel einsetzbar und immun gegen kontextuelle Einflüsse.

G3: Beschreibung von Zielen und Vorgehen

> *„Die Zwecksetzungen und das Vorgehen der Evaluation sollten ausreichend genau dokumentiert und beschrieben werden, so dass sie identifiziert und eingeschätzt werden können" (‚Joint Committee' 1999: 167).*

Als Ziel dieser Evaluation gilt die Effizienz des Anti-Aggressivitäts-Trainings und eventueller Einflüsse darauf anhand mehrerer Maßnahmen in verschiedenen Projekten zu erforschen.

Entsprechend den weiteren Vorgaben dieses Prinzips (‚Joint Committee' 1999: vgl. 167 f.) haben wir die Evaluationszwecke und –verfahren während der Phasen der Evaluation beschrieben und aufgezeichnet. Auch im Verlauf unserer Forschungstätigkeit haben wir die Zwecke und Verfahren in regelmäßigen Abständen überprüft, „um ein realistisches Bild davon zu bekommen, ob die ursprünglichen Evaluationspläne geeignet waren, inwieweit sie umgesetzt wurden und in welchem Maße Änderungen stattfanden". Wesentliches Korrektiv bildeten die Absprachen mit dem Referenten der Dissertation (siehe Standard D1). Aber auch der Fachgruppe im ISS wurden diese Beschreibungen zu Beginn und im Verlauf der Evaluation in den entsprechenden Veranstaltungen (siehe Standard N1) vorgestellt.

Der hier vorliegende Bericht bietet eine aktuelle Beschreibung dessen, was und mit welcher Absicht wir es tatsächlich gemacht haben, „damit die Ergebnisse und Empfehlungen entsprechend beurteilt und interpretiert werden" (‚Joint Committee' 1999: 167) bzw. zu einem späteren Zeitpunkt einer Metaevaluation zugeführt werden können (siehe Standard G12).

G4 Verlässliche Informationsquellen

> *„Die in einer Programmevaluation genutzten Informationsquellen sollten hinreichend genau beschrieben sein, damit die Angemessenheit der Informationen eingeschätzt werden kann" (‚Joint Committee' 1999: 171).*

Eigentlich genügt der Hinweis darauf, dass es sich bei dieser Evaluation um eine Dissertation handelt. Ergänzend fügen wir hinzu, dass wir an geeigneter Stelle begründen und darüber berichten, welcher Informationsquellen wir uns bedient, welche Kriterien und Methoden wir herangezogen haben, um diese Quellen auszuwählen, welche Mittel wir benutzt haben, um an die Informationen heranzukommen „und ob die gewonnenen Informationen einzigartig oder einseitig beeinflusst sind" (‚Joint Committee' 1999: 171). Konkret handelt es sich um folgende Informationsquellen (siehe auch Einleitung):

- Eine telefonischen Befragung zur Ermittlung der teilnehmenden Projekte (3.2),
- dem FAF und dessen Verwendung in einem experimentellen Design (3.3) und
- halbstandardisierte, telefonische Interviews als qualitative Informationsquelle (3.4).

Wir gehen davon aus, dass alle Beschreibungen hinreichen, so dass die Leserinnen und Leser „beurteilen können, ob die Informationen aussagekräftig sind, um die Evaluationsfragestellungen zu beantworten" (‚Joint Committee' 1999: 171).

G5 Valide Informationen

„Die Verfahren zur Informationsgewinnung sollten so gewählt und entwickelt und dann umgesetzt werden, dass die Gültigkeit der gewonnenen Interpretationen für den gegebenen Zweck sichergestellt ist" (‚Joint Committee' 1999: 175).

„Validität betrifft die Güte und Glaubwürdigkeit der Schlüsse, die aus den Ergebnissen des Informationsgewinnungsprozesses gezogen werden. (...) Validierung ist das Zusammentragen von Belegen, welche die Interpretation und die Verwendung von Daten und Informationen unterstützen und die mittels eines oder mehrerer dieser Instrumente und Verfahren gesammelt wurden" (‚Joint Committee' 1999: 175).

Zusammenfassend konstatieren wir, dass wir in der vorliegenden Arbeit auf kleine Schwierigkeiten stießen, da es ein für unseren Forschungszweck valides Verfahren nicht gibt. Wir zeigen in diesem Zusammenhang auch die grundsätzliche Problematik, mit der die Forschung an dieser Stelle konfrontiert ist: eine Änderung aggressiven Verhaltens – und genau dies ist unser Forschungsinteresse – ist bisher nicht valide messbar. Außerdem sprechen inhaltliche Gründe gegen die grundlegenden Anforderungen an einen klassischen experimentellen Versuchsaufbau (Freiwilligkeit versus Randomisierung). Dennoch verwenden wir einen standardisierten Test, weil wir deutliche Gründe sehen, warum wir ihn als validen Informationslieferanten betrachten können, nicht ohne uns aber vorher umfassend mit dem verwendeten Erhebungsinstrument auseinander gesetzt zu haben (siehe Abschnitt 3.3.3).

Um die gezogenen Schlüsse validieren zu können – und dies ist das primäre Anliegen dieses Standards – müssen wir „eine Vielzahl von Wirkungen (outcomes) messen und viele verschiedene Verfahren zur Informationsgewinnung verwenden" (‚Joint Committee' 1999: 176). Wir demonstrierten bereits im Standard G4 unsere Triangulation, was das ‚Joint Committee' ausdrücklich begrüßt. Durch den Einsatz varianzanalytischer Verfahren konnten wir des Weiteren den Blick auch auf wirkungsbezogene Variablen werfen und dadurch eine verkürzte Charakterisierung und Bewertung der Anti-Aggressivitäts-Trainingsmaßnahmen zurück weisen.

G6 Reliable Informationen

„Die Verfahren zur Informationsgewinnung sollten so gewählt und entwickelt und dann umgesetzt werden, dass die Zuverlässigkeit der gewonnenen Interpretationen für den gegebenen Zweck sichergestellt ist" (‚Joint Committee' 1999: 183).

Mit der Frage nach dem Grad der Konsistenz der Informationen verbindet sich die Betrachtung möglicher Fehlerquellen der einzelnen Verfahren, aber auch der Richtlinie, dass „sich entwickelnde Standpunkte, Interpretationen und Schlussfolgerungen (...) mit einem unparteiischen Berufskollegen besprochen werden (sollten), um sich über die eigene Haltung und die eigenen Werte sowie deren Bedeutung für die Untersuchung klarer zu werden" (‚Joint Committee' 1999: 184).

Letzteres geschieht durch die Tatsache, dass der vorliegende Text als Dissertation vorgelegt wird. Das inkludiert entsprechende fachliche Abstimmungen im Vorfeld der Arbeit einerseits, aber auch mehrere Gutachten zur Beurteilung des Berichts nach dessen Fertigstellung andererseits.

Zum anderen verweist dieser Standard auf mögliche „Störeinflüsse oder Zufallsfehler bei den Erhebungsverfahren" (‚Joint Committee' 1999: 183). Solche möglichen Fehlerquellen haben wir im Zusammenhang mit dem Fragebogen zur Erfassung von Aggressivitätsfaktoren (FAF) ausführlicher betrachtet. Wir verweisen hierzu auf die folgenden Abschnitte in 3.3.3:

- Reliabilität und Verwendbarkeit von Persönlichkeitsinventaren,
- der FAF als sozialwissenschaftliches Experiment,
- Einflussfaktoren auf die Gültigkeit eines Experiments, sowie
- reaktive Effekte experimenteller Versuchsanordnungen.

Letztlich haben wir auf weitere Beobachter und Auswerter verzichtet und mit dem FAF ein Verfahren gewählt, das sich „in der Regel unproblematisch" (Hampel & Selg 1975 und 1998: 12) durchführen lässt.

Wir konstatieren, dass in dem vorliegenden Bericht der Standard G6 durch den Autor hinreichend Beachtung erfuhr.

G7 Systematische Informationsüberprüfung

„Die in einer Evaluation gesammelten, aufbereiteten und präsentierten Informationen sollten systematisch überprüft und alle gefundenen Fehler sollten korrigiert werden" (‚Joint Committee' 1999: 189).

„Systematische Informationsüberprüfung bedeutet, dass Maßnahmen getroffen werden, um sicherzustellen, dass alle Informationen – egal, ob sie schon vorhanden waren oder neu gewonnen wurden – soweit als möglich fehlerfrei und abgesichert sind" (‚Joint Committee' 1999: 189).

Das ‚Joint Committee' erwähnt in diesem Zusammenhang einerseits Übertragungsfehler, andererseits solche Fehler, die dadurch entstehen, dass das Personal nicht ausreichend geschult ist oder Anweisungen unklar sind bzw. Zählanweisungen und Zuordnungssysteme falsch angewendet werden. Zur Vermeidung solcher Fehlermöglichkeiten haben wir uns dazu entschlossen, die gesamten Aufgaben bezüglich einer systematischen Informationsüberprüfung in der Hand des Autors selbst zu lassen. Das bedeutete freilich für diesen einen erheblichen Mehraufwand, konnte aber gerade in diesem Punkt eine Qualitätsverbesserung erreichen und dieses Standard hinreichend berücksichtigen. Damit waren auch „ein systematisches Schulungsprogramm, Kontrollen und Genauigkeitsprüfungen" (‚Joint Committee' 1999: 189) disponibel.

Nichtsdestotrotz haben auch wir zusätzliche Maßnahmen getroffen, da wir uns im Klaren darüber waren, dass selbst der motiviertesten und qualifiziertesten Kraft „beim Erheben, Zählen, Aufzeichnen, Kodieren, Speichern, Vergleichen, Analysieren und Dokumentieren (...) zahlreiche Fehler" (‚Joint Committee' 1999: 189) unterlaufen können. Die folgenden Schritte dienten den Überprüfungen unserer Informationen:

- Wir haben unsere Ergebnisse mehrmals überprüft, indem wir beispielsweise mehrmals die Fragebögen ausgezählt haben.
- Wir haben uns an die strengen Auswertungsregeln des Fragebogens zur Ermittlung der Aggressivitätsfaktoren (FAF) gehalten (siehe Abschnitt 4.1.4).
- Wir haben mit den Programmen SPSS und Microsoft Office XP professionelle Software verwendet.
- Dritte Personen hatten keinen Zugang zu den Informationen.
- Letztlich haben wir alle „gesammelten Informationen und die Ergebnisse ihrer Analyse" sicher aufbewahrt, um „auf diese Weise (...) die Vollständigkeit und Genauigkeit der Informationen und Ergebnisse" (‚Joint Committee' 1999: 189) sicherzustellen.

G8 Analyse quantitativer Informationen

„Quantitative Informationen einer Evaluation sollten angemessen und systematisch analysiert werden, damit die Fragestellungen der Evaluation effektiv beantwortet werden" (‚Joint Committee' 1999: 195).

Die meisten quantitativen Informationen haben wir durch den Rücklauf der 125 Fragebogenpaare des FAF mit je einem Pretest und einem Posttest erhalten. Eine geringe Anzahl quantitativer Daten erhielten wir durch die telefonische Befragung, deren Auswertung sich auf Ermittlung prozentualer Anteile und entsprechender grafischer Aufbereitung beschränkte.

Auf der Basis des umfangreichen Datenmaterials des FAF haben wir jedoch aufwändige Analysen, Interpretationen und Schlussfolgerungen vorgenommen. Die dort erwähnten Analyseverfahren erfüllen die entsprechenden sozialwissenschaftlichen und statistischen Anforderungen, "die für die Fragestellung der Evaluation und die Art der Daten angemessen sind" (‚Joint Committee' 1999: 196).

G9 Analyse qualitativer Informationen

„Qualitative Informationen einer Evaluation sollten angemessen und systematisch analysiert werden, damit die Fragestellungen der Evaluation effektiv beantwortet werden" (‚Joint Committee' 1999: 201).

Das ‚Joint Committee' versteht unter einer qualitativen Analyse in einer Evaluationsstudie den „Prozess der Erhebung, Auswertung und Interpretation von qualitativen Informationen über ein Programm, die auf bestimmte Fragestellungen bezüglich dieses Programms eine Antwort liefern werden". Wir ermittelten in dieser Evaluation 14 halbstandardisierte Interviews mit jeweils einer Mitarbeiterin/einem Mitarbeiter aus 14 Projektorten, die wir zunächst quantitativ-statistisch auswerten und in einem weiteren Schritt zur Interpretation der Erkenntnisse aus den varianzanalytischen Berechnungen verwenden (Abschnitt 4.4).

Um wissenschaftlich korrekt vorzugehen, haben wir uns an einschlägiger Literatur (Lamnek 1995) orientiert und die Prozesse entsprechend in den einzelnen Kapiteln erklärt.

G10 Begründete Schlussfolgerungen

„Die in einer Evaluation gezogenen Folgerungen sollten ausdrücklich begründet werden, damit die Beteiligten und Betroffenen diese einschätzen können" (‚Joint Committee' 1999: 207).

In dieser Evaluation haben wir darauf geachtet, dass gezogene Folgerungen, die Beurteilungen und Empfehlungen darstellen, begründet sind, gerechtfertigt werden und Schlussfolgerungen ausreichend abgesichert sind. Wir haben uns also auch an diesen Standard des ‚Joint Committee' gehalten, indem die Schlussfolgerungen sich „auf alle gesammelten Informationen stützen, die in der Sache relevant sind" (1999: 207). Sie sind Ergebnisse unserer gründlichen Analysen und logischen Überlegungen. Auch schildern wir ausführlich die Durchführung unserer Evaluation, wie es das ‚Joint Committee' als Prinzip vorgibt.

G11 Unparteiische Berichtserstattung

> *„Die Verfahren der Berichterstattung sollten über Vorkehrungen gegen Verzerrungen durch persönliche Gefühle und Vorlieben irgendeiner Evaluationspartei geschützt werden, so dass Evaluationsbericht die Ergebnisse fair wiedergeben" (‚Joint Committee' 1999: 211).*

Die Anwendung dieses Standards basiert im Wesentlichen auf der weitgehenden Unabhängigkeit des Autors, wie wir schon im Zusammenhang mit Standard K7 ausgeführt haben. Diese Unabhängigkeit gründet in dem Charakter dieser Evaluation als Dissertation. Wir wiederholen elementare Voraussetzungen für eine unparteiische Berichterstattung, wie wir sie erfüllen können:

- Die Evaluation hat keinen Auftrag- oder Geldgeber, der Druck auf das Ergebnis hätte ausüben können (vgl. die Standards K2 und K8).
- Die Evaluation konnte ohne Vorgaben der Adressaten geplant, durchgeführt und präsentiert werden (siehe Standard N3).
- Die Evaluation ist unabhängig von einer gleichzeitigen Entwicklung des Programms entstanden. Eventuell daraus entstehende Voreingenommenheiten im Zuge einer solchen Entwicklung sind ausgeschlossen.

G12 Meta-Evaluation

> *„Die Evaluation selbst sollte formativ und summativ in Bezug auf die vorliegenden oder andere wichtige Standards evaluiert werden, so dass die Durchführung entsprechend angeleitet werden kann und damit die Beteiligten und Betroffenen bei Abschluss einer Evaluation deren Stärken und Schwächen gründlich überprüfen können" (‚Joint Committee' 1999: 215).*

„Meta – Evaluation ist die Evaluation einer Evaluation" (‚Joint Committee' 1999: 215). Sie kann folgende Funktionen erfüllen: "möglicherweise verheerende Fehler im Plan für eine Programmevaluation frühzeitig erkennen und korrigieren; die Wahrscheinlichkeit erhöhen, dass die Schlussfolgerungen der Evaluatorin gültig sind und dass die Akzeptanz durch Nutzer und Beteiligte & Betroffene verbessert wird" (‚Joint Committee' 1999: 216) Das ‚Joint Committee' unterscheidet zwei Funktionen: Die formative Funktion, die darin besteht, „die Planung und Umsetzung einer Programmevaluation anzuleiten" und die summative Funktion, die „die Verwendbarkeit und Güte einer abgeschlossenen Programmevaluation" (‚Joint Committee' 1999: 215) einschätzen soll.

Als Dissertation wird diese Evaluation meta-evaluiert. Zum einen formativ, da begleitend zur Anfertigung die Arbeit durch den entsprechenden Lehrstuhl betreut wurde. Zum anderen sind die antizipierten abschließenden Begutachtungen im Sinne der 'Standards' als summative Funktion der Meta-Evaluation zu verstehen, obgleich diese nicht als formale Evaluationen gelten können, da sie sich nicht an der Systematik der Programmevaluation orientieren.

Eine informale Meta-Evaluation leistete der Autor selbst, da er intensiv und in regelmäßigen Abständen während der Evaluation die Einhaltung der hier aufgeführten Standards überprüft hatte. Es erschien uns absolut wichtig und erstrebenswert, den Nutzern eine detaillierte Dokumentation des Evaluationsprozesses an die Hand zu geben, damit diese die Ergebnisse zutreffend interpretieren können. Wir erhoffen uns davon, „gegebenenfalls Klagen oder eine fehlgeleitete Nutzung von mangelhaften Programmevaluationsberichten reduzieren zu können" (‚Joint Committee' 1999: 216). Wir konzedieren an dieser Stelle auch ein gewisses Eigeninteresse und wollen durch eine professionelle Evaluation Nutzern, die „die Ergebnisse diskreditieren wollen, weil diese für sie ungünstig sind" (‚Joint Committee' 1999: 216), möglichst wenig Angriffspunkte dazu geben. Abschließend wünschen wir uns, dass unsere Evaluation auch „Fortschritte einleiten (kann) bei Prozessen der Programmevaluation, die dem neuesten Stand der Wissenschaft entsprechen" (‚Joint Committee' 1999: 216).

Zusammenfassung

Mit der Wahl der 30 Standards des ‚Joint Committee' als Grundlage für eine gute Evaluation haben wir das weithin anerkannte, amerikanische Standardwerk zur Evaluation verwendet. Wir wollten damit eine zeitgemäße Evaluation intendieren und bemühten uns um eine gewissenhafte, sorgfältige und überlegte Anwendung.

Zur besseren Übersicht und Würdigung dieses Ergebnisses, sowie zur Überprüfung des Evaluationsprozesses möchten wir die Checkliste zur Anwendung der Standards des ‚Joint Committee' (1999: 42 f.) mit den für unsere Evaluation zutreffenden Eintragungen nachfolgend wiedergeben.

Als Resultat können wir unterbreiten, dass wir 25 der 30 Standards vollständig eingehalten und 2 teilweise eingehalten haben. Unserer Ansicht nach genügt unsere Arbeit den Anforderungen des ‚Joint Committee'.

Tabelle 8: **Checkliste zur Anwendung der Standards (vgl. ‚Joint Committee' 1999: 42 f.)**

		Der Standard ... wurde eingehalten	wurde teilw. eingehalten	wurde nicht eingehalten	war nicht anwendbar
N1	Ermittlung der Beteiligten & Betroffenen	X			
N2	Glaubwürdigkeit der Evaluatorin	X			
N3	Umfang und Auswahl der Informationen	X			
N4	Feststellung von Werten	X			
N5	Klarheit des Berichts				X
N6	Rechtzeitigkeit und Verbreitung des Berichts		X		
N7	Wirkung der Evaluation	X			
D1	Praktische Verfahren	X			
D2	Politische Tragfähigkeit	X			
D3	Kostenwirksamkeit	X			
K1	Unterstützung der Dienstleistungsorientierung	X			
K2	Formale Vereinbarungen				X
K3	Schutz individueller Menschenrecht	X			
K4	Human gestaltete Interaktion	X			
K5	Vollständige und faire Einschätzung	X			
K6	Offenlegung der Ergebnisse	X			
K7	Deklaration von Interessenkonflikten	X			
K8	Finanzielle Verantwortlichkeit				X
G1	Programmdokumentation	X			
G2	Kontextanalyse		X		
G3	Beschreibung von Zielen und Vorgehen	X			
G4	Verlässliche Informationsquellen	X			
G5	Valide Informationen	X			
G6	Reliable Informationen	X			
G7	Systematische Informationsüberprüfung	X			
G8	Analyse quantitativer Informationen	X			
G9	Analyse qualitativer Informationen	X			
G10	Begründete Schlussfolgerungen	X			
G11	Unparteiische Berichterstattung	X			
G12	Meta-Evaluation	X			

Auf diesen Prinzipien baut die nachfolgende Arbeit auf.

3.2) Schriftliche und telefonische Befragung in der AAT – Fachwelt zur Ermittlung der Experimental- und Kontrollgruppe

3.2.1) Die Befragung an den Projektorten

Gegenstand unserer Arbeit ist die Evaluation des Anti-Aggressivitäts-Trainings. Da „eine Auswertung von Wirkungen des AAT (...) mit den Absolvent/innen einzelner Projekte dieser verschiedenen Bereiche stattfinden" (Kilb et al. 2000: 268) sollte, bestand unsere erste Aufgabe darin, uns zuerst einen Überblick über die Fachszene, die mit dem Anti-Aggressivitäts-Training arbeitet, zu verschaffen.

Als Datenquelle dienten uns die Anwesenheitslisten des ISS zu den einzelnen Kursen. Daraus wurde ersichtlich, dass bis zum Zeitraum April 2000 am ISS in Frankfurt am Main sechs berufsbegleitende Fortbildungskurse durchgeführt wurden oder durchgeführt worden waren. Da der sechste Kurs kurz vor diesem Stichtag begonnen hatte, wurden dessen Teilnehmerinnen und Teilnehmer nicht in die Evaluation einbezogen. In den verbleibenden fünf Kursen wurden insgesamt 67 Personen ausgebildet. Ein Teil davon hatte die Fortbildung schon abgeschlossen, ein anderer nicht. Daher erklärt sich die Tatsache, dass noch nicht alle Teilnehmerinnen und Teilnehmer im Zeitraum April 2000 in einem Anti-Aggressivitäts-Trainingskurs bzw. Coolness-Training (CT) mitgewirkt oder gar einen Kurs geleitet hatten.

Da wir eine Vollerhebung intendierten, befragten wir alle 67 Personen,

- ob sie bisher AAT- bzw. CT-Kurse veranstaltet und
- ob sie Pre- und Posterhebungen mittels FAF durchgeführt haben.

Hierzu verschickten wir an die Kolleginnen und Kollegen am 29. Februar 2000 einen Brief und führten zu späteren Zeitpunkten bei den Adressaten, die uns keine schriftliche Rückmeldung gegeben hatten, telefonische Befragungen durch.

Diese quantitative Erhebung ergab folgendes Ergebnis: Die insgesamt ermittelten 67 Befragten arbeiteten an 50 Orten in Deutschland. Die Differenz erklärt sich daraus, dass manche von ihnen mit Kolleginnen oder Kollegen zusammen ihre berufliche Tätigkeit an einem Ort ausübten. Diese 50 Orte verteilen sich nach Bundesländern sortiert wie folgt:

Tabelle 9: Projektstandorte nach Bundesländern

Bundesland	Häufigkeit	Prozent
Baden – Württemberg	10	20 %
Bayern	8	16 %
Berlin	0	---
Brandenburg	1	2 %
Bremen	0	---
Hamburg	2	4 %
Hessen	8	16 %
Mecklenburg-Vorpommern	1	2 %
Niedersachsen	3	6 %
Nordrhein-Westfalen	10	20 %
Rheinland-Pfalz	2	4 %
Saarland	1	2 %
Sachsen	1	2 %
Sachsen – Anhalt	0	---
Schleswig-Holstein	2	4 %
Thüringen	1	2 %
SUMME	50	100 %

Aus der Tabelle wird klar ersichtlich, dass der weit überwiegende Teil der Projektstandorte in den alten Bundesländern (92 % zu 8 %) liegt. Auf die Bundesländer Baden-Württemberg, Bayern, Hessen und Nordrhein-Westfalen konzentrieren sich drei Viertel aller Orte.

Weiter ergab das Ergebnis der Befragung, dass zum besagten Stichtag (April 2000) in 29 Projekten (also in mehr als der Hälfte) Anti-Aggressivitäts-Trainings- bzw. Coolness-Trainingskurse durchgeführt wurden. Grafisch lässt sich dies wie folgt verdeutlichen:

Abbildung 7: Projekte mit und ohne Anti-Aggressivitäts-Training (AAT)/Coolness-Training (CT)

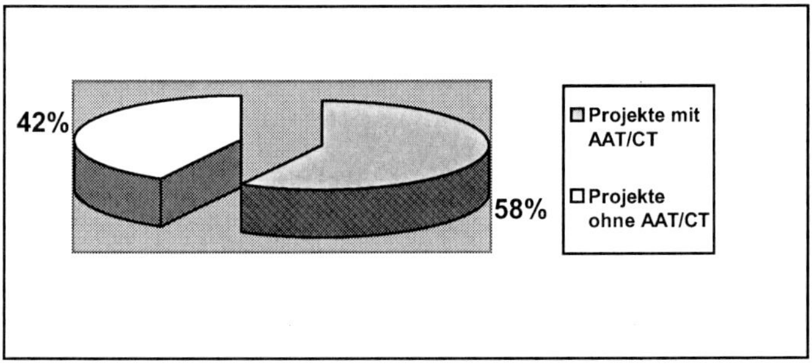

Damit können wir die Feststellung von Kilb & Weidner – wenn auch etwas abgeschwächter – bestätigen, nach denen das Anti-Aggressivitäts-Training bzw. das Coolnesstraining „sich in seiner praktischen Anwendungsdimension immer noch in der Einführungsphase" (Kilb & Weidner 2000 b: 380) befindet. Als meist genannter Grund (47,6 %) dafür, dass bisher AAT/CT noch nicht umgesetzt worden ist, ist die relativ kurze Zeit des Ausbildungskurses zu nennen. Weiterhin gaben 42,9 Prozent der Befragten an, dass sich der Ansatz aus Gründen der zu hohen Arbeitsbelastung oder wegen inhaltlicher Divergenzen innerhalb der Einrichtung bzw. des Trägers derzeit in ihren beruflichen Alltag nicht integrieren lässt. 9,5 % standen kurz vor dem Start ihrer ersten Trainingsmaßnahme.

Abbildung 8: Beteiligung an der Evaluation

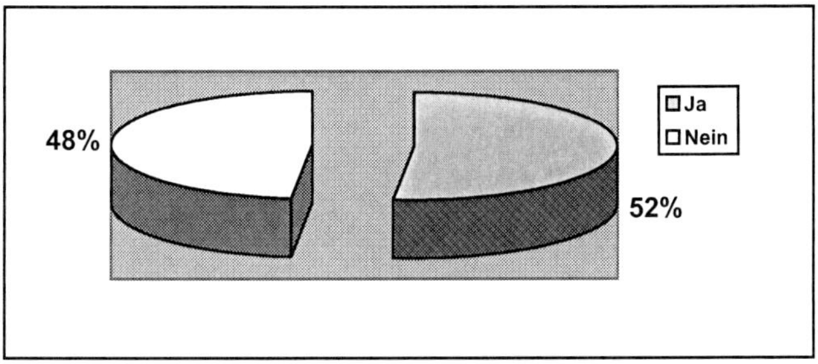

Abbildung 8 veranschaulicht grafisch, dass von den genannten 29 Projekten in 15 Standorten Pre- und Posterhebungen mittels des Fragebogens zur Erfassung von Aggressivitätsfaktoren durchgeführt wurden. Damit beteiligen sich immerhin 52 % aller aktiven Projektsstandorte an der Evaluation. Einschränkend muss ergänzt werden, dass manche Projekte nicht in allen durchgeführten Maßnahmen Erhebungen durchgeführt hatten.

Ein wesentlicher Grund für eine Nichtbeteiligung an der Evaluation liegt darin, dass das verwendete Messinstrument nicht für alle Trainingsteilnehmerinnen und Trainingsteilnehmer geeignet ist. Das Ziel des FAF ist eben eng: „Er soll nur Aussagen über Bereitschaften zu einigen aggressiven Verhaltensweisen bei Erwachsenen und Jugendlichen über 15 Jahren ermöglichen" (Hampel & Selg: 1975 und 1998: 5). Damit fallen aber gerade die Teilnehmer/-innen in den Coolness-Trainings heraus, bei dem „Kinder (bis 14 Jahre) dominieren" (Kilb & Weidner 2000 b: 380).

Jedoch kann an dieser Stelle festgehalten werden, dass der Aussagegehalt der Evaluation im Blick auf die zahlenmäßige Beteiligung doch als recht groß eingeschätzt werden kann.

3.2.2) Die teilnehmenden Projekte

Diese 15, sich an der Evaluation beteiligenden Projekte sollen nachfolgend kurz vorgestellt werden. Zu diesen kommt noch der Caritasverband für Brandenburg e. V. hinzu. Dort leitet der Autor erst seit August 2000 das Projekt Boxenstopp (Schanzenbächer 2001). Zum Zeitpunkt dieser Erhebung bestand dieses Projekt daher noch nicht. Ein Anti-Aggressivitäts-Training im Land Brandenburg unter der Leitung des Autors haben wir ausführlich in Abschnitt 2.5.8 erläutert.

Wir orientierten uns bei nachfolgender Nennung an der alphabetischen Reihenfolge der Anfangsbuchstaben der Orte.

Aßlar – Stadtjugendpflege/Kontakt- und Beratungszentrum
Die Stadtjugendpflege betreibt seit 1989 das Kontakt- und Beratungszentrum. In ihr arbeiten eine Vollzeit- und zwei Halbzeitkräfte und 3 studentische Aushilfen. Neben den zwei Anti-Aggressivitäts-Trainingskursen, die im Jahr stattfinden, betreibt das Zentrum einen offenen Jugendtreff, ein Spielmobil und eine Stadtbücherei. Die Mitarbeiterinnen und Mitarbeiter bieten Förderkurse und Nachhilfe an, unterstützen jugendliche Initiativen und Jugendforen, leisten Beratungstätigkeiten und führen freizeitpädagogische Maßnahmen sowie in den Sommerferien die Aßlarer Freizeitwochen durch. Das Kontakt- und Beratungszentrum ist „anerkannte Ausbildungsstelle für Sozialarbeiter und Sozialpädagogen" (Sames, 2001: 5).

Berlin/Brandenburg – Caritasverband für Brandenburg e. V.
„Träger des Projektes ist der Caritasverband für Brandenburg e. V. Er unterhält in Brandenburg Beratungsstellen für Erziehungsberatung, Ehe-, Familien-, und Le-

bensberatung, Suchtberatung/Suchtprävention, Schwangerschaftsberatung, Allgemeine Soziale Beratung, Schuldner- und Insolvenzberatung. Ein heilpädagogisches Heim mit betreuter Außenwohngruppe und therapeutischem Einzelwohnen, eine Tagesgruppe, Sozialstationen, Erholungshilfen, Straffälligenhilfe sowie Sozialarbeit an Schulen gehören zum Leistungsspektrum. Zudem bietet der Caritasverband Hilfen für Psychisch Kranke, berät Ausländer und Aussiedler, unterstützt Obdachlose und unterhält Betreuungsvereine sowie Angebote von ambulanten flexiblen Erziehungshilfen. Ein Flughafensozialdienst, Seniorenbegegnungsstätten, Jugendclubs, Freiwilligenzentren wie „Carisatt"-Läden ergänzen die Angebotspalette. Der Caritasverband ist ein anerkannter Träger der Jugendhilfe und von Sozialen Diensten. Er nimmt die Funktion eines Spitzenverbandes in der LIGA der freien Wohlfahrtspflege im Land Brandenburg wahr und wirkt in zahlreichen landesweit tätigen Gremien und Ausschüssen mit. Die Angebote sind offen für alle Ratsuchenden, unabhängig von Weltanschauung und Religion" (Caritasverband für Brandenburg e. V., 2000).

Frankfurt am Main – Verein Kinder- und Jugendhilfe e. V.
Der Verein Kinder- und Jugendhilfe Frankfurt am Main e. V. wurde als gemeinnütziger Verein 1975 von Mitarbeiterinnen und Mitarbeitern des Frankfurter Jugendamtes/der Jugendgerichtshilfe gegründet. Nach der Satzung dient er „der materiellen und ideellen Förderung der Kinder, Jugendlichen, Heranwachsenden und jungen Erwachsenen, die vor allem im Rahmen des JGG – Jugendgerichtsgesetzes – betreut werden" (Verein Kinder- und Jugendhilfe Frankfurt am Main, 1995: 14). Dessen Trägerverein ist anerkannter Träger der freien Jugendhilfe. Neben Eigenmitteln aus Bußgeldzuweisungen und Spenden wird der Verein durch Mittel des Justiz- und Sozialministeriums des Landes Hessen, des Sozial- und Jugenddezernates der Stadt Frankfurt am Main, des Kreisjugendamtes des Main-Taunus-Kreises und des Jugendamtes der Stadt Frankfurt am Main finanziert. Der Verein arbeitet neben der Durchführung von ambulanten Jugendhilfemaßnahmen (bspw. soziale Trainingskurse, Betreuungsweisungen, Intensivbetreuungen, Jugendclub) auch im präventiven Bereich. Hier wird intendiert, „Jugendliche aus einem in Frankfurt besonders benachteiligten Stadtteil mit verschiedenen Freizeit- und Jugendhilfeangeboten zu versorgen" (Verein Kinder- und Jugendhilfe Frankfurt am Main. 1995: 4).

Hamburg/Justizbehörde – Jugend- und Frauenvollzugsanstalt Hahnöfersand (Jugendvollzug)
Das Anti-Aggressivitäts-Training ist aktuell eingebunden in das Konzept der Sozialtherapeutischen Abteilung des Hauses III/2 der Jugend- und Frauenvollzugsanstalt Hahnöfersand. Es ist im Kontext des Vorhabens, „eine besonderes Behand-

lungsprogramm für inhaftierte gewaltbereite Jugendliche anzubieten" (Justizbehörde Hamburg 2001), seit 1997 entwickelt worden. Zielgruppe bilden „junge Gefangene, bei denen die Wiederholung gefährlicher Straftaten auf Grund ihres bisherigen Lebensweges zu befürchten ist" (Justizbehörde Hamburg 2001) und die als besonders aggressiv gelten. Seit März 1999 wird auf einer Wohngruppe für 12 junge Häftlinge eine sozialtherapeutische Behandlungsmaßnahme durchgeführt, die „im Rahmen einer Sozialtherapeutischen Abteilung räumlich, personell und organisatorisch weitgehend separat von der Jugend- und Frauenvollzugsanstalt in Haus III" (Justizbehörde Hamburg 2001) umgesetzt wird. Die Maßnahme geht über mindestens 6 Monate und legt ein „besonderes Gewicht auf die Aufarbeitung von Fehlentwicklungen im Bereich der Gewaltbereitschaft und der Förderung alternativer Behandlungsmuster" (Justizbehörde Hamburg 2001). Das Anti-Aggressivitäts-Training findet wöchentlich im Rahmen eines festgelegten Programms neben „Arbeit und Ausbildung, therapeutischer Gruppenarbeit, (...), Sozialem Training, Einzelgesprächen, Einzeltherapie, Angehörigenarbeit und einem verbindlich strukturierten Sport- und Freizeitprogramm statt" (Justizbehörde Hamburg, 2001).

Hamburg – Nordlicht/Verein für soziale und kulturelle Arbeit e. V.

Der Verein für soziale und kulturelle Arbeit e. V. ist Mitglied im paritätischen Wohlfahrtsverband. Er wurde „in Hamburg zum 1.1.1996 als freier Träger der Jugendhilfe vom Amt für Jugend anerkannt" (Nordlicht e. V. Hamburg, o. J: 1). Zu seinen Aufgaben macht sich Nordlicht, individuell angepasste Maßnahmen für Kinder und Jugendlichen anzubieten und zu betreuen, die auch die veränderten Bedarfe und sozialpolitischen Grundlagen in Betracht ziehen. Zielgruppen sind vorwiegend benachteiligte, verhaltensauffällige und gewaltbereite Kinder und Jugendliche. Neben Anti-Aggressivitäts-Training und Coolness-Gruppen und entsprechenden Weiterbildungsangebote für Institutionen der Kinder- und Jugendarbeit, ist der Verein für soziale und kulturelle Arbeit e. V. auch Träger von Jugendwohnungen, familienähnlichen Lebensgemeinschaften, parteilichen Mädchenprojekten, ambulanten Maßnahmen und eines mehrmonatigen Trainingscamp auf der Insel Uist/Schottland (vgl. Nordlicht e. V., Hamburg, 1999).

Iserlohn – Knackpunkt Straffälligenhilfe e. V.

Der Verein Knackpunkt e .V. ging 1991 aus der Straffälligenhilfe e. V. hervor, der 1980 „auf Anregung hiesiger Richter, Bewährungshelfer und Sozialarbeiter des Jugendamtes gegründet" (Behr & Cosmai, o. J: 3) wurde. Diese Namensänderung ergab sich aus einer neuen Aufgabenstellung des Vereins infolge der Novellierung des Jugendgerichtsgesetzes. Nun stehen „die Durchführung ambulanter Maßnahmen gem. § 10 JGG (...) nunmehr im Vordergrund der Vereinsaktivitäten" (Behr & Cosmai, o. J: 3). Die Finanzierung von Knackpunkt erfolgt aus Mitteln des Landes

Nordrhein-Westfalen, der Städte Iserlohn und Hemer und Eigenmitteln. Der Verein bietet neben dem Anti-Aggressivitäts-Training auch Einzelfallhilfe, soziale Gruppenarbeit, Projekte und soziale Trainingskurse an und führt an Schulen Aktionen zur Gewaltprävention und Coolness-Trainings durch.

Köln – Jugendgerichtshilfe der Arbeiterwohlfahrt, Kreisverband Köln e. V.
Die Arbeiterwohlfahrt wurde bundesweit 1919, in Köln um 1950 gegründet. Sie sieht sich als „Bestandteil der historischen Arbeiterbewegung" (Arbeiterwohlfahrt, Kreisverband Köln e. V., o. J.: 7) und ist „dem Grundsatz der Hilfe zur Selbsthilfe und der Solidarität verpflichtet" (Arbeiterwohlfahrt, Kreisverband Köln e. V., o. J.: 7). Sie ist offen für alle Kreise in der Bevölkerung, sucht die Vereinigung von politischem Handeln und praktischem Wirken, beteiligt sich an der Entwicklung moderner Sozialarbeit und arbeitet mit qualitativ hoher Fachlichkeit in den Diensten. Der Kreisverband Köln möchte „Partner von Rat und Verwaltung, Ansprechpartner für alle Bürgerinnen und Bürger und Interessenvertreter für alle, die selbst kein Gehör finden" (Arbeiterwohlfahrt, Kreisverband Köln e. V., o. J: 7) sein. Die Arbeiterwohlfahrt ist „anerkannter Spitzenverband der Freien Wohlfahrtspflege, politisch unabhängig (und) konfessionell neutral" (Arbeiterwohlfahrt, Kreisverband Köln e. V., o. J.: 5). Der Träger des Projektes arbeitet in der Jugendgerichtshilfe im Auftrag des Jugendamtes und im Bereich sozialer Trainingskurse, außerdem noch in folgenden Feldern sozialer Arbeit: Angebote für ältere und ausländische Menschen, ambulante Pflegedienste, Kindertagesstätten, Jugendeinrichtungen, Stadtranderholungen, Kindererholungen und Betreuungsweisungen.

Lübeck – Jugendamt/Jugendgerichtshilfe
Träger des Projektes war bei diesem Anti-Aggressivitäts-Training die Jugendgerichtshilfe des Jugendamtes der Stadt Lübeck.

Lüdenscheid – Märkischer Kreis/Jugendamt
Der Märkische Kreis umfasst Altena, Balve, Halver, Hemer, Herscheid, Iserlohn, Kierspe, Lüdenscheid, Meinerzhagen, Menden, Nachrodt-Wiblingwerde, Neuenrade, Plettenberg, Schalksmühle und Werdohl. Anti-Aggressivitäts-Training bietet im Jugendamt des Landkreises die Fachabteilung Erzieherischer Kinder- und Jugendschutz an. Hier arbeiten hauptamtlich eine weibliche und eine männliche sozialpädagogische Fachkraft. Diese sehen die Aufgaben des Jugendschutzes darin, „vorhandene und drohende Gefährdungen frühzeitig (zu) erkennen, (...) deren Ursachen und mögliche Folgen (zu) untersuchen und (...) Initiativen zu entwickeln, durch die Gefährdungen verhindert und bereits eingetretene Entwicklungsbelastungen beseitigt bzw. gemindert werden können" (Märkischer Kreis, o. J.). Zielgruppe des Projektträgers sind dabei nicht nur Kinder und Jugendliche, sondern auch Eltern, pä-

dagogische Fachkräfte und die Öffentlichkeit. Neben Anti-Aggressivitäts-Training und Coolness-Training führt die Abteilung Jugendschutz zahlreiche Maßnahmen zu den Themen Suchtprävention, Gewaltprophylaxe, Soziales Lernen und Sexueller Missbrauch (vgl. Märkischer Kreis, 2001: 2) durch.

Mainz – Spielende, lachende, lernende Kinder e. V., Bingen

Der Verein Spielende, lachende, lernende Kinder e. V. „entstand vor 20 Jahren aus einer ehrenamtlichen Initiative zur Betreuung von Kindern und Jugendlichen in einem sozialen Brennpunkt der Stadt Mainz" (Spielende, lachende, lernende Kinder e. V., o. J: 2). Fünf Jahre später ging daraus eine erste Wohngruppe hervor. Heute betreibt dieser Verein mehrere Wohngruppen, betreutes Wohnen, sozialpädagogische Jugendwohngemeinschaften und Kinderhäuser zur vollstationären Betreuung. Aktuell hat Spielende, lachende, lernende Kinder e. V. sein Angebot neben Anti-Aggressivitäts-Training um ein Schulverweigererprojekt, intensive sozialpädagogische Einzelbetreuung und die Nachbetreuung von Strafgefangenen erweitert. Der Verein ist als gemeinnützig anerkannt und Mitglied im Caritasverband.

Mannheim – Verein „kehrtwende" e. V. und Jugendgerichtshilfe des Stadtjugendamtes Mannheim

„Der Verein kehrtwende wurde 1990 in Mannheim von zwei Bewährungshelferinnen, einem Bewährungshelfer sowie engagierten Mannheimer Juristen mit dem Ziel, Soziales Training für jugendliche und heranwachsende Straftäter anzubieten, gegründet" (Engel, o. J.). Neben den Anti-Gewalt-Trainings, die in Zusammenarbeit mit der Jugendgerichtshilfe des Stadtjugendamtes Mannheim durchgeführt werden, bieten beide Träger auch Soziale Trainingskurse mit unterschiedlichen Inhaltsschwerpunkten für Jungen und Mädchen gemäß § 10 JGG an. Kehrwende finanziert sich „überwiegend durch Spenden und Geldbußen" („kehrtwende", 1996).

Rödental bei Coburg – Diakonisches Werk

Träger dieses Kurses war das Diakonische Werk Coburg. Das Anti-Aggressivitäts-Training wurde dort im Rahmen von Sozialen Trainingsmaßnahmen (STM) durchgeführt. Daneben zählen zu diesem Arbeitsbereich Einzel- und Elterngespräche, Gruppenarbeit und Gruppenveranstaltungen sowie Täter-Opfer-Ausgleich (vgl. Diakonisches Werk Coburg, 2001).

Rüsselsheim – Jugendamt/Jugendgerichtshilfe

Die Jugendgerichtshilfe des Jugendamtes Rüsselsheim sieht seinen Auftrag aus dem Beschluss der Jugendministerkonferenz vom 19./20.6.1997 in Magdeburg gegeben: „Neben ihrer Mitwirkung im Jugendgerichtsverfahren soll sie die ambulanten Angebote für diese – ‚straffälligen' – jungen Menschen weiterentwickeln, begleiten oder selbst durchführen" (Stadt Rüsselsheim – Jugendamt, o. J.: 2). Neben dem Coolness-Training und den bestehenden gesetzlichen Aufgaben, bietet die Jugendgerichtshilfe die Durchführung von Betreuungsweisungen, einen sozialen Trainingskurs und Täter-Opfer-Ausgleich an. Außerdem werden im Rahmen der Prävention „Unterrichtseinheiten an allen Rüsselsheimer Schulen und offene Beratungsangebote in den Jugendhäusern angeboten" (Stadt Rüsselsheim – Jugendamt, o. J: 2).

Schifferstadt – Jugendstrafanstalt

Dieses Anti-Aggressivitäts-Training, das in dieser Evaluationsstudie ausgewertet wurde, wird – wie schon bei vorherigen Standorten ebenso – in einer Jugendstrafanstalt durchgeführt. Die Maßnahme gilt dort als „ein besonderes Behandlungsangebot" (Fischer, 1998: 1). Rechtliche Grundlagen bilden § 91 Jugendgerichtsgesetz (JGG), nach dem der Jugendliche dazu erzogen werden soll, „künftig einen rechtschaffenen und verantwortungsbewussten Lebenswandel zu führen". Die Haftanstalt wurde im Sommer 1991 ihrer Bestimmung übergeben und wird konzeptionell als „Wohngruppenvollzug" geführt. „Es handelt sich hier um überschaubare – mit maximal 13 Gefangenen belegte – Wohneinheiten" (Fischer, 1998: 2), in denen soziale Verhaltensweisen trainiert werden sollen. 1998 waren in Schifferstadt „ca. 140 männliche Straf- und ca. 60 Untersuchungsgefangene im Alter von 14 bis 24 Jahren" (Fischer, 1998: 2) untergebracht, über ein Drittel von ihnen wegen Körperverletzung oder Raub-Delikten. Bei Haftzeiten zwischen sechs Monaten und mehreren Jahren beträgt die durchschnittliche Haftzeit in der Jugendstrafanstalt Schifferstadt 18 Monate. Neben dem Anti-Aggressivitäts-Training bietet die Jugendstrafanstalt Arbeitstherapie, Soziales Training, Entspannungstraining, Sexualstraftätertherapie und Drogenberatung an.

Stuttgart – Waldhaus – Sozialpädagogische Einrichtungen der Jugendhilfe

„Waldhaus" ist eine anerkannte Gesellschaft mit beschränkter Haftung mit Sitz in Hildrizhausen. Hildrizhausen liegt ca. 10 km südwestlich von Stuttgart. Das Anti-Aggressivitäts-Training wurde dort von einem qualifizierten Trainer aus Stuttgart geleitet, woraus sich die räumliche Zuordnung erklärt. Die Jugendhilfeeinrichtung wurde „1957 als ‚Jungenheim Waldhaus' mit 25 Plätzen gegründet und 1993 auf Grund des differenzierten, auch für Mädchen zugänglichen, Angebotes umbenannt" (Waldhaus, 1999). Das Anti-Aggressivitäts-Training wurde 1999 „als Ergänzung zu den bestehenden ressourcen- und erlebnisorientierten Ansätzen" im Bereich der ambulanten erzieherischen Hilfen (Waldhaus, o. J: 3) durchgeführt. Zahlreiche weitere Angebote von Waldhaus decken einen breiten Bereich der Jugendhilfe ab, dies sind: erzieherische Hilfen, intensivpädagogische Maßnahmen im europäischem Ausland, Flexible Hilfen, Betreutes Jugendwohnen, Jugendarbeit, Waldhaus-Werkstätten, sowie eine Vermittlungs- und Integrations-Agentur und einer Projektwerkstatt.

Ulm – Jugendgerichtshilfe (Stadt) /Bewährungshilfe (Landgericht)
„Das AAT wird institutionsübergreifend von der Stadt Ulm (Fachbereich Jugend, Familie und Soziales; Abteilung Soziale Dienste (Jugendgerichtshilfe) und dem Landgericht Ulm (Bewährungshilfe beim Landgericht) getragen und durchgeführt" (Reck & Morath, o. J.: 2). Die Kosten für Sach- und Personalkosten sowie für die Kursgebühren der Zusatzqualifikation zum Antiaggressivitätstrainer bringen die Stadt Ulm, die Justiz und der örtliche Verein für Bewährungs- und Straffälligenhilfe Ulm e. V. auf. „Außerdem tragen noch zweckgebundene Geldspenden zur Finanzierung der Kurse bei" (Reck & Morath, o. J: 2). Die Tätigkeit für das Anti-Aggressivitäts-Training integrieren die Ulmer Kollegen in den Rahmen ihrer bisherigen Arbeitszeit als Jugendgerichtshelfer bzw. als Bewährungshelfer.

3.3) Die standardisierte Befragung

Es ist dringend an der Zeit – zumal nach so zahlreichen Erwähnungen – sich nun dem Erhebungsinstrument unserer Untersuchung, dem Fragebogen zur Erfassung von Aggressivitätsfaktoren (FAF), zu widmen. Der FAF ist ein standardisierter psychologischer Test und bildete die quantitative Methodik in unserer Evaluation. Inhaltlich ist das Ziel des Einsatzes des Fragebogens, durch Untersuchungen der Selbsteinschätzungen der Teilnehmer vor und nach dem Anti-Aggressivitäts-Trainingskurs auf positive Wirkungen zu schließen, die diesem sozialen Training zugeschrieben werden können.

An den Anfang unserer Ausführungen müssen wir das mit dem FAF gemessene Konstrukt von Aggression, Aggressivität und/oder Gewalt mit unserem theoretischen Konzept und dem Ziel bzw. dem Gegenstand des Anti-Aggressivitäts-Trainings verknüpfen.

3.3.1) Das theoretische Konstrukt des FAF im Vergleich mit den Konstrukten der Studie und des AAT

Der Verfasser des FAF, Herbert Selg, steht zur Erklärung von Aggression auf lernpsychologischem Boden. Er versteht aber Aggression als von zusätzlichen Faktoren (zum Beispiel biologische, psychische und sozialpsychologische) mitbedingt.

Selg macht einen grundsätzlichen Trend der Psychologie aus: „die zunehmend lernpsychologische Ausrichtung der Psychologie. Sie zeigt sich in der klinischen Psychologie in der rapiden Ausbreitung der Verhaltenstherapie. Die Verhaltenstherapie versteht sich als Anwendung experimentell begründeter Lernprinzipien zu Therapiezwecken. Sie will Störverhalten reduzieren und gegebenenfalls Alternativen aufbauen. Im Gegensatz zu psychoanalytisch beeinflussten Therapieformen interpretiert die Verhaltenstherapie Störungen nicht als Symptome tiefer liegender Konflikte. Sie geht die Störungen direkt an und betrachtet deren Beseitigung als Ziel der Behandlung" (Selg 1974: 55).

Aggressivität sieht Selg „als relativ überdauernde Bereitschaft zu aggressivem Verhalten. Ihre Binnenstruktur (...) (kann) mehrere deutlich voneinander abgehobene, eventuell völlig unabhängige Faktoren umspannen" (Selg 1974: 41). Ihre Verortung in der Struktur einer Persönlichkeit, die selbst als sehr dynamische Organisation verstanden wird, ist völlig offen.

Bei der Prognostik, dem Vorhersagen von zukünftigem Verhalten, geht die Verhaltenstherapie gleichfalls andere Wege. Anders als die traditionelle Therapie geht es ihr nicht um „die qualitativen oder quantitativen Beschreibungen des symptomatischen Verhaltens, sondern (um) Aussagen über die funktionale Beziehung zwischen Symptomen und Umweltbedingungen" (Selg 1974: 56).

Für den FAF bedeutet dies, dass Verhalten nicht mehr „als Zeichen für eine Eigenschaft gesehen (wird), die das Individuum hat, sondern die Situation wird als Stichprobe ähnlicher Situationen angesehen. Bester Prädikator für künftiges Verhalten ist somit früheres Verhalten in vergleichbarer Situation" (Selg 1974: 56). Fragebögen müssen deshalb Situationen und Objekte auch entsprechend detailliert schildern.

Zur Klärung der Frage, „wie weit in Tests überhaupt Aggressionen gesehen und auf Aggressivitäten geschlossen werden kann, (...) müssen daher die Beziehungen zwischen der ‚natürlichen' Aggressivität und ihrer ‚künstlichen' Testrepräsentanz" (Selg 1974: 57) betrachtet werden. Im Blick auf den FAF konstatiert Selg, dass derjenige, der zugibt, „dass er häufig schimpft, (...) mit dieser Selbsteinschätzung keine Aggression (ausübt). Immerhin beurteilt er aber direkt sein aggressives Verhalten" (1974: 57).

Passt nun dieses Konstrukt des FAF mit der Zielgruppe des Anti-Aggressivitäts-Trainings respektive des Coolness-Trainings und damit auch mit den diese Arbeit grundlegenden Verständnissen von Aggression (Gewalt) und Aggressivität zusammen? Oder konterkarieren beide Systeme, so dass eine – durch den FAF „gemessene" – Verringerung der Aggressivität nicht das bedeutet, worauf das Anti-Aggressivitäts-Training abzielt (unabhängig von methodisch und methodologischen Fragestellungen, die weiter unten aufgegriffen werden sollen)?

Wir rekapitulieren aus dem vorherigen Kapitel, dass wir uns zur Definition von Aggression und Aggressivität an der lerntheoretischen Definition von Selg angelehnt hatten. Außerdem formulierten wir eine etwas breitere Begriffsfassung von Gewalt und Aggression als Weidner, da zur Zielgruppe unserer Studie auch Teilnehmer an Coolness-Trainings zählen, die sich beispielsweise aus den Handlungsfeldern Schule und Jugendhilfe rekrutieren und sich „nur" durch verbale Gewalt abweichend verhalten.

Ein kritischer Vergleich dieser drei Konstrukte (FAF, Studie und AAT) ergibt folgende Ergebnisse:

- Alle drei Systeme gehen von einem weitgehend identischen Gewalt- bzw. Aggressionsbegriff aus. Dieser Begriff erfasst „ein breites Spektrum aggressiver Verhaltensweisen und affiner Gewaltbereitschaften" (Selg 1974: 94). Damit können neben der klassischen Zielgruppe des Anti-Aggressivitäts-Training (Mehrfachgewalttäter) auch Teilnehmer an Coolness-Trainings erfasst werden.
- Alle drei Konstrukte basieren auf der Lernpsychologie, deren hier relevanter Vertreter Herbert Selg ist. Seine Definitionen von Aggression und Aggressivität fundieren diese Studie, die Entwürfe Weidners und des ebenfalls von Selg mitverfassten FAF. Aggressives Verhalten ist erlernt und kann demnach auch wieder verlernt werden.
- Ziel des Anti-Aggressivitäts-Trainings ist die Reduzierung der Aggressivität. Dabei spielen neben der kognitiven Theoriebildung lerntheoretisch-verhaltenstherapeutische Aspekte (vgl. Weidner 1995: 101) eine große Rolle. Dies ist relevant für die Praxis: Das AAT intendiert nicht die Veränderung tiefer liegender persönlicher Konflikte, sondern die Beseitigung der direkten Störungen. Verhaltenstherapeutische Überlegungen flossen auch in die Konstruktion des FAF ein. Der Fragebogen versucht nicht, Symptome in der Persönlichkeit zu beschreiben, sondern erfasst „Aussagen über die funktionale Beziehung zwischen Symptomen und Umweltbedingungen" (Selg 1974: 56).
- Damit passen beide Konstrukte zusammen. Da obendrein die dargestellten theoretischen Grundlegungen aggressives Verhalten diagnostizierbar machen, kann der FAF als brauchbares Instrument zur Überprüfung der Ziele des Anti-Aggressivitäts-Trainings verwendet werden.

Diese referierten Erkenntnisse wollen wir nochmals in einer Tabelle verdeutlichen:

Tabelle 10: Zusammenschau der einzelnen theoretischen Konstrukte

	Theoretisches Konstrukt der/des		
	Studie	AAT/CT	FAF
Verständnis von Gewalt, Aggression und Aggressivität.	Eher weiter gefasst.	Weiter gefasst (Teilnehmer aus AAT und CT).	„Breites Spektrum an Verhaltensweisen".
Basistheorie	Lerntheorie (Selg): Aggressives Verhalten kann verlernt werden.	Lerntheorie (Selg): Aggressives Verhalten kann verlernt werden.	Lerntheorie (Selg = Verfasser des FAF): Aggressives Verhalten kann verlernt werden.
Methodik	Indirekte Zuordnung, da Gegenstand der Studie AAT bzw. CT sind.	Verhaltenstherapie: Keine Behandlung der Persönlichkeit, sondern Modifikation des Verhaltens.	Verhaltenstherapie: Keine Beschreibung der Symptome einer Persönlichkeit.
Ziel		Reduzierung der Aggressivität durch Beseitigung der direkten Störungen.	Erfassung der funktionalen Beziehung zwischen Symptomen und Umweltbedingungen.
Operationalisierung		Ist „friedvolles" Verhalten zu erwarten?	Nicht-aggressives Verhalten wird diagnostiziert.

Die Bezeichnungen erklären sich wie folgt: AAT: Anti-Aggressivitäts-Training, CT: Coolness-Training; FAF: Fragebogen zur Erfassung der Aggressivitätsfaktoren.

Demnach können die drei theoretischen Konstrukte, nämlich die unserer Studie, des Anti-Aggressivitäts-Trainings und des FAF als deckungsgleich bezeichnet werden. Der FAF ist demnach das geeignete Verfahren, um das Anti-Aggressivitäts-Training zu evaluieren.

3.3.2) Der Fragebogen zur Erfassung der Aggressivitätsfaktoren (FAF)[15]

Im methodologischen Sinne kann der FAF als „diagnostisches Interview" (Lamnek 1995: 39) betrachtet werden, das unter das ermittelnde Interview subsumiert werden kann. Die Befragung ist standardisiert, da „sowohl die Formulierung der einzelnen Fragen wie auch die Reihenfolge der Fragen fixiert ist. Jedes Abweichen davon ist unzulässig und würde die Reizstandardisierung und damit die Akkumulierung der Daten und die Generalisierung der Dateninterpretation problematisch machen" (Lamnek 1980, zitiert nach Lamnek 1995: 40).

Der FAF ist ein psychologischer Test und „das Teilergebnis einer umfassenden Fragebogenaktion" (Hampel & Selg 1975 und 1988: 5). Er findet in Deutschland

15 Im Anhang ist das Erhebungsinstrument der standardisierten Befragung abgebildet.

und dem Ausland breite Verwendung. Das Ziel des FAF ist nach Meinung der Autoren eng: „Er soll nur Aussagen über Bereitschaften zu einigen aggressiven Verhaltensweisen bei Erwachsenen und Jugendlichen über 15 Jahren ermöglichen" (Hampel & Selg 1975 und 1988: 5).

Wie im vorherigen Abschnitt ausführlich wiedergegeben intendierten die Testautoren mit dem FAF einen Fragebogen, der „ein breites Spektrum aggressiver Verhaltensweisen und affiner Gefühlsbereitschaften" (Selg 1974: 94) erfassen sollte. Das zuerst weit verzweigte System zur Übersicht über Aggressionen (vgl. Selg 1974: 90) wurden in mehreren Überarbeitungen immer mehr modifiziert, bis Selg mittels faktorenanalytischen Berechnungen zu einer „5-Faktoren-Lösung" (Selg 1974: 95) gelangte, wie sie auch die heutige Form des FAF zeigt.

3.3.3) Zur kritischen Bewertung des Fragebogens zur Erfassung der Aggressivitätsfaktoren (FAF)

Zur kritischen Bewertung des FAF sind vorab die Einschätzungen der Autoren selbst zu nennen, die betonen, dass die Items „zunächst nur eine Sammlung aggressiver Verhaltens- und affiner Erlebnisweisen (darstellen), zu denen der Proband entsprechend der Instruktion eine (Selbst-) Beurteilung abgeben soll. (...) So dürfen die FAF-Items im Prinzip nur als verbale Stimuli und die Antworten darauf als verbale Reaktionen betrachtet werden" (Hampel & Selg 1975 und 1988: 5). Damit misst der FAF nicht die tatsächliche Aggressivität. „Die Autoren sind sich der engen Grenzen des FAF bewusst; doch trotz der ihm deutlich anhaftenden Schwächen hat er sich in der bisherigen Forschungspraxis hinreichend bewährt" (Hampel & Selg 1975 und 1988: 20). Hampel & Selg „sehen die Antworten der FAF-Items als metrisch analysierte und empirisch hinlänglich verifizierte Indikatoren von Dimensionen der Aggressivität" (1975 und 1988: 6).

Reliabilität und Verwendbarkeit von Persönlichkeitsinventaren

Die kritischen Betrachtungen führen uns zu einem weiteren Diskussionspunkt, nämlich zur Frage nach der Reliabilität und der grundsätzlichen Verwendbarkeit von Persönlichkeitsinventaren. Da „viele der Fragen bzw. Aussagen des FAF (...) im Freiburger Persönlichkeitsinventar (FPI) enthalten" (Hampel & Selg 1975 und 1998: 5) sind, verweisen die Testautoren auf „für die FAF-Forschung relevanten Ergebnisse des FPI" (Hampel & Selg 1975 und 1998: 13), der von den Autoren des FAF mitentwickelt wurde.

Als Reliabilität, also Zuverlässigkeit, wird das Ausmaß bezeichnet, „in dem die wiederholte Anwendung eines Messinstruments (...) gleiche Ergebnisse liefert" (Lamnek 1995: 405). Sie ist für den FPI gegeben, da sich „aus der Formulierung vieler Items und durch die internen Analysen ergibt (...), dass die FPI-Testwerte relativ überdauernde Dispositionsprädikate indizieren, d.h. sich in der Selbstbeschreibung über breite Klassen von Merkmalen und Kontexten sowie über Zeitspannen von mehreren Jahren als relativ invariant erweisen" (Fahrenberg et al.: 1994: 57). Der FPI ist ein standardisiertes und bevölkerungsrepräsentativ normiertes allgemeines Erhebungsverfahren. Seine interne Validität kann „als befriedigend angesehen werden. Die praktische Anwendung des FPI und anderer Persönlichkeitsinventare wird regelmäßig von der Erwartung geleitet sein, dass über die interne Validität hinaus eine Kriterienvalidität besteht" (Fahrenberg et al.: 1994: 57). Es stellt sich nämlich „in der Persönlichkeitsforschung und in der diagnostischen Praxis selbstverständlich die Frage nach den objektiven Entsprechungen dieser Testwerte". Mithin dominieren in den „mehr als 800 Publikationen" bestimmte Untersuchungsansätze und „zu anderen Aspekten der Validierung (liegt) wenig oder nichts" vor. „Publikationen über die Vorhersage praktisch relevanter Kriterien, über die Evaluation individueller Begutachtungen oder Evaluation von Klassifikations- und Selektionsentscheidungen in bestimmten Anwendungsfeldern sind selten und anspruchsvolle Experimente zur Konstruktvalidität fehlen weitgehend". „Den Testautoren ist dieser Mangel bewusst" (Fahrenberg et al.: 1994: 64).

Ebenso schwierig gestaltet sich die Diskussion bezüglich einer grundsätzlichen Verwendbarkeit von Persönlichkeitsinventaren. „Selbstbeurteilungen spielen in der Persönlichkeitsdiagnostik weiterhin eine große Rolle, und die Verwendung von Fragebogenskalen wird immer wieder Kritik aus verschiedenen theoretischen Richtungen provozieren. Die oft vorgebrachten Hinweise auf die mögliche Wirkung von impliziten Theorien und von psychologischem Alltagswissen (...) sind doch relativ unergiebig, wenn es nicht gelingt, diese impliziten Konzepte in irgendeiner Weise genauer zu analysieren. Von besonderem Interesse wären daher entwicklungspsychologische Forschungsansätze. Längsschnittstudien über die Formung solcher Selbstbeurteilungen unter dem Einfluss früher Eigenschaftszuschreibungen durch Bezugspersonen fehlen bisher" (Fahrenberg et al.: 1994: 58). „Eine globale, pessimistische Bewertung der prädikativen Validität wäre dennoch verfrüht. Es mangelt weiterhin an adäquat angelegten Assessment-Studien. Diese Aufgabe bleibt eine Herausforderung für künftige Arbeiten" (Fahrenberg et al.: 1994: 70).

Als letzter Kritikpunkt ist zu nennen, dass „von vielen Probanden und Testkritikern immer wieder (...) die semantischen Probleme der Itembeantwortung" (Fahrenberg et al.: 1994: 11) betont werden. Diese Rückmeldung erhielten wir auch von Trainerinnen und Trainern. „Eine vage formulierte Frage oder sprachliche Eigenarten könnten zusätzlich noch Reaktionstendenzen fördern. Tatsächlich enthalten alle Persönlichkeitsinventare mehr oder minder viele Items mit unnötigen sprachlichen Eigenarten oder Defiziten sowie doppelte Verneinungen und andere Ungeschicklichkeiten" (Fahrenberg et al.: 1994: 11). Vielfach schienen den Jugendlichen und

Heranwachsenden geschilderte Situationen (Beispiel: Tischmanieren) lebensfremd oder gar unbekannt zu sein. Nach Meinung der Autoren „ist es nachträglich (...) nicht ganz einfach, solche Mängel zu beseitigen" (Fahrenberg et al.: 1994: 11). Da „selbst die linguistischen und semantischen Schwierigkeiten und Defizite der Itemformulierung (...) die Fragebogenmethoden mit dem psychologischen Interview und anderen verbalen Methoden" (Fahrenberg et al.: 1994: 12) teilen, ist hier aber höchstens von einem „relativen Nachteil im Rahmen grundsätzlicher Operationalisierungsschwierigkeiten psychologischer Konstrukte" (Fahrenberg et al.: 1994: 12) zu sprechen.

Der Vorzug des Testssystems der Persönlichkeitsinventare liegt darin, dass sie „eine interindividuell vergleichende Beschreibung von Individuen hinsichtlich der Ausprägung wichtiger Persönlichkeitsdimensionen" liefern. Die verwendeten Skalen sind in einem empirisch-statistischen und psychologisch-interpretativen Konstruktionsprozess entstanden, indem psychologisch ähnliche Items der Selbstschilderungen zu einem relativ invarianten, konsistenten und zeitlich stabilem Muster gruppiert werden. Es wird eine diesem Muster zu Grunde liegende Eigenschaftsdimension angenommen, und die Skalenwerte geben eine quantitative Einordnung entlang dieser Eigenschaftsdimensionen.

Diese Einschätzung zur Verwendbarkeit des FAF soll genügen, um die Problematik als erkannt zu zeigen. Wir greifen dieses Thema in einer abschließenden Bewertung nochmals auf, müssen aber auf weitere Ausführungen verzichten. Unser Interesse gilt nun der Betrachtung des FAF unter dem Aspekt der experimentellen Methode.

Der FAF als sozialwissenschaftliches Experiment

Im Sinne der Definition des Experiments von Zimmermann als „wiederholbare Beobachtung unter kontrollierten Bedingungen, wobei eine (oder mehrere) unabhängige Variable(n) derart manipuliert wird (werden), dass eine Überprüfbarkeit der zu Grunde liegenden Hypothese (Behauptung eines Kausalzusammenhangs) in unterschiedlichen Situationen gegeben ist" (1972: 37), kann der FAF als Test durchaus als Experiment verstanden werden, denn er ist normiert und standardisiert und – wenn auch eingeschränkt (dazu weiter unten mehr) – gültig. In Abgrenzung zum naturwissenschaftlichen Experiment handelt es sich um ein sozialwissenschaftliches Experiment, deren Eigenart die Kontrolle der Faktoren fordert. Diese „schließt die Herstellung eines zuverlässigen Gegensatzes zwischen zwei Situationen ein, so dass nur der eine zu untersuchende Faktor frei bleibt und sich ändern darf. (...) Ohne richtige Kontrolle gibt es keine Gewissheit über das tatsächliche Bestehen des Kausalzusammenhangs (...). Wenn man ein Experiment ohne gute Kontrollen durchführt, weiß man nicht, ob die beobachtete Wirkung tatsächlich der hypothetischen Ursache oder irgendeinem anderen ebenfalls unkontrollierten Faktor zuzuschreiben ist" (Greenwood 1972: 192).

Zimmermann (1970: vgl. 61 f) nennt in Anlehnung an die Variablen – Typologie nach Kish folgende vier Variablen:

- die unabhängige Variable, die variiert wird, „um ihren Einfluss auf die abhängige Variable zu messen" (Gruppe 1)
- die Variablen, die auch potenziellen Einfluss auf die abhängige Variable nehmen, aber entweder kontrolliert werden können oder in dem Experiment doch keinen Einfluss haben (Gruppe 2)
- die Variablen, „die zwar Auswirkungen auf die abhängige Variable haben, aber nicht in Beziehung stehen zu der im Experiment manipulierten unabhängigen Variablen" (Gruppe 3)
- die Variablen, die „in systematischer Beziehung zu der manipulierten, unabhängigen Variablen" stehen (Gruppe 4)

Mittels der Kontrolltechniken sollen nun Variablen aus der vierten Gruppe ausgeschaltet und Variablen aus der dritten in die zweite Gruppe transferiert werden. Zu zwei Kontrolltechniken möchten wir nun einige Anmerkungen machen:

- Varianzanalyse: Im Ergebnisteil unserer Forschungsarbeit werden wir ein besonderes Augenmerk auf den Einfluss verschiedener unabhängiger Faktoren auf die Variation der abhängigen Variablen werfen. Mit Hilfe der Varianzanalyse versuchen wir, diese Faktoren zu kontrollieren, um sicherzugehen, dass „die Varianz zwischen den beiden Gruppen (Experimental- und Kontrollgruppe, Anmerkung des Verfassers) tatsächlich aus meiner UV (und nicht) aus Störvariablen" (Wormser 1974: 48) resultiert.
- Parallelisierung (Matching). Dabei stellt der Forscher „die Versuchs- und Kontrollgruppe so zusammen, dass diese sich bis auf die unabhängige Variable in allen als relevant erachteten Faktoren völlig gleichen" (Atteslander 1984: 201). Da „die Praxis jedoch erwiesen hat, dass tatsächlich eine beträchtliche Neubildung von Paaren stattfindet", haben wir diese Kontrolltechnik im Blick auf die Kostenwirksamkeit (Standard D3) für unsere Evaluation vermieden. „Während es einfach ist, zwei ziemlich große Gruppen zusammen zu stellen, die nach Geschlecht, Alter und Religion gleich sind, ist es doch erheblich schwieriger, zwei Gruppen zu bilden", „die sich in Bezug auf vier oder fünf Faktoren gleichen" (Greenwood 1972: 198), was unsere Studie verlangt hätte.
- Randomisierung: Nach dem Randomisierungsverfahren muss jedes Individuum aus der Stichprobe „die gleiche Chance haben, einer bestimmten Gruppe zugeteilt zu werden, wie die anderen Vpn. Praktisch kann man dieser Aufforderung

durch Auslosen genügen“ (Selg 1975: 50). Sie gilt als die „beste und am häufigsten verwandte Technik zur Kontrolle von Störfaktoren“ (Wormser 1974: 41). Auch diese Kontrolltechnik konnten wir sowohl für die Auswahl der Experimental- als für die der Kontrollgruppe nicht in dieser Arbeit anwenden. Inhaltliche Überlegungen sprachen dagegen, wie wir weiter unten noch ausführen werden.

Zimmermann merkt allerdings an, dass Faktoren zwar beispielsweise durch Matching und Randomisierung im Experiment kontrolliert werden können, dagegen diese Faktoren in der Realität durchaus „Einflüsse auf die abhängige Variable ausüben“ (Zimmermann 1972: 75) können.

In zwei Kapiteln zu experimentellen Versuchsanordnungen wollen wir nun weitere generelle Fragestellungen bezüglich des FAF diskutieren.

Einflussfaktoren auf die Gültigkeit unseres Experiments

Da zahlreiche Autoren (zum Beispiel Zimmermann 1972, Selg 1975, Kury 1983, Blass-Wilhelm 1983) auf die Veröffentlichungen von Campbell und Stanley (beispielsweise 1963) zurückgreifen, möchten wir in unseren Ausführungen bezüglich der Variablen „if not controlled in the experimental design, might produce effects confounded with the effect of the experimental stimulus“ (Campbell & Stanley 1963: 175) überwiegend auf den Originaltext zurückgreifen.
Es sind die folgenden Störeinflüsse bedeutsam:

- „History (Zeiteinflüsse), the specific events occurring between the first and second measurement in addition to the experimental varaible.
- Maturation (biologisch-psychologische Veränderungen), processes within the respondents operating as a function of the passage of time per se (not specific to the particular events), including growing older, growing hungrier (...) and the like.
- Testing (Messeffekte), the effects of taking a test upon the scores of a second testing.
- Instrumentation (Veränderungen in den Messinstrumenten oder beim Versuchsleiter), in which changes in the calibration of a measuring instrument or changes in the observers or scorer used may produce changes in the obtained measurements.
- Statistical regression (statistische Regression), operating where groups have been selected on the basis of their extreme scores” (Campbell & Stanley 1963: 175). „Das heißt, je weiter eine Variable eines Gewalttäters vom Mittelwert abweicht, desto größer ist auch die Wahrscheinlichkeit, dass dieser Messwert mit Messfehlern besetzt ist. Eine Mittelwertannäherung könnte dann im Posttest als

Beleg für Behandlungsfortschritte fehlinterpretiert werden" (Weidner 1995: 182).

- „Selektionseffekte äußern sich „durch eine unterschiedliche Zuteilung zur Experimental- und Kontrollgruppe (...), so dass Behandlungserfolge möglicherweise auf die Gruppenauswahl zurückzuführen sind" (Weidner 1995: 182).
- „Experimental mortality (Ausfälle unter den Testpersonen), or differential loss of respondents from the comparison groups.
- Selection-maturation interaction" (Campbell & Stanley 1963: 175) kann ebenfalls auftreten.

Im Zentrum der Betrachtung steht bei diesen Nennungen die interne Validität, auf die diese Effekte verzerrend wirken können. Das Kriterium der internen Validität ist erfüllt, wenn Veränderungen der unabhängigen Variablen (im Behandlungsprozess) „tatsächlich einen Unterschied bestimmter Größe" (Zimmermann 1972: 78) zwischen der Vorher- und Nachheruntersuchung hervorgerufen haben. Dagegen ist das Kriterium nicht erfüllt, wenn eine oder mehrere der oben genannten Störungsvariablen interferiert haben.

Wir wollen uns nun mit der in unserer Arbeit verwendeten Versuchsanordnung beschäftigen und daran analysieren, wie weit uns die Kontrolle der Einflussfaktoren gelingt.

Wir haben diesen Forschungsteil der Evaluation an die „echte" experimentelle Versuchsanordnung angelehnt, die „Vorher-Nachher-Messung mit Kontrollgruppen", die auch als „klassische" Anordnung gilt. Hierzu „werden die Individuen nach dem Zufallsprinzip ausgewählt und auf Experimental- und Kontrollgruppe verteilt. Beide Gruppen werden vor dem eigentlichen Experiment gemessen. X (hier das Anti-Aggressivitäts-Training, Anmerkung des Verfassers) wird dann in die Versuchsgruppe eingeführt. Schließlich werden beide Gruppen nach der Darbietung der experimentellen Variable noch einmal gemessen, um deren Einfluss auf die abhängige Variable festzustellen" (Zimmermann 1972: 91). Schon diese Versuchsanordnung reduziert die Störgrößen, denn „selbst wenn man nicht die Einflüsse der Störvariablen abstellen kann, so kann man zumindest versuchen, diese Einflüsse in Versuchs- und Kontrollgruppe möglichst (...) konstant zu halten (...) und der eventuell verbleibende Effekt" (Zimmermann 1972: 59) in der Experimentalgruppe kann mit größerer Wahrscheinlichkeit dem Anti-Aggressivitäts-Training zugeschrieben werden.

Wir konzedieren, nur ein unvollständiges Experiment durchführen zu können. Schon aus inhaltlichen Erwägungen mussten wir auf randomisierte Versuchsgruppen verzichten.

Trotz dieser Einschränkung glauben wir, die folgenden der oben aufgeführten Störvariablen kontrolliert haben zu können:

- Zeiteinflüsse: Diese Variable kann durch die Kontrollgruppen-Anordnung kontrolliert werden, allerdings nur insofern, als „sie in gleicher Weise auf die Versuchsgruppe und die Kontrollgruppe gewirkt haben" (Zimmermann 1972: 92). Denkbar wäre ja auch, dass Einflüsse nur auf eine oder verschiedene Einflüsse auf beide Gruppen einwirken. Da Zeiteinflüsse „umso wahrscheinlicher (sind), je größer der zeitliche Abstand zwischen erster und zweiter Messung ist" (Zimmermann 1972: 85) und in unserer Evaluation zwischen Pre- und Posttest nur maximal 6 Monate liegen, können wir diesen Störfaktor weitgehend ausschließen.
- „Für biologisch-psychologische Veränderungen lautet unsere Argumentation in etwa gleich. Je weiter die Messungen auseinander liegen, desto größer ist die Wahrscheinlichkeit, dass sich in dem zu untersuchenden ‚Organismus' irgendwelche Veränderungen ‚von selbst' abgespielt haben" (Zimmermann 1972: 86). Beispielsweise kann vermutet werden, dass ein junger Mensch mit zunehmendem Alter „vernünftiger" wird und sich dadurch weniger abweichend verhält. Da zwischen Pre- und Postuntersuchung in unserer Studie maximal 6 Monate liegen, können „Reifungsprozesse (...) insofern unberücksichtigt bleiben" (Weidner 1995: 182).
- Messeffekte „are controlled in that they should maifested equally in experimental and control groups" (Campbell & Stanley 1963: 184). Diese Störvariablen "seem to provide the first recognition of the need for a control group" (Campbell & Stanley 1963: 183). Im Zusammenhang unserer Analyse in 4.1.6 konstatieren wir bei der Kontrollgruppe Veränderungen in Richtung des Behandlungsziels, obwohl dieser Gruppe der experimentelle Stimulus nicht zugeführt wurde. Wir schließen hier auf Messeffekte, womit diese Störvariable vermutlich als kontrolliert gelten kann.
- Veränderungen in den Messinstrumenten „liegen bei der Erhebung zum Anti-Aggressivitäts-Training nicht vor" (Weidner 1995: 182 – siehe weiter unten).
- Die statistische Regression auf den Mittelwert prüfen wir für die Experimental- und die Kontrollgruppe mittels diverser statistischer Maßzahlen (siehe 4.1.4 und 4.1.6). Diese Berechnungen weisen deutlich Regressionseffekte zurück.
- Die Störvariable Selektion wurde dadurch kontrolliert, dass die Kontrollgruppe „auch aus behandlungsmotivierten Gewalttätern zusammengesetzt wurde, die auf Grund der begrenzten Teilnehmerzahl nicht in die Experimentalgruppe mit einbezogen werden konnten" (Weidner 1995: 182). „Man vergleicht die Personen auf der Warteliste (= Kontrollgruppe) mit den Personen der Maßnahmegruppe (=Versuchsgruppe). Zwar handelt es sich nicht um strikte Zufallsaufteilung. Das gravierende Problem der Selbstselektion wird dadurch aber ausgeschlossen" (Diekmann 1999: 300).

- Verzerrungen durch Ausfälle waren in unserem Experiment nicht zu erwarten. Zwar schieden einzelne wenige Fälle vorzeitig aus dem Training aus. Eine Systematik und damit eine Verzerrung des Ergebnisses unserer Untersuchung konnte nicht nachgewiesen werden.
- Letztlich können die Interaktionen von Auswahlverzerrungen und biologisch-psychologischen Veränderungen durch die gewählten Versuchsanordnungen ausgeschlossen werden. Denn diese Interaktionseffekte „treffen u. U. nur für bestimmte Personengruppen zu, die durch genuine physiologische Zustände z. B. Müdigkeit oder Stress, gekennzeichnet sind" (Zimmermann 1972: 102). Davon ist die von uns untersuchte Population nicht betroffen.

Bisher haben wir nur die Kontrolle der Faktoren betrachtet, „die sich auf die interne Validität, also auf die inhaltliche Gültigkeit der Messungen im Rahmen des Experiments, auswirken können" (Zimmermann 1972: 94). „Die externe Validität wird dagegen definiert als das Ausmaß, in dem sich die experimentell gewonnenen Ergebnisse auf Populationen außerhalb des Labors generalisieren lassen" (Zimmermann 1972: 79). Externe Validität setzt interne Validität voraus, wird aber dadurch nicht bedingt, zumal externe Validität nie absolut hinreichend demonstriert werden kann. Campbell und Stanley nennen als Störgrößen externer Validität (Zimmermann 1972: vgl. 81):

- Ein Pretest sensibilisiert die Experimentalgruppe so für den experimentellen Stimulus, dass eine Generalisierung nicht möglich ist.
- Interaktionseffekte können durch die Auswahlverzerrungen und die experimentelle Variable hervorgerufen werden.
- Eine Generalisierung auf eine Population wird verhindert, da sie der unabhängigen Variablen außerhalb des experimentellen Rahmens begegnet.
- Da dieselben Versuchspersonen mehrfach experimentell behandelt werden, sind die einzelnen Effekte nicht immer zu trennen.

Wir wollen an dieser Stelle jedoch auf weitere Ausführungen verzichten, denn das von uns hier eingesetzte Instrument, der FAF, ist nur bedingt extern valide. Daher scheint eine Prüfung des Experiments hinsichtlich der externen Validität auch wenig sinnvoll. Zudem lassen sich mit der gewählten Versuchsanordnung überhaupt „nicht Faktoren kontrollieren, die sich auf die externe Validität auswirken" (Zimmermann 1972: 97).

Die kritische Betrachtung des FAF führt uns zu reaktiven Effekten experimenteller Versuchsanordnungen, auf die wir nun im Folgenden näher eingehen wollen.

Reaktive Effekte experimenteller Versuchsanordnungen
Zimmermann (1972: vgl. 249) unterscheidet drei Verzerrungsquellen, die sich alle „während des Experimentsablaufs" auswirken: der Versuchsleiter (Vl), die Versuchspersonen (Vpn) und die experimentelle Anordnung.

Als Versuchsleitereffekt ist die Tatsache zu bezeichnen, dass „bio- und psychosoziale Faktoren auf seitens des Vl das Verhalten der Versuchsperson (Vp) drastisch beeinflussen. Rosenthal (1966) unterscheidet passive und aktive Vl-Effekte. Passive Effekte sind solche, die mit der unveränderlichen Erscheinung des Vl zusammenhängen. So beeinflusst Geschlecht, Alter, Rasse, Religion (...) das Verhalten der Vp. ‚Aktive' Vl-Effekte entstehen durch Kleidung des Vl, seine Angst, sein Bedürfnis nach Bestätigung, seine Wärme, Feindseligkeit, seine Erfahrung (...) u.v.a.m." (Wormser 1974: 111). Daneben spielen die Erwartungen des Vl eine entscheidende Rolle. Egal, wie aufrichtig der Forscher arbeitet, er tendiert immer dazu, dass seine eigene Hypothese bestätigt wird. Ungeachtet der Möglichkeit, dass vielleicht „der Vl-Effekt nur bestimmten Fragestellungen und Versuchsanordnungen eigen" (Zimmermann 1972: 254) ist, von daher in unserem Experiment gar nicht zum Tragen kommt, konnten wir diese Effekte dadurch erheblich reduzieren, dass die direkten Kontaktmöglichkeiten zwischen Vl und Vpn unterbunden und tatsächlich die Interaktionseffekte reduziert waren. Alle Erhebungen des Fragebogens zur Erfassung der Aggressivitätsfaktoren (FAF) sind nämlich direkt durch die Teams vor Ort vorgenommen worden. Die Fragebögen wurden dann per Post an den Autor geschickt oder ihm persönlich überreicht. Denn „trennt man die ‚Datensammler von denjenigen Personen, die die Daten nachher auswerten, so ist ebenfalls mit einer Verringerung des Vl-Effekts zu rechnen" (Zimmermann 1972: 258). Zudem sind „die Durchführung und Auswertung des Persönlichkeitsinventars (...) in hohem Maße objektiv, d.h. von untersuchenden Psychologen unabhängig" (Fahrenberg et al.: 1994: 7). Letztlich sind die Instruktionen des FAF schriftlich verfasst, die mündliche Anweisungen durch die Vl vor Ort nahezu entbehrlich machen.

Einer weiterer Verzerrungseffekt – auch Demand Effect genannt – entsteht durch die Versuchspersonen. „Jedes psychologische Experiment am Menschen (findet) eigentlich in einer Gruppe statt, in der zwischen Vl und Vp ein unausgesprochenes Gegenseitigkeitsverhältnis besteht. Die Vp tut mit, sie tut dies nicht selten dem Vl zuliebe" (Hofstätter 1971, zitiert bei Wormser 1974: 105). Die Vpn verhalten sich daher „nach dem Aufforderungscharakter, den demand characteristics des Experiments, nach den Erwartungen, die an sie gestellt werden, sie verhalten sich so, dass sie ‚gute' Vpn sind, dass sie die Hypothesen des Vl bestätigen" (Wormser 1974: 109). Aber auch das gegenteilige Verhalten ist möglich: Die Vpn „antworten so, wie sie denken, dass sie den Vl am meisten ärgern können (‚screw you effect')" (Wormser 1974: 109).

Mit diesen Vp-Effekten sollte ernsthaft umgegangen werden, weshalb wir auch diesen Punkt einer kritischen Betrachtung unterzogen haben. Demnach konnten wir diesen Faktor nur bedingt kontrollieren, da die Fragebögen – wie bereits oben ausgeführt – direkt in den Projektorten erhoben wurden und einer Einflussnahme durch den Autor entzogen waren.

Der FAF berücksichtigt jedoch diesen Faktor durch seine Offenheitsskala, die nach Aussagen der Testautoren aber nur „von zweifelhaftem Wert" (Hampel & Selg 1975 und 1998: 12) ist. Wir haben uns dennoch daran orientiert, aber entsprechend streng die Testergebnisse mit geringem Offenheitswert in der Auswertung unberücksichtigt gelassen (siehe Abschnitt 4.1.4). Allerdings erfasst diese Offenheitsskala nur Verzerrungen disparat zur Richtung der experimentellen Hypothese, die sich beispielsweise mit mangelnder Mitarbeit beschreiben lassen. Zum umgekehrten und hier interessierenden Fall, dass Teilnehmer sich als übertrieben offen zeigen, gibt es keine Ausschlusskriterien seitens der Testautoren. Dies ist allerdings für unsere Evaluation aus zwei Gründen weniger relevant: Zum einen verweisen Hampel & Selg (1975 und 1998: 12) auf die Normstichprobe (N = 630), bei der „andere extreme Tendenzen (einseitige ‚stimmt' – Antworten)" nicht vorkamen. Zum anderen gab es auch in unserer Population keinen Fall mit solch extremer Tendenz. Es kann im Blick auf die untersuchte Gruppe gewaltbereiter und aggressiver Menschen auch hinreichend erklärt werden, dass sie sich eher unangepasst zeigen.

In diesem Zusammenhang können wir eine mögliche „Verzerrung durch Reaktivität" (Dieckmann 1999: 299) nicht 100 %-ig ausschließen. Sie besagt, dass „den Teilnehmern in der Versuchsgruppe bewusst ist, dass das Programm auch Gegenstand wissenschaftlicher Forschung ist. (...) Die Tatsache wissenschaftlicher Aufmerksamkeit (kann) zu Einstellungs- und Verhaltensänderungen führen" (Dieckmann 1999: 299). Wir möchten jedoch bezweifeln, ob die Zielgruppe überhaupt einen emotionalen Bezug zu derartigen Fragestellungen wie Wissenschaft und Forschung hat. Nach eigenen Erfahrungen des Forschers lässt sie dies eher „ziemlich kalt".

Reaktive Effekte durch das Messinstrument – als der letzte zu betrachtende Effekt – konnten wir weitgehend dadurch kontrollieren, da wir mit dem FAF ein Messinstrument ausgewählt hatten, das den Teilnehmern „klare Instruktionen" (Zimmermann 1972: 268) bot. „Es handelt sich um relativ robuste, empirisch begründete Schemata bzw. Dimensionen der Selbstbeschreibung mit den praktisch wichtigen Vergleichsmöglichkeiten zwischen Personen" (Fahrenberg et al.: 1994: 13).

Die Eigenschaftskonstruktionen sind denn auch „durch innere Konsistenz und Reproduzierbarkeit der Antworten gut geeignet, individuelle Differenzen zuverlässig zu erfassen" (Fahrenberg et al.: 1994: 57).

Fazit

Die Items des FAF liefern nach Meinung der Testautoren „im engeren Sinne Selbstbeurteilungen; welchen Aufschluss sie im weiteren Sinne über Verhalten liefern, muss die weitere Forschung noch genauer eruieren" (Hampel & Selg 1975 und 1988: 13). Darauf bezogen üben insofern Ohlemacher et al. (2001 a: vgl. 12 f.) möglicherweise unberechtigte Kritik am FAF, zumal Annahmen der diagnostischen Verhaltenstherapie gegen diese Vorbehalte sprechen (siehe Abschnitt 3.3.1). Sie beanstanden: „Der Nachweis, dass das AAT gegebenenfalls diese Selbstwahrnehmung (oder auch nur die berichtete Selbstwahrnehmung) verändert, sei (...) als Evaluationskriterium des AAT nachrangig" (14). Dies lässt sich nicht gänzlich entkräften. Wir sehen aber entsprechend die Schärfe ihrer Beanstandung als nicht ganz gerechtfertigt an. Denn „immerhin haben die bisherigen Studien sinnvolle Ergebnisse gebracht, die in Übereinstimmung mit den Daten der Aggressionsforschung stehen und insofern Beiträge zur Konstruktvalidität des FAF leisten" (Hampel & Selg 1975 und 1988: 13). Die grundsätzliche Frage an eine „Vorher-Nachher-Evaluation", wie „aus komplexen, sozialen Prozessen statistische Indikatoren isoliert werden" (Kunstreich 2000: 35), ist durchaus gerechtfertigt.

Nichtsdestotrotz haben wir uns dafür entschieden, den FAF als Instrument zur Gewinnung der quantitativen Informationen zu verwenden und halten ihn für unsere Evaluation aus folgenden Gründen für geeignet:

- „Die Testautoren stehen auf dem Boden lernpsychologischer Interpretationen aggressiven Verhaltens. Aggressionen werden – ebenso wie andere soziale Verhaltensweisen – gelernt" (Hampel & Selg 1975 und 1988: 6). Damit ist der theoretische Erklärungsansatz dem des Anti-Aggressivitäts-Trainings identisch (ausführlicher hierzu Abschnitt 3.3.1).
- Der FAF ist trotz der oben aufgezeigten Verständigungsschwierigkeiten insofern gut in der Arbeit mit den Zielgruppen des Anti-Aggressivitäts-Trainings einsetzbar, da er als recht kurzes Inventar relativ wenig Zeit zum Ausfüllen benötigt. Außerdem ist er auch für Gruppenaufnahmen geeignet (Hampel & Selg 1975 und 1988: vgl. 12).
- Wenn die psychologischen Fachkräfte in den kontaktierten Projekten (siehe Kapitel 3) sich eines Testverfahrens zur Evaluation bedient hatten, dann war dies zumeist der FAF. Dementsprechend konnten wir eine gewisse Vertrautheit mit diesem Inventar voraussetzen und ersparten uns so ein aufwendiges Schulungsverfahren, was unsere zeitlichen Ressourcen erheblich schonte. Darüber hinaus hatten frühere quantitative Untersuchen des Anti-Aggressivitäts-Trainings sich ebenfalls auf den FAF bezogen (siehe Kapitel 5). Damit konnten wir unsere Ergebnisse mit denen anderer Wirkungsforschungen vergleichen.

- Die Autoren Hampel & Selg untersuchten für ihre Normierungs- und Validierungsstudien (1975 und 1988: 13 f.) heranwachsende Insassen von Jugendstrafanstalten und bildeten für uns recht interessante Untergruppen, wovon eine auch Gewalttäter umfasst. Die von ihnen festgestellten Ergebnisse dienten uns als Vergleichmaßstab für unsere Studie.
- Die Projektgruppen konnten auch in den meisten Fällen zu einer „offenen Mitarbeit" (Hampel & Selg: 1975 und 1988: 6) gewonnen und damit Antworten „im Sinne der ‚sozialen Erwünschtheit'" (Hampel & Selg 1975 und 1988: 6) begegnet werden. Eher zeigten sich gegenteilige Tendenzen im Sinne „zufälliger Störeinflüsse im experimentellen Setting" (Kury 1983 a: 38). So ergab beispielsweise die Auswertung einer Gruppe eines Projektes mit ansonsten sehr erfolgreichen Ergebnissen ein ausgesprochen negatives Resultat. Auf Anfrage teilte das Team mit, dass die Sitzung, in der die Posterhebung durchgeführt wurde, sehr konfliktträchtig und spannungsgeladen verlaufen war. Auch diese Fragebögen nahmen wir in die Auswertung, was das Gesamtergebnis erheblich drückte.
- Sehr viele Teams konnten eine durch den FAF festgestellte Reduzierung der Aggressivität auch im Verhalten des Jugendlichen perzipieren. Mithin ist diese Beobachtung sehr oberflächlich und müsste freilich wissenschaftlich unterlegt werden, was aber den Rahmen unserer Arbeit sprengen würde. Weidner beispielsweise erhebt parallel zu seiner testpsychologischen Untersuchung die Aktenvermerke und die Einschätzungen der Mitarbeiter der Jugendstrafanstalt (1995: 231 ff.) und erhält seine Vermutungen bestätigt. Auch das Freiburger Persönlichkeitsinventar (FPI) wurde mit Fremdeinstufungen validiert (Fahrenberg et al. 1994: 64 ff.).

Wir konzedieren, mit dem FAF ein Forschungsinstrument gewählt zu haben, das nicht alle kritischen Einwände entkräften kann. Wir bemühten uns gerade deshalb um ein korrektes sozialwissenschaftliches Arbeiten und betrachten unsere Entscheidung auf der Basis der bis dato unterentwickelten Forschung und der oben aufgezeigten Gründe als gerechtfertigt.

3.3.4) Der Rücklauf der Fragebögen

Bevor wir im nächsten Kapitel die Fragebögen zur Erfassung der Aggressivitätsfaktoren auswerten, um Aussagen über die Wirkung des Anti-Aggressivitäts-Trainings treffen zu können, möchten wir uns einen Überblick über das vorhandene Datenmaterial und die Rücklaufquote verschaffen. Die Eingänge der Fragebögen fassten wir zu zwei Zeitpunkten zusammen. Bis zu einem ersten Zeitpunkt t_1 (31. Dezember 2000) hatten wir n = 108 gültige Fragebogenpaare (also immer ein Pre-

und Posttest) erhalten. Zu diesem Datenmaterial erhielten wir bis zu einem zweiten Zeitpunkt t_2 (30. April 2001) nochmals 17 Fälle hinzu, so dass in diese Arbeit insgesamt n = 125 Fragebogenpaare einfließen.

Der Rücklauf an FAF-Fragebögen aus den Projekten zu den Zeitpunkten t_1 und t_2 lässt sich tabellarisch wie folgt verdeutlichen:

Tabelle 11: Rücklauf und Verteilung der Fälle auf die Projektorte

Projektstandorte	t_1 $n_1 = 108$	t_2 $n_2 = (n_1 + 17) = 125$		Durchführungszeitraum im Projekt
	Gültig	Gültig	Ungültig	
2	6	6	---	11/1997 – 10/1998
3	26	26	1	8/1997 – 4/2000
6	11	(11 + 3) = 14	2	3/1998 – 3/2001
9	5	5	1	9/1998 – 12/1999
15	3	3	1	1/1999 – 6/1999
26	5	5	---	2/2000 – 8/2000
31	12	(12 + 6) = 18	2	3/1999 – 2/2001
39	4	4	---	3/2000 – 6/2000
42	4	4	1	3/1999 – 3/2000
44	15	15	3	11/1997 – 1/1999
45	3	3	2	1/1999 – 5/1999
69	7	7	---	11/1999 – 1/2000
72	3	(3 + 3) = 6	2	9/1999 – 8/2000
73	4	4	---	4/2000 – 9/2000
74	---	(0 + 5) = 5	3	7/2000 – 10/2000
Gesamt	$\mathbf{n_1 = 108}$	$\mathbf{n_2 = 125}$	$\mathbf{n_{ungültig} = 18}$	

„n" bezieht sich jeweils auf Fragebogenpaare. Die Zahlen für die Projektorte entstammen einer internen Liste des Forschers und lassen auf keine alphabetische Reihenfolge schließen. Die Durchführungszeiträume umfassen mitunter auch mehrere Kurse.

Zunächst ist zu erkennen, dass wir in Tabelle 11 auch die Zeiträume dargestellt haben, in denen die Anti-Aggressivitäts-Trainingskurse durchgeführt worden sind. Die Zusammenschau ergibt, dass sich die Maßnahmen von November 1997 bis März 2001 erstreckten. Damit haben wir einen doch sehr weiten Zeitraum von nahezu 3 ½ Jahren erfasst. Außerdem ist im Vergleich der Zeitpunkte t_1 und t_2 zu errechnen, aus welchen Projekten zusätzliche Fragebögen eingegangen sind. Ein Projektort konnte neu hinzugenommen werden. Letztlich zeigt obige Tabelle den

Rücklauf für die zweite Untersuchung zum Zeitpunkt t_2 mit n = 125 Fällen. Aus der Auflistung geht hervor, dass insgesamt 143 Fälle, davon 18 ungültige und 125 gültige Fälle, zurückliefen. Demnach lag die Rücklaufquote bei 87,4 %. Gründe für die fehlende Verwertbarkeit lagen in der mangelnden Offenheit der Testpersonen oder in der für uns inakzeptablen Zahl an missing data in einem Test. Keinesfalls wollten wir uns aber auf unsicheres Datenmaterial verlassen und akzeptierten stattdessen eher einen niedrigeren Rücklauf. Wir merken noch an, dass von vorn herein eine nicht unerhebliche Zahl an Bögen unberücksichtigt bleiben musste. In diesen Fällen konnten die Teilnehmer nur zu Beginn, nicht aber mehr am Ende des Anti-Aggressivitäts-Trainings befragt werden, weil sie im Laufe des Kurses aus ihrer Gruppe ausgeschieden waren.

3.3.5) Die Kontrollgruppe

„Da die Zahl der nicht kontrollierten und/oder nicht kontrollierbaren Faktoren im sozialwissenschaftlichen Experiment im allgemeinen größer ist als im naturwissenschaftlichen Experiment, weiß man bei einer Versuchsanordnung mit nur einer Gruppe nicht, ob der experimentelle Stimulus tatsächlich eine später zu beobachtende Veränderung in der abhängigen Variable – gemessen durch Vergleich der Nachher-Messung mit der Vorher-Messung – verursacht hat. Zumindest ist die Wahrscheinlichkeit, X einen bestimmten Effekt zuschreiben zu können, im sozialwissenschaftlichen Experiment im Allgemeinen geringer“. Wir versuchen daher, den Einfluss der Störgrößen dadurch zu reduzieren, dass wir eine Kontrollgruppe einführen, die „dem experimentellen Stimulus (also dem Anti-Aggressivitäts-Training, Anmerkung des Verfassers) (...) nicht ausgesetzt wird“ (Zimmermann 1972: 58). Durch die Kontrolle des Störfaktors lässt sich „der Effekt in Y mit größerer Wahrscheinlichkeit X zuschreiben“ (Zimmermann 1972: 59). „Die Kontrolle von Störfaktoren (die wir schon in 3.3.3 eingehend besprochen haben, Anmerkung des Verfassers) ist eben die wesentliche Leistung experimenteller Versuchspläne mit einer Zufallsaufteilung (....) der Probanden auf die Versuchsgruppen“ (Diekmann 1999: 302).

Unsere Kontrollgruppe besteht – wie ebenfalls dort schon geschildert – auch aus Gewalttätern, die motiviert waren, am Anti-Aggressivitäts-Training teilzunehmen. Aus Gründen der begrenzten Teilnehmerzahlen in einem Kurs war eine Teilnahme nicht mehr möglich gewesen. Testtheoretisch betrachtet wurden diese Personen auf eine Warteliste gesetzt und aus ihnen die Kontrollgruppe gebildet. Das gravierende Problem der Selbstselektion wollten wir durch dieses Vorgehen weitgehend ausschließen. Wir konzedieren erneut, ein unvollständiges Experiment dadurch zu haben, dass wir keine randomisierte Gruppe verwenden konnten.

Anhand der nachfolgenden überschaubaren Tabelle möchten wir einen Überblick über das ausgewertete Datenmaterial geben.

Tabelle 12: Rücklauf und Verteilung der Fälle der Kontrollgruppe auf die Projektstandorte

Projektstandorte	Gültig	Ungültig
Schifferstadt – Jugendvollzugsanstalt	16	9
Berlin/Brandenburg – Caritasverband für Brandenburg e. V. – Boxenstopp	1	3
Gesamt	**n = 17**	

„n“ bezieht sich jeweils auf Fragebogenpaare.

Es ist folgendes zu bemerken:

- Von den insgesamt beteiligten Projekten erhob nur Schifferstadt Daten hinsichtlich einer Kontrollgruppe.
- In Schifferstadt handelte es sich dabei um trainingsmotivierte, jugendliche und heranwachsende Gewalttäter, die zum gleichen Zeitpunkt wie die Experimentalgruppe in der Jugendstrafanstalt inhaftiert waren, für die aber kein Anti-Aggressivitäts-Training angeboten werden konnte. Der Anteil an ungültigen Ergebnissen ist recht hoch. Die Gründe für die Ungültigkeit der Fälle sind mit denen der Experimentalgruppe (siehe 3.3.4) im Wesentlichen identisch.
- Außerdem erhob das Projekt Boxenstopp im Rahmen eines Anti-Aggressivitäts-Trainingskurses unter der Leitung des Autors (2.5.8) Kontrolldaten. Die Erhebung gestaltete sich jedoch als extrem schwierig. Es sollten Jugendliche und Heranwachsende befragt werden, die zeitgleich zur Maßnahme wegen einer Gewalttat vor Gericht standen und zur Teilnahme an einem Anti-Aggressivitäts-Training verurteilt worden waren. Immerhin vier Jugendliche konnten für den Pretest gewonnen werden. Für den Posttest allerdings war – trotz zahlreicher Interventionen der Mitarbeiterin vor Ort – nur noch eine Testperson zu motivieren gewesen. Die restlichen drei Ergebnisse mussten für ungültig erklärt werden.

3.4) Halbstandardisierte Interviews

Das Ergebnis der multivariaten Varianzanalysen in Kapitel 4 überraschte durch seine Eindeutigkeit. So zeigten sich vor allem die Haupteffekte der unabhängigen Variablen Projektort als statistisch bedeutsam. Wir können deshalb begründet vermuten, dass Erklärungen dafür in der Gestaltung und der Zusammensetzung des Anti-Aggressivitäts-Trainings liegen.

Wir haben uns in der Fortschreibung des Evaluationsplans entschieden, mittels halbstandardisierter Interviews bei den Trainerinnen und Trainern aus den verschiedenen Orten nach Gestaltungsmerkmalen zu forschen, um daraus die Frage beantworten zu können: Lassen sich begründete Vermutungen darüber treffen, unter welchen Gestaltungsmerkmalen ein Trainingskurs am erfolgreichsten abläuft?

3.4.1) Der Interviewleitfaden

Zur Vorbereitung dieser halbstandardisierten Interviews mussten wir zunächst den Interviewleitfaden erstellen. Dazu haben wir überlegt, an welchen Punkten sich solche Gestaltungsmerkmale festmachen lassen. Als Ergebnis sind insgesamt 23 Fragestellungen entstanden, von denen wir glaubten, dass sie kräftig genug sind, um über die Modalität eines Anti-Aggressivitäts-Training hinreichende Aussagen treffen zu können. Sie orientieren sich im Wesentlichen an den Qualitätsstandards für Anti-Aggressivitäts-Trainings und Coolness-Trainings (siehe Abschnitt 2.5.3), vereinzelt an den theoretischen Grundlagen des AAT.

Die Standards benennen als optimale Gruppengröße 5 Teilnehmer. Diese Vorgabe wollen wir etwas kritisch überprüfen und daher die Frage stellen, ob die Anzahl der jugendlichen Teilnehmer Einfluss auf den Erfolg des Trainings hat.

Weiterhin werden in den Qualitätskriterien Co-Trainer (Ex-Schläger, friedfertige Kampfsportler, auch als Tutoren bezeichnet) erwähnt. Interessant ist daher für uns der Blick auf eine eventuelle Mitarbeit dieser Personen und deren Einfluss auf das Trainingsergebnisses. Daher fragten wir: Beeinflusst die Anwesenheit von Tutoren als positive Vorbilder unter den jungen Menschen das Ergebnis eines Anti-Aggressivitäts-Trainings?

Ein Standard für ein praxisgerechtes Anti-Aggressivitäts-Training soll ebenfalls durch unsere Studie kritisch betrachtet werden: die Gruppenleitung. Während in der Regel von 2 Mitarbeiterinnen bzw. Mitarbeitern ausgegangen wird, stellt sich uns die Frage, in wie weit eine zahlenmäßige Vergrößerung oder Verkleinerung der Trainergruppe eine wichtige Rolle für den Erfolg des Anti-Aggressivitäts-Trainings spielt. Als Gruppenleitung betrachten wir neben den Trainern auch weitere mitarbeitende Personen (zum Beispiel: Praktikanten, Ehrenamtliche).

In diesem Zusammenhang möchten wir auch nach dem „Betreuerschlüssel" fragen. Dieser Schlüssel beschreibt den Quotienten aus der Anzahl der Trainerinnen und Trainer und der Anzahl der Teilnehmer.

„98 % aller jugendlichen Gewalttäter (sind) männlichen Geschlechts" (Findeisen & Kersten: 1999: 33). Dies bildet sich auch in den Anti-Aggressivitäts-Trainings und Coolness-Trainings ab, wenn dort mit 89 % (Kilb & Weidner 2000 b: vgl. 380) nicht ganz so hoch. Dennoch engagieren sich zahlreiche weibliche Fachkräfte in diesem Tätigkeitsfeld. Daher ist die Frage interessant, welchen Anteil der Varianz die unabhängige Variable „Mitarbeit von Trainerinnen" erklären kann.

Ein erfolgreiches AAT bzw. CT erfordert eine Beziehung zwischen Team und Teilnehmern. Die Qualitätsstandards beschreiben als Möglichkeiten, eine solche Voraussetzung zu schaffen: Gespräche mit den Jugendlichen und Heranwachsenden und erlebnispädagogisches Locken. Daran anknüpfend möchten wir davon ausgehen, dass dieser Beziehungsaufbau besser gelingt, wenn schon vor dem Kurs Bekanntheiten zwischen Trainerinnen und Trainern und der Gruppe bestanden haben. Verhilft eine bessere, also tragfähigere Beziehung dem Trainingskurs zu einem erfolgreicheren Ergebnis? Diese Frage interessiert uns ebenfalls unter dem Aspekt einer vielleicht schon vorhandenen Bekannt- und Vertrautheit in der Gruppe der jungen Menschen selbst. Wie wir schon in Abschnitt 2.5.1 herausgearbeitet haben, spielt die Gruppe eine wesentliche Rolle im Gesamtverlauf einer Maßnahme (siehe „Glen Mills Schools" und „AAT/CT als spezielles soziales Training"), speziell aber bei den Interaktionen auf dem „Heißen Stuhl".

Weiter hören wir oftmals aus Trainer- und Trainerinnenkreisen, dass 15- oder 16jährige Jugendliche „weniger motiviert" sind und „mehr Schwierigkeiten" im Anti-Aggressivitäts-Training machen. Daher scheint uns auch die Frage sehr interessant, ob als Grund für ein erfolgreicheres Training die Gruppenzusammensetzungen mit sehr jungen Teilnehmern (15 und 16 Jahre) gelten können. Vielleicht spielt jedoch das Alter der Jugendlichen und Heranwachsenden per se gar nicht die wesentliche Rolle, sondern hat eher die Altersspanne einen (entscheidenderen) Einfluss auf den Erfolg des Trainings.

Zusätzlich benennen die Qualitätsstandards als Zielgruppe „multiethnische oder monoethnische Gangs" (Kilb et al. 2000: 265). 36 % der Klientel waren 1999 (vgl. Kilb & Weidner 2000 b) nicht deutscher Staatsangehörigkeit. Dieses sozialstatistische Merkmal erfasst jedoch nicht der FAF. Daher wollen wir es mittels unseres Fragebogens erheben, um auf der Basis dieses Datenmaterials die Erklärungskraft der Variablen „Anteil der ausländischen Teilnehmer im Kurs" ermitteln zu können. Daran anknüpfend wollen wir prüfen, ob sich die Anzahl der Nationalitäten in einer Gruppe auf die Bewertung der Ergebnisse auswirkt. Es könnte sich beispielsweise eine Empfehlung für die Arbeit mit monoethnischen Gruppen ableiten lassen, wie es Toprak (2001) mit türkischstämmigen Jugendlichen praktiziert.

Der dritte Qualitätsstandard (Kilb et al. 2000: 265) erfasst die organisatorischen Bedingungen für ein praxisgerechtes Anti-Aggressivitäts-Training bzw. Coolness-Training: Zeitliche Dauer, zeitlicher Umfang und Intervalle der Treffen. Auch diese Faktoren haben wir mittels der halbstandardisierten Interviews erhoben, um damit diese vorgezeichneten Rahmenbedingungen einer kritischen Prüfung unterziehen zu können.

Eng mit diesen Fragestellungen sehen wir unser Interesse nach der Qualität der räumlichen Bedingungen verknüpft. Anstoß hierfür lieferten uns die 'Standards' des ‚Joint Committee' (siehe 3.1). Der Standard G2 (Kontextanalyse) fordert, dass „der Kontext, in dem das Programm angesiedelt ist, (...) ausreichend detailliert untersucht" (1999: 163) werden sollte. Die räumlichen Bedingungen beschreiben unserer Meinung nach einen gewichtigen Teil der Arbeitsbedingungen vor Ort, also des Kontextes in den Projektorten, da „ohne einen brauchbaren Raum (...) auf die Dauer keine Gruppenarbeit möglich" (Berner 1983: 201) ist.

Natürlich wollen wir uns auch mit der Gestaltung der unabhängigen Variablen beschäftigen. Wie schon gezeigt (siehe 2.5.1), ist eine zentrale Methodik dabei der „Heiße Stuhl". Demnach scheint uns folgende Frage bedeutsam: Wie beeinflussen die Anzahl der „Heißen Stühle" das Ergebnis eines Anti-Aggressivitäts-Trainings?

Einen zweiten Blick im Zusammenhang mit der Gestaltung des Anti-Aggressivitäts-Trainings werfen wir auf eventuelle begleitende Maßnahmen. Im Rahmen der Erörterung des Curriculums des Anti-Aggressivitäts-Trainings (siehe Abschnitt 2.5.6) hatten wir auch flankierende Maßnahmen genannt. Es interessiert uns zusätzlich an dieser Stelle die Frage nach einem eventuell zusätzlich an den Kurs angehängten, erlebnisorientierten Angebot, um später sehen zu können, ob und in welchem Umfang diese unabhängige Variable zur Varianzaufklärung beitragen kann.

Unter dem ersten Qualitätsstandard werden die Zielgruppen für das Anti-Aggressivitäts-Training und für das Coolness-Training auch mittels des Merkmals Freiwilligkeit vs. Zwang unterschieden. Danach wird „Behandlung von gewaltbereiten Wiederholungstätern unter Zwang (...) als Einstiegs-Sekundärmotivation" (Kilb et al. 2000: 264) für die Zielgruppe des AAT akzeptiert, während das Coolness-Training auf Freiwilligkeit setzt. Diese Dichotomisierung wird nicht durchgängig in der Praxis durchgehalten, da zum Beispiel Schülern zu einer Teilnahme am Coolness-Training „geraten" wird, da andernfalls Sanktionen eingeleitet werden könnten. Ebenso gibt es Gruppenmitglieder in Anti-Aggressivitäts-Trainings, die freiwillig teilnehmen. Da also Zwang vs. Freiwilligkeit sich als durchgängiges Merkmal zur Unterscheidung der Einstiegsvoraussetzungen bei Jugendlichen und Heranwachsenden unabhängig der Maßnahmeart (AAT vs. CT) anbietet, haben wir es in den Fragebogenkatalog aufgenommen. Es könnte so festgestellt werden, dass beispielsweise Zwang als Einstiegsmotivation doch eher das Ziel eines erfolgreichen Maßnahmeergebnisses konterkariert.

Eng mit der Teilnahmemotivation ist das Problem des Abbruchs eines Teilnehmers während eines Kurses verwoben. Unabhängig von der Tatsache, wer den Abbruch veranlasst (der Jugendliche selbst oder das Team; davon abweichende Gründe wie Krankheit, Wohnungswechsel wollen wir hier vernachlässigen), lässt ein Abbruch darauf schließen, dass die sekundäre Teilnahmemotivation nicht einer primären Bereitschaft gewichen ist. Um diesen Sachverhalt nochmals im Ergebnisteil aufgreifen zu können, haben wir in den Interviews auch die Abbruchquote als weitere erklärende Variable erfragt.

Zur Zielgruppe des Anti-Aggressivitäts-Training zählen nach den Qualitätsmerkmalen explizit so genannte Intensiv- und Mehrfachgewalttäter („stadtbekannte Schläger“). Nun ist aber zu konstatieren, dass auch Jugendliche und Heranwachsende, die zu „leichteren Formen“ der Gewaltausübung greifen (zum Beispiel zu verbale Gewalt) oder die wegen einer körperlichen Gewalthandlung zur Teilnahme an einem Anti-Aggressivitäts-Training verurteilt worden sind, als potenzielle Gruppenmitglieder gelten. Ist eine solche Differenzierung sinnvoll? Ist das Training für die „Härtesten der Harten“ besser geeignet als für andere? Diese Frage veranlasste uns, in den Teams auch danach zu forschen, ob die Teilnehmer wegen einer oder mehreren Gewalttaten (oder anderen Formen kriminellen Handelns) auffällig geworden waren.

Einen ganz anderen Bereich wollen wir mit der Frage nach einer Einbindung der Jugendlichen in andere und/oder projekteigene sozialarbeiterische Hilfesysteme tangieren. Es gilt allgemein und möglicherweise auch für das Anti-Aggressivitäts-Training, dass jedes pädagogische Handeln in ein breites Netz an Hilfesystemen eingebettet sein sollte, um adäquat auf die Problemlagen der Klientel eingehen zu können. Wir greifen einem späteren Ergebnis unserer Untersuchungen voraus, wenn wir konstatieren, dass gerade das Anti-Aggressivitäts-Training als alleinige Maßnahme nur bedingt erfolgreich ist. Vielleicht können wir Perspektiven einer möglichen Verbesserung dahingehend aufzeigen, dass Projekte, die ihre Trainingsmaßnahme in weitere Hilfesysteme eingebunden haben, erfolgreicher arbeiten als andere.

Schließlich wollten wir die allgemeine Stimmungslage, sowohl bei den Jugendlichen und Heranwachsenden, aber ebenso innerhalb der Teams erfragen. Wir gingen davon aus, dass eine Maßnahme beiden Seiten irgendwie Spaß machen oder auf die Beteiligten eine gewisse Attraktivität ausstrahlen sollte, um effektiv sein zu können. Wir wussten, dass in allen Gruppen das Anti-Aggressivitäts-Training mindestens in der Form evaluiert wurde, dass die Frage an die Teilnehmer gestellt wurde, wie es ihnen gefallen und was es ihnen gebracht hatte. Demnach versuchten wir die Stimmungslage durch vier Aspekte zu erfassen:

- Wie bewerteten die Teilnehmer das Anti-Aggressivitäts-Training?
- Wie empfand das Team das Training?
- Wie war die Motivation in der Gruppe? Hatte sie sich im Verlauf der Maßnahme verändert?
- Wie war die Motivation im Team (beispielsweise erfragten wir mögliche Überforderungen bei den Trainerinnen und Trainern wegen Arbeitsüberlastung).

Sicher waren wir uns der Grenzen dieses Vorgehens bewusst, da wir recht eindimensional vorgegangen sind. So fehlen beispielsweise Fragen nach den Charakterzügen der Teammitglieder, aber auch nach denen der Teilnehmer, nach Vorerfahrungen, nach der Gruppendynamik usw. Ich seiner Ganzheit haben wir also ein Anti-Aggressivitäts-Training sicher nicht erfasst. Mitnichten hatten wir dies intendiert. Vielmehr ging es uns darum, uns entsprechend unseren theoretischen Herleitungen auf wesentliche Merkmale zu konzentrieren, um so einen größtmöglichen Nutzen im Rahmen dieser Arbeit erzielen zu können.

3.4.2) Die verwendete Methode: Halbstandardisierte, qualitative Interviews

Haben wir uns mit dem Fragebogen zur Erfassung von Aggressivitätsfaktoren (FAF) eines quantitativen Forschungsansatzes bedient, verwenden wir für diesen Teil unserer Evaluation eine qualitative Methodik, genauer das Telefoninterview als qualitatives Interview. Entgegen der Vorbehalte, dass diese Methodik „durch das fehlende visuelle Element einen unpersönlichen, ja anonymen Charakter (erhält) und (...) damit den Intentionen qualitativer Forschung nicht gerecht werden" (Lamnek 1995: 59) kann, greifen wir dennoch darauf zurück. Bei der Wahl dieser Methode spielten im Wesentlichen Kostenpunkte – entsprechend den Vorgaben im Standard D3 – die tragende Rolle.

Dem Autor waren zum Zeitpunkt der Interviews alle Befragten persönlich oder zumindest „vom Hörensagen" bekannt. Umgekehrt kannten alle Befragten den Forscher beispielsweise durch dessen Gestaltung von einzelnen Seminarabschnitten im Zuge der Weiterbildungsmaßnahme zum Anti-Aggressivitäts-Trainer/-in am ISS. Einige der Interviewten hatten zusammen mit dem Forscher an diesem Ausbildungskurs teilgenommen.

Zur Untersuchung führten wir in der Zeit vom 20.11.2000 bis 13.6.2001 mit je einer Mitarbeiterin bzw. einem Mitarbeiter aus den Projekten halbstandardisierte Interviews durch, die „der deskriptiven Erfassung von Tatsachen aus den Wissensbeständen der Befragten" dienten. Der Befragte wird dabei „als Experte verstanden, dessen Fachwissen verhandelt wird. Der Befragte ist Informationslieferant für Sachverhalte, die den Forscher interessieren" (Lamnek 1995: 38). In allen Gesprächen trat der Autor selbst als Interviewer und Forscher auf, da die „vom Interviewer in qualitativen Interviews zu erwartenden Qualifikationen (...) meist nur im Forscher selbst realisiert" (Lamnek 1995: 67) sind. In Anbetracht der Klassifikation verschiedener Formen qualitativer Interviews (vgl. Lamnek 1995: 91) zeigen die nachfolgenden Ausführungen, dass die von uns gewählte Form zwischen problemzentriertem und fokussiertem Interview angesiedelt werden kann.

Unser Forschungsprozess folgt dem interpretativen Paradigma und entspricht den beiden Maximen der Offenheit und der Kommunikativität: „dem Prinzip der Kommunikativität insoweit, als es sich beim Interview um eine mündlich-personale Kommunikation handelt, die durch die Sprache des Befragten bestimmt wird und dem Prinzip der Offenheit, weil in der qualitativen Form des Interviews keine Vorabstrukturierung und Standardisierung erfolgt, sondern weil damit die Bedeutungsstrukturierung durch den Befragten erst möglich wird" (Lamnek 1995: 62). Auch das Prinzip der Flexibilität haben wir weitmöglichst berücksichtigt und „starres Insistieren (...) auf – etwa in einem Leitfaden formulierten – Fragestellungen" (Lamnek 1995: 63) vermieden. Dies zeigen auch die durchaus unterschiedlichen Ergebnisse der einzelnen Interviews trotz der Basierung auf den gleichen Leitfaden.

Das Prinzip der Explikation (vgl. Lamnek 1995: 63) fand in den Interviews ebenfalls Anwendung.

Für jedes Interview wurde mit dem jeweiligen Interviewpartner vorab telefonisch ein günstiger Zeitraum vereinbart, um eine möglichst entspannte Erhebungssituation herzustellen. Wie bereits oben ausgeführt, standen Interviewpartner und Forscher zum Zeitpunkt des Interviews in einem „freundschaftlich-kollegialen" (Lamnek 1995: 68) Bekanntheitsverhältnis. Wie in Abschnitt 2.5.3 erklärt, zeigten die Befragten großes Interesse an den Ergebnissen des Forschungsprozesses, was sich an dieser Stelle in einer deutlich offeneren Haltung manifestierte. Die Telefoninterviews konnten aus technischen Gründen nicht aufgezeichnet werden. Die Dauer der Gespräche schwankte zwischen 30 und 90 Minuten und war damit recht kurz. Der Autor fertigte im Verlauf der Interviews Notizen an, die anschließend in einem zweiten Schritt als Gesprächszusammenfassungen ausformuliert wurden.

Aus der Tatsache, dass sich in der Person des Autors Forscher und Interviewer miteinander verbanden, wird der Nachweis erbracht, dass der „Befrager mit dem Gegenstand der Befragung weitestgehend vertraut" (Lamnek 1995: 67) gewesen und dadurch ein weiterer methodisch-technischer Aspekt für qualitative Interviews erfüllt ist.

Die Auswahl der Befragten erfolgte nach dem Prinzip des theoretical sampling. Da es in der qualitativen Sozialforschung „eher um Typisierungen und/oder Typologien“ geht, ist „Repräsentativität nicht so bedeutsam“ (Lamnek 1995: 92). Die befragten Projekte sind aus den nachfolgenden Einzelanalysen (siehe 4.2.1) ersichtlicht.

3.5) Zur Frage der Generalisierbarkeit

Mit unserem Forschungsdesign haben wir eine Vollerhebung aller Teilnehmer an Anti-Aggressivitäts-Trainingsmaßnahmen angestrebt. Dies war uns nicht möglich. Auch der Anforderung nach Random sampling konnte unsere Studie nicht vollständig nachkommen.

Dies haben wir in unseren Ausführungen im Rahmen der Verwendbarkeit des FAF für unsere Evaluation schon kritisch betrachtet. Allerdings sind alternative Möglichkeiten, „weniger Aggressivität im Menschen“ (Heilemann & Fischwasser-von Proeck 2001: 153) überprüfen zu können, derzeit noch ziemlich unerforscht. So ist auch die Aussagekraft der „Zwillingsstudie“ von Ohlemacher et al. (Kapitel 5) „durch die Schwierigkeit bei der Parallelisierung der beiden Gruppen (Experimentalgruppe = AAT-Teilnehmer; Kontrollgruppe = Nicht-Teilnehmer) eingeschränkt“ (Heilemann & Fischwasser-von Proeck 2001: 152). Ohlemacher et al. ziehen daraus den Schluss: „Will man eine methodisch bestmöglich abgesicherte Evaluation des ‚Nettoeffekts‘ einer Maßnahme erreichen (...), so bedarf es einer zufälligen Zuweisung von Inhaftierten zu der Gruppe der Trainingsteilnehmer und Nicht-Teilnehmer – und damit der Planung der Evaluation, bevor eine Maßnahme beginnt“ (2001: 33). Hier konterkarieren wissenschaftliche, ethische, juristische aber auch praktische Anforderungen. Denn eine zufällige Zuweisung von Teilnehmern zum Anti-Aggressivitäts-Training ist „aus fachlich-psychologischer Sicht nicht sinnvoll und nicht möglich, da die ‚absolute Hingabe‘ an das Trainingsgeschehen eine der Grundvoraussetzungen für eine wirksame Persönlichkeitsveränderung bei Gewalttätern zu sein scheint“ (Heilemann & Fischwasser-von Proeck 2001: 152). Außerdem wurden die in unserer Evaluation erfassten Teilnehmer in den ambulanten Maßnahmen überwiegend durch richterliche Weisung zugewiesen. Von Zufälligkeit kann in diesem Zusammenhang (hoffentlich) nicht gesprochen werden. Eine weitergehende Forschung bleibt an dieser Stelle daher dringend anzuregen. Ob hierzu die Hirnforschung mittelfristig Revolutionäres zu leisten vermag, bleibt abzuwarten. Nach Heilemann & Fischwasser-von Proeck könnten dann nämlich „Ich-Störungen und eben geistige Störungen – z. B. eine übermäßige Aggressionsbereitschaft – (...) über messbare Fehlfunktionen im Gehirn ‚geortet‘ werden“ (2001: 153).

Wir können zusammenfassend konzedieren, dass unsere Studie eine grundsätzliche Generalisierbarkeit und damit eine Übertragbarkeit auf die Grundgesamtheit nicht ermöglicht. Gleichwohl sehen wir inhaltliche Gründe, die eine eingeschränkte Generalisierbarkeit auf bisherige und zukünftige Trainingskurse rechtfertigen. Darauf möchten wir erneut in unseren Schlussfolgerungen in Kapitel 5 zurückkommen. Hier sollen die Ausführungen über die Datengrundlage unserer Arbeit mit einer Zusammenfassung abgeschlossen werden.

3.6) Zusammenfassung zur Datengrundlage:

Basis unserer erfassten Daten ist das gemeinsame theoretische Konstrukt von Gewalt bzw. Aggression und Aggressivität unserer Studie, des Anti-Aggressivitäts-Training und des Fragebogens zur Erfassung von Aggressivitätsfaktoren (FAF). Dieses beschreibt einen eher weiter gefassten Gewalt- Aggressions- und Aggressivitätsbegriff, der als Gewalt beispielsweise auch verbale Auseinandersetzung im Alltagshandeln von Jugendlichen und Heranwachsenden einschließt. Außerdem geht dieses Modell davon aus, dass gewalttätige und aggressive Handlungsweisen besonders durch Lernprozesse erworben werden und damit grundsätzlich wieder verlernbar sind.

- Unser Forschungsdesign ist multimethodisch: Neben einer quantitativen Erhebung zur Erfassung der Fachszene und der quantitativen Erhebung mittels FAF haben wir qualitative, halbstandardisierte Interviews bei den Teams in den Projektorten durchgeführt.
- An der Evaluation beteiligten sich 15 Projekte, die insgesamt 32 Kurse über einen Gesamtzeitraum von 3 ½ Jahren durchgeführt hatten.
- Als quantitatives Datenmaterial dienten uns Fragebogenpaare des FAF einer Experimentalgruppe mit n = 125 Personen und einer Kontrollgruppe mit n = 17 Personen.
- In unserer Studie haben wir uns im Zusammenhang mit den Ergebnissen in der Tat kritisch mit dem Messinstrument FAF und darüber hinaus mit den Grenzen derzeitiger Wirkungsforschung auseinander gesetzt. Unser Vorgehen lehnt sich an eine „echte“ experimentelle Versuchsanordnung an. Da wir eine Vollerhebung zwar angestrebt, nicht aber erreicht hatten, sind die Angaben nur bedingt auf die Grundgesamtheit übertragbar.

4) Die Evaluation des Anti-Aggressivitäts-Trainings

Ziel des Anti-Aggressivitäts-Trainings ist es, „Aggressivität zu reduzieren". Neben den verhaltenstherapeutischen Aspekten soll dies über die „Einstellungsveränderung" (Weidner 1995: 101) erreicht werden (siehe Kapitel 2). Unsere Absicht ist es, die Erreichung dieses Zieles im Blick auf 32 Kurse in 15 Projektstandorten zu überprüfen.

Der nun folgende Ergebnisteil ist sehr umfangreich geworden. Wir gingen nämlich mittels Triangulation an die Forschungsfrage heran und verwenden quantitative und qualitative Erhebungsverfahren. Während wir uns den halbstandardisierten Interviews in Abschnitt 4.2 zuwenden wollen, gehen wir jetzt auf die Ergebnisse aus der quantitativen Erhebung näher ein.

4.1) Die Verwendung des FAF in unserer Evaluation

Wie oben (3.3) schon dargestellt, erhielten wir aus den Projektorten insgesamt 125 gültige Fragebogensets zurück, mit denen wir nun umfangreiche statistische Berechnungen vornehmen werden. Wir antizipieren, dass auch unsere Ergebnisse – sogar noch deutlicher – die Aussagen früherer Evaluationen bestätigten, nach denen das Anti-Aggressivitäts-Training positive Wirkungen in Richtung Aggressivitätsabbau erzielte.

Alle Teilnehmer haben in jedem Projekt jeweils immer im Verlauf des ersten, spätestens jedoch im Verlauf des zweiten Treffens einen Fragebogen ausgefüllt (Pretest). Den gleichen Bogen bekamen sie im letzten Treffen eines jeden Anti-Aggressivitäts-Training erneut vorgelegt (Posttest). Damit lagen von jedem gewerteten Fall ein Pre- und ein Posttest vor. (In unserem Bericht haben wir in Verbindung mit den Skalen die Buchstaben „V" (vorher) und „N" (nachher) zur Unterscheidung dieser beiden Erhebungen verwendet).

Wenn wir nun mittels des FAF „Indikatoren von Dimensionen der Aggressivität" (Hampel & Selg 1975 und 1988: 6) erhalten, die Werte vor und nach einem Anti-Aggressivitäts-Training erheben, dabei Differenzen ermitteln, die statistisch nicht zufällig sind, dann können wir die begründete Vermutung aufstellen, dass diese auf das Anti-Aggressivitäts-Training zurückzuführen sind. Selbstverständlich sind dabei zwei Dinge zu beachten: Zum einen müssen wir die Ergebnisse inhaltlich interpretieren, um dann auch beurteilen zu können, ob die statistisch bedeutsamen Differenzen auf eine „Verbesserung" oder aber auf eine „Verschlechterung" der Aggressivität hindeuten. Zum anderen könnte es auch falsch sein, die Veränderung der Aggressivität bei den Jugendlichen und jungen Erwachsenen auf das Training zurückzuführen, da auch andere, von uns nicht betrachtete Einflüsse die Ursache für diese Ergebnisse sein könnten.

Zunächst gilt es daher zu betrachten, wie sich der Erfolg des Anti-Aggressivitäts-Trainings am FAF überhaupt ablesen lässt. Das wiederum bedeutet, dass wir wissen müssen, wie der FAF zu interpretieren[16] ist.

4.1.1) Die Skalen des FAF

Der FAF beschreibt Aggressivität mit Hilfe von 5 Skalen. Die Skalen 1 bis 3 werden zu einer Aggressivitätssumme zusammengefasst. Insgesamt umfasst der Test 77 Items, die in Ich-Form formuliert sind. Es besteht jeweils alternative Antwortmöglichkeit (ja/nein), wobei nur die Ja-Antworten als Rohwerte in die Testauswertung fließen. 10 Items „messen" die so genannte Offenheit, das erste Item wird als „warming-up-Item" verstanden.

Die Skala FAF1 (spontane Aggressivität)

Der Faktor 1 (FAF1) thematisiert vorwiegend spontane Aggressionen. Hohe Werte (maximal 19 Items) verweisen auf relativ unbeherrschte Personen, die sich in Gruppen stark fühlen und meistens sadistische Tendenzen aufweisen. Solche Personen geben „phantasierte, verbale oder körperliche Aggressionen gegen andere Menschen und gegen Tiere" (Hampel & Selg 1975 und 1998: S. 11) zu. „Probanden mit niedrigeren Testwerten schildern sich als beherrscht und ruhig bis passiv" (Selg 1974: 96).

Die Skala FAF2(reaktive Aggressivität)

Der Faktor 2 (FAF2) beschreibt „reaktive Formen aggressiven Verhaltens" (Hampel & Selg 1975 und 1998: S. 11), die gesellschaftlich weitgehend sanktioniert sind. Diesen Faktor beschreiben 13 Items des Fragebogens. „Höhere Testwerte sprechen u. E. für ein entschiedenes Durchsetzungsstreben bei konformistischer Grundhaltung, niedrige Werte mehr für die Ablehnung eines aggressiven Verhaltensstils" (Hampel & Selg 1975 und 1998: S. 11).

Die Skala FAF3 (Erregbarkeit (mit den Qualitäten Ärger und Wut))

Der dritte Faktor (FAF3) beschreibt die Erregbarkeit. Hohe Werte (bis maximal 13 Items) „sprechen für eine erhöhte Affizierbarkeit, die zu vermehrten Wut- und

---

16 Wir danken den Diplom-Psychologen Dr. Michael Heilemann und Bruno Steinhauer für die zahlreichen fachlichen Hinweise.

Zornerlebnissen führt“ (Hampel & Selg 1975 und 1998: S. 11). Die betroffenen Personen können nur sehr eingeschränkt den Affekt steuern und zeigen eine geringe Frustrationstoleranz. Niedrige Werte signalisieren Ausgeglichenheit.

Die Skala FAF4 (Depressivität mit Selbstaggressionen)
Der „Faktor der Selbstaggressionen“ (FAF4) wird mit 11 Items ermittelt. Es geht um Selbstvorwürfe, Selbstmordabsichten, Misstrauen, Ressentiments und depressive Stimmungen. Hohe Werte deuten auf depressive Züge hin und weisen eine „Unzufriedenheit und eine negative Einstellung zum Leben“ (Hampel & Selg 1975 und 1998: S. 11) nach. „Niedrige Werte lassen eher auf eine ausgeglichene Stimmungslage, evt. auch auf unreflektierte Selbstzufriedenheit schließen“ (Selg 1974: 96).

Die Skala FAF5 (Gewissensstrenge mit Aggressivitätshemmungen)
Der letzte Faktor (FAF5) besteht aus 10 Items, die Aggressionshemmungen und Gehemmtheiten beschreiben. „Diese Werte bestimmen aber trotz starker Ausprägungen oftmals das offene Verhalten nicht deutlich genug mit; evt. bringen sie nur ein Wissen um gängige Spielregeln zum Ausdruck“ (Selg 1974: 97). „Hohe Werte sprechen u. E. für selbstquälerische ‚Gewissensaktivitäten‘“ (Hampel & Selg 1975 und 1998: S. 12). Niedrige Werte lassen eher eine Skrupellosigkeit bezüglich sozialen Themen vermuten.

Die Skala SUM13
Zusätzlich zu diesen fünf Skalen fasst der FAF die Skalen 1 bis 3 zu einer „Summe von Aggressivitätsindikatoren“ (Hampel & Selg 1975 und 1998: S. 12) zusammen und repräsentiert „die nach außen gerichtete Aggressionsbereitschaft“ (Hampel & Selg 1975 und 1998: S. 12). In unserer Evaluation bezeichnen wir diese mit SUM13.

Die Offenheitsskala
Die letzte Skala beschreibt die Offenheitswerte. Die Items fragen meist nach Schwächen bzw. Schäden, die „normalerweise“ jeder Mensch hat und auch zugeben kann. Wenn eine gewisse Zweifelhaftigkeit an der Mitarbeit der Testperson besteht, empfehlen die Autoren bei niedrigen Offenheitswerten eine Interpretation nicht vorzunehmen. Eine Ausnahme bilden Menschen mit hohen Hemmungswerten. „Es könnte sich (...) um durchaus gültige Antworten von Leuten mit überstrengen Gewissensregungen handeln, die tatsächlich die kleinen Schwächen, welche von den Offenheitsitems thematisiert werden, nicht erlauben“ (Hampel & Selg 1975 und 1988: 12).

4.1.3) Zur Interpretation des FAF

Neben den Rohwerten, die sich direkt aus der Anzahl der „Ja"-Antworten ergeben, arbeitet der FAF auch mit so genannten Staninewerten. Dazu haben die Testautoren die Rohwerte in jeder Skala mittels Flächentransformation zu einer nur noch neunstufigen Skala (daher der Name: Stanine leitet sich von standard nine ab) normalisiert. Alle Skalen haben demnach den „Mittelwert von 5 und eine(r) Standardabweichung von 1,96" (Fahrenberg et al. 1994: 53). Dies hat den Vorteil, dass die einzelnen Skalen untereinander vergleichbar werden, da die unterschiedlichen Spannweiten an möglichen Rohwerten angeglichen werden. In allen Skalen ist der Minimalwert „null" und der größtmögliche Wert „neun". Als Kurzbezeichnungen wählen wir folgerichtig für die Ergebnisse des Pretests „Stav" und für die des Posttests „Stan".

Zur Beschreibung der Ergebnisse legen wir anhand dieser Stanineskala folgende Zuschreibungen fest, die wir zur besseren Übersicht mit einem Symbol verdeutlichen wollen (die Zahlen werden bei Bedarf gerundet):

- Für die Staninewerte 1, 2 und 3: Sehr niedriger Wert (↓),
- Für den Staninewert 4: Niedriger Wert (↘),
- Für den Staninewert 5: „Normaler" Wert (→),
- Für den Staninewert 6: Hoher Wert (↗),
- Für die Staninewerte 7, 8 und 9: Sehr hoher Wert (↑).

Da unsere Population fast ausnahmslos männlichen Geschlechts (s. u.) ist, werden wir zur Einschätzung der Skalenwerte nur männliche Gruppen betrachten. Schon biologische und kulturelle Einflüsse lassen nämlich zwischen Männern und Frauen unterschiedliche Werte zu Tage treten. Das durchschnittliche Ergebnis der männlichen Eichstichprobe ergibt – logischer Weise – das folgende Bild:

Tabelle 13: Ergebnis für die Skalenwerte in der Eichstichprobe (Männer insgesamt, n = 313 und Männer 15 – 30 Jahre, n = 112) als Zielvorgabe für ein erfolgreiches AAT (Staninewerte)

FAF1	FAF2	FAF3	FAF4	FAF5	SUM13
→	→	→	→	→	→

FAF1: spontane Aggressivität; FAF2: reaktive Aggressivität; FAF3: Erregbarkeit (mit den Qualitäten Ärger und Wut); FAF4: Depressivität mit Selbstaggressionen, FAF5: Gewissensstrenge mit Aggressivitätshemmungen; SUM13: Summenwert aus den Skalen FAF1, FAF2 und FAF3.

Durchgängig in allen Skalen zeigt obige Tabelle Staninewerte von 5. Sie können als „normal" gelten, weil diese Ergebnisse den Durchschnitt der männlichen Bevölkerung erfassen. Die gleiche Abbildung erhalten wir auch, wenn wir die Skalenwerte in der Altersgruppe berechnen, die die Population für unsere Studie darstellt: Männer im Alter zwischen 15 und 30 Jahren.

Zur Verdeutlichung konfrontieren wir nunmehr die Aussagen von Tabelle 13 mit der Eichstichprobe für heranwachsende Gewalttäter. Für diese Gruppe ergibt sich folgende – deutliche geänderte – Abbildung:

Tabelle 14: Ergebnis für die Skalenwerte in der Eichstichprobe (Heranwachsende Gewalttäter, n = 30) (Staninewerte)

FAF1	FAF2	FAF3	FAF4	FAF5	SUM13
↗	→	↑	↑	→	↗

FAF1: spontane Aggressivität; FAF2: reaktive Aggressivität; FAF3: Erregbarkeit (mit den Qualitäten Ärger und Wut); FAF4: Depressivität mit Selbstaggressionen, FAF5: Gewissensstrenge mit Aggressivitätshemmungen; SUM13: Summenwert aus den Skalen FAF1, FAF2 und FAF3.

Es zeigt sich, dass die Werte in den Skalen FAF1, FAF3, FAF4 und SUM13 erhöht sind. Es mag an dieser Stelle vielleicht etwas verwundern, dass die Skalenwerte sich nicht extremer darstellen. Aber es muss berücksichtigt werden, dass es sich immer um Durchschnittswerte handelt. Extreme Fälle werden in der Summe doch erheblich „entschärft". Wie wir weiter unten (4.1.5) zu zeigen haben, stellt sich unsere Experimentalgruppe im Gesamtbild ähnlich dar, obwohl wir darunter durchaus Einzelfälle vorfinden, die sich durch folgende Skalenwerte beschreiben lassen.

Tabelle 15: Extremes Einzelbeispiel in der Experimentalgruppe (interner Code: 3-5-40) – vorher (Staninewerte)

FAF1	FAF2	FAF3	FAF4	FAF5	SUM13
↑	↑	↑	↑	↘	↑

FAF1: spontane Aggressivität; FAF2: reaktive Aggressivität; FAF3: Erregbarkeit (mit den Qualitäten Ärger und Wut); FAF4: Depressivität mit Selbstaggressionen, FAF5: Gewissensstrenge mit Aggressivitätshemmungen; SUM13: Summenwert aus den Skalen FAF1, FAF2 und FAF3.

Dieser junge Mann kann als extrem gewalttätig gelten. Seiner extrem hohen nach außen gerichteten Aggressivität (Rohwert in der Skala SUM13: 41 (!) – gegenüber 22,8 in der Experimentalgruppe in Tabelle 16) steht eine geringe Hemmung gegenüber. Der hohe Wert lässt auf eine extrem negative Einstellung zu sich und zum Leben schließen. Natürlich muss davon ausgegangen werden, dass die Werte dieses Teilnehmers durch ein Anti-Aggressivitäts-Training auch nur annähernd die „normalen" Durchschnittswerte erreichen werden.

Wir legen demnach fest: Von einem erfolgreichen Anti-Aggressivitäts-Training kann dann gesprochen werden, wenn die Werte der oben dargestellten Eichgruppe jugendlicher Gewalttäter (Tabelle 14) in den vier Skalen (FAF1, FAF3, FAF4 und SUM13) ebenfalls auf ein normales Niveau reduziert werden würden, ohne dass sich allerdings die Ergebnisse in den verbleibenden beiden Skalen erhöhen oder verringern.

Demnach muss im Idealfall als Ziel des Anti-Aggressivitäts-Trainings gelten, das Ergebnis in Tabelle 13 zu erreichen. An dieser Richtschnur gilt es das Maß anzulegen, wenn wir davon sprechen wollen, ob die evaluierten Anti-Aggressivitäts-Trainingskurse erfolgreich verlaufen sind oder nicht. Im Verlauf der weiteren Ausführungen werden wir daher immer wieder auf obige Tabelle 13 zurückgreifen.

4.1.3) Die Auswertung der Fragebögen

Die Vorgaben der Autoren bezüglich des Geltungsbereichs haben wir sehr genau beachtet und den Test keine „Probanden mit deutlich unterdurchschnittlicher Intelligenz" (Hampel & Selg 1975 und 1988: 6) bearbeiten lassen. Diese gehören in der Tat nicht zur Zielgruppe des Anti-Aggressivitäts-Trainings und nahmen mithin an solchen Maßnahmen von vornherein nicht teil (siehe die Qualitätsstandards in 3.3.3).

Wir haben solche Tests aus der Wertung genommen, deren Offenheitswerte nach Vorgabe des Inventars einen Zweifel an der Mitarbeit aufkommen ließen. Außerdem verzichteten wir auf eine Missing data – Behandlung. Entsprechend der Empfehlung aus dem FPI (Fahrenberg & Hampel & Selg 1994: vgl. 51) haben wir pro Skala eine fehlende Antwort akzeptiert. Fehlten mehr als eine Antwort pro Skala, galt der Fragebogen als ungültig und wurde bei der Auswertung nicht berücksichtigt.

In den meisten Skalen gibt es Fälle, die kein Item (Minimum mit dem Wert 0) bejaht haben. Andererseits gab es bei den meisten Faktoren Trainingsteilnehmer, die alle jeweils möglichen Fragen mit „ja" beantwortet haben. Nur bei VFAF 1, NFAF 1 und den SUM13 – Faktoren unterschreiten die Maxima die theoretisch mögliche Höchstzahl der Skalen. Im Vergleich der minimalen und maximalen Werte sind nur geringe – hier vernachlässigbare – Unterschiede zwischen der Vor- und der Nachuntersuchung zu konstatieren.

Zur Beachtung möglicher Regressionseffekte, die unsere Untersuchung verzerren könnten, betrachten wir die maximalen und minimalen Werte. Beide Erhebungen weisen auffällige Ausreißer in beide Richtungen auf, die aber in der Gesamtbetrachtung die beiden Gruppen nicht als extrem gelten lassen.

Grafisch können dies Boxplots verdeutlichen, die im nachfolgenden Schaubild abgedruckt sind. Boxplots sind so zu interpretieren, dass die schwarze horizontale Linie den Median markiert. „Die untere Grenze der grauen Box kennzeichnet das 25 %-Perzentil und die obere Grenze das 75 %-Perzentil der jeweiligen Stichprobe. (...) Die dünnen Querstriche ober- und unterhalb der Box geben den größten bzw. den kleinsten Wert an, der noch keinen Ausreißer oder Extremwert darstellt" (Brosius 1998: 380).

Abbildung 9: Boxplots für die Skalenwerte der Experimentalgruppe (n = 125) – vorher (Rohwerte)

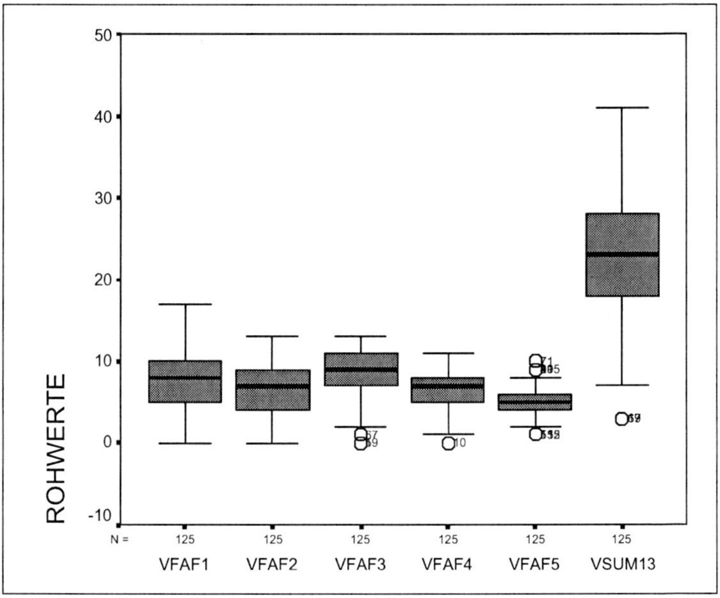

In obiger Abbildung 9 können wir in den Skalen FAF1, FAF2, FAF3, FAF4 und SUM13 keine Extremwerte und nur für die Skala FAF5 kann ein Ausreißer nach oben ausmachen. Demnach belegen alle Berechnungen, dass Regressionseffekte in der Experimentalgruppe nicht vorliegen und entsprechende Verzerrungsannahmen zurückgewiesen werden können.

Bevor wir uns den Befunden deskriptiv nähern, erscheint uns zunächst an dieser Stelle ein Vergleich mit der Eichstichprobe des FAF interessant, um der Frage nachzugehen, ob die Trainingsmaßnahmen vielleicht Jugendliche selektiert, die als wenig aggressiv gelten und daher im Grunde ein Anti-Aggressivitäts-Training gar nicht benötigen. Diese Stichprobe wird nach Probandengruppen aufgeteilt. Eine

Gruppe ist die der heranwachsenden Straftäter (vgl. Hampel & Selg 1975 und 1998: 25). In nachstehende Tabelle ist dieser Vergleich anschaulich abgebildet:

Tabelle 16: Vergleich der Mittelwerte der Experimentalgruppe – vorher (Rohwerte) mit der Normierungsstichprobe

	Experimental-gruppe	Normierungsstichprobe		
	n = 125	Heranwachsende Straftäter	Untergruppe Gewalttaten	Untergruppe Raubdelikte
VFAF 1	7,7	7,3	8,2	6,6**
VFAF 2	6,5	5,8**	5,9*	5,0***
VFAF 3	8,6	7,4***	9,1	6,4***
VFAF 4	6,5	7,2**	7,4***	6,8
VFAF 5	5,1	5,3	5,1	5,2
VSUM 13	22,8	20,4**	23,2	18,0***

* = $p < 0{,}05$; ** = $p < 0{,}01$; *** = $p < 0{,}001$. T-Test für eine Stichprobe.

Der Vergleich mit der Normierungsstichprobe (heranwachsende Straftäter) ergibt folgendes Resultat:

- Bei den Skalen FAF2, FAF3 und SUM13 liegen die Werte unserer Untersuchung hoch bzw. höchst signifikant über denen der Eichgruppe.
- Bei den Skalen FAF 4 (hier statistisch gesichert) und FAF 5 weisen die Probanden des FAF höhere Werte auf.

Da für unsere Studie gerade die Summen der nach außen gerichteten Aggressivität, die ja durch die Skalen FAF1, FAF2, FAF3 und SUM13 ausgedrückt wird, besonders bedeutsam sind, ist somit festzuhalten, dass unsere Untersuchung eine Zielgruppe erfasst, die auch den Normierungen des FAF zufolge als heranwachsende Straftäter bezeichnet werden und daher zurecht als Zielgruppe des Anti-Aggressivitäts-Trainings gelten können. Dabei fügen wir einschränkend an, dass die Autoren innerhalb der Probandengruppe der heranwachsenden Straftäter nochmals eine Untergruppierung nach der Straftat der jungen Menschen vornehmen (vgl. Hampel & Selg 1975 und 1998: 25). Die für uns relevante Gruppe der Gewalttäter liegt dabei in folgenden Skalen höher als unsere Experimentalgruppe:

- FAF 1 um 0,5.
- FAF 3 um 0,5.
- FAF 4 um 0,9.
- SUM13 um 0,4
- jedoch in der Skala FAF2 um 0,6 niedriger.

Dieser Unterschied ist in den Skalen FAF2 und FAF4 statistisch abgesichert. Trotzdem wollen wir festhalten, mit dem Anti-Aggressivitäts-Training eine Gruppe mit einem hohen Aggressivitätspotenzial erreicht zu haben[17]. Dies kann nochmals sehr deutlich ein Blick auf die Untergruppe der Raubdelikte in gleicher Tabelle unterstreichen: Alle Werte der nach außen gerichteten Aggressivität liegen in dieser Gruppe signifikant unter denen unserer Teilnehmer.

Entscheidend für unsere Untersuchung ist der Vergleich der Mittelwerte. Dabei greifen wir auf die Staninewerte (siehe 4.1.2) zurück und stellen sie zur besseren Übersicht grafisch dar:

Abbildung 10: Mittelwerte der Skalenwerte (n = 125) – vorher/nachher (Staninewerte)

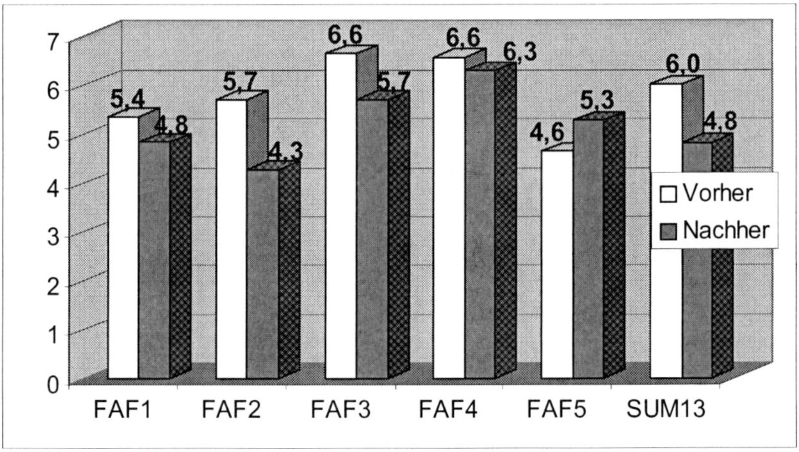

Wenn wir weiter die Mittelwerte des Pretests mit denen des Posttests vergleichen, können wir erkennen:

- In der Skala FAF1 verringert sich der Mittelwert von 5,4 auf 4,8.
- Recht deutliche Ergebnisse erhalten wir bei den Faktoren FAF2 und FAF3 mit einer Verringerung der Mittelwerte um 1,4 bzw. 0,9.
- Geringfügig verringert sich der Wert des arithmetischen Mittels im Vergleich zwischen vorher und nachher in der Skala FAF4.
- Wie schon oben festgestellt, erhöht sich in der Skala FAF5 der Mittelwert der Nach- im Gegensatz zur Voruntersuchung um 0,7.

17 Unterschiede werden nochmals deutlich, wenn es in Abschnitt 4.1 um den Vergleich zwischen ambulanten und stationären Maßnahmen geht.

- Logischerweise weisen auch die Mittelwertvergleiche der Summenskala (SUM13) eine Differenz (1,2) aus.

Beim zusammenfassenden Betrachten dieser Befunde sticht hervor, dass fast alle Faktoren bei der Erhebung vor dem Anti-Aggressivitäts-Training mit höheren Werten belegt sind als bei der Durchführung danach. Ausnahme bildet die Skala FAF 5, wo sich der Sachverhalt umgekehrt darstellt.

Einen letzten Vergleich möchten wir anstellen: Wertet man die – zu einem ersten Zeitpunkt t_1 erhobenen – Untersuchungsteilgruppe mit n = 108 Fällen (siehe Tabelle 11) deskriptiv aus und konfrontiert sie mit den Ergebnissen für die zweite Teilgruppe mit n = 17 Fällen (Zeitpunkt t_2), so erhalten wir folgende tabellarische Zusammenschau:

Tabelle 17: Vergleich der ersten Untersuchungsgruppe (t_1) mit den hinzugenommen Fällen (t_2) – vorher/nachher (Rohwerte)

		n = 108 (t_1)	n = 17 (t_2)
FAF 1	Vorher	7,8	6,5
	Nachher	6,3	6,5
FAF 2	Vorher	6,7	5,3
	Nachher	4,1	4,7
FAF 3	Vorher	8,8	7,4
	Nachher	6,9	7,2
FAF 4	Vorher	6,6	5,9
	Nachher	6,1	6,6
FAF 5	Vorher	5,0	5,4
	Nachher	5,8	5,7
SUM 13	Vorher	23,4	19,2
	Nachher	17,3	18.4

Keine der Vergleiche sind signifikant.

Der Befund ist beachtlich, da die Teilgruppe mit n = 108 in allen Skalen – außer dem Faktor FAF 5 – jeweils höhere Eingangswerte besitzt, was auf eine höhere – nach außen gerichtet Aggressivität – hinweist. Erstaunlich ist jedoch, dass alle Skalen zugleich auch sehr niedrige Ausgangswerte belegen. Die Differenzwerte sind also in dieser Teilgruppe sehr groß. Im Sinne der Studie kann das Ergebnis als „sehr gut" bezeichnet werden: Die recht hohe Aggressivität konnte durch das Anti-Aggressivitäts-Training erheblich reduziert werden.

Die Differenzwerte der zusätzlich aufgenommenen Trainingsgruppen mit n = 17 sind dagegen geringer, die Ergebnisse also im Sinne der Evaluation „weniger gut". Demnach „verschlechtert" diese Gruppe das Gesamtergebnis, wenn wir unsere weiteren Untersuchungen mit n = 125 Fälle ($t_1 + t_2$) tätigen.

Für den Autor ist ein solcher Befund jedoch durchaus positiv, da er die Vermutung einer positiven Beeinflussung des Evaluationsergebnisses entkräftet (siehe Standard K5).

Es sollen im Folgenden die Unterschiede zwischen den Aussagen des Pretests und denen des Posttests überprüft werden. Deterministische Aussagen sind nun aber an genaue Kriterien (vgl. Zimmermann 1972: 41) gebunden. Da die Forschung, die die soziale Realität zum Gegenstand hat, meistens aber nicht in der Lage ist, diese „Bedingungen genau zu erfüllen" (Zimmermann 1972: 42), greift man auf „wahrscheinlichkeitstheoretische oder auch statistische Formulierungen von Merkmalsbeziehungen" zurück, die „den Vorteil der Anwendbarkeit auf die Phänomene der sozialen Realität" bieten.

Daher prüfen wir nun die Mittelwerte auf mögliche Signifikanzen. Dazu formulieren wir eingangs die Nullhypothese, „demzufolge die Befragten die beiden Aussagen (also den Pretest und den Posttest, Anmerkung des Verfassers) im Durchschnitt gleich bewertet haben" (Brosius 1998: 469). Der T-Test als statistisches Verfahren errechnet dazu die Wahrscheinlichkeit, „mit der das Zurückweisen dieser Hypothese falsch ist" (Brosius 1998: 384).

Tabelle 18 Korrelation bei gepaarten Stichproben (Staninewerte)

	N	Korrelation	Signifikanz
Paar 1: STAVFAF1 & STANFAF1	125	0,562	0,0000
Paar 2: STAVFAF2 & STANFAF2	125	0,340	0,0001
Paar 3: STAVFAF3 & STANFAF3	125	0,474	0,0000
Paar 4: STAVFAF4 & STANFAF4	125	0,541	0,0000
Paar 5: STAVFAF5 & STANFAF5	125	0,466	0,0000
Paar 6: STAVSU13 & STANSU13	125	0,467	0,0000

VFAF1 ... VSU13 beziehen sich auf die Vorher-Messung, NFAF1 ... NSU13 auf die Nachher-Messung. „STA" bedeutet: Staninewert.

Zuvor betrachten wir die Korrelationskoeffizienten. Sie sagen grundsätzlich aus, dass die Teilnehmer der Anti-Aggressivitäts-Trainingskurse den Aussagen der Pre- und der Posterhebungen jeweils hoch oder aber jeweils niedrig zugestimmt haben. Bezüglich unserer Experimentalgruppe weist obige Tabelle 18 in allen Skalen in etwa einen mittelstarken Zusammenhang zwischen den Variabeln aus. Dies bedeutet, dass wir Differenzen zwischen den Vorher- und Nachher-Messungen und damit unterschiedliche Ergebnisse erwarten können. Die Testpersonen haben also die Aussagen des Pretests anders als die des Posttests bewertet. Mit einer Irrtumswahrscheinlichkeit von 0,000 in allen Skalen (außer dem Paar 2) ist der Korrelationskoeffizient „gegen null gesichert" (Brosius 1998: 470). Mit diesen ersten Überlegungen widmen wir uns den Ergebnissen des T-Tests.

Tabelle 19: T-Test für abhängige Stichproben (Staninewerte)

	Gepaarte Differenzen					T für abhängige Stichproben	df	Sig. (2-seitig)
	Mittelwert	Standardabweichung	Standardfehler des Mittelwertes	95 % Konfidenzintervall der Differenz				
				Untere	Obere			
FAF 1	0,52	1,56	0,1394	0,24	0,80	3,7303	124	0,0003
FAF 2	1,44	2,18	0,1946	1,05	1,83	7,4009	124	0,0000
FAF 3	0,94	1,85	0,1651	0,62	1,27	5,7170	124	0,0000
FAF 4	0,27	1,86	0,1663	-0,06	0,60	1,6354	124	0,1045
FAF 5	-0,65	1,74	0,1554	-0,96	-0,34	-4,1688	124	0,0001
SUM13	1,19	1,91	0,1707	0,85	1,53	6,9850	124	0,0000

Tabelle 19 zeigt die Differenzen der Mittelwerte. Die höchste Differenz von 1,44 weist Skala FAF2 auf. Allerdings streut dieser Wert am höchsten. Ebenso deutlich ist der Unterschiedswert in der Skala SUM13. Weiter ist im Kontext des schon oben erwähnten Ergebnisses der Mittelwertunterschied der Skala FAF 5 negativ. Letztlich schließt das Konfidenzintervall der Skala FAF4 den Wert 0 ein und gibt eine Vorahnung auf die ausgewiesene niedrige Signifikanz.

In gleicher Tabelle 19 sind die Ergebnisse des T-Tests aufgelistet, die nachfolgend interpretiert werden sollen:

Skala FAF1:

Bei der Betrachtung des Paares 1 (FAF 1) irrt man sich mit einer Wahrscheinlichkeit von 0,03 %, wenn man die Nullhypothese zurückweist. Demzufolge unterscheiden sich die Werte des Pretests mit denen des Posttests höchst signifikant. Diese Skala beschreibt die spontanen Aggressionen. Demzufolge geben die Befragten an, weniger phantasiert, verbal oder körperlich aggressiv zu sein. Sie sind durch das Anti-Aggressivitäts-Training beherrschter und ruhiger geworden.

Skala FAF2:

Auch der Vergleich der Skalen STAVFAF2 und STANFAF2 weist einen auf dem Niveau von 0,001 signifikanten Unterschied zwischen den Erhebungen vor und nach dem Anti-Aggressivitäts-Training aus. Das bedeutet, dass die Teilnehmer ihren Aussagen nach nicht mehr so aggressiv reagieren müssen, wenn sie beispielsweise von andere beleidigt oder „angemacht“ werden, als das vor dem Anti-Aggressivitäts-Training der Fall gewesen war.

Skala FAF3:
Auch für das Paar 3 gilt: Es bestehen höchst signifikante „Unterschiede in der durchschnittlichen Zustimmung der Befragten zu beiden Aussagen“ (Brosius 1998: 469). Diese Skala erfasst die Selbstaussagen der Probanden, die die Erregbarkeit betreffen. Das sehr gute Ergebnis können wir interpretieren als eine Verringerung der Affizierbarkeit durch das Anti-Aggressivitäts-Training. Die Wut- und Zornausbrüche sind reduziert worden. Denkbar wäre auch, dass durch das Training die Affektsteuerung verbessert und die Frustrationstoleranz gesteigert werden konnte.

Skala FAF4:
Bei der Skala 4 erhalten wir kein signifikantes Ergebnis. Die Irrtumswahrscheinlichkeit beträgt vielmehr 10,5 %. Grob umrissen, ändert sich demzufolge nach der Beschreibung der Testpersonen deren Aggressionen gegen sich selbst, ihre eher negative Einstellung zum Leben, und ihre Unzufriedenheit nur geringfügig. Es gelang durch das Anti-Aggressivitäts-Training nicht gänzlich, vorhandenes Misstrauen und depressive Tendenzen bei den jungen Menschen abzubauen.

Skala FAF5:
Ein höchst signifikantes Ergebnis können wir jedoch bei dem Vergleich der beiden Skalen FAF5 vorher/nachher – wie auch schon bei unserer ersten Experimentalgruppe (n = 108; siehe Tabelle 17) – erkennen. Aber die Befragten bewerten die Aussagen des Nachtests höher als die des Vortests. Daher sind der Mittelwert der Differenzen (-0,6480) und das Konfidenzintervall (beidseitig) negativ und weist der T-Test mit -4,169 einen negativen T-Wert aus. Demgemäß bestätigen sich auch statistisch die schon mehrfach angedeuteten Vermutungen. Das heißt, dass durch das Anti-Aggressivitäts-Training die Aggressionshemmungen gesteigert werden konnten. Dies scheint auf dem ersten Blick sehr positiv zu sein, da die Skala FAF5 „sich als Gegenspieler gegenüber dem Faktor 1“ (Hampel & Selg 1975 und 1998: 11) erweist. Somit beschreiben sich die Jugendlichen und jungen Erwachsenen im Blick auf deren spontane Aggressionen als gehemmter. Wir werden allerdings bei einer inhaltlichen Interpretation des Gesamtergebnisses das Resultat dieser Skala noch etwas kritischer betrachten müssen.

Skala SUM13
Logischerweise erhalten wir bei der Skala der Summenwerte der Faktoren FAF1 bis FAF3 ebenfalls höchst signifikante Unterschiede in der Zustimmung zu beiden Aussagen. Die nach außen gerichtete Aggressivität konnte ergo durch das Anti-Aggressivitäts-Training reduziert werden.

In der Zusammenschau der Einzelergebnisse können wir ein sehr gutes Gesamtresultat konstatieren. Es deutet darauf hin, dass durch die Anti-Aggressivitäts-Trainingsmaßnahmen die Aggressivität der Teilnehmer deutlich verringert werden konnte. Das Ziel des AAT ist demnach erreicht worden.

Bevor wir uns noch stärker inhaltlich mit diesem insgesamt sehr positiven Ergebnis auseinander setzen, interessiert uns erneut ein Vergleich mit der Eichstichprobe des Fragebogens zur Erfassung von Aggressivitätsfaktoren, um zu sehen, inwieweit das Anti-Aggressivitäts-Training eine Annäherung an die durchschnittlichen Werte der Zielgruppe Männer, 15 – 30 Jahre, erreicht. Da die Werte der Eichstichprobe auf Rohdaten beruhen, greifen wir dazu an dieser Stelle ebenfalls auf die Rohwerte zurück:

Tabelle 20: Vergleich der Experimentalgruppe – nachher (Rohwerte) mit der FAF-Eichstichprobe

	Experimental-gruppe n = 125	Eichstichprobe Männer 15 – 30 J. n = 112	Differenz
NFAF 1	6,3+	6,9	- 0,6
NFAF 2	4,2***	5,5	- 1,3
NFAF 3	6,9***	5,8	+ 1,1
NFAF 4	6,1***	4,5	+ 1,6
NFAF 5	5,8	5,6	+ 0,2
NSUM 13	17,5	18,2	- 0,7

+ $p < 0,1$; *** $p < 0,001$. T-Test für eine Stichprobe.

Tabelle 20 zeigt im Wesentlichen folgende Trends auf:

Zum einen gelingt es, die Aggressivitätswerte (FAF1, FAF2 und SUM13) der Experimentalgruppe signifikant unter die der Normierungsgruppe zu senken. Das überraschte uns sehr. Denn es wäre – analog der Ergebnisse von Weidner, die „in keinem Fall das durchschnittliche Aggressionsniveau" (Burschyk et al. 1997: 90) erreichten – zu vermuten gewesen, dass sich diese Skalen nur annähern, nicht aber gar ein „normales" Maß unterschreiten. Immerhin werden diese Vermutungen durch die Skala FAF3 bestätigt: Der Wert der Experimentalgruppe bleibt auf statistisch hohem Niveau über dem der Eichstichprobe.

Ebenfalls bleibt die Skala FAF4 unserer untersuchten Stichprobe höchst signifikant über den Werten der Eichstichprobe. Das können wir auch für die Skala FAF5 konstatieren, hier jedoch außerhalb der statistischen Signifikanz. Es bestätigen sich die beiden schon vorher aufgezeigten Ergebnisstränge, nach denen durch das Anti-Aggressivitäts-Training auch die Selbstaggressivität verringert und die Aggressivitätshemmungen der Trainingsteilnehmer erhöht wurden.

Diese Ergebnisse gilt es nun zusammenzutragen und zu interpretieren.

4.1.4) Zielüberprüfung und Interpretation der Ergebnisse

Wir greifen zunächst auf unsere Darstellungsweise aus Abschnitt 4.1.2 zurück. Danach lassen sich die Werte des Pretests für die hier untersuchte Experimentalgruppe mittels folgender Tabelle darstellen:

Tabelle 21: Ergebnis für die Skalenwerte in der Experimentalgruppe (n = 125) – vorher (Staninewerte)

FAF1	FAF2	FAF3	FAF4	FAF5	SUM13
➔	➚	⬆	⬆	➘	➚

FAF1: spontane Aggressivität; FAF2: reaktive Aggressivität; FAF3: Erregbarkeit (mit den Qualitäten Ärger und Wut); FAF4: Depressivität mit Selbstaggressionen, FAF5: Gewissensstrenge mit Aggressivitätshemmungen; SUM13: Summenwert aus den Skalen FAF1, FAF2 und FAF3.

Am Ende des Anti-Aggressivitäts-Training erhalten wir folgendes Bild:

Tabelle 22: Ergebnis für die Skalenwerte in der Experimentalgruppe (n = 125) – nachher (Staninewerte)

FAF1	FAF2	FAF3	FAF4	FAF5	SUM13
➔	➘	➚	➚	➔	➔

FAF1: spontane Aggressivität; FAF2: reaktive Aggressivität; FAF3: Erregbarkeit (mit den Qualitäten Ärger und Wut); FAF4: Depressivität mit Selbstaggressionen, FAF5: Gewissensstrenge mit Aggressivitätshemmungen; SUM13: Summenwert aus den Skalen FAF1, FAF2 und FAF3.

Hat das AAT sein Ziel erreicht? Ja durchaus, aber nicht ganz. Denn wir rekapitulieren, dass die Richtschnur ein „➔" in allen Skalen vorgab. Diesen Befund wollen wir abschließend differenziert betrachten und mögliche Perspektiven andenken, die wir dann in Kapitel 5 nochmals aufgreifen wollen. Die im Abschnitt 4.1.3 referierten Ergebnisse sind im Ganzen äußerst erfreulich und können wie folgt zusammengefasst werden:

- Die höchst signifikanten Unterschiede der Skalen FAF1 bis FAF3 deuten darauf hin, dass die Teilnehmer nach dem Anti-Aggressivitäts-Training gegen andere Menschen und gegen Tiere weniger aggressiv und beherrschter bzw. ruhiger geworden sind. Sie lehnen nach dem Training eher einen aggressiven Verhaltensstil ab und werden ruhiger und ausgeglichener.

- Die Reduzierung der Werte bei der Skala FAF4 lassen eine positive Tendenz hin zu einer „ausgeglichenen Stimmungslage" (Hampel & Selg 1975 und 1998: S. 11) vermuten. Jedoch wird hier ein durchschnittliches Maß – eine ausgeglichene Stimmungslage – nicht erreicht.
- Tatsächlich werden die Testpersonen gehemmter. Dies ist nur auf den ersten Blick positiv zu werten, da verständlicherweise die behandelten Menschen in der Ausübung ihrer Aggressivität gehemmt werden sollen. Dieser Behandlungserfolg ist jedoch schon in den Skalen FAF1 bis FAF3 eindrucksvoll nachgewiesen worden. Psychologisch betrachtet könnte dieses Ergebnis anzeigen, dass die Teilnehmer nun eher dazu neigen, ihre Aggressivität zu unterdrücken und noch nicht gelernt haben, „natürlich" mit ihr umzugehen.

Im Blick auf das gesamte Ergebnis hat sich das Anti-Aggressivitäts-Training als Anpassungsinstrument auf die Psyche der Teilnehmer ausgewirkt. Etwas differenzierter betrachtet lassen die Skalen FAF1 und FAF2 auf den Aggressivitätswert schließen. Die höchst signifikanten Verringerungen zeigen eine deutliche Abschwächung der nach außen gerichteten Aggressivität. Die Skala FAF3 betrachtet die innere Mitte einer Person, ihre Beeinflussbarkeit und Erregbarkeit. „Wer nicht die innere Mitte hat, schließt von Regen auf Donner" und schlägt sich leichter. Die höchst signifikanten Veränderungen in diesem Bereich beweisen, dass durch das Anti-Aggressivitäts-Training die Selbstkontrolle erhöht werden konnte. Die Ergebnisse in den Skalen FAF4 und FAF5 machen die Grenzen des Anti-Aggressivitäts-Trainings deutlich: Als kurzzeitige Maßnahme erreicht sie im direkten Bezug eine Wirkung, nämlich die Anhebung der Hemmungen bei den Tätern, weiterhin zuzuschlagen und Gewalt auszuüben und die Reduzierung der Aggressivität. Das ist überaus positiv und direktes Ziel des Anti-Aggressivitäts-Trainings. Die Untersuchung zeigt deutlich, dass dies bei Gewalttätern tatsächlich erreicht werden kann.

Jedoch müssen wir konzedieren, dass die jungen Menschen durch das Training zunächst dazu gebracht werden, sich kognitiv anzupassen oder anders formuliert: Das Anti-Aggressivitäts-Training erhöht nachweisbar den inneren Druck der Teilnehmer. Der emanzipatorische Schritt hin zu einer ausgeglichenen Persönlichkeit hat hier aber noch nicht stattgefunden. Sie können sich noch wenig selbst lieben und neigen nun dazu zu implodieren. Ein weiterer Schritt ist daher nötig. Im Sinne eines 2-Phasen-Modells plädiert beispielsweise Heilemann nach dem Anti-Aggressivitäts-Training für eine nachfolgende 2. Phase. Diese stände unter folgenden Zielprämissen:

- Integration dieser „Überangepasstheit", des „selbstaggressiven Staus", der „Verlogenheit" und der „Angst vor Nachteilen" in die eigene Persönlichkeit.
- Fähigkeit, den „Ärger sofort zu bearbeiten" und sich zu bekennen, anstelle sich zu verschließen und „den Mitmenschen zu ärgern".
- Abbau der Aggressivitätshemmung, Förderung von „Spontaneität, Flexibilität und Ehrlichkeit", damit „sich Ärger nicht anstauen kann", vielmehr der Teilnehmer in die Lage versetzt wird, Ärger „niedrigschwellig rauslassen" zu können.

Wir möchten aber eine wichtige Ergänzung machen: Der Postwert der Skala FAF4 liegt mit 6,3 etwas im erhöhten Bereich, der Wert der Skala FAF5 (5,3) noch im normalen Bereich des FAF (dies verdeutlicht auch Tabelle 22). Von Extremen kann nicht gesprochen werden. Dass das Ziel des Anti-Aggressivitäts-Trainings, einen „normalen" Skalenwert zu erreichen, in vier der insgesamt sechs Skalen (FAF1, FAF2, FAF5, SUM13) tatsächlich bewerkstelligt wird (der „↘" bei FAF2 ist eher als positiv einzustufen), rechtfertigt das Resultat, dass die bisherige Praxis des Anti-Aggressivitäts-Trainings durchaus wirkungsvoll und für sich effektiv ist. Zu einer überhasteten Veränderung besteht demnach keine Notwendigkeit. Aber es ist zu vermuten, dass das Anti-Aggressivitäts-Training nach einer Weiterentwicklung im Sinne dieses Zweiphasen-Modells sich als noch wirkungsvoller zeigen wird. Aus diesen Ergebnissen ergeben sich mehrere Schlussfolgerungen, die wir im Schlussteil dieser Evaluation erörtern werden.

4.1.5) Auswertungen der Fragebögen zur Erfassung der Aggressivitätsfaktoren (FAF) einer Kontrollgruppe (n = 17)

Zur Ergänzung unseres Forschungsdesigns haben wir unserer Experimentalgruppe mit n = 125 Fällen eine Kontrollgruppe mit n = 17 Fällen gegenübergestellt. Wir betrachten die Teilgruppen aus den zwei Projekten als eine gemeinsame Kontrollgruppe und stellen sie auch der Experimentalgruppe als Ganzes gegenüber.

Wir versuchen damit, den Einfluss von Störgrößen zu reduzieren. Es ist nämlich durchaus möglich, dass das im Großen und Ganzen sehr positive Ergebnis in der Experimentalgruppe nicht auf das Anti-Aggressivitäts-Training zurückzuführen ist, sondern hier beispielsweise eine andere unabhängige Variable einen maßgeblicheren Einfluss auf die abhängige Variable ausgeübt hatte. Dabei sind wir uns der Unvollständigkeit unseres Experiments bewusst; die Kontrollgruppe stellt keine randomisierte Gruppe dar. Wir haben sie aus behandlungsmotivierten Gewalttätern zusammengestellt, die keinen Platz mehr in einem Anti-Aggressivitäts-Training gefunden hatten.

Wie auch schon in der Experimentalgruppe wollen wir zuerst mögliche Regressionseffekte mittels Boxplots prüfen. In nachfolgender Abbildung sehen wir, dass es bei fast keinen Skalen Ausreißer oder Extremwerte gibt. Nur in der Skala FAF4 gibt einen einzelnen Ausreißer, der „mehr als das 1,5fache der Höhe der grauen Box (...) unterhalb der Box" (Brosius 1998: 380) liegt. Ausreißer gibt es in der Kontrollgruppe keinen. Regressionseffekte liegen in der Kontrollgruppe also nicht vor. Verzerrungen dieser Art sind auszuschließen. Wir haben keine Gruppe ausgewählt, die quasi schon dadurch aggressiver wird, dass sie eingangs eine nur ganz geringe Aggressivitätsbereitschaft besaß oder deren Aggressivitätswerte als so hoch ermittelt wurden, dass eine weitere Steigerung, statistisch betrachtet, gar nicht mehr möglich ist.

Abbildung 11: Boxplots für die Skalenwerte der Kontrollgruppe (n = 17) – vorher (Rohwerte)

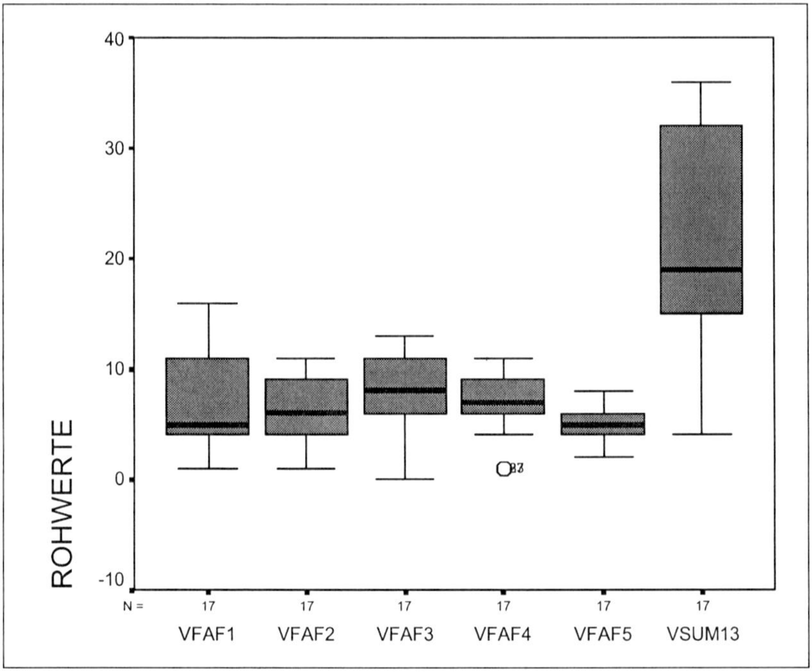

Bevor wir weitere statistische Maßzahlen betrachten, interessiert uns ein Vergleich der Mittelwerte der Vorher-Messung zwischen der Kontrollgruppe und der Experimentalgruppe, um zu sehen, ob beide Stichproben annähernd vergleichbar sind.

Tabelle 23: Vergleich der Kontrollgruppe mit der Experimentalgruppe und der FAF-Eichstichprobe – vorher (Rohwerte)

	Experimentalgruppe	Kontrollgruppe	Eichstichprobe
VFAF1	7,7	6,9	6,9
VFAF2	6,5	5,8	5,5
VFAF3	8,6	7,8	5,8*
VFAF4	6,5	6,9	4,5**
VFAF5	5,0	5,2	5,6
VSU13	22,8	20,6	18,2

* $p < 0,05$; ** $p < 0,01$. Im Vergleich zur Experimentalgruppe zeigen sich in allen Skalen keine signifikanten Unterschiede. Allerdings ist die Fallzahl mit n = 17 auch recht niedrig.

Aus Tabelle 23 können wir folgendes ermitteln:

- In den Skalen der nach außen gerichteten Aggressivität (FAF1, FAF2, FAF3 und SUM13), die ja für unser Experiment besonders bedeutsam ist, sind die Mittelwerte der Experimentalgruppe nur geringfügig höher. Die Kontrollgruppe kann als etwas weniger aggressiv gelten. Dennoch übersteigen in diesem Bereich die Kontrollwerte noch die der Eichstichprobe der Gruppe der 15- bis 30jährigen Männer.
- In den verbleibenden Skalen FAF4 und FAF5 sind die Werte der Kontrollgruppe im Mittel auch nur geringfügig höher als die der Experimentalgruppe. Gegenüber der Eichstichprobe zeigt sich in der Skala FAF4 eine deutlich positive, hingegen in FAF5 eine geringe negative Differenz.
- Wenn wir auch nicht von parallelisierten Gruppen im strengen Sinne sprechen können, sind beide Stichproben hinsichtlich der Ausgangswerte von Aggressivität durchaus miteinander vergleichbar.

Wie schon bei der Experimentalgruppe betrachten wir ebenfalls die Mittelwerte der einzelnen Skalen in der Kontrollgruppe und konstatieren:

- Die Mittelwerte der Skalen NFAF1, NFAF2, NFAF3 und NSU13 verringern sich gegenüber den jeweils zugehörigen Skalenwerten VFAF1, VFAF2, VFAF3 und VSU13. Dies ist eigentlich verwunderlich, da die Kontrollgruppe als unbehandelte Gruppe gilt – allerdings nur im Hinblick auf das Anti-Aggressivitäts-Training. Mithin ist nicht ausgeschlossen und hier auch nicht erfasst, dass Jugendliche und Heranwachsende der Kontrollgruppe beispielsweise an anderen Maßnahmen parallel zum Anti-Aggressivitäts-Training der Experimentalgruppe teilgenommen haben. Als weitere Erklärung ist denkbar, dass die justiziellen Folgen auf die Straftat der Testpersonen zumindest für den Zeitraum der Erhe-

bung aggressivitätshemmend wirkten. Letztlich können auch Messeffekte zur Erklärung dieses Befunds vermutet werden (siehe dazu auch Abschnitt 3.3.3).
- Dagegen vergrößern sich die Mittelwerte des Posttests gegenüber den Werten des Pretests in den beiden verbleibenden Skalen FAF4 und FAF5. Dies konnten wir bezüglich der Skala FAF5 auch bei der Experimentalgruppe feststellen.

Die nachfolgende Abbildung 12 verdeutlicht diesen Befund.

Abbildung 12 Mittelwerte der Skalenwerte (Kontrollgruppe; n = 17) – vorher/nachher (Staninewerte)

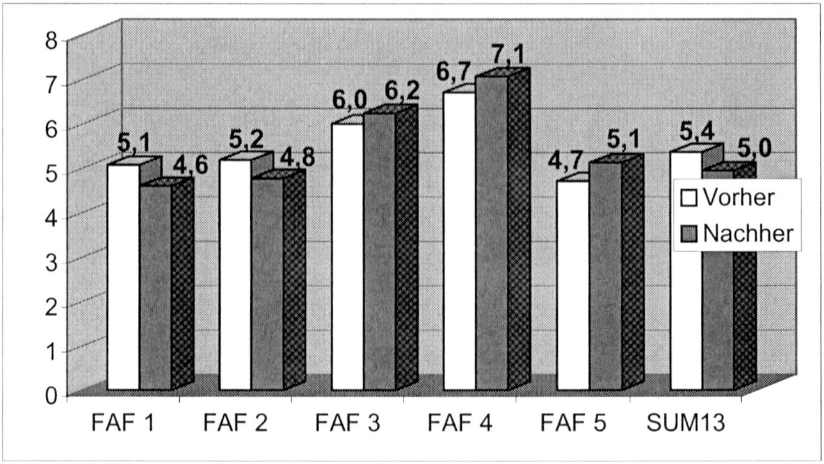

Vergleichen wir diese ersten Ergebnisse mit denen der Experimentalgruppe (siehe 4.1.3), so sind dort annähernd die gleichen Tendenzen vorzufinden. Nur in der Skala FAF4 eruierten wir ein gegenläufiges Ergebnis: In der Experimentalgruppe verringerte sich der Mittelwert der Nacherhebung gegenüber der der Vorerhebung.

Bevor wir diese Befunde weitergehend interpretieren und diese Ergebnisse direkt mit denen der Experimentalgruppe vergleichen, möchten wir zuvor – auch hier analog zur Vorgehensweise bei der Experimentalgruppe – die Mittelwerte auf mögliche Signifikanzen prüfen. Wir bekräftigen unsere zuvor formulierten Einwände, die ein solches Vorgehen eigentlich ausschließen. Wenn wir dennoch so verfahren, dann möchten wir damit unsere Argumentation absichern. Im Folgenden möchten wir zunächst die Mittelwerte auf der Basis der Staninewerte grafisch darstellen. Im Anschluss daran bedienen wir uns des T-Tests, um mögliche Signifikanzen zu ermitteln.

Die Ergebnisse der nachfolgenden Tabelle bilden die Korrelationskoeffizienten und deren Signifikanzniveau ab. Die starken und sehr starken Korrelationen bei den Skalen FAF2, FAF3, FAF4 und SUM13 zeigen schon eine Tendenz für die Kontrollgruppe an, die der nachfolgende T-Test bestätigt: Die Werte lassen weitgehend ähnliche Ergebnisse vermuten. Zwischen den Mittelwerten der Vorher-Erhebung und der Nachher-Erhebung sind nur geringe Differenzen zu erwarten. Allerdings bestätigen diese starken bis sehr starken Korrelationen unsere Feststellung, dass die Wahrscheinlichkeit von Regressionseffekten zurückgewiesen werden kann. Denn es gilt: „je niedriger die Korrelation zwischen erster und zweiter Messung, desto eher eine Mittelwertregression" (Zimmermann 1972: 87).

Tabelle 24: Korrelationen der gepaarten Stichproben (Staninewerte)

		N	Korrelation	Signifikanz
Paar 1:	STAVFAF1 & STANFAF1	17	0,58	0,015
Paar 2:	STAVFAF2 & STANFAF2	17	0,72	0,001
Paar 3:	STAVFAF3 & STANFAF3	17	0,89	0,000
Paar 4:	STAVFAF4 & STANFAF4	17	0,83	0,000
Paar 5:	STAVFAF5 & STANFAF5	17	0,37	0,139
Paar 6:	STAVSU13 & STANSU13	17	0,76	0,000

VFAF1 ... VSU13 beziehen sich auf die Vorher-Messung, NFAF1 ... NSU13 auf die Nachher-Messung. „STA" bedeutet: Staninewert.

Tabelle 25: T-Test für abhängige Stichproben (Staninewerte)

	Gepaarte Differenzen					T für abhängige Stichproben	df	Sig. (2-seitig)
	Mittelwert	Standardabweichung	Standardfehler des Mittelwertes	95 % Konfidenzintervall der Differenz				
				Untere	Obere			
FAF 1	0,47	2,00	0,486	-0,56	1,50	0,968	16	0,347
FAF 2	0,41	1,87	0,454	-0,55	1,38	0,907	16	0,378
FAF 3	-0,24	1,15	0,278	-0,83	0,36	-0,846	16	0,410
FAF 4	-0,35	1,32	0,320	-1,03	0,33	-1,102	16	0,287
FAF 5	-0,41	1,62	0,394	-1,25	0,42	-1,046	16	0,311
SUM13	0,41	1,73	0,421	-0,48	1,30	0,979	16	0,342

Nach Tabelle 25 weist der T-Test bei keiner Skala eine Signifikanz aus. Die beobachteten Mittelwertunterschiede zwischen dem Pre- und dem Posttest sind also rein zufälliger Art. Das ist ein wichtiges Zwischenergebnis:

- Erstens kann festgestellt werden, dass auch die Kontrollgruppe zum Zeitpunkt des Pretests als Gruppe mit einer hohen Aggressivität eingestuft werden kann (vgl. Tabelle 23).
- Zweitens verändert sich daran in der Zeit zwischen dem Pretest und dem Posttest nicht Wesentliches. Auch zum Zeitpunkt des Posttests besitzt die Kontrollgruppe eine sehr hohe Aggressivität.

Diese Feststellungen drängen uns zu der Vermutung, dass bei der Experimentalgruppe als behandelte Gruppe die Verringerung ihrer Aggressivität in der Tat dem Anti-Aggressivitäts-Training zuzuschreiben ist. Das wollen wir überprüfen.

4.1.6) Vergleich der Experimentalgruppe mit der Kontrollgruppe

Für unsere Forschung interessiert uns also ein direkter Vergleich von Experimental- und Kontrollgruppe. Zur Deskription stellen wir die rohen Mittelwerte beider Gruppen in tabellarischer Form unseren Ausführungen voran. Im weiteren Vorgehen wollen wir unser zentrales Augenmerk dann auf die Differenzen beider Gruppen lenken und sie auf statistisch bedeutsame Zusammenhänge prüfen. Eine Zusammenfassung schließt diesen Abschnitt ab.

Tabelle 26: Differenzen der Mittelwerte (vorher – nachher) für die Experimental- (n = 125) und Kontrollgruppe (n = 17) (Rohwerte)

	FAF1	FAF2	FAF3	FAF4	FAF5	SUM13
Experimentalgruppe	1,4	2,3	1,7	0,4	-0,8	5,4
Kontrollgruppe	0,8	0,7	0	-0,4	-0,4	1,7

Es lassen sich folgende Feststellungen treffen:

- In der Skala FAF1 errechnet sich für die Experimentalgruppe eine höhere Differenz. Der Postwert dieser Population bleibt aber über dem Mittelwert der Nachher-Messung bei der Kontrollgruppe. Dies liegt am etwas höheren Einstiegswert der Experimentalgruppe.
- In der Skala FAF2 unterscheiden sich die Differenzen von Experimental- und Kontrollgruppe erheblich. Grafisch ist der Grund dafür gut an dem deutlich abgesenkten Ausstiegswert (4,2) der ersten Gruppe erkennbar.
- In der Skala FAF3 ist bei der Kontrollgruppe das Ergebnis der Messung zum Zeitpunkt des Beginns des Anti-Aggressivitäts-Trainings identisch mit dem der Messung am Ende. Das kann einerseits als Wiederholungseffekt negativ für den FAF ausgelegt werden, andererseits ließe sich daraus ein Beleg für die Stabilität dieses Tests ableiten.

- Die Skala FAF4 legt ein für beide Gruppen gegenläufiges Ergebnis dar und unterscheidet sich damit von den anderen Skalen am deutlichsten: Während in der Experimentalgruppe eine Verbesserung um den Wert 0,4 zwischen der Pre- und der Posterhebung erreicht wurde, zeigt die Kontrollgruppe eine Verschlechterung des Mittelwertes von 6,9 auf nunmehr 7,3.
- Letztlich erhalten wir für die Kontrollgruppe ein besseres Ergebnis als für die Experimentalgruppe in der Skala FAF5. Zwar errechnet sich hier wie dort eine negative Differenz, die allerdings in der Kontrollgruppe geringer ausfällt (-0,4 vs. -0,8).
- In der Summe bleibt die Kontrollgruppe jedoch nach außen gerichtet bedeutend aggressiver (18,9 vs. 17,4). Im Vergleich mit der Eichstichprobe (vgl. Tabelle 23) ist der Postwert der Experimentalgruppe sogar unter den Summenwert der Eichstichprobe gefallen, wohingegen der der Kontrollgruppe über diesem Vergleichswert bleibt.

Im weiteren Vorgehen möchten wir uns der Differenzen der Eingangs- und der Ausgangsmittelwerte für die Experimental- und die Kontrollgruppe annehmen und der Frage nachgehen, ob die Differenzmittelwerte der beiden Stichproben zufällig sind. Dazu möchten wir zunächst die Differenzwerte für die einzelnen Skalen tabellarisch und grafisch darstellen und damit die Ergebnisse verdeutlichen:

Abbildung 13: Differenzen der Skalenwerte in der Experimental- und Kontrollgruppe (Staninewerte)

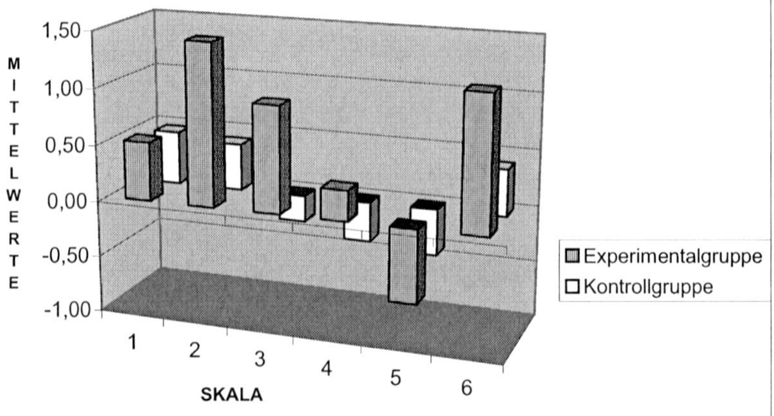

	1	2	3	4	5	6
Experimentalgruppe	0,52	1,44	0,94	0,27	-0,65	1,19
Kontrollgruppe	0,47	0,41	-0,24	-0,35	-0,41	0,41

Skala 1: FAF1; Skala 2: FAF2; Skala 3: FAF3; Skala 4: FAF4; Skala 5: FAF5; Skala 6: SUM13.

Mit dem dargestellten Datenmaterial führen wir einen T-Test für unabhängige Stichproben durch. Uns interessiert die Frage, ob sich auch die Mittelwerte der Differenzwerte der Experimental- und der Kontrollgruppe statistisch signifikant voneinander unterscheiden.

Tabelle 27: T – Test für die Differenzen der Skalenwerte in der Experimental- und Kontrollgruppe (Staninewerte)

	T	df	Sig. (2-seitig)	95 % Konfidenzintervall der Differenz	
				Untere	Obere
DIFFFAF1	0,12	140	0,91	-0,78	0,88
DIFFFAF2	1,86	140	0,07	-0,07	2,12
DIFFFAF3	2,56	140	0,01	0,27	2,09
DIFFFAF4	1,34	140	0,18	-0,30	1,55
DIFFFAF5	-0,53	140	0,60	-1,12	0,65
DIFFSU13	1,60	140	0,11	-0,19	1,75

DIFF... meint die Differenz der jeweiligen Skalenwerte FAF1, FAF2 usw.

Wir sehen, dass immerhin in der Skala FAF3 ein statistisch signifikantes Ergebnis ausgewiesen ist. In den für unsere Fragestellung besonders bedeutsamen Skalen FAF1, FAF2 und SUM13 ist die Signifikanz doch sehr niedrig. Wir sehen die Erklärung in der geringen Fallzahl der Kontrollgruppe mit nur 17 Fällen.
Abschließend können wir als Ergebnis dieses Forschungsteils zusammenfassen:

- Die Berechnungen in der Experimentalgruppe zum Vergleich der Mittelwerte der Erhebungen vor und nach dem Anti-Aggressivitäts-Training ergeben signifikante Unterschiede, die die Vermutung begründen, dass das Training die Aggressivität bei den behandelten Gewalttätern abgebaut hat (siehe 4.1.4).
- Die Berechnungen in der Kontrollgruppe dagegen ergeben bei gleichem Vorgehen keine signifikanten Ergebnisse. Es kann begründet vermutet werden, dass sich bei der Gruppe, die an keinem Anti-Aggressivitäts-Training teilgenommen hat, die Aggressivität nicht abgebaut hat (siehe 4.1.5).
- Beim statistischen Vergleich der Differenzen der Experimental- und der Kontrollgruppe erhalten wir bei Skala FAF3 ein statistisch bedeutsames Ergebnis, in den Skalen FAF2 und SUM13 ein etwas niedrigeres Signifikanzniveau.

Um unsere Betrachtungen abzurunden, greifen wir auch für die Kontrollgruppe auf unsere bildlichen Darstellungen zurück. Welches Bild ergibt sich im Vergleich zwischen Pretest und Posttest? Für die Ergebnisse der Vorher-Messung betrachten wir die Tabelle zuerst:

Tabelle 28: Ergebnis für die Skalenwerte in der Kontrollgruppe (n = 17) – vorher (Staninewerte)

FAF1	FAF2	FAF3	FAF4	FAF5	SUM13
➔	➔	➚	⬆	➔	➔

FAF1: spontane Aggressivität; FAF2: reaktive Aggressivität; FAF3: Erregbarkeit (mit den Qualitäten Ärger und Wut); FAF4: Depressivität mit Selbstaggressionen, FAF5: Gewissensstrenge mit Aggressivitätshemmungen; SUM13: Summenwert aus den Skalen FAF1, FAF2 und FAF3.

Das Bild zeigt sich auch zum Zeitpunkt des Posttests unverändert.

Tabelle 29: Ergebnis für die Skalenwerte in der Kontrollgruppe (n = 17) – nachher - Staninewerte

FAF1	FAF2	FAF3	FAF4	FAF5	SUM13
➔	➔	➚	⬆	➔	➔

FAF1: spontane Aggressivität; FAF2: reaktive Aggressivität; FAF3: Erregbarkeit (mit den Qualitäten Ärger und Wut); FAF4: Depressivität mit Selbstaggressionen, FAF5: Gewissensstrenge mit Aggressivitätshemmungen; SUM13: Summenwert aus den Skalen FAF1, FAF2 und FAF3.

Das heißt, dass wir zusammenfassend die begründete Vermutung aufstellen können, dass das Anti-Aggressivitäts-Training tatsächlich die nach außen gerichtete Aggressivität reduziert. Denn während bei der Experimentalgruppe in den Skalen FAF1, FAF2 und FAF3 und den sich daraus errechnenden Summenwerten signifikante Verbesserungen erreicht werden konnten, ist dies bei der Kontrollgruppe nicht der Fall. Sie können – unter Berücksichtigung der bereits mehrmals geäußerten Vorbehalte – dem „experimentellen Stimulus" (Zimmermann 1972: 90) zugeschrieben werden. Freilich müssen wir – wie schon zuvor bei der Experimentalgruppe – auch zur Kontrollgruppe anmerken, dass sich die Werte insgesamt betrachtet als nicht extrem darstellen. Ferner macht sich hier ein wenig bemerkbar, dass die Kontrollgruppe schon bei der Voruntersuchung etwas niedrigere Werte als die Experimentalgruppe zeigte. Tabelle 23 verdeutlicht diesen Befund.

Auffallend ist der sehr hohe Wert in der Skala FAF4, der zudem zwischen Pretest und Posttest noch steigt. Es könnte vermutet werden, dass die negativen Erfahrungen durch den Kontakt mit den Kontrollinstanzen im Zuge von Anklage und Verhandlung die Aggressivität dieser Jugendlichen und Heranwachsenden gegen sich selbst und ihre negative Einstellung zum Leben erhöhten. Eine Einbindung in eine Maßnahme wie beispielsweise das Anti-Aggressivitäts-Training scheint sich schon dahingehend auszuwirken, dass bei den jungen Menschen die Selbstaggressivität minimiert wird und sich die Einstellung zum Leben etwas zum Positiven wendet.

4.1.7) Einflussgrößen auf den Erfolg des Anti-Aggressivitäts-Trainings

Das Anti-Aggressivitäts-Training wird, wie „viele Phänomene im Bereich der Sozialwissenschaften (...) durch mehrere, meist auch unterschiedlich gewichtige, Faktoren beeinflusst". Mittels varianzanalytischer Berechnungen versuchen wir daher, die „Erklärungskraft einzelner Faktoren abzuschätzen" (Zimmermann 1972: 64). Wie wir in 3.3.3 bereits ankündigten, wollen wir nun in diesem Forschungsteil die Ergebnisse der Pre- und Posterhebung mit weiteren unabhängigen Variablen (auch als Treatment bezeichnet) zu Fallgruppen zusammenfassen und deren Mittelwerte berechnen und zwar mit den Variablen

- Ort: Wir ordnen die Versuchspersonen den verschiedenen Projektorten, an denen die Anti-Aggressivitäts-Trainings stattgefunden haben, zu.
- Kurs: Innerhalb der einzelnen Orte können wir eine weitere Unterteilung vornehmen, wenn dort mehrere Kurse durchgeführt worden sind.
- Alter: Diese Variable erhebt der FAF als sozialstatistisches Merkmal, ebenso wie die beiden Treatments
- Schule und
- Beruf.

Geht es also darum, die direkten Auswirkung von Gruppierungsvariablen (die in diesem Falle als Zwischensubjektfaktoren bezeichnet werden) auf die Mittelwertdifferenzen zu analysieren, kommt die multivariate Varianzanalyse zur Anwendung. Durch sie lassen sich Rückschlüsse darauf ziehen, inwieweit die Faktoren Einfluss auf den Erfolg des Anti-Aggressivitäts-Trainings nehmen.

Wir wollen so vorgehen, dass wir für jede Gruppe zunächst einen Überblick über das vorhandene Datenmaterial geben und dabei auf deutlich gewordene Trends hinweisen. Danach werden wir varianzanalytische Berechnungen vornehmen.

Zuvor wollen wir das Geschlecht als eine unabhängige Variable betrachten. Gemeinhin ist dieses Merkmal von großer Bedeutung. Für unsere Betrachtungen ist es allerdings ungeeignet.

Geschlecht

Das sozialstatistische Merkmal Geschlecht ist als Gruppierungsvariable nicht geeignet, da sich in der betrachteten Stichprobe mit n = 125 Fällen nur einmal das Merkmal weiblich (und 124-mal männlich) befindet. Damit ist das Ergebnis in punkto Dominanz des männlichen Geschlechts noch deutlicher als die Befunde bei Kilb & Weidner (2000 b). Wir bestätigen, dass „im Bereich von AAT/AGT-Anwendung (...) die Teilnehmergruppen ausschließlich aus männlichen Personen" (380) bestehen. Da wir auch als Coolnesstraining bezeichnete Maßnahmen in unserer Evaluation erfassen, können wir diese Erkenntnis auch auf diese Trainingsform beziehen. Wir vermuten begründet eine Repräsentativität für die Täterzielgruppe, da sich allgemein für die Jugendkriminalität eine Geschlechtsspezifik konstatieren lässt, die sich bei der Gewaltkriminalität besonders deutlich zeigt. „Hier übersteigt die Rate der registrierten männlichen tatverdächtigen Jugendlichen die der weiblichen um das Sechsfache, bei den Heranwachsenden sogar um das 12,5-fache. Diese Geschlechtsunterschiede werden durch die Ergebnisse aus Dunkelfeldbefragungen (des Kriminologischen Forschungsinstituts Niedersachsen, Anmerkung des Verfassers) bestätigt. (...) Im Bereich der Gewaltkriminalität (findet sich) eine eindeutige Dominanz junger männlicher Täter" (BMI & BMJ, 2001 b: 45).

Damit „ist eindeutig belegt, dass die (Gewalt) Kriminalität bzw. die Gewaltausübung ausgesprochen geschlechtsspezifisch verteilt und männlich dominiert ist. (...) Gewaltkriminalität ist nur in Ausnahmefällen eine Frauenangelegenheit" (Lamnek 2000: 246). Dies ist sicherlich kein Zufall. Ein sehr beachtenswerter Erklärungsansatz sieht gewalttätige Männlichkeit als Identitätskonstrukt. „Der dramatische soziale Wandel, der die westlichen Demokratien seit über zwei Jahrzehnten erfasst hat (...) weichte auch die Rollen- und Männlichkeitsbilder der patriarchal organisierten bürgerlichen Kleinfamilie auf, die sich allen Unkenrufen zum Trotz über Nationalsozialismus, Adenauerzeit und Studentenbewegung hinübergerettet hatte". Hinter diesem Kontext können männliche Gewalthandlungen „als kollektive Reaktionen, Verteidigungs- und Abwehrkämpfe gegen die materielle und ideelle Erosion ihres jahrhundertelang tradierten Geschlechterstatus" (Findeisen & Kersten 1999: 35) beschrieben werden (vgl. Abschnitt 2.4.3).

Projektorte

Die Ausprägungen dieser unabhängigen Variablen beschreiben die Ergebnisse aus 15 Projektorten (siehe Kapitel 3.3.4). Den einzelnen Orten wurden aus Gründen der Anonymität entsprechende Kennziffern zugeordnet. Neben den betrachteten Mittelwerten für jedes Projekt werden wir innerhalb dieser unabhängigen Variablen weitere Gruppen bilden, die sich an folgenden inhaltlichen Fragestellungen orientieren:

1) Wird das Ergebnis dadurch beeinflusst, dass das Anti-Aggressivitäts-Training innerhalb des Strafvollzugs stattfand oder aber im ambulanten Bereich durchgeführt wurde?
2) Ist es bedeutsam, ob der Trainingskurs in Form eines Anti-Aggressivitäts-Trainings oder Anti-Gewalt-Trainings oder als Coolness-Training stattfand?

Orte allgemein

Die erste Tabelle dieses Abschnitts ist sehr interessant, da sie einen differenzierten Einblick in die „Leistungen" der Projekte vor Ort gibt. Sie ermöglicht im Prinzip eine Evaluation der Anti-Aggressivitäts-Trainings vor Ort. Da dem Forscher die Zuordnungen der Ziffern zu den Projekten bekannt sind, kann er entsprechende Empfehlungen an die Teams weitergeben. In verschlüsselter Form greifen wir diese Ausführungen im Schlusskapitel dieser Arbeit nochmals auf.

Abgebildet sind die jeweiligen Differenzwerte für die Skalen des FAF. Basis des Zahlenmaterials bilden die Staninewerte. Dies ist auch der Grund dafür, dass sich die Werte der Skalen FAF1, FAF2 und FAF3 nicht zum Summenwert (DIFFSU13) addieren lassen.

Tabelle 30 **Differenzen der Skalenwerte der Experimentalgruppe (n = 125) nach der Gruppierung mit der Variable Ort (Staninewerte)**

Ort		DIFFFAF1	DIFFFAF2	DIFFFAF3	DIFFFAF4	DIFFFAF5	DIFFSU13
2	Mittelwert	0,3	1,2	0,8	1,2	0,2	1,5
	N	6	6	6	6	6	6
3	Mittelwert	1,2	2,6	1,6	0,8	-0,8	2,2
	N	26	26	26	26	26	26
6	Mittelwert	0,0	0,8	0,1	-0,1	-0,3	0,4
	N	14	14	14	14	14	14
9	Mittelwert	-0,2	0,8	-0,8	0,2	-0,6	-0,4
	N	5	5	5	5	5	5
15	Mittelwert	0,3	1,7	0,7	0,3	-0,7	0,7
	N	3	3	3	3	3	3
26	Mittelwert	1,4	1,0	2,6	0,4	-1,4	2,6
	N	5	5	5	5	5	5
31	Mittelwert	0,9	2,6	1,7	-0,1	-0,9	1,7
	N	18	18	18	18	18	18
39	Mittelwert	1,0	0,8	1,3	0,5	-1,3	1,3
	N	4	4	4	4	4	4
42	Mittelwert	0,8	0,5	0,8	-0,5	0,3	1,0
	N	4	4	4	4	4	4
44	Mittelwert	0,3	0,9	0,2	-0,6	-1,0	0,5
	N	15	15	15	15	15	15
45	Mittelwert	-1,3	-1,0	-1,0	0,7	0,3	-1,3
	N	3	3	3	3	3	3
69	Mittelwert	0,9	2,0	1,7	0,7	-0,7	1,9
	N	7	7	7	7	7	7
72	Mittelwert	-0,2	0,0	0,5	0,2	0,3	0,0
	N	6	6	6	6	6	6
73	Mittelwert	0,5	1,5	1,0	1,3	-1,5	1,3
	N	4	4	4	4	4	4
74	Mittelwert	1,2	-0,4	0,6	0,0	-0,4	0,6
	N	5	5	5	5	5	5
Insgesamt	Mittelwert	0,5	1,4	0,9	0,3	-0,7	1,2
	N	125	125	125	125	125	125

DIFF... meint die Differenz der jeweiligen Skalenwerte FAF1, FAF2, FAF3, FAF4, FAF5 und SUM13.

Wir wollen hier jedoch nicht jeden Projektort ausführlich analysieren, zumal dazu zumindest noch die Einstiegswerte hinzugezogen werden müssten. Ein solches Vorgehen würde unsere Arbeit zu stark ausweiten und einem klaren Gesamtverlauf dieser Evaluation im Wege stehen. Uns geht es ja hauptsächlich darum, den Einfluss dieser Variablen auf die gesamte Experimentalgruppe zu analysieren. Gleichwohl sei auf einige markante Erkenntnisse hingewiesen.

Obige Tabelle 30 zeigt, dass das Projekt 26 in der Skala SUM13 den höchsten positiven Wert (2,6) erreichte. Er übertrifft deutlich den Wert der gesamten Experimentalgruppe (1,2). Die nach außen gerichtete Aggressivität, die sich aus den Faktoren spontane Aggressivität (FAF1), reaktive Aggressivität (FAF2) und Erregbarkeit (FAF3) zusammensetzt, ist hier am stärksten reduziert worden. Außer in der Skala FAF2 (hier erreicht den höchsten Wert Projekt 3) erreicht Projekt 26 auch in diesen Skalen den jeweils höchsten Differenzwert, die mit 1,4 (FAF1 vs. 0,5) und mit 2,6 (FAF3 vs. 0,9) weit über dem Durchschnitt unserer Untersuchung liegen.

Es mag erstaunlich anmuten, aber nicht in allen Orten wurde durch das Anti-Aggressivitäts-Training respektive Coolness-Training die Aggressivität reduziert, sondern vielmehr erhöht; so in den Orten 45 (SUM13: -1,3) und 9 (SUM13: -0,4). Hier zeigt sich die Maßnahme als contraindiziert. Konsequenterweise setzt sich auch hier der Summenwert aus den drei Skalen der nach außen gerichteten Aggressivität zusammen:

In beiden Orten 9 und 45 zeigen die negativen Differenzen in der Skala FAF1, dass bei den jungen Menschen „phantasierte, verbale und körperliche Aggressionen gegen andere Menschen, gegen Tiere“ (Selg 1974: 96) und gegen Sachen zugenommen haben anstatt abgebaut zu werden. Die Teilnehmer sind noch unbeherrschter geworden.

Auch im Ort 72 ist dieses Ergebnis zu konzedieren. Hier allerdings wird durch positive Ergebnisse in den Skalen FAF2 und FAF3 unterm Strich ein ausgeglichener Summenwert (0,0) erreicht. Im Gesamten betrachtet bleibt das AAT des Projektes 72 – zumindest den Selbstbeschreibungen der Teilnehmer im FAF zufolge – ohne Wirkung.

Negative Differenzen in der Skala FAF2 erzielen erneut Ort 45, nicht aber Nummer 9, dafür aber Nummer 74 (wo sich aber in der Summe doch noch eine positive Veränderung ergibt). Das bedeutet, dass diese Trainingsgruppen vor Ort im Durchschnitt Aggressionen zur Durchsetzung ihrer Interessen und Ziele bejahen und zwar in stärkerem Maße, als dies noch vor dem AAT der Fall gewesen war. Die Jugendlichen und Heranwachsenden wurden in ihrer Haltung bestärkt, dass derjenige, der sie beleidigt, Schläge verdient hat.

In der Skala FAF3 erreichen wieder die Projektorte 45 und 9 negative Werte zwischen den Mittelwerten des Pretests und denen des Posttests. Demnach verfehlten auch in dieser Skala die dort durchgeführten Maßnahmen deutlich ihr Ziel: Die

Teilnehmer wurden unausgeglichener, nicht ruhiger. Ihre Frustrationstoleranz wurde gesenkt, nicht angehoben. Ihre Affizierbarkeit wurde weiter erhöht, nicht gesenkt.

Für die Skala FAF4 (Selbstaggressivität) rekapitulieren wir als Ziel des Anti-Aggressivitäts-Training einen „normalen“ Wert („➔“), also eine ausgeglichene Stimmungslage. Entsprechend unseres Befunds in Abschnitt 4.1.4 konnte dieses Ziel in der Experimentalgruppe mittels des Anti-Aggressivitäts-Trainings nur teilweise erreicht werden (Reduzierung von „🡅“ zu „➚“). Demnach genügte der erreichte Differenzwert in dieser Skala für die Experimentalgruppe mit 0,3 nicht. Wenn man von einer Übertragbarkeit des Gesamtergebnisses auf die einzelnen Projektorte ausgeht, haben diejenigen Orte das Ziel eher erreicht, die einen höheren Differenzwert vorweisen als 0,3.

Der Blick auf Tabelle 30 zeigt, dass dies in 8 Projekten der Fall ist, besonders deutlich in Nummer 73. In diesem Anti-Aggressivitäts-Training konnte noch stärker eine ausgeglichene Stimmungslage erreicht werden. Dagegen sind in vier Orten auch negative Werte anzutreffen. Besonders stark wurden im Projekt 44 (-0,6) die tendenziell vorherrschende Selbstaggressivität, negative Stimmungslagen und das Misstrauen der Teilnehmer nochmals erhöht.

Als letzte Skala wollen wir FAF5 (Aggressionshemmung) analysieren. Wir stellten in Abschnitt 4.1.4 fest, dass eine Erhöhung des Skalenwertes – wie dies die Experimentalgruppe erreichte – nur auf den ersten Blick positiv erscheint. Als Ziel des Anti-Aggressivitäts-Training formulierten wir eine ausgeglichene Persönlichkeit (siehe 4.1.1). Wir konstatierten allerdings auch, dass der ermittelte Postwert der Experimentalgruppe noch im tolerierbaren Bereich „➔“ liegt.

Versuchen wir auch hier wieder, diesen Befund auf die einzelnen Projektorte zu übertragen, so können wir annehmen, dass als Richtmaß ein Wert etwas über dem der Experimentalgruppe zu gelten hat. Folgerichtig haben die Projekte 6 (-0,3) und 74 (-0,4) das Ziel am besten erreicht. Sehr hohe Werte erreichen die Orte 39 (-1,3), 44 (-1,0) und 73 (-1,5). Hier wurden die „allgemeinen Gehemmtheiten“, „selbstquälerische ‚Gewissensaktivitäten'' (Selg 1974: 97) und depressive Stimmungen bei den Teilnehmern des Anti-Aggressivitäts-Trainings erhöht. Das schon zu dem Ergebnis in der Experimentalgruppe Festgestellte (siehe Abschnitt 4.1.4) gilt für diese Orte in besonderer Weise.

Auf der anderen Seite finden wir Orte, in deren Anti-Aggressivitäts-Trainings die Hemmungen bei den Jugendlichen und Heranwachsenden noch weiter abgesenkt wurden, was dem Ziel des Anti-Aggressivitäts-Training zuwiderläuft. Die positiven Differenzwerte im Projekt 2 (0,2), 42 (0,3), 45 und 72 (je 0,3) lassen eine Verstärkung „skrupellose(r) Einstellungen im sozialen Bereich“ (Selg 1974: 97) vermuten.

Besonders gravierend ist das Ergebnis in den letzten beiden Standorten, da dort gleichzeitig die nach außen gerichtete Aggressivität nicht verringert (72) oder gar erhöht (45) wurde.

Die abschließende Frage, in welchem Projektort das erfolgreichste respektive das am wenigsten erfolgreichste (im Sinne von: Zielerreichung in den Skalen des FAF) Anti-Aggressivitäts-Training durchgeführt worden ist, wollen wir auf der Basis von Signifikanztests (multivariate Varianzanalysen) behandeln.

Tabelle 31: Ergebnisse der multivariaten Varianzanalyse mit der Variable Projektort

Quelle	Quadratsumme vom Typ III	df	Mittel der Quadrate	F	Signifikanz
FAF1 * ORT	20,0	14	1,4	1,2	0,2842
Fehler(FAF1)	130,6	110	1,2		
FAF2 * ORT	63,3	14	4,5	2,2	0,0136
Fehler(FAF2)	230,1	110	2,1		
FAF3 * ORT	42,9	14	3,1	2,0	0,0238
Fehler(FAF3)	168,4	110	1,5		
FAF4 * ORT	18,0	14	1,3	0,7	0,7488
Fehler(FAF4)	196,3	110	1,8		
FAF5 * ORT	14,4	14	1,0	0,7	0,8129
Fehler(FAF5)	172,9	110	1,6		
SUM13 * ORT	51,9	14	3,7	2,3	0,0070
Fehler(SUM13)	173,8	110	1,6		

Für alle Interaktionsterme und die Fehler können wir Sphärizität annehmen.

In der Tat wird deutlich, dass die Interaktionsterme FAF2*Ort, FAF3*Ort und SUM13*Ort – nicht aber der Term FAF1*Ort – deutliche Signifikanzen aufzeigen. Das ist zunächst ein bemerkenswertes Ergebnis und veranlasst uns, nicht nur mittels multipler Vergleichstests zu betrachten, welche der Gruppenmittelwerte von einem einheitlichen Mittelwert in der Grundgesamtheit abweichen, sondern auch zu prüfen, unter welchen Gruppenpaaren signifikante Unterschiede nachgewiesen werden.

Zunächst wollen wir nachfolgende Tabelle betrachten:

Tabelle 32: **Korrelationsmaße Eta und Eta² (Projektort)**

	Eta	Eta-Quadrat
DIFFFAF2 * ORT	0,46	0,21
DIFFFAF3 * ORT	0,45	0,20
DIFFSU13 * ORT	0,48	0,23

DIFF... meint die Differenz der jeweiligen Skalenwerte FAF2, FAF3 und SUM13.

„Eta misst den Zusammenhang zwischen der abhängigen und der unabhängigen Variablen“ (Brosius 1998: 453). Danach bestehen in den Skalen FAF2, FAF3 und SUM13 immerhin mittlere Korrelationen. Der Blick auf das Ergebnis für Eta-Quadrat zeigt, dass in den genannten Skalen durch die Gruppierungsvariable Ort ungefähr 20 % der Varianz der abhängigen Variablen erklärt werden, was als ein erstaunlich hohes Ergebnis anzusehen ist.

Da der unabhängigen Variablen Ort eine so große Erklärungskraft zufällt, haben wir uns entschlossen, die jeweiligen Bedingungen vor Ort mittels eines halbstandardisierten Interviews zu erfragen. Diesen Punkt werden wir im nächsten Abschnitt (4.2) ausführlich aufzugreifen haben.

Ein Letztes: In den Skalen FAF4 und FAF5 weist zumindest der Haupteffekt des Faktors Ort Signifikanzen auf. Man erhält:

- In der Skala FAF4 ein Signifikanzniveau von 0,007 und
- In der Skala FAF5 ein Signifikanzniveau von 0,041.

Bei welchen Orten diese signifikanten Unterschiede zwischen den einzelnen Mittelwerten bestehen, zeigen die folgenden Tabellen. Für jede Skala haben wir der Übersicht halber in je einer eigenen Abbildung alle Projektorte gegeneinander abgetragen.

Tabelle 33: Post-Hoc-Mehrfachvergleiche (LSD) bei Skala FAF2 und Variable Projektort

Ort	2	3	6	9	15	26	31	39	42	44	45	69	72	73	74
2															
3															
6	X	X													
9															
15			X												
26															
31			X												
39															
42															
44															
45	X	X	X	X	X	X	X	X	X	X					
69															
72	X	X			X		X								
73					X										
74			X										X		

Angegeben sind die Mittelwertpaare, deren mittlere Differenz auf der Stufe .05 signifikant sind.

Tabelle 34: Post-Hoc-Mehrfachvergleiche (LSD) bei Skala FAF3 und Variable Projektort

Ort	2	3	6	9	15	26	31	39	42	44	45	69	72	73	74
2															
3															
6															
9															
15															
26															
31															
39					X										
42															
44															
45	X			X	X	X	X								
69	X			X	X	X									
72															
73	X				X										
74											X	X			

Angegeben sind die Mittelwertpaare, deren mittlere Differenz auf der Stufe .05 signifikant sind.

Tabelle 35: Post-Hoc-Mehrfachvergleiche (LSD) bei Skala FAF4 und Variable Projektort

Ort	2	3	6	9	15	26	31	39	42	44	45	69	72	73	74
2															
3	X														
6															
9		X													
15															
26		X													
31	X			X		X									
39	X					X									
42	X		X	X		X									
44	X		X	X		X									
45	X		X	X		X									
69															
72	X					X									
73											X				
74											X				

Angegeben sind die Mittelwertpaare, deren mittlere Differenz auf der Stufe .05 signifikant sind.

Tabelle 36: Post-Hoc-Mehrfachvergleiche (LSD) bei Skala FAF5 und Variable Projektort

Ort	2	3	6	9	15	26	31	39	42	44	45	69	72	73	74
2															
3		X													
6	X														
9	X														
15		X	X	X											
26															
31			X												
39															
42			X												
44	X				X										
45					X				X						
69															
72															
73	X				X				X						
74															

Angegeben sind die Mittelwertpaare, deren mittlere Differenz auf der Stufe .05 signifikant sind.

Tabelle 37: Post-Hoc-Mehrfachvergleiche (LSD) bei Skala SUM13 und Variable Projektort

Ort	2	3	6	9	15	26	31	39	42	44	45	69	72	73	74
2															
3															
6															
9															
15			X												
26															
31															
39	X				X										
42															
44															
45	X	X	X	X	X	X	X		X	X					
69	X				X	X									
72															
73					X	X					X				
74			X					X			X	X		X	

Angegeben sind die Mittelwertpaare, deren mittlere Differenz auf der Stufe .05 signifikant sind.

Wie oben bereits erwähnt, sollen uns nun die zahlreich errechneten Mittelwertvergleiche dabei unterstützen, in einer abschließenden Zusammenschau aller Skalen des FAF diejenigen Projektorte nennen zu können, die im Sinne unserer Evaluation ein gutes Ergebnis erzielt oder aber, im Gegensatz dazu, ein schlechtes Ergebnis vorzuweisen haben.

Wir rekapitulieren nochmals, was wir als Erfolg im Sinne der Evaluation verstehen: Das Anti-Aggressivitäts-Training kann als erfolgreich gelten, wenn im Posttest die Selbsteinschätzungen der Testpersonen in allen Skalen des FAF das Niveau der Eichstichprobe ihrer Altersgruppe erreichen. Das wird durch eine entsprechende Absenkung der Mittelwerte in den Skalen FAF1, FAF2, FAF3 (und damit auch SUM13) und FAF4 und die entsprechende Anhebung des Wertes in der Skala FAF5 bewirkt.

Deutlich sticht in allen Tabellen das Projekt 45 hervor. Dessen Trainingsmaßnahme erbrachte im Vergleich mit den anderen Orten ein schlechtes Ergebnis: Die Anhebung der Skalenwerte in den Skalen FAF1, FAF2, FAF3 und SUM13, und die Absenkung des Wertes in der Skala FAF5. Nur in der Skala FAF4 wurde mit der positiven Differenz von 0,67 ein gutes Ergebnis erzielt.

Sehr viele statistisch bedeutsame Mittelwertunterschiede registrieren wir für den Projektort 2. Das dortige Anti-Aggressivitäts-Training kann als erfolgreich bezeichnet werden: Wir konstatieren niedrigere Ergebnisse in den Skalen FAF1, FAF2, FAF3, FAF4 und SUM13. Nur in der Skala FAF5 wurde anstelle einer negativen eine positive Differenz errechnet. Diese ist mit 0,2 jedoch sehr gering.

Dennoch sind die Vergleiche mit einigen Projekten, die negative Differenzen erreichen, statistisch bedeutsam.

Als erfolgreiches Projekt kann auch das Projekt 26 bezeichnet werden. In allen Skalen des FAF (außer FAF5) können die Testwerte gesenkt werden. Die etwas zu starke Anhebung des Wertes in der Skala FAF5 ist statistisch nicht bedeutsam.

Desgleichen kann als ein schlechtes Projekt Projektort 9 gelten. Für ein solches Ergebnis sind ebenfalls entsprechend statistisch bedeutsame Mittelwertunterschiede auszumachen.

Als ziemlich wirkungsloses und „neutrales" Projekt möchten wir abschließend Projekt 74 nennen. Es erreichte bei den Teilnehmern keine Veränderungen in der Skala FAF4. Festgestellt werden konnten zudem in den anderen Skalen nur ganz geringfügige (dort allerdings positive) Ergebnisse. Die Tabellen mögen diesen Befund unterstreichen.

Zusammenfassend möchten wir festhalten, dass zwischen den einzelnen Projektorten deutliche Unterschiede bestehen, die auch einen erheblichen Anteil der Varianz erklären. Wie oben bereits erwähnt, sind die Gründe in der Gestaltung und der Zusammensetzung des Anti-Aggressivitäts-Trainings zu suchen. Dieses interessante Zwischenergebnis führte uns zu der Überlegung, die beteiligten Projekte nach den Modalitäten zu befragen, um daraus Gründe für den Erfolg eines Trainingskurses ableiten zu können. Die weiteren Ausführungen dazu greifen wir im nachfolgenden Abschnitt auf, um an dieser Stelle zunächst die weiteren Gruppierungsvariablen betrachten zu können.

Art des Trainings

In Abschnitt 2.5.5 haben wir bereits darauf hingewiesen, dass es keine allgemein einheitliche Abgrenzung zwischen den Trainingsformen Anti-Aggressivitäts-Training und Anti-Gewalt-Training gibt. Für die bei Kilb & Weidner (2000 b: vgl. 381) vorgenommene Einteilung durch den Gesamtstundenumfang und die Anzahl der Teilnehmer in einem Kurs erhalten wir durch die Ergebnisse unserer qualitativen Erhebung (siehe Abschnitt 4.2) keine Bestätigung. Hier haben wir vielmehr überhaupt keine Anhaltspunkte dafür finden können, die einen Gebrauch des Begriffs Anti-Aggressivitäts-Training oder Anti-Gewalt-Training begründen. Demnach müssen wir davon ausgehen, dass der Gebrauch dieser Begriffe in die Beliebigkeit der einzelnen Projekte gestellt war, oder dass er möglicherweise aus einer persönlichen Vorliebe für den jeweiligen Begriff resultiert. Etwas eher grenzt sich zwar das Coolness-Training ab, was sich aber an manchen Stellen ebenfalls sehr verschwommen zeigt.

Wir vermuten demnach begründet, dass die Gruppierung nach der Art des Trainings keine statistisch gesicherten Aussagen ergeben und wollen unsere Vermutung überprüfen.

Betrachten wir zuvor das uns vorliegende Material, so verteilt sich die Verwendung der Begriffe Coolness-Training (Coolness), Anti-Aggressivitäts-Training (AAT) und Anti-Gewalt-Training (AGT) wie folgt:

Abbildung 14: Verteilung der Orte nach Art des Trainings

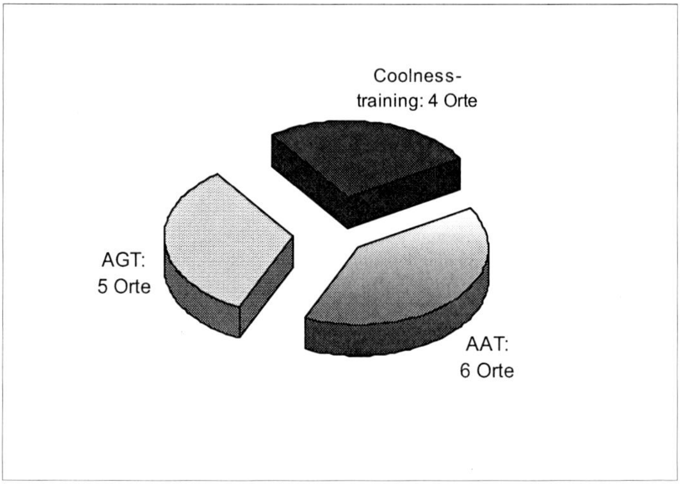

Abweichend vom bisherigen Vorgehen möchten wir diesmal die Werte der Vorher- und der Nachher-Messung betrachten. Unter der in Abbildung 14 gezeigten Verteilung erscheinen die Mittelwerte und die Standardabweichung der einzelnen Skalen wie folgt:

Tabelle 38 **Mittelwerte und Streuung nach der Gruppierung mit der Variable Art des Trainings (Staninewerte)**

Art des Trainings		VFAF1	NFAF1	VFAF2	NFAF2	VFAF3	NFAF3	VFAF4	NFAF4	VFAF5	NFAF5	VSU13	NSU13
AAT	Mittelwert	5,3	4,9	5,8	4,3	6,7	5,7	6,7	6,6	4,6	5,4	6	4,9
	N	55	55	55	55	55	55	55	55	55	55	55	55
	Streuung	1,7	1,5	2	1,6	1,7	1,8	1,7	1,8	1,6	1,4	1,9	1,5
AGT	Mittelwert	5,4	4,6	5,7	4	6,8	5,6	6,6	6,2	4,6	5,2	6,1	4,5
	N	52	52	52	52	52	52	52	52	52	52	52	52
	Streuung	1,8	1,6	1,8	1,9	1,6	1,8	2,1	1,8	1,9	1,9	1,7	1,9
Coolness	Mittelwert	5,3	5,2	5,6	4,9	6,2	6,1	6,2	5,6	4,7	5,1	5,8	5,3
	N	18	18	18	18	18	18	18	18	18	18	18	18
	Streuung	1,8	1,8	2,3	2,2	2,4	2,1	2,4	2,4	1,7	1,8	2,2	2,4
Insgesamt	Mittelwert	5,4	4,8	5,7	4,3	6,6	5,7	6,6	6,3	4,6	5,3	6	4,8
	N	125	125	125	125	125	125	125	125	125	125	125	125
	Streuung	1,7	1,6	1,9	1,8	1,8	1,8	2	1,9	1,7	1,7	1,8	1,9

VFAF1 ... VSU13 beziehen sich auf die Vorher-Messung. NFAF1...NSU13 auf die Nachher-Messung. Die Ergebnisse beziehen sich auf die Experimentalgruppe (n= 125).

Aus dieser Tabelle sind zunächst einmal recht interessante Ergebnisse zu erkennen: Bei den Skalen FAF1 bis FAF3 und – logischer Weise – bei der Skala SUM13 zeigen AAT und AGT höhere, bei FAF1 gleich hohe Einstiegsmittelwerte, aber auch niedrigere Ausstiegsmittelwerte – also entsprechend höhere Differenzen als beim Coolness-Training. Das könnte darauf hindeuten, dass im AGT bzw. AAT aggressivere Menschen erreicht und auch „erfolgreicher" behandelt werden. In der Skala FAF5 ist der Wert der positiven Differenz für das Coolnesstraining geringer (-0,4) bei nahezu gleichem Einstiegswert bei allen drei Gruppen (4,6 bzw. 4,7). In der Skala FAF4 erreicht auch das Coolnesstraining ein besseres Ergebnis. Allerdings sind die Mittelwerte der Voruntersuchung beim AAT und AGT höher. Das AAT erreicht hier aber nur eine minimale Veränderung (0,1).

Wir wollen nun die beobachteten Mittelwertunterschiede überprüfen, ob „sie sich vielleicht nur zufällig in der betrachteten Stichprobe eingestellt haben" (Brosius 1998: 444) und führen die einfache Varianzanalyse durch.

Deren Ergebnis ist aber eher ernüchternd und bestätigt unsere Vermutung. Keine Skala weist eine akzeptable Signifikanz auf, um die Hypothese, „dass sich die Mittelwerte der drei betrachteten Gruppen in der Grundgesamtheit nicht voneinander unterscheiden" (Brosius 1998: 483) zurückweisen zu können.

Auch die varianzanalytischen Berechnungen der Differenzen der einzelnen Skalen ergeben den gleichen Befund. Diesen unterfüttern wir durch nachfolgende Tabelle.

Tabelle 39: Ergebnisse der multivariaten Varianzanalyse mit der Variable Art des Trainings

Quelle	Quadratsumme vom Typ III	df	Mittel der Quadrate	F	Signifikanz
FAF1 * Art des Trainings	4,1	2	2,1	1,7	0,1857
Fehler(FAF1)	146,5	122	1,2		
FAF2 * Art des Trainings	8,4	2	4,2	1,8	0,1707
Fehler(FAF2)	285,0	122	2,3		
FAF3 * Art des Trainings	6,7	2	3,3	2,0	0,1414
Fehler(FAF3)	204,6	122	1,7		
FAF4 * Art des Trainings	3,6	2	1,8	1,0	0,3533
Fehler(FAF4)	210,8	122	1,7		
FAF5 * Art des Trainings	1,3	2	0,6	0,4	0,6617
Fehler(FAF5)	186,0	122	1,5		
SUM13 * Art des Trainings	9,3	2	4,6	2,6	0,0774
Fehler(SUM13)	216,4	122	1,8		

Für alle Interaktionsterme und die Fehler können wir Sphärizität annehmen.

Es ist festzuhalten, dass es sich bei den Begriffen Anti-Aggressivitäts-Training, Anti-Gewalt-Training und Coolness-Training eher um nominalistische Definitionen handelt, die mögliche Behandlungsunterschiede verwischen.

Wir empfehlen daher der Fachgruppe, durch eine Begriffsbestimmung die Voraussetzung für die nötige Trennschärfe beim Verwenden der Bezeichnung Coolness-Training, Anti-Aggressivitäts-Training und Anti-Gewalt-Training zu schaffen. Ziel müsste sein, eine inhaltliche und zielgruppenspezifische Präzisierung zu erreichen, um die jeweilige Trainingsform adäquat einsetzen und im Sinne einer Wirkungsforschung anschließend den Erfolg der jeweiligen Maßnahme auch entsprechend nachweisen zu können.

Ambulante und stationäre Verortung

Zur Abrundung unserer Berechnungen mit der Gruppierungsvariable Ort soll nun eine Aufteilung der Projektorte danach vorgenommen werden, ob das Anti-Aggressivitäts-Training im Strafvollzug, wir bezeichnen dies mit „stationär", oder außerhalb des Strafvollzugs, im Folgenden mit „ambulant" bezeichnet, durchgeführt wird. Insgesamt stehen 31 Testpersonen des Strafvollzuges 94 Teilnehmern aus ambulanten Handlungsfeldern gegenüber. Die Differenzen für die einzelnen

Skalen werden erneut in Form einer Tabelle an den Anfang unserer Überlegungen gestellt.

Tabelle 40: Differenzen der Skalenwerte der Experimentalgruppe (n = 125) nach der Gruppierung mit der Variable Verortung des Trainings (Staninewerte)

Verortung		DIFF-FAF1	DIFF-FAF2	DIFF-FAF3	DIFF-FAF4	DIFF-FAF5	DIFF-SU13
Stationär	Mittelwert	1,2	2,1	1,4	0,7	-0,7	1,9
	N	31	31	31	31	31	31
Ambulant	Mittelwert	0,3	1,2	0,8	0,1	-0,6	1,0
	N	94	94	94	94	94	94
Insgesamt	Mittelwert	0,5	1,4	0,9	0,3	-0,7	1,2
	N	125	125	125	125	125	125

DIFF... meint die Differenz der jeweiligen Skalenwerte FAF1, FAF2, FAF3, FAF4, FAF5 und SUM13.

Es ist zu erkennen, dass beide Gruppen in den Skalen FAF1, FAF2, FAF3, FAF4 und SUM13 positive Differenzen erreichen. Die nach außen und die gegen sich selbst gerichtete Aggressivität wurden reduziert, bei den stationären Anti-Aggressivitäts-Training jedoch besser als im ambulanten Bereich. Beide Gruppen erhöhten auch die Aggressivitätshemmung (negative Differenzwerte), die durch die Skala FAF5 abgebildet ist. Wenn man von einer Übertragbarkeit der Ergebnisse der Experimentalgruppe auf die hier gebildeten Gruppen ausgeht, nähert sich das Ergebnis der ambulanten Maßnahmen in der Skala FAF5 dem Ziel am nächsten an. Wir erinnern uns nämlich, dass eine zu starke Anhebung der Hemmungswerte über das angestrebte Ziel des Anti-Aggressivitäts-Trainings, das Niveau der Eichstichprobe zu erreichen, „hinausschießt".

Diese Deskription konfrontieren wir nun mit Signifikanztests.

Tabelle 41: Ergebnisse der multivariaten Varianzanalyse mit der Variable ambulante und stationäre Verortung

Quelle	Quadratsumme vom Typ III	df	Mittel der Quadrate	F	Signifikanz
FAF1 * Verortung	8,5	1	8,5	7,3	0,0077
Fehler(FAF1)	142,1	123	1,2		
FAF2 * Verortung	8,9	1	8,9	3,8	0,0522
Fehler(FAF2)	284,5	123	2,3		
FAF3 * Verortung	4,7	1	4,7	2,8	0,0985
Fehler(FAF3)	206,6	123	1,7		
FAF4 * Verortung	3,4	1	3,4	2,0	0,1624
Fehler(FAF4)	211,0	123	1,7		
FAF5 * Verortung	0,2	1	0,2	0,1	0,7301
Fehler(FAF5)	187,1	123	1,5		
SUM13 * Verortung	11,4	1	11,4	6,5	0,0118
Fehler(SUM13)	214,3	123	1,7		

Für alle Interaktionsterme und die Fehler können wir Sphärizität annehmen.

Für den Faktor ambulante/stationäre Verortung zeigt die obige Tabelle nicht nur in den Skalen FAF1 und SUM13 signifikante Ergebnisse, sondern darüber hinaus auch in der Skala FAF2. Allerdings konzedieren wir, dass in der Skala FAF2 das Signifikanzniveau 0,05 ganz geringfügig überschritten ist. Die Erweiterung der Angabe auf vier Dezimalstellen zeigt den Wert 0,0522, den wir noch akzeptieren wollen, zumal die Tests der Zwischensubjekteffekte für die Variable FAF2 bezüglich des Haupteffektes mit 0,04 einen signifikanten Unterschied ausweist.

Aussagen können wir aber auf diesem Befund nur im Blick auf die Reduzierung der nach außen gerichteten Aggressivität der Teilnehmer am Anti-Aggressivitäts-Training, jedoch nicht bezüglich der Selbstaggressivität (FAF4) und der Aggressionshemmung (FAF5), tätigen.

Tabelle 42: Korrelationsmaße Eta und Eta^2 (ambulant/stationär)

	Eta	Eta-Quadrat
DIFFFAF1 * ORT	0,24	0,06
DIFFFAF2 * ORT	0,17	0,03
DIFFSU13 * ORT	0,22	0,05

DIFF... meint die Differenz der jeweiligen Skalenwerte FAF1, FAF2 und SUM13.

Aus Tabelle 42 geht außerdem hervor, dass die Gesamtunterschiedlichkeit aller Messwerte zu 3 % (FAF2) bzw. zirka 5 % (FAF1 und SUM13) auf die nach ambulant und stationär differenzierten Variable Ort zurückzuführen ist, so dass eher von einem marginalen Einfluss ausgegangen werden kann.

Zur näheren Betrachtung möchten wir die Profildiagramme für die drei Skalen FAF1, FAF2 und SUM13 heranziehen, um davon unsere Interpretation abzuleiten.

Abbildung 15: Mittelwerte der Skala FAF1 (n = 125) nach Verortung – vorher/nachher (Staninewerte)

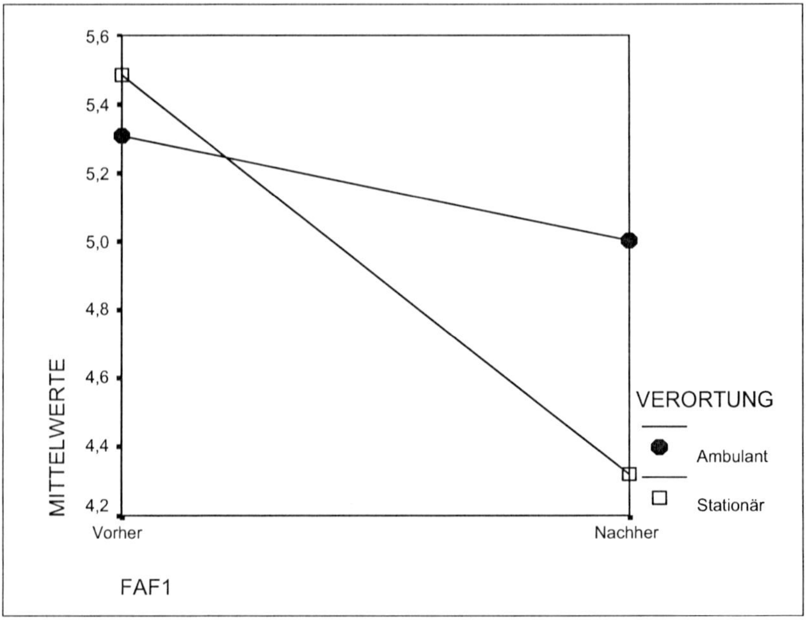

Die Mittelwerte der Nachher-Messung sind auf dem Niveau von .05 signifikant. Der Deutlichkeit halber haben wir hier nur den ausschlaggebenden Bereich des Diagramms abgebildet und auf den Einschluss des Ursprungs verzichtet.

Abbildung 16: Mittelwerte der Skala FAF2 (n = 125) nach Verortung – vorher/nachher (Staninewerte)

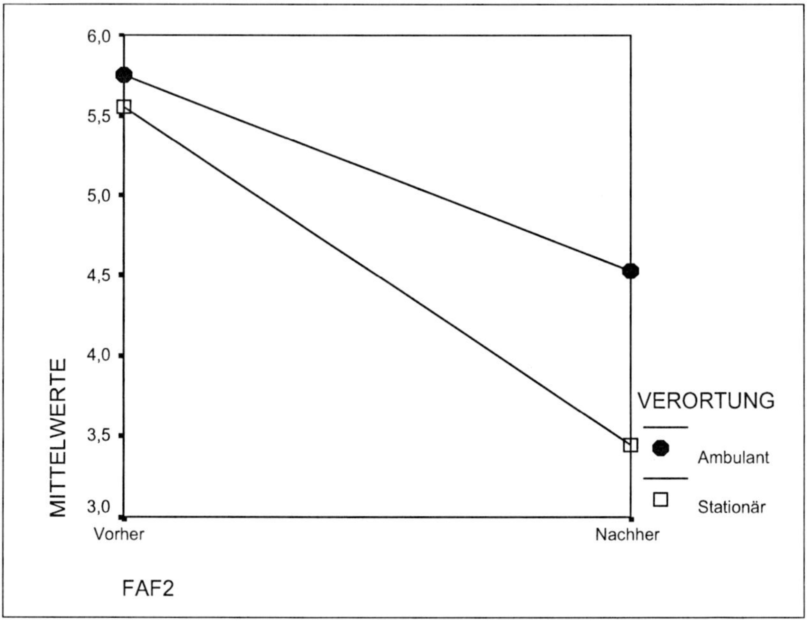

Die Mittelwerte der Nachher-Messung sind auf dem Niveau von .01 signifikant. Der Deutlichkeit halber haben wir hier nur den ausschlaggebenden Bereich des Diagramms abgebildet und auf den Einschluss des Ursprungs verzichtet.

Abbildung 17: Mittelwerte der Skala SUM13 (n = 125) nach Verortung – vorher/nachher (Staninewerte)

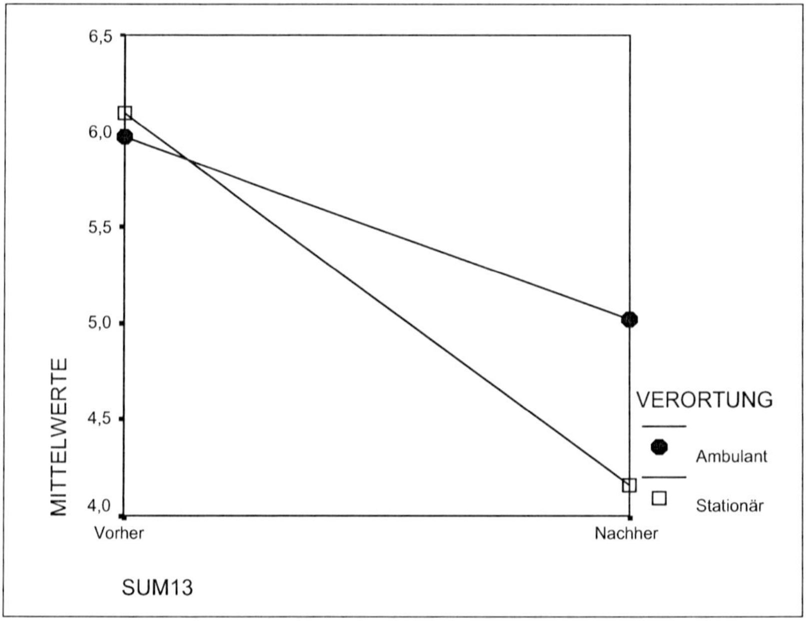

Die Mittelwerte der Nachher-Messung sind auf dem Niveau von .05 signifikant. Der Deutlichkeit halber haben wir hier nur den ausschlaggebenden Bereich des Diagramms abgebildet und auf den Einschluss des Ursprungs verzichtet.

Beim Betrachten dieser Diagramme fallen folgende Gemeinsamkeiten auf, die durch die Linien deutlich visualisiert werden:

- Die Mittelwerte der Vorher – Erhebung liegen im ambulanten und stationären Bereich ziemlich gleichauf, jedoch haben in der Skala FAF1 und SUM13 die stationären Projekte höhere Eingangwerte, wohingegen dies in der Skala FAF2 für die ambulanten Maßnahmen zutrifft.
- Die Ausgangsmittelwerte liegen deutlich unter den Eingangsmittelwerten, eine Verringerung der nach außen gerichteten Aggressivität wurde sowohl im ambulanten als auch im stationären Bereich erreicht.
- Immer liegen die Werte der Nachher-Messung der stationären Orte erheblich unter denen der ambulanten Orte. Wenn man die Ergebnisse für die fehlenden Skalen FAF3, FAF4 und FAF5 nicht berücksichtigt, kann für beide Handlungsfelder ein erfolgreiches Arbeiten konstatiert werden.

Als Fazit möchten wir zusammenfassen:

- Die Einstiegswerte beider Zielgruppen können nicht als extrem benannt werden. Von daher wäre es nicht richtig, auf eine veränderte Sanktionspraxis des Jugendstrafrechts zu schließen. Wir gehen vielmehr davon aus, dass in beiden Handlungsfeldern nahezu identische Zielgruppen für das Anti-Aggressivitäts-Training angesprochen und eingebunden werden.
- Die Anti-Aggressivitäts-Trainings im Jugendstrafvollzug erzielen auffallend bessere Gesamtergebnisse. Wir möchten begründet vermuten, dass anscheinend das Anti-Aggressivitäts-Training in seinem ureigensten Handlungsfeld, dem Jugendstrafvollzug, am wirkungsvollsten eingesetzt werden kann. Im Blick auf die insgesamt positiven Ergebnisse (vgl. 4.1.4) kann die Frage, ob diese Methode per se nur im stationären Bereich angewendet werden kann, allerdings verneint werden. Auch kann Zwang als Erklärungsvariable nicht herangezogen werden. Wie weiter unten (4.2.3) zu zeigen sein wird, geben die Ergebnisse zu dieser Frage wenig Aufschluss. Es könnte jedoch angenommen werden, dass die Teilnehmer aus dem Strafvollzug eine höhere Veränderungsbereitschaft besitzen. Vielleicht bietet das Anstaltssystem dem Einzelnen eine intensivere Gesamtbetreuungssituation, die die Wirkung des Anti-Aggressivitäts-Trainings positiv im Sinne des Behandlungszieles unterstützt. Möglicherweise sind dort die Mitarbeiterinnen und Mitarbeiter in der Lage, die Behandlungsziele aus dem Anti-Aggressivitäts-Training aufzunehmen und in den Vollzugsalltag zu integrieren. Es bleiben kritische Zweifel berechtigt, ob das Anti-Aggressivitäts-Training für den ambulanten Einsatz ausreichend modifiziert ist.

Kurs

In den 15 Projektorten führten die Teams insgesamt 32 Kurse durch, die in die Evaluation einbezogen wurden. Dabei wurden

- 14 erste Kurse
- 8 zweite Kurse
- 5 dritte Kurse
- 3 vierte Kurse
- 1 fünfter Kurs und
- 1 sechster Kurs

erfasst. Auf Grund der geringen Zellenbesetzung in den Kursen 5 und 6 haben wir diese beiden Gruppen zu einer Ausprägung (> 4) zusammengefasst. Aus einer ersten Berechnung ergibt sich folgendes Zahlenmaterial:

Tabelle 43: Differenzen der Skalenwerte der Experimentalgruppe (n = 125) nach der Gruppierung mit der Variable Kurs des Trainings (Staninewerte)

KURS		DIFFFAF1	DIFFFAF2	DIFFFAF3	DIFFFAF4	DIFFFAF5	DIFFSU13
1	Mittelwert	0,7	1,2	1,1	0,4	-0,7	1,3
	N	61	61	61	61	61	61
2	Mittelwert	0,1	1,3	0,4	-0,4	-0,6	0,7
	N	23	23	23	23	23	23
3	Mittelwert	0,1	1,5	0,8	0,5	-0,3	1,0
	N	20	20	20	20	20	20
4	Mittelwert	-0,2	1,2	0,8	-0,3	-0,5	0,8
	N	13	13	13	13	13	13
>4	Mittelwert	2,3	4,3	1,8	1,3	-1,4	3,4
	N	3	3	3	3	3	3
Insgesamt	Mittelwert	0,5	1,4	0,9	0,3	-0,7	1,2
	N	125	125	125	125	125	125

DIFF... meint die Differenz der jeweiligen Skalenwerte FAF1, FAF2, FAF3, FAF4, FAF5 und SUM13.

In diesem Material ist sehr auffällig, dass in allen Skalen die Ergebnisse sehr stark variieren. Außerdem finden wir in den Skalen FAF1 und FAF4 sowohl positive als auch negative Differenzbeträge. Daher wollen wir an dieser Stelle zur klareren Darstellung der Ergebnisse auf eine Deskription der Datensammlung verzichten und zunächst Signifikanzprüfungen anstellen. Von Interesse für uns ist nämlich die Fragestellung, ob sich Veränderungen bei den entsprechenden Mittelwerten rein zufällig ergeben haben oder statistisch gesichert sind. Daraus könnten wir beispielsweise die Vermutung ableiten, dass mit steigender Kurszahl die Erfahrung der Teams zunimmt und dementsprechend das Anti-Aggressivitäts-Training erfolgreicher verläuft.

Tabelle 44: Ergebnisse der multivariaten Varianzanalyse mit der unabhängigen Variable Kurs

Quelle	Quadratsumme vom Typ III	df	Mittel der Quadrate	F	Signifikanz
FAF1 * KURS	20,3	4	5,1	4,7	0,0015
Fehler(FAF1)	130,3	120	1,1		
FAF2 * KURS	34,7	4	8,7	4,0	0,0042
Fehler(FAF2)	258,7	120	2,2		
FAF3 * KURS	8,3	4	2,1	1,2	0,3048
Fehler(FAF3)	203,0	120	1,7		
FAF4 * KURS	11,6	4	2,9	1,7	0,1497
Fehler(FAF4)	202,7	120	1,7		
FAF5 * KURS	3,9	4	1,0	0,6	0,6392
Fehler(FAF5)	183,4	120	1,5		
SUM13 * KURS	24,4	4	6,1	3,6	0,0078
Fehler(SUM13)	201,3	120	1,7		

Für alle Interaktionsterme und die Fehler können wir Sphärizität annehmen.

Tabelle 44 zeigt statistisch bedeutsame Unterschiede in den Skalen FAF1, FAF2 und SUM13. Schon bei unseren Überlegungen zum Treatment „ambulante oder stationäre Verortung“ haben wir darauf hingewiesen, dass vor allem diese drei Skalen die entscheidenden Anhaltspunkte für einen erreichten Abbau der Aggressivität in den Trainingskursen liefern. Signifikanzen in diesen Skalen sind daher für unsere Evaluation sehr bedeutsam.

Analog unseres bisherigen Vorgehens möchten wir unsere Interpretationen auf der Basis von signifikanten Mittelwertvergleichen vornehmen und diese durch Profildiagramme grafisch unterlegen.

Tabelle 45: Post-Hoc-Mehrfachvergleiche (LSD) für die Skala FAF1 und Variable Kurs

Kurs	1	2	3	4	>4
1					
2					
3					
4	X				
>4	X	X	X	X	

Angegeben sind die Mittelwertpaare, deren mittlere Differenz auf der Stufe .05 signifikant sind.

Tabelle 46: Post-Hoc-Mehrfachvergleiche (LSD) für die Skala FAF2 und Variable Kurs

Kurs	1	2	3	4	> 4
1					
2					
3					
4					
> 4	X	X	X	X	

Angegeben sind die Mittelwertpaare, deren mittlere Differenz auf der Stufe .05 signifikant sind.

Tabelle 47: Post-Hoc-Mehrfachvergleiche (LSD) für die Skala SUM13 und Variable Kurs

Kurs	1	2	3	4	> 4
1					
2					
3					
4					
> 4	X	X	X	X	

Angegeben sind die Mittelwertpaare, deren mittlere Differenz auf der Stufe .05 signifikant sind.

Abbildung 18: Mittelwerte der Skala FAF1 (n = 125) nach Kurs – vorher/nachher (Staninewerte)

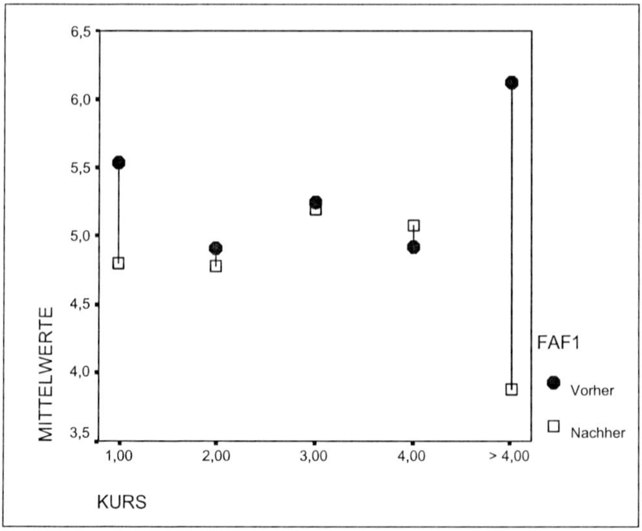

Der Deutlichkeit halber haben wir hier nur den ausschlaggebenden Bereich des Diagramms abgebildet und auf den Einschluss des Ursprungs verzichtet.

Abbildung 19: Mittelwerte der Skala FAF2 (n = 125) nach Kurs – vorher/nachher

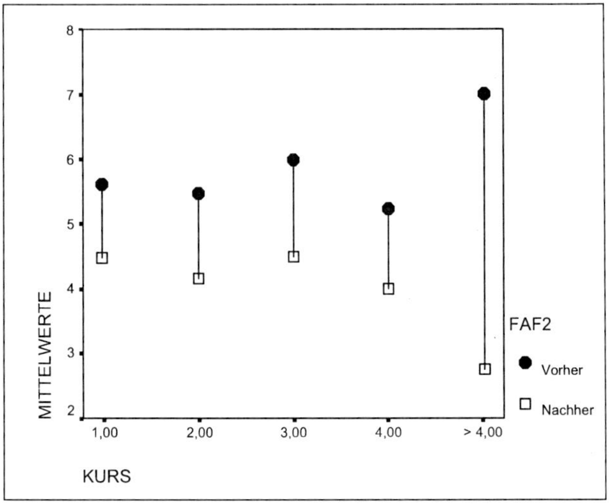

Der Deutlichkeit halber haben wir hier nur den ausschlaggebenden Bereich des Diagramms abgebildet und auf den Einschluss des Ursprungs verzichtet.

Abbildung 20: Mittelwerte der Skala SUM13 (n = 125) nach Kurs – vorher/nachher

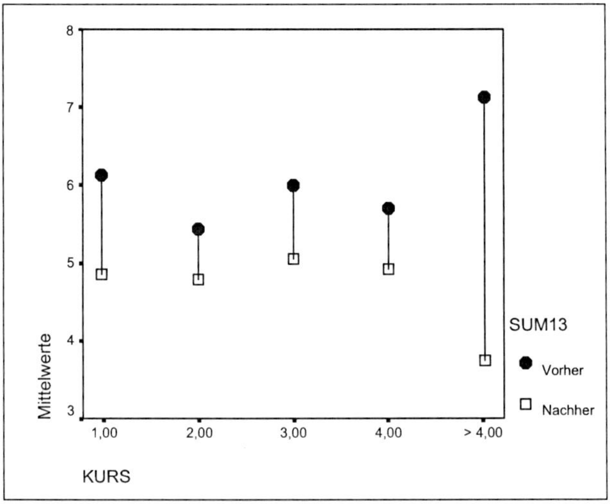

Der Deutlichkeit halber haben wir hier nur den ausschlaggebenden Bereich des Diagramms abgebildet und auf den Einschluss des Ursprungs verzichtet.

Wir können bezüglich der Ergebnisse für die Skalen FAF1, FAF2 und SUM13 folgendes erkennen:

Bis auf eine Ausnahme (4. Kurs bei FAF1) sind die Differenzen durchweg positiv. Aber auch dieser Wert wird letztlich durch die Skala FAF2 (und auch Skala FAF3) ausgeglichen, was der positive Summenwert (SUM13 = 0,8) für den 4. Kurs zeigt. Das Anti-Aggressivitäts-Training erreichte demnach in allen Kursen bei den Teilnehmern eine Verringerung ihrer nach außen gerichteten Aggressivität. Unter Ausklammerung der Ergebnisse der hier nicht interpretierbaren Skalen (insbesondere FAF4, FAF5) können die Trainingskurse daher als erfolgreich bezeichnet werden.

Auffallend ist folgender Befund: Die Ergebnisse in den Kursen 5 und mehr sind gegenüber allen anderen Kursen signifikant besser. Die Differenzen der Mittelwerte liegen hier immer ein Vielfaches über denen der anderen Kurse. Dies rührt daher, dass die Einstiegswerte in diesen Kursen am höchsten, aber auch die Nachher–Werte am tiefsten sind. Die nach außen gerichtete Aggressivität konnte bei den Teilnehmern in diesen Kursen am stärksten reduziert werden. Dies ist zwar etwas einschränkend zu werten, da die Zellenbesetzung mit n = 8 sehr gering ist. Gleichwohl sehen wir unsere Vermutung bestätigt, dass in der Tat die zunehmende Erfahrung der Projekte für den Erfolg des Anti-Aggressivitäts-Trainings förderlich ist.

Die für dieses Treatment angezeigten Zusammenhangmaße zeigen außerdem, dass insgesamt zwischen 11 % und 14 % der Varianz erfasst werden.

Tabelle 48: Korrelationsmaße Eta und Eta² (Kurse)

	Eta	Eta-Quadrat
DIFFFAF1 * KURS	0,37	0,14
DIFFFAF2 * KURS	0,35	0,12
DIFFSU13 * KURS	0,34	0,11

DIFF... meint die Differenz der jeweiligen Skalenwerte FAF1, FAF2 und SUM13.

Der Vollständigkeit halber betrachten wir auch die verbliebenen Kurse. Die zweithöchsten Einstiegswerte weist in den Skalen FAF1 und SUM13 der Kurs 1 auf, verbunden mit den größten Differenzwerten. Für den Vergleich der 2., 3. und 4. Kurse ist der Begriff einer Wellenbewegung zutreffend: Die dritten Kurse arbeiten mit aggressiveren Teilnehmern. Obwohl die Mittelwerte nach dem Anti-Aggressivitäts-Training höher liegen, ist die Veränderung gegenüber dem Vortest dennoch meistens am größten. Die 4. Kurse schneiden insgesamt am schlechtesten ab. Diese Kurse einmal ausgeklammert zeigt die Skala FAF2 eine stete Aufwärtstendenz: Die Einstiegswerte werden größer, die Mittelwerte der Nachheruntersuchung kleiner und demnach die Ergebnisse mit laufendem Kurs immer besser.

Zusammenfassend möchten wir aus den Befunden folgende begründete Vermutungen ableiten, die auch auf den eigenen Erfahrungen des Autors beruhen:

- Die Anti-Aggressivitäts-Trainings werden mit laufender Kurszahl erfolgreicher. Dies mag einerseits an der zunehmenden Erfahrung der Trainerinnen und Trainer liegen, andererseits aber auch darin begründet sein, dass die Teams effektiver ihr Klientel im Blick auf die Geeignetheit für die Maßnahme auswählen.
- Die steigenden Mittelwerte zu Beginn der Maßnahmen lassen ein gestiegenes Selbstvertrauen vermuten, auch mit aggressiveren Jugendlichen und jungen Erwachsenen zu arbeiten.
- Für die Begründung der im Verlauf dieser Auswertung festgestellten Abweichungen zwischen dem ersten und den sich anschließenden Kursen gibt es unserer Meinung nach mehrere Ansätze: Die finanzierenden Stellen schenken häufig nach dem ersten Anti-Aggressivitäts-Training den Maßnahmen Vertrauen und weisen mehr Jugendliche zu, wodurch sich das Trainingsteam weniger gewalttätige Teilnehmer auswählen kann. Dies ist meistens für einen ersten Kurs weniger möglich, weil einerseits die Zuwendungen eher schleppend sind oder andererseits der Träger unter einem Vorzeigedruck steht, das Anti-Aggressivitäts-Training endlich beginnen zu müssen. Trotzdem konnten wir nachweisen, dass auch die ersten Kurse sehr erfolgreich abgeschlossen werden. Dies wiederum erklären wir mit einer sehr guten Ausbildung durch das Institut für Sozialarbeit und Sozialpädagogik (ISS) und der dort geleisteten intensiven Vorbereitungen eines ersten Kurses durch die Kolleginnen und Kollegen in den Projektorten. Jedoch lässt sich meistens das Anti-Aggressivitäts-Training nicht gleich in den eigenen betrieblichen Ablauf integrieren, sondern läuft anfangs neben dem Dienstgeschehen her, so dass eine genauso arbeits- und zeitintensive Weiterführung der nachfolgenden Kurse behindert wird.

Alter

Der FAF gibt 6 Altersstufen vor:

- 15 – 20 Jahre
- 21 – 30 Jahre
- 31 – 40 Jahre
- 41 – 50 Jahre
- 51 – 60 Jahre
- über 60 Jahre.

Damit wird deutlich, dass der FAF erst auf Jugendliche über 15 Jahre anwendbar ist. Durch die Tatsache, dass zwischen Pre- und Posterhebung einige Monate lagen, erhielten wir bei einigen wenigen Testpersonen zwei Altersnennungen. In einem solchen Falle haben wir die Angabe aus dem zweiten Fragebogen verwendet. Dies schien uns deshalb angemessener, da die Testpersonen zum Zeitpunkt der Vorher-Messung mindestens 20,5, also älter als 20 Jahre, alt waren. Im Blick auf die Skaleneinteilung erscheint es gerechtfertigter, eine Person im Alter von 20,5 Jahren der Population zwischen 21 und 30 Jahren zuzuteilen, als der von 15 bis 20 Jahren.

Tabelle 49 Differenzen der Skalenwerte der Experimentalgruppe (n = 125) nach der Gruppierung mit der Variable Alter der Teilnehmer (Staninewerte)

ALTER		DIFFFAF1	DIFFFAF2	DIFFFAF3	DIFFFAF4	DIFFFAF5	DIFFSU13
15-20	Mittelwert	0,5	1,4	1,0	0,2	-0,6	1,2
	N	98	98	98	98	98	98
21 bis 30	Mittelwert	0,7	1,6	0,7	0,5	-0,9	1,3
	N	27	27	27	27	27	27
Insgesamt	Mittelwert	0,5	1,4	0,9	0,3	-0,7	1,2
	N	125	125	125	125	125	125

DIFF... meint die Differenz der jeweiligen Skalenwerte FAF1, FAF2, FAF3, FAF4, FAF5 und SUM13.

Tabelle 49 zeigt deutlich, dass alle Teilnehmer mindestens 15 und höchstens 30 Jahre alt waren. Der Schwerpunkt liegt mit 78,4 % bei den 15 bis 20jährigen Jugendlichen und jungen Erwachsenen. Dieses Resultat erhalten auch Kilb & Weidner (2000 b: 380).

Wie unterziehen in einem nächsten Schritt diese zwei Untergruppen der Variablen Alter einer Prüfung auf signifikante Unterschiede:

Tabelle 50: Ergebnisse der multivariaten Varianzanalyse mit der Variable Alter der Teilnehmer

Quelle	Quadratsumme vom Typ III	df	Mittel der Quadrate	F	Signifikanz
FAKTOR1 * ALTER	0,6	1	0,6	0,5	0,4913
Fehler(FAKTOR1)	150,0	123	1,2		
FAF2 * ALTER	0,2	1	0,2	0,1	0,7566
Fehler(FAF2)	293,2	123	2,4		
FAF3 * ALTER	0,7	1	0,7	0,4	0,5204
Fehler(FAF3)	210,6	123	1,7		
FAF4 * ALTER	0,8	1	0,8	0,4	0,5107
Fehler(FAF4)	213,6	123	1,7		
FAF5 * ALTER	1,3	1	1,3	0,9	0,3501
Fehler(FAF5)	185,9	123	1,5		
SUM13 * ALTER	0,1	1	0,1	0,0	0,8371
Fehler(SUM13)	225,6	123	1,8		

Für alle Interaktionsterme und die Fehler können wir Sphärizität annehmen.

Multivariate Berechnungen ergeben keine akzeptable Irrtumswahrscheinlichkeit. In der Skala FAF2 weisen allerdings die Tests der Zwischeneffekte die Nullhypothese zurück, dass die Variable Alter keinen Haupteffekt auf die abhängigen Variablen ausübt. Die Darstellung der geschätzten Randmittel zeigt, dass sich der Effekt des Alters auf die Mittelwerte der Vor- und der Nachher-Messung gleichermaßen auswirkt, bei den 15-20jährigen allerdings höher als bei den 21- bis 30jährigen (vgl. RRNZ 2000: 7-66).

Abbildung 21: Mittelwerte der Skala FAF2 (n = 125) nach Alter – vorher/nachher (Staninewerte)

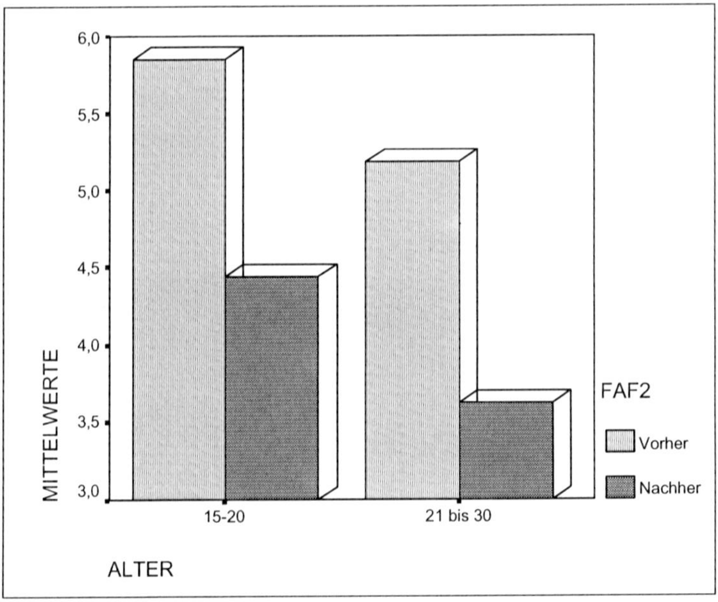

Der Deutlichkeit halber haben wir hier nur den ausschlaggebenden Bereich des Diagramms abgebildet und auf den Einschluss des Ursprungs verzichtet.

Da auch in der Skala FAF2 die unabhängige Variable nur einen ganz geringen Varianzanteil erklärt, können wir abschließend festhalten, dass der Erfolg des Anti-Aggressivitäts-Trainings weitgehend unabhängig davon ist, ob die Teilnehmer zwischen 15 und 20 oder zwischen 21 und 30 Jahren alt sind.

Schulbildung

Im FAF besteht für die Teilnehmer die Möglichkeit, eine von drei Antworten zur Angabe des Schulabschlusses anzukreuzen, entweder:

- Volksschule (VS),
- Mittlere Reife (MR) oder
- Abitur (Abi).

Abgesehen davon, dass heutzutage der Volksschulabschluss durch den Hauptschulabschluss ersetzt ist, fehlte in der Befragung die Komponente „ohne Abschluss“. Diese Antwort haben wir zu Volksschule gezählt. Im Falle der Antwort „Gesamtschulabschluss“ haben wir bei der betreffenden Kursleitung den tatsächlichen Schulabschluss erfragt.

Der Blick auf die Ergebnistabelle zeigt eindeutig die zahlenmäßige Überlegenheit der Volksschüler (86 %). Nur 17 Schüler hatten Realschulabschluss, gar nur 1 Teilnehmer das Abitur. In der Evaluation von Kilb & Weidner ist ein solch starkes Ungleichgewicht nicht anzutreffen, die Tendenz jedoch durchaus. Die Autoren sprechen von „Überrepräsentation zur gesamtgesellschaftlichen Streuung“ (2000 b: 380) der Volksschüler.

Tabelle 51: **Differenzen der Skalenwerte der Experimentalgruppe (n = 125) nach der Gruppierung mit der Variable Schulbildung (Staninewerte)**

SCHULE		DIFFFAF1	DIFFFAF2	DIFFFAF3	DIFFFAF4	DIFFFAF5	DIFFSU13
VS	Mittelwert	0,5	1,5	0,9	0,2	-0,6	1,2
	N	107	107	107	107	107	107
MR	Mittelwert	0,5	1,4	1,1	0,5	-0,8	1,1
	N	17	17	17	17	17	17
Abi	Mittelwert	0,0	0,0	2,0	1,0	0,0	1,0
	N	1	1	1	1	1	1
Insgesamt	Mittelwert	0,5	1,4	0,9	0,3	-0,7	1,2
	N	125	125	125	125	125	125

VS: Volksschule; MR: Mittlere Reife; Abi: Abitur. DIFF... meint die Differenz der jeweiligen Skalenwerte FAF1, FAF2, FAF3, FAF4, FAF5, SUM13.

Auf eine Analyse der Daten möchten wir auf Grund der Feldbelegung Abi mit n = 1 hier verzichten und zunächst die Labels Mittlere Reife und Abitur zusammenfassen, um sie dann varianzanalytischer Berechnungen zuzuführen.

Tabelle 52: Ergebnisse der multivariaten Varianzanalyse mit der Variable Schulbildung (recodiert)

Quelle	Quadratsumme vom Typ III	df	Mittel der Quadrate	F	Signifikanz
FAF1 * SCHULE	0,1	1	0,1	0,0	0,8251
Fehler(FAF1)	150,5	123	1,2		
FAF2 * SCHULE	0,1	1	0,1	0,1	0,8231
Fehler(FAF2)	293,3	123	2,4		
FAF3 * SCHULE	0,3	1	0,3	0,2	0,6798
Fehler(FAF3)	211,0	123	1,7		
FAF4 * SCHULE	0,8	1	0,8	0,5	0,4866
Fehler(FAF4)	213,5	123	1,7		
FAF5 * SCHULE	0,2	1	0,2	0,1	0,7335
Fehler(FAF5)	187,1	123	1,5		
SUM13 * SCHULE	0,2	1	0,2	0,1	0,7444
Fehler(SUM13)	225,5	123	1,8		

Für alle Interaktionsterme und die Fehler können wir Sphärizität annehmen.

Keiner der Tests produziert für eine unserer sechs Skalen eine Signifikanz. Ausnahme bilden die Tests der Zwischensubjekteffekte für die Skala FAF4. Da diese Skala allerdings für sich betrachtet keine Aussage über die Reduzierung der Aggressivität liefert – und diese interessiert uns ja vorwiegend – verzichten wir an dieser Stelle auf eine weitere Interpretation.

Wir konstatieren zusammenfassend, dass der Erfolg des Anti-Aggressivitäts-Trainings unabhängig vom Schulabschluss der Jugendlichen und jungen Erwachsenen ist. Es ist auch unerheblich, ob die Teilnehmer einen Schulabschluss haben oder nicht, ob sie in der Sonderschule oder im Gymnasium waren bzw. sind oder nicht.

Dieses deutliche Ergebnis bietet Anlass, die Standards für das Anti-Aggressivitäts-Training hinsichtlich dieser Fragestellung kritisch zu überprüfen. Dort ist formuliert, dass die Teilnehmer kognitiv und sprachlich dem Programm folgen können müssen (siehe Abschnitt 2.5.3). Es bleibt dabei offen, was genauer darunter zu verstehen ist. Versteht man darunter die Frage nach der Schulbildung, so könnte unserer Studie nach dieser Standard eindeutig entfallen. Eine Präzisierung der Qualitätsanforderungen tut Not.

Gegenwärtiger Beruf

Der FAF gibt 9 mögliche Kategorien vor, nämlich:

- Lehrling
- Schüler, Student
- Arbeiter (ungelernt)
- Facharbeiter
- Freier Beruf
- Beamter, Angestellter
- Höherer Beamter, Leitender Angestellter
- Selbstständiger Gewerbetreibender und
- Ohne Beruf.

Diese Vorgabe der Fragebogenautoren zeigte sich als weniger passend für die Befragung unserer Zielgruppe. In mehreren Fällen haben wir deshalb in den Projektgruppen nachfragen müssen. So war für die Teilnehmer die Trennung der Kategorien „Arbeiter (ungelernt)" und „ohne Beruf" schwierig, zumal „ohne Beruf" sowohl arbeitslos als auch die Tätigkeit als Aushilfskraft oder Handlanger meinen kann. Wir haben aber „ohne Beruf" ausschließlich zur Bezeichnung von aktueller Arbeitslosigkeit verwendet. Heute existieren außerdem Berufsbezeichnungen für einfache handwerkliche Tätigkeiten, die weder Facharbeiterstatus erlangen, noch als ungelernte Tätigkeit gelten können. Dennoch haben wir solche Berufe der Kategorie Facharbeiter zugeordnet. Problematisch ist auch die Entscheidung für eine Antwort, wenn ein Geselle derzeit nicht in seinem eigentlichen Beruf arbeitet, sondern Hilfsarbeiterdienste tätigt. Ähnlich schwierig ist auch die Entscheidung, wenn ein Teilnehmer inhaftiert ist und so seinen eigentlichen Beruf befristet nicht mehr ausüben kann. Grundsätzlich haben wir uns dafür entschieden, immer die qualifiziertere Tätigkeit in die Datensammlung aufzunehmen, selbst wenn sie aktuell nicht ausgeübt wurde. Weniger ernst genommen haben wir die als milieuspezifisch zu wertende Antwort betrachtet, dass Dealerei und Hehlerei als selbstständig betriebenes Gewerbe zu gelten habe. Hier klärte eine Nachfrage bei dem Trainerteam den tatsächlichen Berufsstand.

Unter das Merkmal ohne Beruf fielen demnach Jugendliche und Heranwachsende, die sich nicht mehr in einer Schule befanden, die aber auch keinen Beruf erlernt hatten und derzeit arbeitslos waren. Darunter fassten wir aber auch diejenigen, die von der Schule kommend ein Freiwilliges Soziales Jahr absolvierten oder ihren Militärdienst leisteten.

Zu dem Merkmal „Schüler, Student" rechneten wir Berufsschüler und Praktikanten. Hier ist auch anzumerken, dass eine weitere Nachfrage bei den Trainerinnen und Trainern ergab, dass sich unter den Testpersonen keine Studenten befinden.

Ein Letztes: Veränderte sich in der Zeit zwischen des Pre- und des Posttestes der berufliche Status, haben wir auch hier den qualifizierteren Status in die Sozialstatistik einfließen lassen.

Nach dieser Vorgehensweise erhalten wir folgende Tabelle:

Tabelle 53: Differenzen der Skalenwerte der Experimentalgruppe (n = 125) nach der Gruppierung mit der Variable Beruf (Staninewerte)

BERUF		DIFFFAF1	DIFFFAF2	DIFFFAF3	DIFFFAF4	DIFFFAF5	DIFFSU13
Lehrling	Mittelwert	0,1	1,4	0,4	0,3	-0,5	0,8
	N	28	28	28	28	28	28
Schüler/	Mittelwert	0,6	1,5	1,1	0,2	-0,2	1,4
Student	N	43	43	43	43	43	43
Arbeiter,	Mittelwert	0,7	0,8	1,5	0,5	-2,2	1,0
ungelernt	N	6	6	6	6	6	6
Fach-	Mittelwert	0,2	2,3	0,0	0,3	-1,2	0,8
arbeiter	N	6	6	6	6	6	6
ohne Beruf	Mittelwert	0,8	1,4	1,1	0,3	-0,9	1,3
	N	42	42	42	42	42	42
Insgesamt	Mittelwert	0,5	1,4	0,9	0,3	-0,7	1,2
	N	125	125	125	125	125	125

DIFF... meint die Differenz der jeweiligen Skalenwerte FAF1, FAF2, FAF3, FAF4, FAF5 und SUM13.

Zunächst wollen wir die prozentuale Verteilung der Stichprobe grafisch verdeutlichen:

Abbildung 22: Verteilung der Stichprobe nach gegenwärtigem Beruf

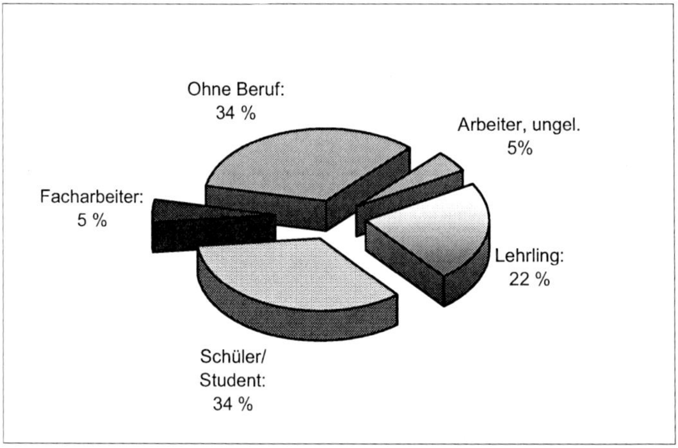

Die beiden größten Gruppen bilden zum einen die Schüler und Studenten, zum anderen diejenigen, die derzeit ohne Beruf sind. Ein recht geringer Teil ist berufstätig. Dies entspricht auch den Erfahrungen von Kilb & Weidner (vgl. 2000b: 380) in ihrer Evaluation der im Jahr 1999 durchgeführten Kurse. Immerhin ein Fünftel der Maßnahmeteilnehmer befand sich danach in der Ausbildung.

Tabelle 53 stellt ein recht homogenes Bild dar. Grob betrachtet sind die Veränderungen in den jeweiligen Skalen ziemlich gleich. Ganz einheitlich ist die Richtung der Veränderung in den Faktoren des FAF. So reduzieren sich die nach außen gerichtete Aggressivität (FAF1, FAF2, FAF3 und SUM13) und die Selbstaggressivität (FAF4) in allen Gruppen, wohingegen sich die Hemmungswerte (FAF5) bei allen Gruppen erhöhen.

Wir müssen dabei konzedieren, dass die Feldbelegung bei den ungelernten Arbeitern und den Facharbeitern mit jeweils n = 6 Fällen sehr niedrig ist. Daher möchten wir diese beiden Untergruppen anderen Gruppen zuordnen. Aus inhaltlichen Überlegungen ordnen wir die Facharbeiter und die ungelernten Arbeiter den Lehrlingen zu, da alle drei Gruppen die Berufstätigkeit verbindet. Die deskriptive Statistik ergibt jetzt folgendes Bild:

Tabelle 54: Differenzen der Skalenwerte der Experimentalgruppe (n = 125) nach der Gruppierung mit der Variable (recodiert) Beruf (Staninewerte)

BERUF		DIFFFAF1	DIFFFAF2	DIFFFAF3	DIFFFAF4	DIFFFAF5	DIFFSU13
Berufs-	Mittelwert	0,2	1,4	0,5	0,3	-0,9	0,8
tätige	N	40	40	40	40	40	40
Schüler/	Mittelwert	0,6	1,5	1,1	0,2	-0,2	1,4
Student	N	43	43	43	43	43	43
ohne	Mittelwert	0,8	1,4	1,1	0,3	-0,9	1,3
BERUF	N	42	42	42	42	42	42
Insgesamt	Mittelwert	0,5	1,4	0,9	0,3	-0,7	1,2
	N	125	125	125	125	125	125

DIFF... meint die Differenz der jeweiligen Skalenwerte FAF1, FAF2, FAF3, FAF4, FAF5 und SUM13.

Aber auch für die unabhängige Variable Beruf möchten wir an diesen groben Überblick die Betrachtung der Mittelwerte anschließen, um die Hypothese zu überprüfen, „nach der die Mittelwerte einer Variablen in verschiedenen Fallgruppen in der Grundgesamtheit gleich groß sind“ (Brosius 1998: 479). Die multivariate Varianzanalyse ergibt, dass tatsächlich „alle miteinander verglichenen Gruppenmittelwerte der Testvariablen in der Grundgesamtheit identisch“ (Brosius 1998: 479) sind. Die nachfolgende Übersicht weist demnach keine Signifikanzen aus.

Tabelle 55: Ergebnisse der multivariaten Varianzanalyse mit der Variable gegenwärtiger Beruf

Quelle	Quadratsumme vom Typ III	df	Mittel der Quadrate	F	Signifikanz
FAF1 * BERUF	5,0	4	1,3	1,0	0,3894
Fehler(FAF1)	145,6	120	1,2		
FAF2 * BERUF	3,9	4	1,0	0,4	0,8029
Fehler(FAF2)	289,5	120	2,4		
FAF3 * BERUF	9,0	4	2,2	1,3	0,2626
Fehler(FAF3)	202,3	120	1,7		
FAF4 * BERUF	0,3	4	0,1	0,0	0,9975
Fehler(FAF4)	214,1	120	1,8		
FAF5 * BERUF	13,2	4	3,3	2,3	0,0655
Fehler(FAF5)	174,1	120	1,5		
SUM13 * BERUF	4,9	4	1,2	0,7	0,6205
Fehler(SUM13)	220,8	120	1,8		

Für alle Interaktionsterme und die Fehler können wir Sphärizität annehmen.

Allerdings ergibt die Untersuchung des Haupteffektes für die Skala FAF4 einen Signifikanzwert von 0,012. Zum anderen ist die mittlere Stufe der Gruppe Berufstätige im Mehrfachvergleich mit den Gruppen der Schüler/Studenten und denjenigen ohne Arbeit signifikant.

Tabelle 56: Post-Hoc-Mehrfachvergleiche (LSD) bei der Skala FAF4 und gegenwärtiger Beruf (recodiert)

Beruf	Lehrling	Schüler/ Student	Arbeiter, ungelernt	Facharbeiter	ohne Beruf
Lehrling					
Schüler/Student	X				
Arbeiter, ungelernt	X				
Facharbeiter					
ohne Beruf					

Angegeben sind die Mittelwertpaare, deren mittlere Differenz auf der Stufe .05 signifikant sind.

Daher wollen wir einige Beobachtungen in der Skala FAF4 erwähnen. Der Faktor 4 des FAF erfasst, wie die Testpersonen ihre Selbstaggressivität und Lebenseinstellungen beschreiben. Als Ziel des Anti-Aggressivitäts-Trainings formulierten wir bekanntermaßen die Reduzierung der zumeist sehr hohen Werte auf das Normalniveau der Eichstichprobe. Je näher man diesem Ziel kommt, umso erfolgreicher kann das Training bezeichnet werden.

Die nachfolgende Abbildung 23 zeigt für die Skala FAF4 einige recht interessante Trends: Die positiven Differenzwerte zwischen Pre- und Posttest sind für alle Berufsgruppen im Wesentlichen gleich groß. Das bedeutet, dass es möglich ist, durch das Anti-Aggressivitäts-Training die Selbstaggressivität zu verringern, jedoch unabhängig von der Berufsgruppe.

Was die Gruppen signifikant unterscheidet, ist ihr Einstieg- und Ausstiegniveau. Demnach haben die Berufstätigen eine nur leicht zum Negativen neigende Einstellung zum Leben und eine leicht erhöhte Selbstaggressivität. Bei den Schülern und Studenten steigt das Niveau. Diejenigen, die keinen Beruf haben, besitzen ein sehr hohes Maß an Selbstaggressivität, eine sehr negative Lebenseinstellung und ein ausgeprägtes Misstrauen. Im Sinne der Testautoren liegen Tendenzen einer starken Persönlichkeitsstörung vor. Es muss konzediert werden, dass es gerade in dieser Berufsgruppe nicht gelingt, dieses hohe Niveau durch das Anti-Aggressivitäts-Training zu reduzieren.

Abbildung 23: Mittelwerte der Skala SUM13 (n = 125) nach Kurs – vorher/nachher (Staninewerte)

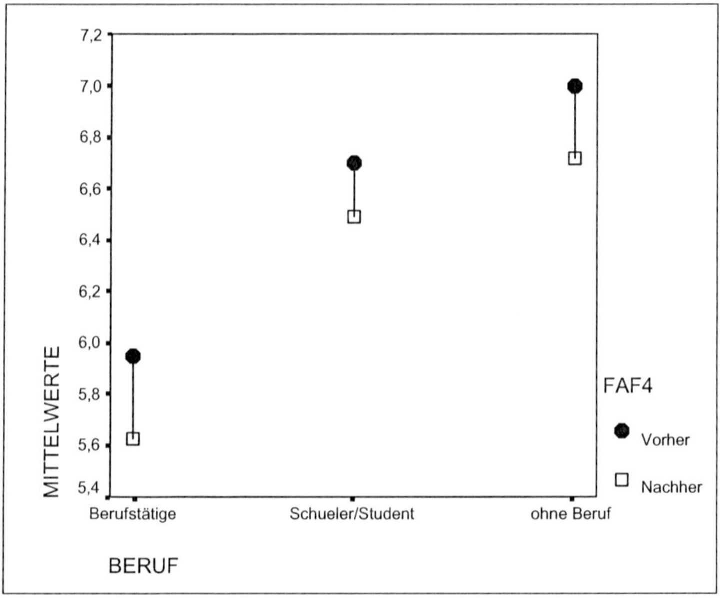

Der Deutlichkeit halber haben wir hier nur den ausschlaggebenden Bereich des Diagramms abgebildet und auf den Einschluss des Ursprungs verzichtet.

Wie lässt sich ein solcher Befund erklären? Die erhöhte Selbstaggressivität der Schüler kann mit dem uns vorliegenden Material nicht fundiert begründet werden, zumal gerade bei Schülern von einer „sehr differenzierten Situation" (Fuchs et al. 1996: 308) gesprochen werden muss.

Der nochmals erhöhte Wert in der Skala FAF4 bei den Teilnehmern „ohne Beruf" gibt unserer Ansicht nach einen deutlichen Hinweis auf den Erklärungsansatz von Heitmeyer et al. (1995). Nach diesem führt Desintegration (nach Hurrelmann (1994) zählt zur Integration auch die Eingliederung in die Arbeitswelt) zu Verunsicherungen, die sich auch in emotionaler Unsicherheit (also geringes Selbstwertgefühl, Misstrauen, Angst) äußern.

Zusammenfassend lässt sich resümieren:

- Grundsätzlich können wir konstatieren, dass der berufliche Status keinen Einfluss auf das Ergebnis eines Anti-Aggressivitäts-Trainings nimmt.
- Auffallend ist das signifikant unterschiedliche Niveau der drei untersuchten Gruppen Berufstätige, Schüler/Studenten und derjenigen „ohne Beruf" in der

Skala FAF4. Einen Anhaltspunkt für mögliche Erklärungen sehen wir im Desintegrations-Verunsicherungs-Theorem von Heitmeyer et al.

4.1.8) Zusammenfassung der Ergebnisse

Abschließend fassen wir die bedeutsamsten Ergebnisse zusammen. Unser Ziel war die Überprüfung der Erklärungskraft verschiedener Variablen für den Varianzanteil bei den ermittelten Differenzwerten in den Skalen des FAF. Wir entscheiden uns – der besseren Übersicht halber – für eine Darstellung in tabellarischer Form.

Tabelle 57: Erklärung der Ergebnisse der Anti-Aggressivitäts-Trainingskurse durch die Treatmentfaktoren (eta^2)

		GRUPPIERUNGSVARIABLE							
		Ort			Kurs	Alter	Schulbildung	Gegenwärtiger Beruf	
		Projektorte	Art des Trainings	Ambulant/ Stationär			recodiert		recodiert
SKALEN	FAF1			0,06*	0,14**				
	FAF2	0,21*		0,03+	0,12**				
	FAF3	0,20*							
	FAF4								
	FAF5								
	SUM13	0,24**		0,05*	0,11**				

+ = p < 0,1; * = p < 0,05; ** = p < 0,01. Werte mit p ≥ 0,1 sind der besseren Übersicht halber nicht abgedruckt.

Wir sehen deutlich, dass in den Skalen FAF2 und SUM13 die meisten, aber vereinzelt auch in anderen Skalen signifikante Unterschiede errechnet wurden. Diese Befunde führten zu folgenden Schlussfolgerungen:

- Unsere Studie analysiert erstmals das Anti-Aggressivitäts-Training dahingehend, in wie weit unabhängige Variablen die Variation der abhängigen Variable erklären können. Auf dieser Basis lassen sich mögliche Aufgaben einer fachlichen Weiterentwicklung des AAT formulieren.
- Unsere Befunde konnten sich jedoch nur auf die Skalen beziehen, die die nach außen gerichtete Aggressionen (FAF1, FAF2, FAF3 und SUM13) erfassen. Im Blick auf das Ziel des Anti-Aggressivitäts-Trainings sind diese allerdings von primärer Bedeutung.

- Als zentrales Ergebnis möchten wir werten, dass die Wirkung der Maßnahme (also Reduzierung oder Anhebung der Aggression gegen Fremde bei den Teilnehmern) erheblich durch den einzelnen Projektort erklärt werden kann. Dies gibt Anlass zur Vermutung, dass die Modalitäten und Gestaltung der Anti-Aggressivitäts-Trainingskurse vor Ort maßgeblich zu dessen Gelingen respektive Misslingen beitragen.
- Die Variable „ambulante/stationäre Verortung" besitzt eine – wenn auch geringe – Erklärungskraft in den Skalen FAF1, FAF2 und SUM13. Die besseren Ergebnisse der Anti-Aggressivitäts-Trainingskurse im Jugendstrafvollzug hatten uns vermuten lassen, dass das Training für den ambulanten Bereich weiterer Modifikationen bedarf.
- Zwischen 11 und 14 % der Varianz erklärt die unabhängige Variable Kurs in den Skalen FAF1, FAF2 und SUM13. Diese Befunde können begründet vermuten lassen, dass die Erfahrung der Teams in den jeweiligen Projektorten den Grad des Erfolges eines Anti-Aggressivitäts-Trainings erklären kann.
- Die Variablen „Art des Trainings", „Alter der Teilnehmer", „Grad der Schulbildung" und „gegenwärtig ausgeübter Beruf" leisten keinen Beitrag zur Varianzaufklärung.

4.2) Befunde aus den qualitativen Interviews

Zur Auswertung und Analyse der Interviewdaten wendeten wir uns erneut dem quantitativen Paradigma zu und bedienten uns der quantitativ-statistischen Form. Wir entschieden uns dafür, weil wir „den Wust an Daten mit Informationsgewinn auf bestimmte Maßzahlen (...) reduzieren" (Lamnek 1995: 108) mussten. Aus Gründen der Anonymisierung haben wir die Projekte verschlüsselt und den Orten Zahlen zugeteilt. Die dadurch entstandene Nummerierung entstammt einer internen Liste des Forschers mit allen Teilnehmerinnen und Teilnehmern an Ausbildungskursen des Instituts für Sozialarbeit und Sozialpädagogik (ISS) in Frankfurt am Main.

Wir werden nun so vorgehen, dass wir zuerst die Telefoninterviews aus den einzelnen Projekten einzeln beschreiben. Im Anschluss daran werden wir die Daten quantitativ-statistisch auswerten und diese Ergebnisse in Form einer generalisierenden Analyse zusammenfassen. In einem letzten Schritt ziehen wir die gewonnenen Resultate zur Erklärung der varianzanalytischen Berechnungen des Treatmentfaktors Projektort heran und versuchen daraus Vermutungen abzuleiten, unter welchen Bedingungen ein Anti-Aggressivitäts-Training erfolgreich verlaufen kann.

4.2.1) Einzelanalysen der Telefoninterviews

Insgesamt haben wir die Trainerinnen respektive die Trainer in 14 Projektorten interviewt. Die Ergebnisse stellen wir nun in Form von Einzelanalysen vor. Eine tabellarische Übersicht der Antworten in den Interviews haben wir zudem im Anhang wiedergegeben.

Projekt – Nummer 2 (Interview am 5.1.2001, 1 Stunde)
In diesem Projekt wurden 2 Kurse mit 6 und 4 Jugendlichen durchgeführt. Die Leitung oblag einem Trainer mit Zertifikat als Anti-Aggressivitäts-Trainer des ISS und einem Kollegen aus der örtlichen Jugendgerichtshilfe. Außerdem wurden zwei weitere Personen punktuell hinzugezogen, nämlich ein Kampftrainer und 1 Übungsleiter für ein erlebnisorientiertes Angebot.

Beide Gruppen waren dem Team schon vor dem Training bekannt. Unter den Jugendlichen gab es im ersten Durchgang Untergruppen, die jeweils freundschaftlich miteinander verbunden waren, im zweiten waren nur Einzelgänger, die sich untereinander aber nicht fremd waren.

Die Teilnehmer des zweiten Kurses waren mit 14, 15, 15 und 16 Jahren noch relativ jung, im Gegensatz zur ersten Trainingsgruppe, wo jeweils 3 Personen 16 und 18 Jahre alt waren. Je zwei von ihnen hatten türkische bzw. marokkanische, je einer griechische bzw. kroatische Eltern. Im zweiten Kurs nahmen je 1 türkischer bzw. deutscher und zwei marokkanische (1 mit deutschem Pass) Jugendliche teil.

Beide Veranstaltungen erstreckten sich über einen Zeitraum von 6 Monaten, der jeweils durch mehrwöchige Schulferien unterbrochen wurde. Es wurden einmal unter der Woche 16 Sitzungen von je 2,5 Stunden Dauer und 2 Samstagstreffen von je 6 Stunden Dauer in den Räumen eines örtlichen Jugendhauses durchgeführt. Im ersten Kurs schloss sich wöchentlich ein 3 bis 4stündiges Training mit Motocross-Motorrädern an. In der ersten Gruppe absolvierte jeder einen „Heißen Stuhl" und musste einen Provokationstest bestehen. Im nachfolgenden Training wurden keine klassischen „Heißen Stühle" eingesetzt. Dies lag daran, dass der Großteil der Jugendlichen dazu nicht in der Lage gewesen war. Alternativ bauten die Trainer Provokationstests in den Verlauf der Sitzungen ein. Humor und Lachen standen ansonsten nach Aussage des Teams im Vordergrund.

In beiden Maßnahmen gab es Teilnehmer, die nicht auf Grund richterlicher Weisung (2 in Kurs 1, 1 in Kurs 2) am Training teilnahmen. In die erste Gruppe kamen ein Jugendlicher im Vorfeld einer Gerichtsverhandlung und drei Freiwillige aus dem Jugendhaus, in die zweite drei Personen, die von der Schule als Alternative eines Schulverweises zum Anti-Aggressivitäts-Training geschickt wurden. Aus Kurs 1 schied eine feste Clique von 3 Jungen, aus Kurs 2 einer aus. Mehrheitlich hatten die von dem Jugendrichter oder der Schule zugeteilten Teilnehmer im Vorfeld mehrere Gewalttaten verübt.

Die Maßnahmen liefen ziemlich isoliert von anderen Einrichtungen der Jugendhilfe ab. Auch Nachbetreuung im eigentlichen Sinne fand nicht statt. Der Kontakt zu den Bewährungshelfern beschränkte sich auf die Information über den Beginn des Trainings. Aus der ersten Gruppe wurde ein Jugendlicher öfters begleitet, drei haben sporadisch im nachfolgenden Durchgang mitgearbeitet. Der zweite Kurs hielt nach dem Ende den Kontakt zum Team nicht mehr aufrecht.

Von der Ausrichtung her ist inhaltlich eher von einem Coolness-Training zu sprechen. Der erste Ablauf wurde durch den erlebnisorientierten Ansatz Motocross-Fahren, zwei Tagesveranstaltungen mit einem Kampftrainer und eine Abschiedsfeier ergänzt. Die Sitzungen wurden auch mit Videogerät aufgezeichnet. Dagegen bildeten viele Vertrauens- und Rollenspiele und körpersprachliche Übungen den wesentlichen Schwerpunkt im zweiten Training. Aber auch die Kampfsporteinheiten wurden hierin angeboten.

In der Bewertung des ersten Coolness-Trainings zeigten sich alle sehr zufrieden. Nachdem eine Gruppe von 3 Personen aus dem Jugendhaus den Kurs verlassen hatte, entwickelte sich unter den übrigen ein echtes Gruppengefühl. Jeder war integriert, konnte Angst zugeben und war auch dann von der Gruppe nicht ausgeschlossen worden, wenn er etwas nicht mitmachen wollte oder konnte. Der Kurs hatte allen Spaß gemacht. Es gab lange Gespräche und auch der Kampftrainer war voll in die Gruppe integriert. Das zweite Training fanden die Trainer etwas zäher, was auf das relativ junge Alter der Teilnehmer zurückgeführt wurde. Diese waren zudem intellektuell sehr different, daher musste das Team spontaner agieren. Ein richtiger Gruppenzusammenhalt war nicht entstanden. Den Jugendlichen hat das Training schon gefallen, sie zeigten sich aber auch zum Abschluss froh über das Ende des Kurses.

Projekt – Nummer 3 (Interview am 12. und 13.6. 2001, 45 Minuten)
Hier wurde das Anti-Aggressivitäts-Training mit sechs Gruppen durchgeführt, die – bis auf einen mit sechs, jeweils fünf männliche Jugendliche umfassten. Ab dem zweiten Kurs war stets mindestens ein Tutor mit dabei, im zweiten sogar zwei. Daneben setzte sich das Team immer aus zwei ausgebildeten Anti-Aggressivitäts-Trainern zusammen. Sie wurden im ersten Kurs von einer männlichen Person und im fünften von einer Praktikantin der Sozialpädagogik unterstützt. In den Teams der verbleibenden Trainings arbeitete jeweils ein Praktikant mit. Nicht permanent im Team mitarbeitend führte ein Karatedo-Trainer und ‚Kampfkunst'-Lehrer körperbezogene Einheiten an einem zusätzlichen Tag, ab dem 4. Kurs an zwei zusätzlichen Tagen durch.

Unter Einbeziehung aller Gruppen ist im Blick auf die gegenseitige Kenntnis innerhalb der Trainingsgruppen festzustellen, dass nur ein kleiner Teil des Teams die jungen Menschen vor dem Training kannte. Im Gegensatz waren sich die Jugendlichen untereinander schon vor den Maßnahmen vertraut. Ausnahme bildete nur die sechste und letzte Gruppe.

Die nationale Zusammensetzung der jungen Menschen ergab folgendes Bild: 4 Deutsche nahmen im ersten und dritten Training teil, wobei zusätzlich eine Person die marokkanische und eine die türkische Staatsangehörigkeit besaß. Im vierten Kurs waren alle deutscher Herkunft. Der zweite Kurs war mit je einem Deutschen, Iraner, Tunesier, Libanesen und Türken sehr unterschiedlich besetzt. Am fünften Kurs nahmen drei deutsche Jugendliche, 1 französischer und ein türkischer Junge teil. Im letzten Durchgang bildete ein Teilnehmer marokkanischer Herkunft die Ausnahme gegenüber fünf Deutschen. Das Alter der Teilnehmer konzentrierte sich überwiegend auf die Angaben 19 bis 21 Jahren. Der jüngste war 16, der älteste 23 Jahre alt. Einzeln erläutert waren die Jugendlichen zu Beginn des Trainings in der Gruppe 1: 19, 20 (3 Personen) und 21 Jahre alt, in der Gruppe 2: 18, 19 (2 Personen), 21 und 23, in der Gruppe 3: 18, 20 und 21 (3 Personen), in der Gruppe 4: 16, 19, 20, 21 und 22, in der Gruppe 5: 16, 18, 19, 20 und 21 und in der Gruppe 6: 18, 19, 21 und 22 (3 Personen) Jahre alt.

Jede Gruppe traf sich an 13 bzw. 14 Terminen einmal die Woche für ungefähr 3 Stunden. Dazwischen fielen die 2 Kampfsporteinheiten von je 7 Stunden Dauer.

Nur ein Kurs wurde im gesamten Verlauf kurzzeitig unterbrochen. Jeder Jugendliche absolvierte mindestens 1 Sitzung auf dem „Heißen Stuhl“, manche auch zwei.

Der Zugang zum Training geschah ausnahmslos freiwillig. Die Interessierten mussten sich mit einem Antrag bei dem Trainerteam anmelden und wurden nach einem ausführlichen Gespräch zum Anti-Aggressivitäts-Training eingeladen oder nicht. Nur aus den dritten bis fünften Kursen waren Teilnehmer ausgeschieden. Je einer, bzw. im fünften Durchgang zwei brachen das Training ab. Allen Heranwachsenden ist gemeinsam, dass sie bereits mehrere Straftaten begannen hatten.

Keiner der Gruppenmitglieder war in einer Maßnahme „Hilfe zur Erziehung“ eingebunden. Unterstützung konnte die Gruppe durch die Mitarbeiterinnen und Mitarbeiter des Projektes erhalten.

Der Ablauf des Anti-Aggressivitäts-Trainings orientierte sich in Grundzügen am allgemeinen Curriculum (siehe Kapitel 4.2.2) und wurde nur durch eine bzw. zwei „Kampfkunst“-Einheiten ergänzt.

Die Teilnehmer aller Kurse äußerten sich durchweg positiv über das Training. Fast die gleiche Rückmeldung gab das Team der Mitarbeiterinnen und Mitarbeiter. Nur der sechste Kurs erhielt eine etwas abweichende Einschätzung: die Durchführung sei sehr anstrengend und die Gruppe mit ihrer sehr festgefahren Denkweise nur bedingt erreichbar gewesen.

Projekt – Nummer 6 (Interview am 22.12.2000, 1 Stunde 15 Minuten)

Dieses Projekt führte insgesamt drei Kurse durch. Im Folgenden werden alle drei Kurse zusammen betrachtet und nur dort, wo es nötig erscheint, die Ergebnisse im Einzelnen aufgezeigt.

Das Team bestand aus zwei männlichen Kollegen, die beide die berufsbegleitende Ausbildung beim ISS abgeschlossen hatten. Im ersten Kurs nahmen 4, im zweiten 4, im dritten 7 männliche Jugendliche teil. In einem Treffen stieß ein Kampfsportler zu dem Team zusätzlich hinzu.

Die Jugendlichen waren den Trainern von daher bekannt, dass den Sitzungen eine ein- bis fünfmonatige Vorbereitungsphase vorausging, in denen die Interessenten vorsprachen und sich für eine Teilnahme anmeldeten. Danach waren je nach Einzelfall die Trainer schon bei der Verhandlung dabei, hatten Beratungsgespräche geführt oder die Möglichkeit zum Ableisten von Arbeitsstunden bereitgestellt. Die Jugendlichen kannten sich untereinander nur flüchtig, wenn, dann gab es nur einzelne Zweiergruppen, die vorher schon Kontakt zueinander hatten.

Die Gruppen der Anti-Aggressivitäts-Trainings setzten sich aus Teilnehmern recht unterschiedlichen Alters zusammen. Im ersten waren die Jugendlichen im Alter von 15, 17, 18 und 20 Jahren, im zweiten 16, 17 und 20 Jahren, im dritten reichte die Alterspanne von 16 bis 20 Jahren. Die Zusammensetzung der Gruppen nach Nationalitäten war nicht so sehr gemischt: Im ersten Kurs nahmen türkische und deutsche, im zweiten türkische und italienische und im dritten ebenfalls türkische und deutsche (darunter ein Russlanddeutscher) teil.

Im ersten und zweiten Kurs fanden insgesamt 16 Treffen, verteilt über einen Zeitraum von jeweils 4 Monaten, im dritten Kurs 21 Treffen während 6 Monaten statt. Dazu kam ein zusätzlicher Trainingstag mit einem Kampfsportler. Im dritten Kurs nochmals ein halber. Eine Sitzung dauerte durchschnittlich 3 Stunden und wurde in den eigenen Räumlichkeiten des Projektes durchgeführt. Unterbrochen wurden alle Anti-Aggressivitäts-Trainings durch ca. 2 Wochen Ferien. Alle Trainingsteilnehmer absolvieren einen „Heißen Stuhl" und ein konfrontatives Interview.

Die Mehrheit der Jugendlichen nahm unter gerichtlicher Auflage am Training teil. Nur im dritten Kurs befanden sich zwei Freiwillige. Allerdings standen auch sie in einem gerichtlichen Verfahren und erhofften sich durch die freiwillige Teilnahme im Vorfeld der Verhandlung ein milderes Urteil. Aus jeder Gruppe schied ein Jugendlicher aus. Ebenso wurden die meisten Teilnehmer auf Grund mehrerer verübter Gewalttaten verurteilt. Nur im dritten Anti-Aggressivitäts-Training war ein Teilnehmer auf Grund einer einzigen gewalttätigen Handlung vor dem Richterstuhl gekommen.

Einige erhielten parallel zum Trainingskurs und in Form einer Nachbetreuung Hilfen zur Erziehung oder hatten einen Bewährungshelfer zugeteilt bekommen. Im ersten und zweiten Kurs wurde jeweils ein Jugendlicher von einem Einzelhelfer betreut. Weiter führten die Mitarbeiter des Projektes Elterngespräche durch. Um drei Jugendliche aus der dritten Gruppe kümmerten sie sich intensiver, da hier ein Schulverweis drohte.

Der Ablauf dieses Anti-Aggressivitäts-Trainings orientierte sich am allgemeinen Curriculum, wurde jedoch durch einen Selbsterfahrungstag mit einem Kampfsportler in einer Turnhalle, im ersten Kurs noch zusätzlich um einen Erlebnistag und einem Besuch bei der Gerichtsmedizin, im dritten Kurs nur um einen Erlebnistag erweitert. Immer gehören Provokationsübungen mit Rollenspielen und die Video-Aufzeichnung der Sitzungen zum Ablauf dazu.

Die Bewertungen der Trainings durch die Jugendlichen waren bei allen drei Gruppen insgesamt durchschnittlich. Einigen hat der Kurs nach eigenem Bekunden geholfen, ruhiger zu werden. Das Team hingegen beurteilte den ersten Kurs als sehr schwach, den dritten hingegen als sehr viel besser: Die Atmosphäre und der Prozess in der Gruppe waren gut. Die einzelnen Mitglieder passten auch sehr gut zusammen und sorgten für eine immer offene Gesprächssituation. Die Vorlaufphase dieses dritten Anti-Aggressivitäts-Trainings war mit sieben Monaten sehr lang und in die Vorbereitung investierte das Team besonders viel Zeit und Energie.

Projekt – Nummer 9 (Interview am 22.1.2001, 45 Minuten)
In diesem Projekt wurden zwei Coolness-Trainings (CT) mit jeweils 5 Jungen durchgeführt. Die Leitung des Teams oblag einem zertifizierten männlichen Trainer. Unterstützend arbeiteten im ersten Kurs 1 Kollege von der Jugendgerichtshilfe mit, der die Vorauswahl in Absprache mit den Jugendrichtern vornahm und dem von daher auch die Teilnehmer – im Gegensatz zum Trainer – bekannt waren. Im zweiten Durchgang nahmen 2 Kolleginnen zusätzlich teil. Nur die erste Gruppe kannte sich untereinander, und dies aber nur vom Namen her.

Da aus beiden Trainings jeweils 2 Personen sehr bald nach dem Start ausschieden, wurden nur die Sozialdaten der übrigen Teilnehmer erfragt: Die Jugendlichen des ersten Kurses waren 17, 20 und 21 Jahre alt und alles deutscher Herkunft (darunter 1 Aussiedler), die anderen befanden sich im Alter von 16, 17 und 20 Jahren. 2 waren Deutsche, einer polnischer Abstammung.

Die Coolness-Trainings erstreckten sich über 16 bzw. 15 wöchentliche Treffen innerhalb eines Zeitraumes von 4 Monaten. Beide Kurse wurden durch die Weihnachtsferien unterbrochen. Räumlich war die erste Gruppe in den Räumen der Jugendgerichtshilfe mit einer kleinen Küche bedeutend besser untergebracht als die zweite, die sich mit einem Wartezimmer zufrieden geben musste. Im ersten Training absolvierten die Jugendlichen zwei „Heiße Stühle", im zweiten einen „Heißen Stuhl", der aber durch ein mit Video aufgezeichnetes Interview ergänzt wurde, mit dem ein Persönlichkeitsprofil der Teilnehmer erstellt wurde.

Alle Teilnehmer nahmen unter gerichtlicher Auflage am Training teil, die auf einer Gewalttat bei 2 bzw. 1 Jugendlichen und auf mehreren Gewalttaten bei 1 bzw. 2 Jugendlichen (jeweils Kurs 1 im Vergleich zu Kurs 2) basierten. Hilfen zur Erziehung erhielt nur ein Jugendlicher aus der zweiten Gruppe. Durch die Mitarbeit mindestens einer Mitarbeiterin bzw. eines Mitarbeiters aus der Jugendgerichtshilfe war das Coolness-Training sehr eng mit diesem institutionellen Hilfeangebot verzahnt. Diese Stelle leistete auch in Einzelfällen die Nachbetreuung. Für den ersten Kurs wurde ein Nachtreffen organisiert.

Der Ablauf des Trainings orientierte sich an den allgemeinen Standards. Jedes Setting wurde durch eine Reflexion der vergangenen Woche begonnen und mit einer Abschlussrunde abgeschlossen.

Die Jugendlichen der ersten Runde hatten allgemein ein ernsthaftes Veränderungsinteresse. Dies konnte für den nachfolgenden Kurs nur bedingt festgestellt werden. Diese Haltung der Teilnehmer schlug sich direkt auf die Empfindungen des Teams durch. Wurde der erste Durchgang als sehr erfolgreich bezeichnet, war dies im zweiten Training weniger der Fall. Neben der mangelnden Offenheit und Bereitschaft zur Mitarbeit seitens der Jugendlichen trugen dazu aber noch weitere Gründe bei: Erstens die schlechten räumlichen Verhältnisse, zweitens eine Behinderung bei der Auswahl der Gruppe, begründet in der Notwendigkeit, den Kurs unbedingt füllen zu müssen und drittens Probleme unter den Trainerinnen und Trainern bezüglich der Rollen im Team. Weiter wurden die Schwierigkeiten in einem großen Altersunterschied untereinander und in einer allgemeinen Arbeitsüberlastung begründet.

Projekt – Nummer 15 (Interview am 9.1.2001, 45 Minuten)

Teilnehmer dieses Kurses waren 5 männliche Jugendliche, wovon einer schon sehr bald das Training abbrach. Im Team arbeiteten insgesamt 5, ausschließlich männliche Personen: ein zertifizierter Trainer, ein mehrfach erfahrener Kollege, 2 Tutoren und eine neutrale Person.

Dieses Team kannte die Teilnehmer vor dem Anti-Aggressivitäts-Training nicht. Erst mit Trainingsbeginn fand das Kennenlernen statt. Auch die Gruppe wusste vor dem Training noch wenig voneinander. Als regionale Gewaltgrößen waren manche jedoch durch Mitteilungen der lokalen Presse der Allgemeinheit bekannt gewesen. Zwei Verurteilte hatten allerdings die Straftat, die zur Teilnahme am Anti-Aggressivitäts-Training verpflichtete, gemeinsam verübt.

Je ein Heranwachsender war im Alter von 20 und 25 Jahren, zwei waren 22 Jahre alt. Alle waren Deutsche, einer davon Russlanddeutscher.

Der Kurs erstreckte sich insgesamt über einen Zeitraum von ca. 6 Monaten, dauerte real aber 4,5 Monate, da er durch die Osterferien unterbrochen wurde. Es wurden 20 Sitzungen mit einer durchschnittlichen Dauer von 4 Stunden durchgeführt. Die Gruppe traf sich einmal, in Ausnahmefällen zweimal pro Woche. Ergänzt wurde der Veranstaltungsrahmen durch ganztägige Treffen an zwei Samstagen. Treffpunkt war der Aufenthaltsort des Projektes. Jeder Teilnehmer kam zweimal auf den „Heißen Stuhl“ (Tatkonfrontation und Provokationstest) und wurde einmal intensiv interviewt.

Alle jungen Menschen kamen unter einer richterlichen Auflage in das Anti-Aggressivitäts-Training. Alle hatten mehrere Gewalttaten begangen.

Keiner der Trainingsabsolventen erhielt zum Zeitpunkt des Trainings Hilfe zur Erziehung. Dies auch auf Grund des schon fortgeschrittenen Alters dieser Personen. Es bestanden aber formale Kontakte zu den Bewährungshelfern in Form einer Meldung bzgl. des Kurses. In einen institutionellen Kontext der Projekteinrichtung war dieser jedoch nicht eingebunden.

Bei der Gestaltung des Anti-Aggressivitäts-Trainings hielt man sich sehr genau an das allgemeine Curriculum. Das Trainerteam war der Überzeugung, dass das „reine AAT am effektivsten“ sei. Die ersten 4 bis 6 Sitzungen galten dabei als Kennenlernphase.

Zur Bewertung des Ablaufes empfand das Team den Kurs als ganz gut. Ein Teilnehmer hatte Probleme mit der Sprache, ein anderer hatte sich wenig einsichtig gezeigt.

Projekt – Nummer 26 (Interview am 30.1.2001, 45 Minuten)
An diesem Training haben vier männliche und eine weibliche Jugendliche teilgenommen. Das Trainerteam bildete eine weibliche, zertifizierte Trainerin, eine weitere weibliche pädagogische Fachkraft und bis zu vier Tutoren, die punktuell im Kurs mitarbeiteten. Weitere Personen, die im Verlauf des Trainings eingeladen wurden, waren ein Kampfsportler, eine buddhistisch orientierte Person und der Opferschutzbeauftragte der Kriminalpolizei.

Trainer und Tutoren kannten die Jugendlichen aus der Arbeit mit ihnen im Rahmen des Auftrages der Einrichtung. Auch die Jugendlichen der Gruppe kannten sich untereinander, entweder über Dritte oder aber über die lokale Presse.

Die Teilnehmerin und die Teilnehmer waren zwischen 17 und 19 Jahre alt und alle von unterschiedlicher nationaler Herkunft (Italien, Deutschland, Türkei, Griechenland und Polen).

Der Kurs umfasste 19 Treffen und eine zusätzliche Tageseinheit und erstreckte sich über einen Zeitraum von 7 Monaten, der von den Osterferien und drei Wochen Sommerpause unterbrochen wurde. Die Gruppe traf sich einmal wöchentlich während eines Zeitraumes von 3 bis 5 Stunden. Die Sitzungen fanden unter sehr widrigen räumlichen Umständen statt; der Raum war äußerst klein und daher für die Durchführung des Anti-Aggressivitäts-Trainings eigentlich nicht geeignet. Die Teilnehmerin und jeder Teilnehmer absolvierte mindestens eine Sitzung auf dem „Heißen Stuhl". Eventuell wurde eine zweite Sitzung auf dem „Heißen Stuhl" durchgeführt, wenn das Team den Eindruck hatte, dass der erste Durchgang nicht so gut gewesen war.

Die meisten Jugendlichen (4 gegenüber einer freiwilligen Teilnahme) wurden über eine gerichtliche Auflage zur Teilnahme am Anti-Aggressivitäts-Training verpflichtet. Alle Verpflichteten hatten mehrere Gewalttaten begangen, auf Grund derer sie verurteilt wurden.

Hilfen zur Erziehung erhielt in der Zeit während des Trainingskurses keiner der jungen Menschen. Alle erhielten aber parallel durch den Veranstalter begleitende Hilfen in Form von Betreuungsweisungen. Auch nach dem Kurs fand eine Nachbetreuung für fast alle Teilnehmerinnen und Teilnehmer statt: Nur einer verlegte später seinen Wohnsitz außerhalb des Verwaltungsbereiches. Drei wurden durch den Träger des Anti-Aggressivitäts-Trainings im Rahmen der Betreuungsweisung in Zusammenarbeit mit der Bewährungshilfe, einer nur durch die Bewährungshilfe nachbetreut.

Der Ablauf dieses Anti-Aggressivitäts-Training orientierte sich weitestgehend an dem allgemeinen Curriculum. Ergänzt wurde das Training durch eine Tageseinheit in einer Turnhalle, das durch zwei Fachkräfte in asiatischer Kampfkunst und buddhistischer Meditation geleitet wurde. Der Ablauf dieses Tages bestand in einem Aufwärmtraining, in Rollenspielen, in denen verschiedene Konfliktsituationen durchgespielt wurden, in einer kampfsportlich-meditativen Einheit und in einer abschließenden Entspannungsübung. Daneben wurde zur Einheit zum Thema Opfer der örtliche Opferschutzbeauftragte der Kriminalpolizei eingeladen und eine spezifische Übung zum Thema Fremdenfeindlichkeit entwickelt: Dabei saßen beide Meinungskontrahenten mit dem Rücken zueinander. In dieser Position diskutierten sie miteinander, was sie trennt, wie sie damit miteinander umgehen konnten und was für beide beispielsweise Ehre und Respekt bedeuteten.

In der Bewertung des Trainings äußerten die Teilnehmerinnen und Teilnehmer ihre Wut über die „heißen Stühle" und das Trainerteam. Manche wollten sogar das Training verlassen. Keiner brach jedoch das Anti-Aggressivitäts-Training ab. Vielmehr wich die Wut einem großen Erstaunen, dass so bisher noch keiner mit ihnen gesprochen hatte. Das Team war nicht ganz mit dem Ablauf des Kurses zufrieden. Manche Konflikte konnten beispielsweise nicht ausreichend besprochen werden. Auch kam noch manches zu kurz. Daher dachten die Mitarbeiterinnen und Mitarbeiter daran, das Training perspektivisch in Form von Wochenendenblöcken durchzuführen.

Projekt – Nummer 31 (Interview am 12.1.2001, 90 Minuten)

In diesem Projekt wurden drei Kurse durchgeführt mit 5 Jugendlichen im ersten und zweiten und sieben im dritten Training. Geleitet wurde jede Gruppe von zwei Trainern, die die Ausbildung im ISS erfolgreich absolviert hatten und über jahrelange Erfahrung in sozialer Gruppenarbeit verfügten. Daneben fanden sie Unterstützung im ersten und zweiten Durchgang durch 2 männliche Tutoren und eine Praktikantin, im dritten durch 1 Tutor und eine männliche Fachkraft und einen Praktikanten. Zu der Gruppe der Tutoren ist anzumerken, dass zu ihr ein 40jähriger Mann gehörte, der kontinuierlich alle Kurse begleitete und im zweiten Kurs ein Jugendlicher mithalf, der im ersten Kurs selbst teilgenommen hatte.

Den Trainern waren meistens die Teilnehmer bekannt, den Tutoren hingegen insgesamt nur einer. Die Gruppenmitglieder kannten sich größtenteils (2 Personen im Kurs 1 und 4 in Kurs 2) untereinander. In der ersten Gruppe gab es eine Clique mit 3 Mitgliedern, die sich als sehr konstruktives Element in das Anti-Aggressivitäts-Training einbrachte: Sie konfrontierten sich gegenseitig sehr stark und übten danach einen positiven Einfluss aufeinander aus.

Die ersten Absolventen waren 17, 17, 18, 18 und 20 Jahre alt und türkischer (2), deutscher (2) und eritreischer Herkunft, die zweiten 14, 17,17, 18 und 21 Jahre alt und der gleichen Abstammung wie die ersten Absolventen. Die dritte Gruppe bestand aus Jugendlichen im Alter zwischen 15 und 20 Jahren und türkischer (4), deutscher, (2, darunter 1 Aussiedler) und griechischer Herkunft.

Der Ablauf der Anti-Aggressivitäts-Trainings war stets der gleiche. Das Projekt führte über einen Zeitraum von 6 Monaten 4 Blockveranstaltungen mit insgesamt

12 Tagen durch, zwischen denen zusätzlich 3 Abendveranstaltungen organisiert wurden: Ein Vorbereitungsabend zu Beginn der Maßnahme, 2 Wochen später ein Block mit 2 Tagen, dann nach 4 Wochen ein Block mit 4 Tagen und weitere 4 Wochen später ein dritter Block mit 3 Tagen. Nach drei Monaten schloss der letzte 3-Tages-Block das Training ab. Zwischen den mehrtägigen Einheiten traf sich die Gruppe an 2 Abenden. Mit allen Jugendlichen wurden im zweiwöchigen Rhythmus Einzelgespräche durchgeführt. Außerdem musste jeder Teilnehmer eine Hausaufgabe erledigen, die auf seine individuelle Problemlage abgestimmt gewesen war. Bei jedem Treffen wurde somit geprüft, ob das im Anti-Aggressivitäts-Training gelernte Verhalten sich zwischenzeitlich in der Praxis bewährt hatte. Die Veranstaltungen fanden alle in gleichen Räumen statt, die Mehrtageskurse in einem Selbstversorgerhaus. Jede Person absolvierte mindestens 2 „Heiße Stühle", manche sogar 4. In der Durchschau aller Veranstaltungen liegt das Mittel bei 3 „Heißen Stühlen".

Zu der Frage, auf welcher Basis die jungen Menschen am Training teilnahmen, ergibt sich folgendes Bild. Im ersten und dritten Kurs kamen alle unter der Bewährungsauflage, im zweiten kam ein Teilnehmer freiwillig, jedoch im Vorfeld einer bevorstehenden Verhandlung. Aus der zweiten Gruppe wurde einer auf Grund durchgängiger ablehnender Haltung ausgeschlossen. Mehrheitlich wurden die jungen Menschen auf Grund mehrfacher Gewalttätigkeit verurteilt. In der zweiten und dritten Gruppe hatte ein Junge nur eine Gewalttat verübt.

Im ersten Anti-Aggressivitäts-Training wurde für einen Jugendlichen eine Heimunterbringung eingeleitet, einer befand sich – wie auch in den beiden nachfolgenden Gruppen – bereits in einer stationären Jugendhilfemaßnahme. Ein Teilnehmer aus dem zweiten Kurs hatte eine Betreuungsweisung auferlegt bekommen. Das Team pflegte eine intensive Zusammenarbeit mit der Bewährungs- und Jugendgerichtshilfe – gerade auch deshalb, weil die Trainer selbst in diesen Feldern tätig waren. Nachbetreuung fand für alle Jugendlichen durch sporadische Kontakte und Treffen und meistens auch durch die Bewährungsaufsicht statt.

Die Inhalte basierten auf dem allgemeinen Curriculum des Anti-Aggressivitäts-Trainings. Das Team fügte dem eine eintägige Kletteraktion bei.

Die Teilnehmer bewerteten das Training überwiegend positiv. In der zweiten Gruppe war die Meinung etwas geteilter. Diese Einschätzung deckte sich mit denen des Teams. Dieses empfand den ersten Kurs als sehr gut, den zweiten als eher schlecht, da hier die Trainer zu früh mit der Opferkonfrontation aufgehört und sich zu früh zufrieden gegeben hatten. Diese Erfahrungen wurden korrigiert und ließen das dritte Anti-Aggressivitäts-Training noch besser werden als das erste. Die Arbeitsbedingungen waren dabei gleich bleibend sehr gut, da die Trainer größtenteils das Angebot im Rahmen ihrer Dienstzeit bewältigen konnten.

Projekt – Nummer 39 (Interview am 15.1.2001, 45 Minuten)
An diesem Training nahmen 4 männliche Jugendliche teil. Es wurde durchgeführt von einem männlichen Trainer mit dem Zertifikat des ISS, einem männlichen Jugendlichen als Tutor und zwei weiteren Trainern, einem Sozialpädagogen im Anerkennungsjahr und einer Kollegin des Trainers. Das Team kannte nur teilweise die Jugendlichen vor dem Trainingskurs. Unter den Teilnehmern gab es eine Freundesgruppe von drei Personen. Die Maßnahme wurde als Coolness-Training konzipiert.

Alle Jugendlichen waren 17 Jahre alt. Drei von ihnen waren Deutsche (darunter ein Deutsch-Amerikaner, jedoch mit deutschem Pass) und ein Marokkaner.

Der Kurs bestand aus einem Vortreffen, 12 weiteren Treffen, die einmal pro Woche mit einer Dauer von 3 Stunden stattfanden und einer zweitägigen Veranstaltung an einem Wochenende in der Mitte des Trainings. Der Kurs musste wegen Krankheit eines Teammitglieds für drei Wochen unterbrochen werden. Das Anti-Aggressivitäts-Training fand in der Einrichtung des Projektes in einem neutralen Raum statt. Da dieser Raum zu klein war, wurde der Kurs – mit Ausnahme des Wochenendes – unter schwierigen Rahmenbedingungen durchgeführt. Jeder Jugendliche absolvierte 1 „Heißen Stuhl".

Alle Teilnehmer kamen freiwillig in das Training, nachdem die Trainerinnen und Trainer sie zuvor motiviert oder zur Teilnahme überredet hatten. 1 Jugendlicher hatte schon vorher einen Kurs belegt, in dem die Methodik des „Heißen Stuhls" integriert war.

Alle teilnehmenden Jugendlichen erhielten zur Zeit des Trainings Hilfen zur Erziehung. Alle waren in einer stationären Einrichtung (§ 34 SGB VIII) untergebracht. Mit dieser gab es auch während der Maßnahme eine intensive Zusammenarbeit und von dort wurde auch die Nachbetreuung geleistet.

Das Coolness-Training dieses Projektes orientierte sich am allgemeinen Curriculum, wurde darüber hinaus von weiteren Elementen ergänzt: Sehr stark flossen erlebnisorientierte Angebote in das Setting ein. Während des Wochenendes wurde Klettern in einer Kletterhalle angeboten und eine wöchentliche Sitzung inkludierte den Besuch einer Kartbahn. Außerdem wurde das Training durch eine Fahrt mit dreirädrigen Motorrädern (Trikes) abgeschlossen. Daneben bot ein Kampfsportler mit Shiatsu-Ausbildung ein Deeskalations- und Selbsterfahrungstraining an und fand unter Einbeziehung einer attraktiven jungen Frau ein Flirt-Training statt. Weiterhin waren ein Kompetenz-, Rhetorik- und Verhandlungstraining in den Gesamtablauf integriert.

Zur Bewertung des Coolness-Trainings wurden die Jugendlichen aufgefordert, Noten zu vergeben. Die Gruppe bewertete das Training durchschnittlich mit einer Note 2,75. In persönlich ausgefüllten Fragebögen zeigten sich die Teilnehmer als recht zufrieden. Sie seien nun ruhiger geworden und handelten nun kontrollierter.

Das Team hatte den Kurs als gut empfunden. Störend wirkte sich jedoch der Druck des Vorgesetzten aus, sehr kurzfristig anzufangen. Dadurch fehlte die Vorbereitung und damit einhergehend waren die notwendigen Absprachen im Team nicht möglich gewesen. Als sehr problematisch wirkte sich die krankheitsbedingte Unterbrechung während des Trainings aus. Nach der Pause war das Niveau des Kurses deutlich gefallen und es dauerte eine lange Zeit, bis es wieder entsprechend gut weiterlief.

Projekt – Nummer 42 (Interview am 1.2.2001, 45 Minuten)

In diesem Projekt wurden zwei Kurse durchgeführt. Bei dem ersten nahmen 4, beim zweiten 5 männliche Jugendliche teil. Das Trainerteam bestand bei beiden Anti-Aggressivitäts-Trainings aus einem ausgebildeten und zertifizierten Trainer, der im ersten Durchgang von einer weiblichen Fachkraft und einer neutralen Person, im zweiten Durchgang von einer männlichen Fachkraft und einem männlichen Tutor unterstützt wurde.

Da die Teilnehmer über die zuständige Jugendgerichtshilfe vermittelt wurden, fanden die Vorgespräche dort statt. Daher kannte der Trainer die Jugendlichen nicht. Die ihn begleitenden Fachkräfte hatten die Teilnehmer schon durch die Vorgespräche kennen gelernt. Auch der Tutor, der im 2. Kurs mitarbeitete, wusste von der Gruppe. Diese selbst kannte sich untereinander.

Die Mitglieder der ersten Gruppe waren 16, 17, 18 und 21 Jahre alt, die der zweiten 17, 17, 18, 19 und 20 Jahre alt. Die nationalen Zugehörigkeiten lassen sich wie folgt beschreiben: Im Kurs 1 waren drei Deutsche und ein Türke, in Kurs 2 zwei Deutsche, 2 Russlanddeutsche und 1 Pole.

Im ersten Durchgang wurden 16 Sitzungen abgehalten, verteilt über 3,5 Monate. Der zweite Durchgang umfasste 15 Treffen über einen Zeitraum von 3 Monaten. Jeder Termin dauerte 3 bis 4 Stunden und fand einmal wöchentlich in den Räumen des Projektes statt. Jeder Jugendliche absolvierte 2 „Heiße Stühle“.

Alle Teilnehmer kamen über richterliche Weisung zum Anti-Aggressivitäts-Training. Jeweils zwei waren wegen einer Gewalttat, zwei (Kurs 1) bzw. drei (Kurs 2) wegen mehrerer Gewalttaten verurteilt. Nur im zweiten Kurs schieden zwei Personen während der Maßnahme aus.

Hilfen zur Erziehung erhielt in der ersten Gruppe nur ein Jugendlicher im Rahmen einer Erziehungsbeistandschaft. In diesem Rahmen wurde er ins Training gebracht und fanden kontinuierlich Absprachen statt. Nachbetreuung im eigentlichen Sinne war dem Kurs nicht angeschlossen. Keiner der jungen Menschen stand unter Bewährung. Aber die Bewährungshelfer hielten weiterhin Kontakt zu dem Projekt und so wusste das Team um den weiteren Werdegang der erfolgreichen Absolventen Bescheid.

Beide Kurse orientierten sich weitestgehend am allgemeinen Curriculum. Eine Besonderheit ergab sich im ersten Anti-Aggressivitäts-Training: Hier heuerten die Trainer zur Abschlussfeier einige Personen an, die der Gruppe fremd waren. Diese provozierten unvorbereitet die Jugendlichen und unterzogen sie nochmals einem Provokationstest.

Die Gruppen bewerteten die Veranstaltungen als grundsätzlich positiv. Einige wenige Teilnehmer wollten den Kurs allerdings nur absitzen und fanden es schlecht, dass sie gezwungen waren, sich einbringen zu müssen. Die Trainerinnen und Trainer fanden den ersten Durchlauf sehr viel besser als den zweiten, da hier die Jugendlichen von Anfang bis zum Ende ehrlich waren, was im zweiten Durchgang erst zum Schluss hin eintrat. Außerdem existierte in dieser Gruppe ein echtes Wir-Gefühl. Letztlich wurde noch die positive Unterstützung des zuständigen Landkreises als sehr förderlich für den Erfolg des Anti-Aggressivitäts-Trainings erachtet.

Projekt – Nummer 44 (Interview am 29.1.2001, 75 Minuten)
In diesem Projekt wurden 3 Kurse mit zweimal 7 und einmal 8 männlichen Jugendlichen durchgeführt. Das Team bestand aus 2 männlichen Tutoren (allerdings erst ab der zweiten Gruppe) und je einer speziell ausgebildeten Trainerin und einem Trainer. Punktuell wurde ein Kampfsportler in das Programm eingebunden.

Da mehrere Mitglieder des Teams Mitarbeiter der Jugendgerichtshilfe waren und hierüber die Zuteilung zum Anti-Aggressivitäts-Training erfolgte, waren die meisten Teilnehmer im Voraus bekannt. Einer der Tutoren war der Gruppe bestens bekannt gewesen, da er in einer Fernsehreportage mitgewirkt hatte. Unter den Jugendlichen herrschte ein gewisser Bekanntheitsgrad. Die „stadtbekannten Gewalttäter kennen sich irgendwie untereinander", so die Äußerung des Interviewten. In Einzelfällen waren mehrere Mittäter einer Gewalttat in einem Kurs.

Alle Teilnehmer waren zwischen 16 und 20 Jahre alt. Im ersten Durchgang nahmen 5 deutsche, 1 kroatischer und 1 bosnischer, im zweiten 3 deutsche, 1 türkischer und 1 serbischer, im letzten Kurs 2 türkische und 3 deutsche Jugendliche sowie ein Aussiedler teil. Die Differenzen zur eingangs genannten Gruppenstärke rührten von der Tatsache her, dass einige Personen schon sehr früh aus dem Kurs ausgeschieden waren.

Alle Anti-Aggressivitäts-Trainings erstreckten sich über einen Zeitraum von 4 Monaten mit je einem wöchentlich dreistündigen Treffen. Außerdem organisierte das Team 3 Aktionstage und führte mit allen jungen Menschen Vor- und Nachgespräche durch. Alle Durchgänge wurden durch 2- bis 3wöchige Ferien unterbrochen. Die Settings fanden in den Räumen der örtlichen Jugendgerichtshilfe statt. Jeder Jugendliche absolvierte einen, manche auch zwei „heiße Stühle".

Alle Jugendlichen kamen unter richterlicher Auflage in den Kurs. Wie oben schon erwähnt, schied aus der ersten Gruppe keiner aus, aus den beiden anderen jedoch jeweils 2 Teilnehmern. Alle hatten mehrere Gewalttaten verübt, auf Grund derer sie vor Gericht gestanden hatten.

Da Fachkräfte der Jugendgerichtshilfe im Anti-Aggressivitäts-Training mitarbeiteten, war eine direkte Zusammenarbeit möglich. Zusätzlich gab es Kooperationen zur Bewährungshilfe und zu einem Heim. Dort nahm auch ein Teammitglied an einem Hilfeplangespräch teil. Eine gesonderte Nachbetreuung gab es in diesem Projekt nicht. Sie geschah in Form üblicher Arbeit der Bewährungshelfer. Außerdem konnten die Jugendlichen die Mitarbeiterinnen und Mitarbeiter kontaktieren, wenn sie Unterstützung brauchten.

Der Ablauf des Trainings hangelte sich an den allgemeinen curricularen Eckpfeilern entlang. Ergänzt wurde es durch eine Tagesveranstaltung „Meditative Kampfkunst“ unter der Leitung eines Kampfsportlers. Außerdem wurde ein erlebnisorientiertes Klettern angeboten und fanden Elemente aus dem Psychodrama Anwendung im Anti-Aggressivitäts-Training. Dies unterstützte die Wirkung der „Heißen Stühle“ in der Konfrontation mit den Folgen der Gewalttaten.

Die Jugendlichen bewerteten die Kurse als sehr gut. Die „Heißen Stühle“ waren in allen drei Gruppen sehr beliebt. Auch die Mitarbeiterinnen und Mitarbeiter zeigten sich sehr zufrieden. Besonders der Einsatz der Tutoren sei sehr bedeutsam gewesen. Aber auch der erste Durchgang, der noch ohne Tutor stattgefunden hatte, wurde als sehr gut beurteilt.

Projekt – Nummer 45 (Interview am 24.1. und 25.1.2001, insgesamt 45 Minuten)

An diesem Training nahmen 6 männliche Jugendliche teil. Das Trainerteam bestand aus einem männlichen Trainer mit dem erfolgreichen Abschluss der Zusatzausbildung am ISS, einer weiblichen und einer männlichen Fachkraft.

Nur ein Teilnehmer war den Trainern aus einer Einrichtung bekannt. Dessen Träger war gleichzeitig auch Veranstalter der Maßnahme. In der Gruppe war sich bis auf zwei Ausnahmen der größte Teil fremd.

Die 15 – 17jährigen belegten 3 Nationalitäten: 3 waren türkischer, 2 deutscher und 1 italienischer Herkunft.

Die Maßnahme war als „abgespeckte Form“ des Anti-Aggressivitäts-Trainings eher am Curriculum des Coolness-Trainings angelehnt und erstreckte sich über 5 Monate, die durch zwei größere Ferienzeiten unterbrochen wurden. Man traf sich einmal die Woche für etwa 3 Stunden in den Räumen eines Jugendhauses und zusätzlich an zwei Tagen eines Wochenendes für zwei Ausflüge über 6 Stunden. Jeder Jugendliche absolvierte eine Sitzung auf dem „Heißen Stuhl“.

Ein Gruppenmitglied kam freiwillig in den Kurs, die anderen alle auf der Weisung eines Jugendrichters. Einer wurde im Laufe des Kurses aus der Gruppe ausgeschlossen.

Wie oben schon erwähnt, war ein Jugendlicher in einer stationären Einrichtung der Jugendhilfe untergebracht. Dorthin gab es während des Coolness-Trainings auch eine die Maßnahme begeleitende Zusammenarbeit. Ansonsten wurde der Kurs relativ isoliert durchgeführt. Nachbetreuung fand im Grunde genommen nicht statt. Es gab nach dem Training informelle Gespräche mit den Bewährungshelfern zur Legalbewährung der jeweiligen Probanten.

Inhaltlich wurde das Setting der Altersgruppe angepasst. Das Trainerteam beachtete dabei die Tatsache, dass die Selbstwahrnehmung der jungen Leute sehr schwach war, was es erschwerte, an sie heranzukommen. So trafen die Fachkräfte gegenüber den Jugendlichen auf Ablehnung und es galt, weniger zu fordern, um das Verhältnis nicht noch mehr zu verschlechtern.

Trotzdem fand – bis auf einen – die Gruppe, dass das Training für sie nichts gebracht hätte. Nach Meinung eines Teils des Teams war die schwierige Gruppe die wesentliche Ursache dafür, dass das Training wenig erfolgreich verlief. Außerdem wurde das Fehlen von Tutoren als sehr bedauerlich bewertet.

Projekt – Nummer 69 (Interview am 5.2.2001, 45 Minuten)

Die Projektgruppe bestand aus 7 Jugendlichen, einem männlichen Trainer mit Zertifikat des ISS sowie einer weiblichen und einer männlichen Fachkraft.

Da ein Teil des Teams bei der Jugendgerichtshilfe arbeitete und eine kleine Gruppe der jungen Menschen darüber vermittelt wurde, waren nur diese der Teamleitung bekannt. Auch unter den Teilnehmern selbst bestanden höchstens flüchtige Kontakte. Manche waren sich ganz fremd.

Die neun mitarbeitenden Personen stellen sich in der sozialstatistischen Betrachtung wie folgt dar: 4 hatten einen türkischen, 3 einen deutschen Pass. 2 waren 18, je einer 19 und 21 Jahre, 3 waren 20 Jahre alt.

Die Gruppe traf sich einmal wöchentlich zu insgesamt 18 Treffen, die sich über einen Zeitraum von 4 Monaten erstreckten und von 2 Wochen Herbstferien unterbrochen wurden. Jede Sitzung dauerte im Durchschnitt 4 Stunden. Außerdem veranstaltete das Team Ganztagesveranstaltungen an 5 Samstagen. Diese jeweils 8stündigen Einheiten lagen am Anfang (2), in der Mitte (1) und am Ende (2). Als Ort diente ein an den Veranstaltungen geschlossenes örtliches Jugendzentrum und bot für die Arbeit sehr gute räumliche Voraussetzungen. Jeder Jugendliche absolvierte eine Sitzung auf dem „Heißen Stuhl" und wurde einem Provokationstest in Form eines Rollenspiels unterzogen.

Alle Teilnehmer kamen unter richterlicher Auflage auf Grund von mehreren verübten Gewaltstraftaten in das Anti-Aggressivitäts-Training.

Bezüglich aller Heranwachsenden gab es Zusammenarbeit mit der Jugendhilfe. Einer befand sich in einer stationären Jugendhilfemaßnahme, mit dem die Trainerinnen und Trainer zusammenarbeiten. Alle anderen wurden von der Jugendgerichts- oder Bewährungshilfe begleitet. Durch die eigene Mitarbeit von Jugendgerichtshelferinnen und -helfer im Training wurde eine intensive Zusammenarbeit möglich und praktiziert. In Form einer Nachbetreuung fanden in Zusammenarbeit mit den die Jugendlichen begleitenden Einrichtungen zwei Nachtreffen statt, die auch von allen besucht wurden.

Das Anti-Aggressivitäts-Training orientierte sich am allgemeinen Curriculum. Inhaltliche Erweiterungen gab es nicht.

In der Bewertung der Maßnahme äußerten sich die Teilnehmer durchweg positiv. Eine gleiche Einschätzung wurde auch von den Verantwortlichen gegeben. Demnach hat der Kurs den jungen Menschen eine Menge gebracht.

Projekt – Nummer 72 (Interview am 20.11.2000, 30 Minuten)

An diesem Kurs nahmen anfangs 8 männliche Jugendliche teil. Das Trainerteam bestand aus 2 weiblichen und 3 männlichen Fachkräften, wovon zwei Kollegen zertifizierte Anti-Aggressivitäts-Trainer waren.

Trainerinnen, Trainer und Teilnehmer kannten sich vorher nicht. Sie wurde über verschiedene Jugendgerichte zugewiesen und schon bald darauf startete der Kurs.

Ein Heranwachsender war 18 Jahre, 4 waren 19 und 3 Personen 20 Jahre alt. Als Nationalität wurden 2-mal Türkei, 4-mal Deutschland und je einmal Afghanistan und Griechenland angegeben.

Das Anti-Aggressivitäts-Training zog sich über einen Zeitraum von 5 Monaten hin und wurde durch die Weihnachtsferien unterbrochen. Das Setting fand einmal wöchentlich an einem Abend in einem örtlichen Kulturzentrum statt. Es dauerte jeweils 3 Stunden. 3 Treffen mussten ausfallen, weil kein Teilnehmer anwesend gewesen war. Demnach kann von insgesamt 15 Sitzungen ausgegangen werden. Die Gruppe absolvierte im Durchschnitt 2 bis 3 Sitzungen auf dem „Heißen Stuhl".

Ein Jugendlicher kam freiwillig in die Gruppe, alle anderen standen unter richterlicher Weisung. 5 Teilnehmer schieden zwischenzeitlich aus dem Kurs aus. Bis auf einen hatten alle nur eine Gewalttat verübt, die zu ihrer Verurteilung geführt hatte. Ein Heranwachsender hatte ein Raubdelikt begangen.

Die Trainerinnen und Trainer arbeiteten während des Anti-Aggressivitäts-Trainings mit der Bewährungs- und Jugendgerichtshilfe zusammen. Einen Jugendlichen unterstützten sie selbst bei der Vorbereitung auf den Hauptschulabschluss und einen anderen bei der Arbeitssuche. Nachbetreuung fand ansonsten nicht statt.

Der Ablauf des Kurses beinhaltete die klassischen Eckpfeiler des Curriculums. Einen besonderen Schwerpunkt setzte das Team in die eigene Gewalterfahrung. Zudem wurde mit Vertrauensübungen und der Methode Wandzeitung gearbeitet.

Das Team stellte reflektierend fest, dass der „Heiße Stuhl“ nicht so beliebt gewesen sei. Auch die Jugendlichen brachten zum Ausdruck, dass sie sich mit dem „Heißen Stuhl“ sehr schwer taten. Dennoch hatte den 3 verbliebenen Teilnehmern ihren Äußerungen zufolge das Training sehr viel gebracht.

Projekt – Nummer 73 (Interview am 20.11.2000, 30 Minuten)

Die letzte Gruppe bestand aus 12 Jungen und wurde von einem 5köpfigen Team geleitet: Neben 2, beim ISS als Anti-Aggressivitäts-Trainer erfolgreich ausgebildeten Fachkräften, 1 Jugendgerichtshelferin und 2 Kollegen.

Das Mitwirken der Mitarbeiterin aus der Jugendgerichtshilfe und ihr positives Verhältnis zu allen Jugendlichen wirkte sich sehr konstruktiv auf den Gesamtprozess aus. Das anfangs vorherrschende Misstrauen, basierend auf dem scheinbaren Rollenkonflikt mit dieser Jugendgerichtshelferin, konnte entsprechend abgebaut werden. Zudem kannte die Mehrheit der Teilnehmer sich schon. Es gab einen Block mit drei türkischen Jugendlichen, der Rest der Gruppe war deutscher Herkunft.

Das Alter der jungen Leute reichte von 16 (3 Personen) über 18, 19, 20 (je 2 Personen) bis zu 21 Jahren (3 Personen).

Es wurden 20 Treffen über 2,5 Stunden an einem Abend in der Woche veranstaltet. Das Anti-Aggressivitäts-Training erstreckte sich über einen Zeitraum von 6 Monaten und wurde von einigen Feiertagen unterbrochen. Die Räumlichkeiten mussten mehrmals gewechselt werden. Daher stellten sich die Rahmenbedingungen als nicht optimal dar. Jeder Teilnehmer absolvierte 2 Sitzungen auf dem „Heißen Stuhl“. Bis auf einen kamen alle anderen über richterliche Auflage in das Training. Jedem von ihnen wurden mehrere Gewalttaten zur Last gelegt. 8 Heranwachsende waren im Laufe des Kurses ausgeschieden.

Über die nahe Anbindung der Maßnahme an die Jugendgerichtshilfe durch die Mitarbeiterin war eine Zusammenarbeit gewährleistet gewesen.

Die inhaltliche Gestaltung des Anti-Aggressivitäts-Training lehnte sich an den allgemeinen Standards an. Ergänzend wurde mit der Wandzeitung im Setting gearbeitet. Besondere Beachtung wurde der Integrationsphase geschenkt. Die Trainerinnen und Trainer bauten zuerst eine belastbare Beziehung auf und brachten so die Teilnehmer zu der Erkenntnis, dass sie „korrekt“ sind. Darauf konnte jedes Mitglied der Gruppe die Erlaubnis geben, sie konfrontieren zu dürfen.

In der Bewertung des Anti-Aggressivitäts-Trainings war dies nach Aussage des Teams auch gelungen. Es machte dies daran fest, dass keiner der Jugendlichen seine Mitarbeit im Kurs verweigert hatte. Daher wurde abschließend der Kurs als insgesamt sehr erfolgreich bewertet.

4.2.2) Generalisierende Analyse der Telefoninterviews

Wir werten nun diese Texte quantitativ-statistisch aus. Das bedeutet, dass wir die Telefoninterviews nachfolgend zusammenfassen und entsprechend den uns interessierenden Fragestellungen analysieren werden. Die n = 108 Fälle (Zeitpunkt t_1) der 14 Projekte verteilten sich auf insgesamt 28 einzelne Kurse. Diese Differenzierung ist notwendig, da auch innerhalb der Orte Anti-Aggressivitäts-Trainingskurse modifiziert wurden. Die Ergebnisse zu den Interviewfragen werden zur übersichtlicheren Darstellung nach inhaltlichen Erwägungen statistisch gruppiert und grafisch visualisiert. Die Studie gibt damit einen wichtigen Überblick über einen Teil bestehender Anti-Aggressivitäts-Trainingsprojekte und einen bisher einmaligen detaillierten Vergleich zwischen diesen einzelnen Maßnahmen.

Die so vorgenommene Gruppierung der Antworten aus den halbstandardisierten Befragungen zu den 23 Fragestellungen ergibt das folgende Bild:

Tabelle 58: Ergebnisse der Telefoninterviews

Fragestellung	Anzahl der Kurse (insgesamt 28 Kurse)		
1) Anzahl der Teilnehmer	4 Teiln. 6	5 oder 6 Teilnehmer 14	> 6 Teilnehmer 8
2) Mitarbeit von Tutoren	Mitarbeit von Tutoren 14	Keine Mitarbeit v. Tutoren 14	
3) Anzahl von Trainer-innen und Trainern	2 oder 3 Personen 12	4 oder 5 Personen 11	> 5 Pers. 5
4) Mitarbeit von Frauen	Mitarbeit von Frauen 14	Keine Mitarbeit von Frauen 14	
5) Betreuungsschlüssel	Bis 0,5 6	0,51 bis 0,99 16	≥ 1,00 6
6) Bekanntheit der Jugendlichen im Team	Ja (Team kennt Teilnehmer) 23	Nein 5	
7) Bekanntheit der Jugendlichen unter sich	Ja (Teilnehmer kennen sich untereinander) 20	Nein 8	
8) Kurse mit jüngeren Teilnehmern	Kurse auch mit 15 und 16Jährigen 16	Alle Teiln. über 16 Jahre 12	
9) Altersspanne der Teilnehmer	< 4 Jahre 7	4 und 5 Jahre 13	≥ 6 Jahre 8
10) Anteil nichtdeutscher Teilnehmer	0 – 25 % 9	26 – 50 % 9	51 – 100 % 10
11) Anzahl verschied. Nationalitäten	1 1	2 oder 3 Nationalitäten 20	> 3 National. 7
12) Anzahl ganzer Tage	Keine 6	1 Tag 8	Mehr als 1 Tag 14
13) Zeitraum des Trainings	3 und 4 Monate 19	> 5 Monate 9	
14) Stundenumfang des AAT	Bis 50 Std. 6	51 bis 75 Stunden 15	> 75 Stunden 7
15) Raumsituation	Gut 24	schlecht 4	
16) Anzahl der „Heißen Stühle“	0 oder 1 9	> 1 19	

17) Unter Zwang oder Freiwillige Teilnahme	Alle freiwillig: 7	Teils/teils: 7	Alle kamen unter Zwang: 14	
18) Abbruchquote	0 %: 10	1 bis 25 %: 10	26 – 50 %: 6	>50: 2
19) Grad der Gewalttätigkeit	1-: 2	1- und Mehrfach-: 10	Nur Mehrfach-Gewalttäter: 16	
20) Begleitende Hilfen	Keine: 4	Hilfen durch Team selbst: 19	andere: 5	
21) Einschätzung der Jugendlichen	Gute Bewertung (+): 18	(+/-): 6	(-): 3	
22) Einschätzung des Teams	Positive Einschätzung: 19	Negative E.: 8		
23) Zusätzliche Maßnahmen	Keine: 6	themat.: 3	Erlebnisorientierte M.: 12	Erl. und thematisch: 7

Jedes Kästchen unter der Rubrik „Anzahl der Kurse" steht für einen Kurs. Bei den Fragen 21 und 22 fehlte jeweils eine Antwort.

Die untersuchten Anti-Aggressivitäts-Trainingskurse wurden mit mindestens 4 und maximal 12 Teilnehmern durchgeführt. Die Hälfte aller Kurse fand mit 5 oder 6 Jugendlichen statt (Frage 1).

In genau der Hälfte der Kurse arbeiteten Tutoren mit, in der anderen Hälfte nicht. Dort, wo Tutoren mitarbeiteten, waren dies überwiegend zwei, seltener nur einer. In einem Kurs arbeiteten 4 Tutoren mit (Frage 2).

Zur Anzahl der Trainerinnen und Trainer rechnen wir sowohl die am ISS ausgebildeten Anti-Aggressivitäts-Trainerinnen und -trainer, weitere sozialpädagogische und psychologische Fachkräfte, aber auch fachfremde Personen, wie zum Beispiel ehrenamtliche Mitarbeiterinnen und Mitarbeiter und die Tutoren. In allen Projekten arbeiteten zwischen 2 und 9 Personen im Team, wobei mindestens einer von ihnen das Zertifikat der ISS-Ausbildung besaß, wie dies die Qualitätsstandards (siehe Abschnitt 2.5.3) auch vorsehen (Frage 3).

In der Hälfte der Kurse arbeiteten Frauen als Trainerinnen mit. Zwar stehen nur 2 Trainerinnen mit ISS – Zertifikat 16 Trainern gegenüber. Mitnichten entspricht dies jedoch den Gegebenheiten in der Praxis. Dort, wo Frauen in Anti-Aggressivitäts-Trainingskursen mitarbeiteten, waren dies aber in keinem Team mehr als 2 Frauen (Frage 4).

Unter der Variablen „Betreuungsschlüssel" betrachten wir das Zahlenverhältnis der jugendlichen und heranwachsenden Teilnehmer zu den Mitarbeiterinnen und Mitarbeitern im Team zu Beginn eines Kurses. Die Tutoren wurden zum Team dazugezählt. Es fällt auf, dass sich das Verhältnis zwischen Team und Jugendlichen größtenteils zwischen den Werten 0,51 und 1,00 bewegte, also 2 bis 1 Teilnehmer auf 1 Teammitglied kamen. Die höchste Quote lag bei 1,80, die schlechteste bei 0,38. Die Zahlen relativierten sich jedoch, wenn Jugendliche im Laufe des Kurses ausschieden (Frage 5).

Uns hat auch die Frage interessiert, ob schon zu Beginn des Anti-Aggressivitäts-Trainings eine gewisse Vertrautheit in der Gruppe vorhanden war. Bei den Antworten haben wir Trends in Richtung ja bzw. nein festgelegt, da nur ganz selten hierzu eindeutige Aussagen erfolgten. Danach war in den meisten Fällen zumindest einem Großteil des Teams die Mehrheit der Jugendlichen bekannt. Dort, wo allerdings die Antwort: nein genannt wurde, waren die Teilnehmer dem Team mehrheitlich vor dem Training unbekannt (Frage 6).

Ebenso lag es nahe, die Vertrautheit innerhalb der Teilnehmergruppe in das Interesse unserer Untersuchung zu nehmen. Die Aussagen dazu und auch das Ergebnis geben den gleichen Trend wie unter dem vorherigen Punkt wieder, was auch in Tabelle 58 deutlich wird (Frage 7).

Da der FAF nur eine grobe Einteilung des Alters vornimmt, stellten wir in den Interviews differenzierend die Frage nach der genauen Alterszusammensetzung in jeder Gruppe. Das Augenmerk legten wir auf die Vermutung, dass ein Anti-Aggressivitäts-Training mit eher jüngeren Teilnehmern mit 15 und 16 Jahren weniger erfolgreich sei. Das Ergebnis weist eine deutliche Mehrheit an Kursen aus, an denen auch jüngere Teilnehmer mitgearbeitet hatten (Frage 8).

Weiter werfen wir einen zweiten Blick auf das Merkmal Alter und betrachten die Altersunterschiede der Gruppenmitglieder. Ein Kurs wurde mit Gleichaltrigen durchgeführt (Spanne = 0), in einem Kurs reichten die Angaben von 16 bis 22 Jahren (Spanne = 7). Die Mehrheit der Maßnahmen wurde allerdings mit Gruppen durchgeführt, deren Alterspanne 5 und 4 Jahre betrug. Entsprechende Verteilungen darüber oder darunter sind gleich häufig anzutreffen, was auch Tabelle 58 verdeutlicht (Frage 9).

In Frage 10 interessiert uns der Anteil der Migranten. Wir wollen prüfen, ob diese Variable einen Einfluss auf den Erfolg des Anti-Aggressivitäts-Trainings ausmacht. Ein Kurs fand ausschließlich mit deutschen, ein Kurs nur mit nichtdeutschen Teilnehmern statt. Unter allen anderen Gruppen befanden sich Jugendliche ausländischer Herkunft, wie es vielen sozialarbeiterischen Handlungsfeldern entspricht. Die größte Gruppe stellten die Türken dar. Insgesamt erfassten wir ungefähr 15 Nationalitäten. Aussiedler zählten wir zu den Migranten. Weiter errechneten wir den prozentualen Anteil nichtdeutscher Teilnehmer in einem Trainingskurs. Das Ergebnis reichte von 0 % (kein Ausländer im Kurs) bis 100 % (ausschließlich Migranten in einem Training).

Ausgehend von den vorherigen Überlegungen interessiert uns auch die Fragestellung, inwieweit die Vielzahl an Nationalitäten das Anti-Aggressivitäts-Training beeinflusst. Es könnte vermutet werden, dass beispielsweise ein Kurs nur mit Jugendlichen türkischer Abstammung erfolgreich verläuft, aber viele verschiedene Migranten in einer Gruppe kontraproduktive Wirkungen entfalten. Allerdings wurde eine solche Zusammensetzung in unserer Umfrage nicht ermittelt. Nur ein Team arbeitete ausschließlich mit deutschen Teilnehmern. Die weitere Spanne reichte von 2 bis zu 5 Nationalitäten. Die Tabelle 58 zeigt deutlich, dass meistens zwei oder drei Herkunftsländer genannt wurden, aus denen die Gruppenmitglieder stammten (Frage 11).

Da manche Anti-Aggressivitäts-Trainingskurse nicht nur aus wöchentlichen Treffen über ungefähr 3 Stunden bestanden, sondern auch aus ganzen Veranstaltungstagen, schlüsseln wir dies in obiger Tabelle auf (Frage 12). Danach führten die Hälfte aller Projekte mehr als eine Ganztagesveranstaltung durch. Die höchste Nennung lag hier bei 12 Tagen – dieses Projekt führt das ganze Training in Form von Tageseinheiten durch. Immerhin ein Viertel aller Veranstaltungen arbeitete nur mit wöchentlichen Treffen über einige Stunden.

Die Dauer der kompletten Maßnahmen lag zwischen 3 und 7 ½ Monaten. Es wird deutlich, dass zwei Drittel aller durchgeführten Anti-Aggressivitäts-Trainings 3 oder 4 Monate dauerten (Frage 13).

Aus dem Interesse nach dem Anteil an ganztägigen Kurseinheiten und der gesamten Dauer eines Anti-Aggressivitäts-Training ergibt sich folgerichtig die Frage nach dem zeitlichen Umfang der einzelnen Durchläufe. Dazu haben wir die jeweilige Dauer aller Veranstaltungen, an denen die Teilnehmer zusammen gekommen waren, zusammengerechnet. Eine Tagesveranstaltung ging mit 8 Stunden in die Berechnung ein.

Wir sehen, dass mehr als die Hälfte aller Maßnahmen sich über einen zeitlichen Umfang von 51 bis 75 Stunden erstreckten. Jeweils fast ein Viertel aller Projekte arbeitete kürzer oder länger mit den Jugendlichen und Heranwachsenden. Der geringste Stundenumfang eines Anti-Aggressivitäts-Trainings war 45 Stunden, der größte 110 Stunden (Frage 14).

Nicht selten üben äußere Rahmenbedingungen einen erheblichen Einfluss auf den Ablauf sozialpädagogischer Maßnahmen aus. Daher haben wir in unseren Interviews danach gefragt (Frage 15), welche räumlichen Bedingungen dort zum Durchführen der Maßnahme vorhanden waren. Wir gruppierten die Antworten danach, ob eher eine positive oder eine negative Tendenz ausgesagt wurde. Das Ergebnis ist sehr eindeutig: 86 % aller Kurse wurden von guten räumlichen Bedingungen begleitet.

Der „Heiße Stuhl" ist wesentliches Element im Curriculum des Anti-Aggressivitäts-Trainings (siehe Abschnitt 2.5.1). Daher interessierte uns die Anzahl der „Heißen Stühle" pro Teilnehmer. Die Antworten reichten von keinem bis zu gar drei Sitzungen. Die nachfolgende Darstellung zeigt aber deutlich auf, dass die

Mehrzahl der Maßnahmen mindestens 2 „Heiße Stühle“ mit jedem Jugendlichen und Heranwachsenden durchgeführt hatten (Frage 16).

Das Anti-Aggressivitäts-Training akzeptiert die Behandlung unter Zwang zumindest als Einstiegsmotivation (siehe Qualitätsstandards in Kapitel 2.5.3). Daher wollten wir dieses Merkmal näher untersuchen und erfragten in dem Interview die Anzahl der Jugendlichen und jungen Erwachsenen, die unter Zwang oder freiwillig in den Kurs gekommen waren (Frage 17). Manche Gruppen bestanden aus Teilnehmern, die allesamt freiwillig mitarbeiteten oder im Gegensatz dazu unter Zwang teilnahmen. Auch ergaben sich Zusammensetzungen mit einer Mischung aus beiden Varianten. Die zahlenmäßige Verteilung zeigt ebenfalls Tabelle 58. Die Gesamtgruppe teilt sich in proportional zueinander gleiche Teile. Ein Viertel aller Gruppen bestehen aus Teilnehmern mit durchweg sekundärer Einstiegsmotivation, ein Viertel aller Kurse nur aus Freiwilligen und ein gleicher Teil aus einer Mischung aus beiden Möglichkeiten.

Weiterhin ermittelten wir mittels unserer qualitativen Befragung Abbruchquoten zwischen 0 % und 63 %. Diese große Spanne veranlasste uns, die Ergebnisse in 4 Gruppen umzucodieren. Danach nannten mehr als ein Drittel aller Interviewten eine Abbruchquote von 0 %. Eine ebenso große Zahl von Befragten konstatierte eine Quote zwischen 1 % und 25 %. Bei fast einem Viertel der Anti-Aggressivitäts-Trainings brachen 26 bis 50 % die Maßnahme ab und bei 7 % beendeten mehr als Hälfte der Teilnehmer das Training nicht (Frage 18).

Im eigentlichen Verständnis arbeitet das Anti-Aggressivitäts-Training mit Mehrfach-Gewalttätern (siehe die Qualitätsstandards in 2.5.3). Die Untersuchung zeigte aber, dass auch Jugendliche und junge Erwachsene an Trainingsmaßnahmen teilnahmen, die „nur“ durch eine (massive) Gewalttat auffällig wurden und darauf beispielsweise vom Jugendrichter zur Teilnahme an einem Trainingskurs verpflichtet wurden. An dieser Stelle ist für uns interessant, in wie weit der Grad der Gewalttätigkeit bei den Teilnehmern den Erfolg der Maßnahme beeinflusst haben könnte. Wir fanden keine Gruppe, in der nicht alle Teilnehmer mindestens eine Gewalttat verübt hatten. Die obige Tabelle zeigt, dass die Mehrheit der Kurse ausschließlich mit Mehrfachtätern oder zumindest mit einem Anteil an ihnen durchgeführt worden sind (Frage 19).

Unter dem Aspekt, dass zu den Voraussetzungen eines straffreien Lebens als Ziel des Anti-Aggressivitäts-Trainings auch eine Stabilisierung der persönlichen Situation des jungen Menschen zählt, ist eine Ergänzung des Anti-Aggressivitäts-Trainings durch begleitende Hilfen sehr wichtig. Uns interessierte aber ein eventueller Einfluss dieses Merkmals auf den Erfolg in unserer Untersuchung nur unter der Fragestellung, ob diese begleitenden Hilfen von den Mitarbeiterinnen und Mitarbeitern des Teams selbst geleistet wurden oder nicht. Mithin hätten darüber hinaus gehende Fragestellungen den Rahmen dieser Evaluation gesprengt. Wir konnten folgendes erfahren: Nur 14 % aller Kurse gaben an, dass parallel zum Anti-Aggressivitäts-Training für die Teilnehmer überhaupt keine begleitenden Hilfen geleistet wurden. Der Großteil dagegen erhielt solche Unterstützung neben dem eigentlichen Trainingskurs. Dabei sind es mit 68 % meistens die eigenen Mitarbeiterinnen und Mitarbeiter aus dem Trainerteam, die dies bewerkstelligten. Dies ist aber wenig verwunderlich, da in den Teams auch überwiegend die Fachkräfte mitgearbeitet hatten, die auch sonst diese jungen Menschen betreuten (Frage 20).

Alle Trainingsmaßnahmen wurden mit einer ausführlichen Reflexion unterschiedlicher Art beendet, in denen die Jugendlichen eine Einschätzung des Kurses geben sollten. Es schien uns interessant, auch diese Ergebnisse in die Evaluation einzubeziehen, erfassen sie doch die Befindlichkeiten und Stimmungslagen in der Gruppe. Die Fragestellung könnte lauten, ob die Stimmungslage unter den Teilnehmern Einfluss auf den Erfolg des Anti-Aggressivitäts-Trainings haben könnte. Aus den Ergebnissen haben wir drei Kategorien gebildet: Entweder äußerte sich die Gruppe überwiegend positiv oder überwiegend negativ zum Ablauf der Maßnahme oder die Meinungen waren geteilt. Der Vergleich dieser Antworten stellt sich so dar (bei einer fehlenden Antwort), dass die Mehrheit der Jugendlichen und jungen Erwachsenen das Training überwiegend positiv bewerteten. Auffallend gering ist der Anteil der Gruppen mit schlechtem Gesamturteil über den Kurs (Frage 21).

Wir fragten auch nach der Einschätzung des Teams der Trainerinnen und Trainer über den jeweiligen Kurs. Im Gegensatz zu den Teilnehmern äußerten sich die Mitarbeiterinnen und Mitarbeiter eindeutiger positiv oder eher negativ – eine durchschnittliche Bewertung erfuhren wir nicht. Ähnlich den jungen Menschen äußerten sich 70 % der Teams positiv. 30 % der Befragten gaben ein negatives Urteil ab (bei einer fehlenden Antwort). Auch dies fassten wir in Tabelle 58 zusammen (Frage 22).

Durch die letzte Frage (23) wollten wir wissen, ob und wenn ja, durch welche Aktivitäten das eigentliche Curriculum des Anti-Aggressivitäts-Trainings ergänzt wurde. Die Antworten teilten wir in vier Gruppen ein. 6 Kurse beschränkten sich auf das Curriculum des Anti-Aggressivitäts-Trainings und führten darüber hinaus keine weiteren Maßnahmen durch. Fast die Hälfte aller Anti-Aggressivitäts-Trainings wurde durch erlebnisorientierte Aktionen ergänzt. Dazu wurden Körperthrilling, Kampfkunst, Motocross-Motorradfahren, Erlebnistag, Klettern, Kartfahren und Trikefahren genannt. Themennahe Elemente flossen in drei Trainings ein. Hierzu zählten: Videoreflexion, entsprechende thematische Übungen, Besuch in der Gerichtsmedizin, Wochenreflexion, Diskussionsübung, Besuch des Opferschutzbeauftragten der Polizei, Deeskalations-, Flirt- und Kompetenztraining, Provokationstests durch Jugendliche von außen und Elemente aus dem Psychodrama.

Letztlich wurden in 7 Gruppen sowohl mit erlebnisorientierten Elementen als auch mit zusätzlichen thematischen Impulsen gearbeitet.

Über diese 23 erfassten Fragestellungen hinaus hatten wir in den Telefoninterviews auch weitere Fragen an die Projektstandorte gestellt. Die Antworten glichen sich größtenteils, so dass daraus kein Einfluss auf den Erfolg des Anti-Aggressivitäts-Trainings abgeleitet werden konnte und wir sie hier nicht dezidiert aufgeführt haben.

So wurden alle Maßnahmen in ihrem Ablauf unterbrochen. Ursache dafür waren meistens Schulferien, Feiertage aber auch Krankheit im Trainerkreis. Alle Teilnehmer hatten mindestens eine gravierende Gewalttat verübt oder waren als gewalttätig aufgefallen. Wegen ausschließlich anderer defizitären und devianten Verhaltensweisen nahm kein Jugendlicher am Anti-Aggressivitäts-Training teil.

Ursprünglich hatten wir auch unser Augenmerk auf die Nachbetreuung richten wollen. Da zu dieser Frage mehrere Projekte keine zuverlässige Aussage treffen konnten, sahen wir von einer Einbindung in die Evaluation ab. Außerdem tangiert Nachbetreuung als Themenbereich sozialer Arbeit das Anti-Aggressivitäts-Training nur am Rande.

4.2.3) Begründete Vermutungen zum Erfolg des Anti-Aggressivitäts-Trainings unter Bezug auf die halbstandardisierten Interviews

Wie zuvor bereits erwähnt, möchten wir nun der Frage nachgehen, ob wir begründete Vermutungen entwickeln können, nach denen bestimmte Gestaltungs- und Durchführungsmerkmale in den Anti-Aggressivitäts-Trainings der Projektorte den Erfolg der Maßnahme beeinflussen. In einem nun letzten Schritt dieses Forschungsabschnitts ziehen wir die generalisierten Aussagen aus den durchgeführten Interviews zur Erklärung der varianzanalytischen Berechnungen des Treatmentfaktors Projektort heran und versuchen daraus Vermutungen abzuleiten, unter welchen Bedingungen ein Anti-Aggressivitäts-Training erfolgreich verlaufen kann.

Um nun die quantitativ erhobenen Daten des Fragebogens zur Erfassung der Aggressivitätsfaktoren mit den Ergebnissen der Telefoninterviews zu verknüpfen, verzichten wir auf einen Mehrebenenansatz und wählen ein etwas vereinfachendes Verfahren: Zum einen aggregieren wir die Daten des FAF auf Kursebene. Zum anderen codieren wir die erhobenen Daten der qualitativen Interviews für die 28 durchgeführten Anti-Aggressivitäts-Trainingskurse um.

Die Codierung basiert auf der Einteilung in Tabelle 58. Dem ersten Wertelabel teilen wir den Wert 1, dem zweiten den Wert 2 und dem dritten den Wert drei zu. Einige wenige Variablen haben ein viertes Label. Diesem wurde dann entsprechend der Wert 4 gegeben.

Die aggregierten Daten des FAF sind in nachfolgender Tabelle dargestellt.

Tabelle 59: Differenzen der Skalenwerte nach der Aggregierung der Daten auf Kursebene (Staninewerte)

KURS		DIFFFAF 1	DIFF-FAF2	DIFF-FAF3	DIFF-FAF4	DIFF-FAF5	DIFFSU 13
1	Mittelwert	0,6	1,1	1,1	0,6	-0,7	1,2
	N	13	13	13	13	13	13
2	Mittelwert	0,2	1,2	0,2	-0,8	-0,5	0,6
	N	7	7	7	7	7	7
3	Mittelwert	0,1	1,6	0,8	0,4	-0,4	1,0
	N	5	5	5	5	5	5
4	Mittelwert	1,8	2,8	2,8	1,3	0,5	3,3
	N	1	1	1	1	1	1
5	Mittelwert	2,0	3,7	2,0	1,7	-1,3	2,7
	N	1	1	1	1	1	1
6	Mittelwert	2,4	4,6	1,8	1,0	-1,4	3,8
	N	1	1	1	1	1	1
Insges.	Mittelwert	0,5	1,5	0,9	0,3	-0,6	1,2
	N	28	28	28	28	28	28

DIFF... meint die Differenz der jeweiligen Skalenwerte FAF1, FAF2, FAF3, FAF4, FAF5 und SUM13.

Aus dieser Auflistung wird deutlich, wie sich die 28 Kurse zusammensetzen: In den 14 Orten, in denen die Telefoninterviews durchgeführt worden sind, wurden 13 Kurse als erste, 7 als zweite und 5 als dritte Maßnahme durchgeführt. Einen vierten, fünften und sechsten Durchgang gab es in einem Ort (n = 1).
Die varianzanalytischen Berechnungen ergeben nun folgenden Output:

Tabelle 60: Erklärung der Ergebnisse der Anti-Aggressivitäts-Trainingskurse durch Gestaltungsmerkmale (eta²)

Fragestellung	FAF1	FAF2	FAF3	FAF4	FAF5	SUM13
1) Anzahl der Teilnehmer						
2) Mitarbeit von Tutoren	0,22*	0,18*	0,25**			0,26**
3) Anzahl von Trainerinnen und Trainern			0,45**			0,26*
4) Mitarbeit von Frauen						
5) Betreuungsschlüssel			0,23*			0,22*
6) Bekanntheit der Jugendlichen im Team						
7) Bekanntheit der Jugendlichen unter sich						
8) Kurse mit jüngeren Teilnehmern						
9) Altersspanne der Teilnehmer						
10) Anteil nichtdeutscher Teilnehmer						
11) Anzahl verschiedener Nationalitäten			0,24*			
12) Anzahl ganzer Tage		0,21+				0,17+
13) Zeitraum des Trainings						
14) Stundenumfang des AAT		0,22*	0,44**			0,31*
15) Raumsituation						
16) Anzahl der „Heißen Stühle"	0,10+		0,11+			
17) Unter Zwang oder freiwillige Teilnahme	0,19+					
18) Abbruchquote						
19) Grad der Gewalttätigkeit					0,29*	
20) Begleitende Hilfen					0,26*	
21) Einschätzung der Jugendlichen	0,29*	0,18+			0,18+	0,24*
22) Einschätzung des Teams						
23) Zusätzliche Maßnahmen		0,40**	0,29*			0,34*

+ = $p < 0,1$; * = $p < 0,05$; ** = $p < 0,01$. Werte mit $p \geq 0,1$ sind der besseren Übersicht halber nicht abgedruckt.

Wir finden in Tabelle 60 in einigen Skalen des Fragenbogens zur Erfassung von Aggressivitätsfaktoren (FAF) beachtliche signifikante Effekte. Wie schon gezeigt, weisen Veränderungen in den Skalen auf den Erfolg respektive Misserfolg des Anti-Aggressivitäts-Trainings hin. Demnach finden wir in der Tat Begründungen für unsere Vermutung, nach denen sich das „Wie" eines Anti-Aggressivitäts-Trainings auf dessen Erfolg oder Misserfolg auswirken kann. Dies gilt es nun differenzierter zu betrachten.

Ein erster Überblick zeigt, dass diese Gestaltungsmerkmale der Trainingskurse, nach denen wir in den qualitativen Interviews gefragt hatten, sich nach unseren Befunden eher auf die Skalen auswirken, mit denen die Testpersonen ihre Aggressivität gegen Fremde (nach außen gerichtete Aggressivität) beschreiben: FAF1, FAF2, FAF3 und SUM13. Die Skala FAF4 (Selbstaggressivität) weist denn auch keine signifikanten Nennungen aus. Drei signifikante Effekte errechneten sich in der Skala FAF5 (Aggressivitätshemmungen). Da alle 5 Faktoren zusammen die Aggressivität beschreiben, dürfen die hier unterrepräsentierten Skalen, FAF4 und FAF5, eigentlich nicht außer Acht gelassen werden.

Zweierlei wissen wir demnach nicht: Die beschriebenen Ergebnisse bilden also einen Ausschnitt aus allen Faktoren des FAF. Die Gesamtschau bleibt unserer Betrachtung verborgen. Gleichwohl kann auch ein positives Teilergebnis als Erfolg für das Anti-Aggressivitäts-Training gelten.

Außerdem wissen wir wenig darüber, ob festgestellte Effekte durch weitere Kontrollvariablen eher verstärkt oder abgeschwächt werden und ob in unserer Studie analysierte Variablen miteinander interagieren. Wir konzedieren, im Rahmen dieser Arbeit nur die jeweils isolierte Variation betrachten zu können.

Diese Überlegungen wollen wir nun als Ausgangsbasis dafür nehmen, die Ergebnisse unserer Telefoninterviews diesen statistischen Ergebnissen gegenüberzustellen und daraus begründete Vermutungen zu entwickeln, welche Gestaltungsmerkmale der Anti-Aggressivitäts-Trainings die unterschiedlichen Erfolge bedingt haben könnten. Wir greifen auf die Fragen der Interviews nochmals in der gleichen Reihenfolge zurück, um unsere Überlegungen nachvollziehbar zu machen. Die Auflistung für ein optimal gestaltetes Anti-Aggressivitäts-Training rundet unsere Ausführungen ab.

1) Anzahl der Teilnehmer

Die Zahl der jugendlichen Teilnehmer für sich betrachtet hat keinen Einfluss auf den Erfolg des Trainings. Diese begründete Vermutung relativiert sich im Blick auf die Frage 5.

2) Mitarbeit von Tutoren

Kein anderes Merkmal zeigt ein so deutliches Resultat, wie dieses. Demnach kann festgestellt werden, dass die Mitarbeit von Tutoren als positive Vorbilder sich förderlich auf das Ergebnis des Anti-Aggressivitäts-Trainings auswirkt. Für die signifikanten Skalen, die die nach außen gerichtete Aggressivität beschreiben, verdeutlicht nachstehende Tabelle die starken Unterschiede zwischen den Differenzwerten der Kurse mit und ohne Tutoren.

Tabelle 61: Differenzwerte für Tutoren

Tutoren		DIFFFAF1	DIFFFAF2	DIFFFAF3	DIFFSU13
Ja	Mittelwert	1,0	2,1	1,6	1,9
	N	14	14	14	14
Nein	Mittelwert	0,1	0,9	0,3	0,5
	N	14	14	14	14
Insgesamt	Mittelwert	0,5	1,5	0,9	1,2
28	N	28	28	28	28

DIFF... meint die Differenz der jeweiligen Skalenwerte FAF1, FAF2, FAF3 und SUM13. Die Skalen FAF4 und FAF5 sind nicht signifikant.

Dies scheint im Blick auf die Lerntheorie auch stimmig, nach der aggressives Verhalten durch Nachahmung erlernt wird und ebenso wieder verlernt werden kann (siehe Abschnitt 2.4.4).

Es scheint, als würde dieser Aspekt in der sozialen Arbeit mit ihrer häufigen Tendenz zu einzelfallorientierter Interaktion allzu oft vernachlässigt. Ein stärkeres Umdenken in Richtung Gruppenorientierung, also zu sozialer Arbeit unter aktiver Einbindung der Peers, ist vonnöten.

3) Anzahl von Trainerinnen und Trainern

Die Größe des Teams spielt eine gewisse Rolle, da die varianzanalytischen Berechnungen ein signifikantes Ergebnis für die Skalen FAF3 und SUM13 ergeben haben. In der Skala FAF3 erklärt diese Variable 44,6 % der Varianz (siehe Tabelle 60). Auch hierzu sollen die Ergebnisse dargestellt werden.

Tabelle 62: Differenzwerte für „Anzahl von Trainerinnen und Trainern"

Team		DIFFFAF3	DIFFSU13
2-3 Pers.	Mittelwert	0,1	0,5
	N	12	12
4-5 Pers.	Mittelwert	1,2	1,6
	N	11	11
>5 Pers.	Mittelwert	2,4	2,2
	N	5	5
Insgesamt	Mittelwert	0,9	1,2
	N	28	28

DIFF... meint die Differenz der jeweiligen Skalenwerte FAF3 und SUM13. Die Skalen FAF1, FAF2, FAF4 und FAF5 sind nicht signifikant. Auch die Post-Hoc-Mehrfachvergleiche weisen kein statistisch bedeutsames Ergebnis aus.

Es wird deutlich erkennbar, dass mit steigender Anzahl der Trainerinnen und Trainer in einem Team die Differenzwerte in beiden Skalen deutlich steigen. Damit gelingt es einem zahlenmäßig stärker besetzten Team besser, die Aggressivität gegen Fremde bei den Teilnehmern zu reduzieren als einem kleineren Team. Dies gilt besonders für den Bereich der Erregbarkeit (FAF3). Die jugendlichen und heranwachsenden Teilnehmer sind ihren Angaben zufolge offensichtlich ruhiger geworden. Ihre Affektsteuerung ist nun kontrollierter und ihre Frustrationstoleranz deutlich angehoben.

Damit unterstützt dieser klare Befund das Konzept in Hameln, nach dem zahlreiche Gäste und Ehrenamtliche in einen Kurs eingeladen werden. Zum einen, da „erst aus der Vielzahl der Einzelcharaktere und den sich ergänzenden Persönlichkeitskonzepten des Gesamttrainerteams (...) sich die Wirksamkeit des AAT“ (Heilemann & Fischwasser von Proeck: 2001: 169) ergibt. Zum anderen entstehen „flexible, spontane und dynamische Gruppenprozesse und (ein) hoher Interessantheitsgrad für die ‚Standardteilnehmer' (insbesondere für die Täter) durch immer wieder ‚neue Gesichter' und neue Lebensgeschichten“ (Heilemann & Fischwasser von Proeck: 2001: 168). Ein weiterer Gesichtspunkt kann als Begründung dienen: „Die Nicht-Professionellen sichern eine zahlenmäßig gleichstarke und solidarische Mitarbeitergruppe während der Sitzungen. Dies ist relevant, weil der einzelne Trainer kaum eine Chance gegen die durchsetzungsstarken Jugendlichen hat, die zunächst ihre ‚Spielregeln' aufdiktieren wollen“ (Weidner 1995: 139).

4) Mitarbeit von Frauen

Die geschlechtsspezifische Zusammensetzung des Teams ist im Blick auf die jeweiligen Kurse unerheblich. Zwar halten wir die Mitarbeit von weiblichen Fachkräften grundsätzlich für fachlich geboten, um die homogene Männerwelt „aufzuweichen“. Einen Erfolg ist der Mitarbeit von Frauen jedoch nicht zuzuschreiben.

5) Betreuungsschlüssel

Hier lassen sich ähnliche Zusammenhänge wie bei der obigen Frage nach der Anzahl der Teamkolleginnen und -kollegen erkennen. Dies ist durch die enge inhaltliche Verknüpfung des Themas mit der Frage 1 erklärbar. Die Teamstärke wirkt sich direkt auf den Betreuerschlüssel aus. Auch diesmal wollen wir die Deskription einer Interpretation voranstellen.

Tabelle 63: Differenzwerte für Betreuungsschlüssel

Betreuungsschlüssel		DIFFFAF3	DIFFSU13
1 (bis 0,5)	Mittelwert	-0,1	0,0
	N	6	6
2 (0,51-0,99)	Mittelwert	1,0	1,4
	N	16	16
3 (>0,99)	Mittelwert	1,8	1,9
	N	6	6
Insgesamt	Mittelwert	0,9	1,2
	N	28	28

DIFF... meint die Differenz der jeweiligen Skalenwerte FAF3 und SUM13. Die Skalen FAF1, FAF2, FAF4 und FAF5 sind nicht signifikant. Die Post-Hoc-Mehrfachvergleiche weisen zwischen den Gruppe 1 und 3 (FAF3 und SUM13) jeweils ein statistisch bedeutsames Ergebnis auf der Stufe .05 aus.

Auch hier sehen wir einen klaren Zusammenhang: Je höher der Betreuerschlüssel ist, desto stärker wird die Aggressivität gegen Fremde und die Erregbarkeit reduziert und desto größeren Erfolg hat das Anti-Aggressivitäts-Training (zumindest in Bezug auf diese beiden Skalen). Schon fast erschreckend mutet an, dass ein Verhältnis von 0,5 und kleiner im Endergebnis die Erregbarkeit (FAF3) sogar erhöht hat und letztlich die Summe der nach außen gerichteten Aggressivität (SUM13) unverändert bleiben ließ. Pflicht für ein Anti-Aggressivitäts-Training scheint daher zu sein, dass auf ein Teammitglied höchstens zwei Teilnehmer kommen dürfen.

Die Erklärung liegt inhaltlich auf der Hand und orientiert sich an unseren Ausführungen zu Frage 2) und 3). Es geht demnach in dieser Maßnahme um Modelllernen, um das Aushandeln von Einsichten und um Einflussnahme auf Verhaltensweisen, wobei eine zahlenmäßige Überlegenheit eine gewichtige Rolle spielt.

6) Bekanntheit der Jugendlichen im Team und
7) Bekanntheit der Jugendlichen unter sich

Die multivariaten Analysen belegen, dass eine Bekanntheit der Jugendlichen im Team und unter sich als keine signifikanten Einflussfaktoren betrachtet werden können.

8) Kurse mit jüngeren Teilnehmern und
9) Altersspannen der Teilnehmer

Der in Abschnitt 4.1.7 festgestellte Befund, dass die Variable Alter keinen Einfluss auf die Ergebnisse des Anti-Aggressivitäts-Trainings ausübt, bestätigt sich auch durch die Erkenntnisse aus unseren qualitativen Interviews. Die Zusammensetzungen der Gruppen mit sehr jungen Teilnehmern und große Altersspannen unter den jungen Menschen beeinflussen den Erfolg der Maßnahmen nicht.

10) Anteil nichtdeutscher Teilnehmer

Ein statistisch gesicherter Einfluss des Ausländerstatus' auf das Ergebnis des Anti-Aggressivitäts-Trainings liegt nicht vor. Es scheint demnach unerheblich, ob ein Trainingskurs mit ausländischen oder mit deutschen Teilnehmern durchgeführt wird. Wir schließen daraus, dass das Anti-Aggressivitäts-Training auch mit Migranten und jungen Aussiedlern durchaus erfolgreich durchgeführt werden kann und eine multikulturelle Gruppe keineswegs einen Erfolg des Trainings schmälert. Dagegen erkennen wir im Blick auf die nachfolgende Frage 11, dass die Anzahl der verschiedenen Nationalitäten in einer Gruppe das Ergebnis eines Anti-Aggressivitäts-Trainings in gewissem Maße beeinflusst.

11) Anzahl verschiedener Nationalitäten

Tabelle 64: Differenzwerte für „Anzahl der Nationalitäten"

Nationalität		DIFFFAF3
1	Mittelwert	2,8
	N	1
2 oder 3	Mittelwert	0,6
	N	20
mehr als 3	Mittelwert	1,8
	N	7
Insgesamt	Mittelwert	0,9
	N	28

DIFF... meint die Differenz des Skalenwertes FAF3. Die Skalen FAF1, FAF2, FAF4, FAF5 und SUM13 sind nicht signifikant. Auch die Post-Hoc-Mehrfachvergleiche weisen kein statistisch bedeutsames Ergebnis aus.

Die Variation der durch die Variable „Anzahl der Nationalitäten" gruppierten Daten erklärt einen Varianzanteil von 24,3 % (siehe Tabelle 60) – allerdings nur in der Skala FAF3. Über Erfolg respektive Misserfolg des Anti-Aggressivitäts-Training kann so nur im Blick auf die von den Teilnehmern geäußerte Beschreibung ihrer Erregbarkeit gesprochen werden. Immerhin wurden durch die Kurse alle Jugendlichen und Heranwachsenden im Mittel ruhiger und konnten ihre Affekte besser steuern. Das Ergebnis fällt allerdings sehr unterschiedlich aus. Wenn wir Tabelle 64 betrachten, können wir sehen, dass das Anti-Aggressivitäts-Training mit nur einer Nationalität sehr erfolgreich (hoher Differenzwert: 2,8) verlaufen ist. Etwas weniger erfolgreich waren die Maßnahmen mit mehr als 3 Nationalitäten in einer Gruppe. Am wenigsten gut (aber immer noch mit positiver Wirkung) schnitten die Trainings mit 2 oder 3 Nationalitäten ab. Das verwundert uns, da wir eher vermutet hatten, dass mit zunehmender oder abnehmender Anzahl an Nationalitäten ein Anti-Aggressivitäts-Training besser oder schlechter beendet werden kann. Wir können dieses Ergebnis so interpretieren, dass zwei oder drei Nationalitäten in einer Gruppe doch eine starke Konkurrenzsituation zwischen den Staatsangehörigkeiten heraufbeschwören, die den Erfolg des Anti-Aggressivitäts-Training deutlich mindern. Dieses Problem tritt dann zurück, wenn sehr viele Nationalitäten in einem Kurs eingebunden sind, womit eine „Blockbildung" verhindert wird. Alternativ bietet sich an, eine Maßnahme mit einer monoethnischen Gruppe durchzuführen.

12) Anzahl ganzer Tage

Im weiteren Verlauf unserer Überlegungen möchten wir nun den Fokus auf organisatorische Fragestellungen richten. Eine erste Frage, die wir im Rahmen der halbstandardisierten Interviews geführt hatten, richtete sich auf die Anzahl ganzer Tage im Verlauf eines Anti-Aggressivitäts-Trainings. Wir erhielten folgende Antworten:

Tabelle 65: Differenzwerte für „Ganze Tage"

Ganze Tage		DIFFFAF2	DIFFSU13
keine Tage	Mittelwert	0,5	0,2
	N	6	6
1 Tag	Mittelwert	1,2	1,1
	N	8	8
> 1 Tag	Mittelwert	2,1	1,7
	N	14	14
Insgesamt	Mittelwert	1,5	1,2
	N	28	28

DIFF... meint die Differenz der Skalenwerte FAF3 und SUM13. Die Skalen FAF1, FAF2, FAF4 und FAF5 sind nicht signifikant. Auch die Post-Hoc-Mehrfachvergleiche weisen kein statistisch bedeutsames Ergebnis aus.

Auch dieses Merkmal beeinflusst signifikant manche Skalen des FAF. Neben der Summenskala für die nach außen gerichtete Aggressivität wird diesmal die Variation in der Skala FAF2 statistisch bedeutsam. Sie thematisiert die reaktive Aggressivität. Betrachtet man diese Ergebnisse losgelöst von den fehlenden Skalen, können in allen Gruppen zumindest Erfolge konstatiert werden. Den Selbstaussagen der Teilnehmer zufolge lehnten sie nach dem Anti-Aggressivitäts-Training einen aggressiven Verhaltensstil in stärkerem Maße als zuvor ab. Auch die positiven Werte für die Differenzen in der Skala SUM13 sprechen für einen Abbau der nach außen gerichteten Aggressivität.

Das Ergebnis ist eindeutig: Je mehr Ganztageseinheiten in einen Trainingskurs integriert sind, desto erfolgreicher ist er. Wie Tabelle 65 zeigt, sind die Unterschiede beachtlich, Erklären lässt sich dies nicht mit dem gesamten zeitlichen Umfang einer Maßnahme, da die Anzahl ganzer Tage nicht automatisch mehr Gesamtstunden bedeutet. Wir können Vermutungen bezüglich gruppendynamischer Prozesse anstellen, die durch Tagesveranstaltungen bedeutend stärker in Gang gesetzt werden, als dies der Fall ist, wenn eine Gruppe für beispielsweise 3 Stunden in der

Woche zusammenkommt und dann wieder auseinander geht. Sicher werden diese Effekte noch dadurch intensiviert, dass einige Tage am Block (wie es teilweise der Fall ist) mit Übernachtung veranstaltet werden.

13) Zeitraum des Trainings und
14) Stundenumfang des AAT

Während der Zeitraum des Trainings keine statistisch gesicherte Erklärungskraft für ein erfolgreiches Anti-Aggressivitäts-Training besitzen, erklärt die Variable „Stundenumfang" die Variation in drei Skalen FAF2, FAF3 und SUM13, wobei in der Skala der Wert mit über 44 % besonders beträchtlich ist. Je länger ein Trainingskurs dauert, desto „besser" wird er: Die Teilnehmer lehnen einen aggressiven Verhaltensstil zur Durchsetzung ihrer Interesse zunehmend ab, sind weniger der Überzeugung, auf eine Beleidigung mit Zuschlagen reagieren zu müssen, haben eine erhöhte Frustrationstoleranz, können sich besser kontrollieren und sind ruhiger und ausgeglichener.

Die Frage, ob sich dieser Effekt nach einer gewissen Kursdauer ins Gegenteil verkehrt, muss offen bleiben.

Die unten dargestellte Tabelle macht darüber hinaus deutlich, dass ein sehr geringer Stundenumfang nicht nur zu einem sehr schwachen Ergebnis führt, vielmehr sogar das Ziel des Anti-Aggressivitäts-Training konterkarieren kann: Die Skala FAF3 weist einen negativen Differenzwert und damit eine (wenn auch sehr geringe) Erhöhung der Erregbarkeit aus.

Tabelle 66: Differenzwerte für Stundenumfang

Stundenumfang		DIFFFAF2	DIFFFAF3	DIFFSU13
bis 50 Stunden	Mittelwert	0,4	-0,1	0,1
	N	6	6	6
51 - 75 Stunden	Mittelwert	1,5	0,7	1,1
	N	15	15	15
mehr als 75 Std.	Mittelwert	2,4	2,3	2,4
	N	7	7	7
Insgesamt	Mittelwert	1,5	0,9	1,2
	N	28	28	28

DIFF... meint die Differenz der Skalenwerte FAF2, FAF3 und SUM13. Die Skalen FAF1, FAF4 und FAF5 sind nicht signifikant. Die Post-Hoc-Mehrfachvergleiche weisen für die letzten beiden Gruppen ein statistisch bedeutsames Ergebnis auf der Stufe .05 aus.

Abschließend verweisen wir auf die allgemeinen Standards (siehe Abschnitt 2.5.3). Diese fordern insgesamt 60 Stunden Kursdauer, die sich bei angenommenen 15 Treffen von durchschnittlich 4 Stunden über 4 Monate erstrecken. Auf dem Hintergrund unserer Evaluation sollten diese Standards von Praktikern, die erfolgreich arbeiten möchten, wirklich als unterste Mindestanforderung betrachtet werden.

15) Raumsituation

Diese Variable leistet keine Varianzaufklärung. Der Erfolg des Anti-Aggressivitäts-Trainings ist unabhängig von einem eher besseren oder schlechteren Raumangebot.

16) Anzahl der „Heißen Stühle“

Die deskriptiven Daten stellen wir an den Anfang unserer Ausführungen:

Tabelle 67: Differenzwerte für „Anzahl der ‚Heißen Stühle'“

"Heiße Stühle"		DIFFFAF1	DIFFFAF3
keine oder 1	Mittelwert	0,1	0,3
	N	9	9
mehr als 1	Mittelwert	0,7	1,2
	N	19	19
Insgesamt	Mittelwert	0,5	0,9
	N	28	28

DIFF... meint die Differenz der Skalenwerte FAF1 und FAF3. Die Skalen FAF2, FAF4 FAF5 und SUM13 sind nicht signifikant.

Es ist deutlich erkennbar, dass mit der Anzahl der „Heißen Stühle“ die Beträge der Differenzen in beiden Skalen größer werden. Die Erklärungskraft ist hier jedoch mit ca. 10 % (siehe Tabelle 60) begrenzt. Folgt man den Aussagen der obigen Tabelle, dann leistet die Durchführung nur eines „Heißen Stuhls“ oder gar der Verzicht darauf nur einen sehr geringen Beitrag zur Verringerung der spontanen Aggressionen und der Erregbarkeit. Anti-Aggressivitäts-Trainings mit mehr als einem „Heißen Stuhl“ konnten jedoch die phantasierten, verbalen und körperlichen Aggressionen reduzieren und die Beherrschtheit und Frustrationstoleranz steigern.

Offen bleibt die Frage, ob nicht auch sehr konfrontativ gestaltete Situationen in diesem Zusammenhang als „Heiße Stühle“ zu gelten haben. Der „Heiße Stuhl“ ist ja als ein besonderes konfrontatives Element zu bezeichnen und mitunter erreichen auch anders gestaltete derartige Settings die Wirkung eines „Heißen Stuhls“. Ein Gespräch in einem sehr offenen Stuhlkreis beispielsweise kann im Verlauf zu einer konfrontativen Situation werden, ohne dass dies so von den Trainerinnen und Trainern, aber auch nicht von den Teilnehmern als solche benannt wird. Weitergehende Forschung könnte und sollte diese Vermutungen aufgreifen und die genaueren Wirkungen des „Heißen Stuhls“ und der konfrontativen Elemente des Anti-Aggressivitäts-Training erfragen. Hier müsste dann auch die Gestaltung dieses Settings kritisch beleuchtet werden, da „Heißer Stuhl“ nicht gleich „Heißer Stuhl“ bedeutet.

17) Unter Zwang oder freiwillige Teilnahme

Auch diese Variable leistet einen Beitrag zur Erklärung der Varianz, allerdings nur in der Skala FAF1 und hier nur auf ganz niedrigem Niveau, was nachfolgende Tabelle und Tabelle 60 zeigen.

Tabelle 68: Differenzwerte für „Zwang oder Freiwilligkeit"

Zwang		DIFFFAF1
Freiwillig	Mittelwert	1,2
	N	7
Teils/teils	Mittelwert	0,1
	N	7
Unter Zwang	Mittelwert	0,4
	N	14
Insgesamt	Mittelwert	0,5
	N	28

DIFF... meint die Differenz des Skalenwertes FAF1. Die Skalen FAF2, FAF3, FAF4, FAF5 und SUM13 sind nicht signifikant. Auch die Post-Hoc-Mehrfachvergleiche weisen kein statistisch bedeutsames Ergebnis aus.

Für die Erklärung des etwas unerwarteten Ergebnisses muss herangezogen werden, dass unter „freiwillig" sechs Kurse im Strafvollzug subsumiert sind, die für sich betrachtet insgesamt ein sehr gutes Ergebnis erzielt haben. Wir vermuten daher, dass der sehr gute Differenzwert eher mit dieser Begründung erklärt werden kann. Die relativ geringe Veränderung bei den Teilnehmern, die teils unter Zwang, teils freiwillig am Anti-Aggressivitäts-Training teilgenommen haben, können wir aus dem uns vorliegenden Datenmaterial nur schlecht erklären. Insgesamt betrachtet leisten alle Gruppen einen positiven Beitrag, da die jungen Menschen nach ihren Angaben beherrschter und ruhiger geworden sind.

Schließlich sehen wir in dem Resultat, dass auch unter Zwang die Kurse erfolgreich beendet wurden, die Richtigkeit des Qualitätsstandards (siehe 2.5.3) bestätigt, nach dem Zwang als sekundäre Einstiegsmotivation akzeptiert werden kann.

18) Abbruchquote

Diese Variable besitzt keine Vorhersagekraft für den Erfolg des Anti-Aggressivitäts-Trainings, da die Erklärungen, warum Jugendliche einen Kurs abbrechen, sehr verschiedenartig sein können. Oftmals gebietet gar die Situation in einer Maßnahme, einen Teilnehmer aus der Gruppe auszuschließen, um den Erfolg des gesamten Kurses nicht zu gefährden. Wir raten sogar dazu, eine Abbruchquote von vornherein einzuplanen, um der Gruppe die uneinschränkbare Verbindlichkeit des Anti-Aggressivitäts-Trainings deutlich zu machen. An dieser Stelle scheint uns beispielsweise die Vorgehensweise von Cladder-Micus & Kohaus (2000: 77) recht sinnvoll, nach einer Vorbereitungsphase das sich anschließende Training nur mit einer ausgewählten Gruppe – also einem kleineren Kreis – fortzuführen.

19) Grad der Gewalttätigkeit

Dieses Merkmal klärt die Varianz in der Skala FAF5 auf. Der Prozentwert ist mit 29 % (Tabelle 60) recht hoch.

Tabelle 69: Differenzwerte für „Grad der Gewalttätigkeit“

Gewalttätigkeit		DIFFFAF5
Nur Mehrfachtäter	Mittelwert	-1,1
	N	16
Ein- und Mehrfach	Mittelwert	0,2
	N	10
Nur Einfachtäter	Mittelwert	-0,6
	N	2
Insgesamt	Mittelwert	-0,6
	N	28

DIFF... meint die Differenz des Skalenwertes FAF5. Die Skalen FAF1, FAF2, FAF3, FAF4 und SUM13 sind nicht signifikant.

Ziel des Anti-Aggressivitäts-Trainings ist die Anhebung der Aggressionshemmung auf das „normale“ Maß der Eichstichprobe, also die Anhebung des Wertes in der Skala FAF5 (negativer Wert). Der Blick auf Tabelle 69 zeigt, dass dieses Ziel in den Trainingskursen erreicht wurde, in denen nur Mehrfach- oder nur Einfachgewalttäter mitgearbeitet hatten. In den Maßnahmen, wo teils Einfach- und teils Mehrfachgewalttäter einbezogen waren, wurde ein – isoliert betrachtet – schlechtes Ergebnis erzielt, da die Aggressionshemmungen abgebaut wurden (+ 0,2).

Dieser Befund ist auf der Basis des recht begrenzten Materials nur schwer zu interpretieren. Er kann jedoch einen Hinweis darauf geben, dass – wie bereits in Abschnitt 4.1.4 demonstriert – die in unserer Evaluation betrachteten Anti-Aggressivitäts-Trainings mit Menschen durchgeführt wurden, die durchaus als sehr aggressiv bezeichnet werden können. Damit sind die Qualitätsstandards hinsichtlich der Zielgruppen nicht zu hoch gegriffen, nämlich „Jugendliche, Heranwachsende und junge Erwachsene, die sich gerne und häufig schlagen (...) (sowie) stadtbekannte Schläger“ (Kilb & Weidner 2000 a: 34). Denn wie auch dieses Ergebnis zeigt, konnten die meisten Anti-Aggressivitäts-Trainingskurse diese Klientel nicht nur in das Setting einbinden, sondern auch erfolgreich „behandeln“.

Auf der anderen Seite zeigt dieser Befund, dass das Anti-Aggressivitäts-Training für eine breite Gruppe geeignet ist. Auch Jugendliche und Heranwachsende, die (noch) nicht als derart massiv gewalttätig auffallen, können so in ihrer weiteren negativen Entwicklung gebremst und aufgefangen werden. Dass wir auch diese Zielgruppe in unsere Betrachtungen einbezogen haben, erweist sich als richtig und rechtfertigt ex post die von uns verwendeten weiten Begriffsdefinitionen von Gewalt und Aggression.

20) Begleitende Hilfen

Die Variable „begleitende Hilfen" erklärt wie das vorherige Merkmal die Variation in der Skala FAF5 mit 26,1 % (Tabelle 60). Die Mittelwertvergleiche unter den Gruppen zeigen auf statistisch bedeutsamem Niveau, dass das Ergebnis in dieser Skala besser ausfällt (da negative Differenz auf den Anstieg der Hemmungen deuten), wenn begleitende Hilfen vom Team selbst geleistet werden, als wenn dies Fremde tun. Die Teilnehmer eines Anti-Aggressivitäts-Trainings beschreiben dagegen im Posttest ein schlechtes Resultat, wenn sie neben dem Kurs keine zusätzliche Unterstützung bekommen hatten, da bei ihnen Aggressionshemmungen nochmals reduziert wurden (Differenzwert: +0,7).

Tabelle 70: **Differenzwerte für „Begleitende Hilfen"**

Zusätzl. Hilfen		DIFFFAF5
Durch Team	Mittelwert	-0,9
	N	19
Durch andere	Mittelwert	-0,4
	N	5
Keine	Mittelwert	0,7
	N	4
Insgesamt	Mittelwert	-0,6
	N	28

DIFF... meint die Differenz des Skalenwertes FAF5. Die Skalen FAF1, FAF2, FAF3, FAF4 und SUM13 sind nicht signifikant. Die Post-Hoc-Mehrfachvergleiche weisen für alle Gruppen ein statistisch bedeutsames Ergebnis auf der Stufe .05 aus.

Wir stellen im Blick auf die Skala FAF5 fest, dass dort, wo positive Veränderungen in der Aggressivität der Teilnehmer erreicht wurden, entweder der Träger des jeweiligen Kurses den jungen Menschen zugleich auch sozialarbeiterische Unterstützung vorhalten konnte oder in den Anti-Aggressivitäts-Trainings die zuständigen Fachkräfte aus Jugendgerichts- und/oder Bewährungshilfe mitarbeiteten. Dort, wo dies nicht geschah, waren die Ergebnisse negativ. Kooperation und Vernetzung – Schlagwörter heutiger sozialer Arbeit – scheinen zwar nicht die wesentliche, aber eine durchaus bedeutungsvolle Rolle für den Erfolg der Trainingsmaßnahmen zu spielen. Damit würde unsere Evaluation Überlegungen stützen, die das Anti-Aggressivitäts-Training als isolierte Maßnahme für nicht ausreichend betrachten. Als eine Idee in diesem Zusammenhang hatten wir in Abschnitt 4.1.4 ein Zwei-Phasen-Modell (Heilemann) ins Feld geführt.

21) Einschätzung der Jugendlichen

Die Einschätzung der Jugendlichen besitzt eine Erklärungskraft zwischen 18 % und 29 % (Tabelle 60) und zwar für 4 der insgesamt 6 Faktoren des FAF. Allerdings müssen wir einschränken, dass wir dieses Merkmal nicht direkt von den Teilnehmern selbst, sondern mittels der halbstandardisierten Interviews mit den Teams erhoben hatten. Es handelt sich demnach um die Einschätzung der Trainerinnen und Trainer bezüglich der Einschätzung der Jugendlichen und Heranwachsenden.

Unabhängig von dieser Konzession stellen wir tendenziell fest, dass die Ergebnisse des Anti-Aggressivitäts-Trainings in engem Zusammenhang mit der Einschätzung der Jugendlichen stehen: Je zufriedener die Teilnehmer, desto besser das Trainingsergebnis. Eine von den Jugendliche und Heranwachsenden als gut bewertete Maßnahme ist auch im Endeffekt gut. Eine als schlecht bewertete schlecht.

Eine Ausnahme konstatieren wir in der Skala FAF5. Hier führen die als durchschnittlich bewerteten Kurse zu einer Absenkung der Aggressionshemmung (positiver Differenzwert). Bemerkenswert ist das negative Resultat der als schlecht bewerteten Kurse in den Skalen der nach außen gerichteten Aggressivität (FAF1, FAF2; SUM13). Die negativen Differenzwerte belegen, dass die Teilnehmer sich als aggressiver gegen andere Menschen, gegen Sachen und Tiere beschreiben.

Tabelle 71: Differenzwerte für „Einschätzung der Jugendlichen"

Einschätzung	Jugendl.	DIFFFAF1	DIFFFAF2	DIFFFAF5	DIFFSU13
Gut	Mittelwert	0,8	1,8	-0,9	1,6
	N	18	18	18	18
Durchschnitt	Mittelwert	0,4	1,2	0,2	1,0
	N	6	6	6	6
Schlecht	Mittelwert	-0,8	-0,1	-0,1	-0,6
	N	3	3	3	3
Insgesamt	Mittelwert	0,5	1,5	-0,6	1,2
	N	27	27	27	27

DIFF... meint die Differenz der Skalenwerte FAF1, FAF2, FAF5 und SUM13. Die Skalen FAF3 und FAF4 sind nicht signifikant. Auch die Post-Hoc-Mehrfachvergleiche weisen kein statistisch bedeutsames Ergebnis aus.

Es ist durchaus nicht so, dass Jugendliche und Heranwachsende das Anti-Aggressivitäts-Training ablehnen und negativ bewerten. Viele Projekte gaben an, dass die Teilnehmer positive Rückmeldungen gaben. Es ist für sie spür- und erlebbar, dass ihnen der Kurs „etwas gebracht" hat. Sie drücken damit das aus, was unsere Evaluation auf wissenschaftlicher Basis erwiesen hat: Die Aggressivität der jungen Menschen wird reduziert – sie schlagen sich weniger. Uns würde sehr interessieren, was genauer es ist, das die Gruppe als positiv und für sie nützlich empfindet. Was reizt sie, überhaupt am Training teilzunehmen, was sind die Höhepunkte, was transferiert sich davon auf welche Weise und in welchem Umfang in ihren

Alltag? An dieser Stelle sind unseren Aussagemöglichkeiten diesbezüglich Grenzen gesetzt. Hier möchten wir weitere Forschungstätigkeiten anregen, die an den Jugendlichen und jungen Erwachsenen, ihren Erwartungen, Erfahrungen und Meinungen ansetzen. Wir konnten bei unseren Forschungstätigkeiten feststellen, dass die Teilnehmer eines weniger erfolgreichen Anti-Aggressivitäts-Trainings nach Aussage der Trainerinnen und Trainer dieses auch überwiegend bzw. durchgängig negativ bewerteten.

Dies alles spricht für die Notwendigkeit einer – von beiden Seiten empfundenen – positiven Atmosphäre, ohne dies im Rahmen unserer Arbeit weiter präzisieren zu können. Eine „interessante, spannende, konfrontative Gesprächsführung", wie sie die Qualitätsstandards fordern (vgl. Abschnitt 2.5.3), ist sicher eine Beschreibung dafür. Denn konfrontative und gleichzeitig positive Atmosphäre schließen sich keinesfalls aus.

22) Einschätzung der Teams

Dieses Merkmal vermag den Erfolg eines Anti-Aggressivitäts-Training nicht vorherzusagen. Dies wundert uns, da wir einen Zusammenhang zwischen den Bewertungen der Gruppen und denen der jeweiligen Teams vermutet hatten.

Wie lässt sich dieser Befund erklären? Vielleicht ist diese Variable grundsätzlich nicht aussagekräftig, da die Sichtweise der Trainerinnen und Trainer eine zu verzerrte Einschätzung (negativ oder positiv) widerspiegelt. Heranzuziehen wäre auch das Argument, dass die Teammitglieder letztlich von der Maßnahme selbst nicht betroffen sind. Eine Verknüpfung mit dem Erhebungsinstrument des FAF, der nur die Einschätzung der Teilnehmer – nicht der Teams – erhebt, scheint vielleicht gar nicht möglich zu sein.

23) Zusätzliche Maßnahmen

Abschließend gehen wir der Frage nach, ob ein zusätzliches erlebnisorientiertes Angebot ergänzend zum Anti-Aggressivitäts-Training das Ergebnis vermutlich verbessert. Die Frage ist eindeutig zu bejahen, was nachfolgende Tabelle 72 mit der deskriptiven Statistik zeigt.

Das Bild stellt sich als sehr indifferent dar. Am erfolgreichsten sind die Anti-Aggressivitäts-Trainingskurse anzusehen, die zusätzlich erlebnisorientierte Maßnahmen angeboten haben. Sie reduzierten sehr stark die nach außen gerichtete Aggressivität der Teilnehmer. Ein so gestaltetes Training verspricht den größten Erfolg. Nur thematisch ausgerichtete Anti-Aggressivitäts-Trainings sind nicht erfolgreich, sie verstärken vielmehr bei den Jugendlichen und Heranwachsenden die Aggressivität gegen Fremde (in der Summenskala negative Bilanz: -0,1). Besser scheint es zu sein, entweder ganz auf zusätzliche Angebote zu verzichten oder zumindest thematische Zusatzangebote mit erlebnisorientierten Maßnahmen zu verbinden. Beide Formen erreichen ein in etwa gleiches (positives) Ergebnis.

Tabelle 72: Differenzwerte für „Zusätzliche Maßnahmen"

Zus. Angebot		DIFFFAF2	DIFFFAF3	DIFFSU13
Keine	Mittelwert	0,6	0,5	0,5
	N	6	6	6
Thematische	Mittelwert	0,7	-0,3	-0,1
	N	3	3	3
Erlebnisorient.	Mittelwert	2,5	1,7	2,1
	N	12	12	12
Erl. und themat.	Mittelwert	0,8	0,6	0,9
	N	7	7	7
Insgesamt	Mittelwert	1,5	0,9	1,2
	N	28	28	28

DIFF... meint die Differenz der Skalenwerte FAF2, FAF3 und SUM13. Die Skalen FAF1, FAF4 und FAF5 sind nicht signifikant. Auch die Post-Hoc-Mehrfachvergleiche weisen kein statistisch bedeutsames Ergebnis aus.

4.2.4) Schlussfolgerungen oder: Wie lässt sich ein erfolgreiches Anti-Aggressivitäts-Training gestalten?

Die Frage, wie ein erfolgreiches Anti-Aggressivitäts-Training gestaltet sein soll, fasst unsere Ausführungen zusammenfassen und könnte wie folgt beantwortet werden: Ein Anti-Aggressivitäts-Training verspricht dann vermutlich erfolgreich zu verlaufen, wenn:

- Mindestens ein Tutor als positives Vorbild für die Teilnehmer mitarbeitet,
- mindestens vier Personen als Trainerinnen und Trainer im Team mitarbeiten,
- im Team genauso viele Mitarbeiterinnen und Mitarbeiter, wie junge Menschen in der Gruppe teilnehmen, oder gar mehr,
- dessen Teilnehmer in der Summe eine oder mehr als drei Staatsangehörigkeiten besitzen,
- mindestens eine Ganztageseinheit integriert ist,
- die gesamte Kursdauer mehr als 50 Stunden beträgt,
- in dessen Verlauf jeder Teilnehmer und jede Teilnehmerin mehr als einmal den „Heißen Stuhl" absolviert,
- der Träger zugleich dem jungen Menschen sozialarbeiterische Unterstützung vorhalten kann, zumindest aber eine Vernetzung dahingehend betrieben wird, dass begleitende Hilfesysteme dauerhaft kursbegleitend vorgehalten werden,
- dort eine allgemein positiv empfundene Atmosphäre herrscht und

- darin ein erlebnisorientiertes Angebot eingebunden ist.

Jedoch scheint – unseren begründeten Vermutungen zufolge – ein Anti-Aggressivitäts-Training zu einem schlechten Resultat zu gelangen, wenn:

- das Verhältnis der Trainerinnen und Trainer gegenüber den Teilnehmern den Wert 0,50 unterschreitet,
- die Gesamtstundenzahl 50 unterschreitet,
- neben der Maßnahme keine unterstützenden und begleitenden Hilfen angeboten werden,
- das Training von den Teilnehmern als schlecht beurteilt wird und
- darin ausschließlich ein thematisch orientiertes Zusatzangebot eingebunden ist.

Dagegen bleibt ein Erfolg des Anti-Aggressivitäts-Training im Endergebnis vermutlich unbeeinflusst:

- von der Anzahl der Teilnehmerinnen und Teilnehmer einer Maßnahme, sofern genügend Trainerinnen und Trainer mitarbeiten (Betreuungsschlüssel),
- von der geschlechtsspezifischen Zusammensetzung des Teams,
- davon, ob die Jugendlichen und Heranwachsenden dem Team bekannt sind,
- davon, ob sich die Teilnehmer untereinander schon vor dem Training kennen,
- vom Alter der Teilnehmer,
- von der Teilnahme von Migrantenjugendlichen und jungen Aussiedlern,
- vom Gesamtzeitraum, während dem die Treffen stattfinden (sofern er ein halbes Jahr nicht überschreitet),
- von der Qualität der räumlichen Bedingungen,
- von der Höhe der Abbruchquote und
- von der Einschätzung des Teams.

Letztlich können wir konstatieren, dass auch mit Teilnehmern, die unter Zwang, beispielsweise durch richterliche Zuweisung, ein Anti-Aggressivitäts-Training beginnen, eine erfolgreiche Maßnahme durchgeführt werden kann. Ebenso eignet sich das Training dafür – das zeigen unsere Untersuchungen ebenso –, Mehrfachgewalttäter erfolgreich zu behandeln.

5) Schlussfolgerungen

Die hier nun vorliegende Studie verfolgte im Wesentlichen zwei Ziele:

- Erstens soll die „Wirkungsanalyse bei AbsolventInnen des AAT" (Kilb & Weidner 2000 a: 35) in einzelnen Projekten verschiedener Handlungsfelder als „Beurteilungs- und Vergleichsraster (eine) korrektive Funktion für die laufenden Projekte" übernehmen.
- Zweitens soll sie Formen der Ausgestaltung diverser Trainingssettings betrachten, um „Anstöße für die Fortentwicklung der Trainingscurricula" (Kilb & Weidner 2000 a: 36) zu geben.

Aus den gewonnenen Ergebnissen lassen sich umfangreiche Schlussfolgerungen ziehen.

5.1) Das Anti-Aggressivitäts-Training als wirkungsvolle Methode

Die positive Wirkung des Anti-Aggressivitäts-Trainings konnten wir an Hand der Auswertung des Fragebogens zur Erfassung der Aggressivitätsfaktoren (FAF) deutlich aufzeigen, mittels dessen wir Aussagen der Trainingsteilnehmer erhoben hatten. In Rekurs auf die Verhaltenstherapie können diese Selbstbeschreibungen der Testpersonen aggressives Verhalten prognostizieren.

Der FAF benennt zur Beschreibung von Aggressivität fünf Faktoren. Richtschnur für das Ziel des Anti-Aggressivitäts-Trainings stellten die Werte der Eichstichprobe des FAF dar. Erfolg manifestierte sich in diesem Sinne daran, in wie weit dieses Ziel erreicht wurde.

Die Testpersonen in unserer Studie zeigten sich in der Skala FAF1 in ihrer Fantasie, verbal und körperlich aggressiver als die Eichstichprobe. Die Befragten gaben „Aggressionen gegen andere Menschen, gegen Tiere und leblose Objekte" (Selg 1974: 96) zu. Ziel des Anti-Aggressivitäts-Trainings musste sein, die Probanden in die Lage zu versetzen, beherrschter aufzutreten und ruhiger zu werden. Dies gelang.

Auch in der zweiten Skala FAF2 ermittelten wir höhere Werte bei den Teilnehmern. Sie ließen darauf schließen, dass die jungen Menschen Aggressionen zur Durchsetzung ihrer Ziele bejahten. Als ihr Motto könnte beispielsweise der Satz gelten: „Wer mich ernsthaft beleidigt, handelt sich eine Ohrfeige ein" (Hampel & Selg 1875 und 1988: 11). Diese reaktiven Formen aggressiven Verhaltens konnten durch das Anti-Aggressivitäts-Training reduziert werden und zwar bis auf das Maß der Vergleichsgruppe. Hier ist anzunehmen, dass ein aggressiver Verhaltensstil nun eher abgelehnt wird.

In der Skala FAF3 konnte das Fazit nicht ganz so positiv ausfallen. Zwar wurden die hohen Werte der Testpersonen reduziert, das Ziel aber nicht erreicht. Die Jugendlichen und jungen Erwachsenen blieben erregter als die vergleichbare Altersgruppe der Eichstichprobe. Sie besaßen auch nach dem Anti-Aggressivitäts-Training eine höhere Affizierbarkeit, hatten noch Schwierigkeiten, ihre Affekte zu steuern, waren unausgeglichener und ihre Frustrationstoleranz erreichte noch nicht das „normale" Maß.

Dieser Befund wird aber in der Summe durch die vorherigen Skalen (FAF1 und FAF2) ausgeglichen. Das Ergebnis der Skala SUM13 als der Gesamtwert der nach außen gerichteten Aggressivität erreichte nämlich das vorgegebene Ziel.

Der Befund für die Skala FAF4 (Selbstaggressivität) ist ähnlich dem für die vorherige Skala. Auch hier konnte das Anti-Aggressivitäts-Training nur eine Annäherung an das Ziel, dieses selbst aber nicht erreichen. Die jungen Menschen blieben depressiv, unausgeglichen und unzufrieden. Ihre Einstellung zum Leben kann als ziemlich negativ beschrieben werden.

Für die Skala FAF5 war ein gegenteiliges Ziel vorgegeben. Die Aggressionshemmungen der Testpersonen mussten erhöht werden, korreliert doch diese Skala „negativ mit den ersten drei Faktoren" (Selg 1974: 98) und zeigt sie Steuerungstendenzen an, „welche kriminell-aggressivem Verhalten entgegenwirken können" (Selg 1974: 100). Dementsprechend galt es, einen negativen Differenzwert vorzuweisen. In der Tat gelang es, durch das Anti-Aggressivitäts-Training diese Hemmungen zu erhöhen – leider geringfügig über das notwendige Maß hinaus. Denn ein zu hoher Wert in dieser Skala lässt bei den Teilnehmern auf allgemeine Gehemmtheiten schließen, die einer Entwicklung hin zu einer ausgeglichenen Persönlichkeit entgegenwirken.

Das Anti-Aggressivitäts-Training kann resümierend als eine wirkungsvolle Methode im Umgang mit aggressiven Gewalttätern bezeichnet werden. Dies ist das zentrale Ergebnis unserer Studie.

Was haben bisherige Wirkungsforschungen ergeben? Zur Beantwortung dieser Frage bietet sich der Vergleich mit Befunden anderer Studien an. Dazu möchten wir unsere Ergebnisse in die aktuelle Wirkungsforschung über das Anti-Aggressivitäts-Training einbetten.

Darüber gibt es bis dato erst eine ziemlich überschaubare Anzahl an Wirkungs-Evaluationen. Dies mag darin begründet sein, dass das AAT als „neu eingeführte Methode" (Kilb & Weidner 2000 b: 382) gelten kann. Diese wenigen Forschungen konzentrieren sich überwiegend auf das Handlungsfeld Jugendstrafvollzug, da hierfür das Training ursprünglich konzipiert war (2.5.2). (Selbst-)kritisch muss nochmals auch in diesem Zusammenhang zugegeben werden, dass die bisher verwendeten Versuchsanordnungen streng-wissenschaftlichen Anforderungen nicht standhalten (3.3.3) und sich der Einfluss systematischer Faktoren nicht wirklich hinreichend kontrollieren lässt.

Methodisch handelt es um zwei Ansätze:

- Erstens um eine „Wirkungsevaluation des Anti-Aggressivitäts-Trainings (AAT) der Jugendanstalt Hameln aus den Jahren 1987 –1999 unter dem Gesichtspunkt der Legalbewährung (Ohlemacher et al. 2001 a: 1). Die Autoren konstatieren „eine einschlägige Rückfallhäufigkeit von 37 % der AAT behandelten Gewalttäter" (Kilb & Weidner 2000 b: 382). Diese sehr niedrige Rückfallquote erreichten jedoch auch die AAT-Untrainierten, die als Kontrollgruppe ermittelt wurden. Dazu muss jedoch erklärt werden, dass dieser Befund „nicht 'gegen' das AAT, sondern primär ‚für' Hameln spricht" (Ohlemacher et al. 2001 b: 386). Denn nicht ganz ausgeschlossen werden kann, dass Testpersonen der Kontrollgruppe in sozialtherapeutischen Maßnahmen waren und somit nicht als unbehandelt gelten können. Die breite Angebotspalette zur Therapie und Reintegration von Inhaftierten in Hameln zeigen daher vermutlich Handlungsansätze auf, wie niedrige Rückfallquoten erreicht werden können, unabhängig davon, ob es sich dabei um das Anti-Aggressivitäts-Training handelt oder nicht.
- Zweitens basieren Evaluationen auf einem quantitativen Forschungsansatz. Im Sinne eines Pre-post-Test-Designs wurden mittels zweier psychologischer Testverfahren, des Fragebogens zur Erfassung von Aggressivitätsfaktoren (FAF) und des Freiburger Persönlichkeitsinventars (FPI), signifikante Veränderungen in der nach außen gerichteten Aggressivität errechnet.

Da die vorliegende Arbeit ebenfalls den zweiten Forschungsansatz integriert, dabei allerdings nur den FAF verwendet, sollen an dieser Stelle die Ergebnisse bezüglich dieses Fragebogens gegenüber gestellt werden und damit ein Vergleich zwischen den Evaluationen erfolgen. Folgende Untersuchungen sind uns bekannt:

Im Bereich Jugendstrafvollzug gibt es drei Evaluationen:

- Jens Weidner untersuchte im Rahmen seiner Tätigkeit als Trainer des AAT in der Jugendstrafanstalt Hameln inhaftierte und behandelte Gewalttäter. Diese Gruppe setzte „sich aus 22 männlichen Personen im Alter zwischen 18 bis 25 Jahren zusammen" (Weidner 1995: 189), von denen allerdings bei 3 Teilnehmern kein Posttest ermittelt werden konnte.

- „Auch Wolters hat empirische Untersuchungen zu mutmaßlichen Effekten des unter seiner Beteiligung durchgeführten sport-therapeutisch orientierten AAT durchgeführt“ (Ohlemacher et al. 2001 a: 13). „Die Teilnehmer (N15) der drei halbjährigen Kurse von 1989 bis 1991 wurden einer testpsychologischen Erhebung im Pre-post-Design unterzogen“ (Wolters 1997: 222).
- Ohlemacher et al (2001 a: 14) verweisen auch auf eine Erhebung in der JVA Neuburg Herrenwörth mit 3 Trainingsgruppen und insgesamt 21 Teilnehmern. Da dort aber das Freiburger Persönlichkeitsinventar (FPI) verwendet wurde, können wir die Ergebnisse nicht in unseren Vergleich einbinden.

Für den ambulanten Bereich liegt bisher eine Evaluation vor:

- Brand und Saasmann beschreiben Ergebnisse einer „saarländischen AAT-Gruppe aus dem Jahre 1999/2000“ (Kilb & Weidner 2000 b: 383). „An dem Training nahmen bisher 30 jugendliche Gewalttäter teil“ (Brand & Saasmann 1999: 419). Die meisten von ihnen kamen auf Grund richterlicher Auflage in das Anti-Gewalt-Training.

Demnach handelt es sich bei der vorliegende Arbeit, die eine Population von N=125 Testpersonen untersucht, um die bisher umfangreichste Evaluation zur Effizienz des Anti-Aggressivitäts-Trainings. Ein Vergleich mit den bisher veröffentlichten Daten anderer Projekte scheint interessant und soll nun erfolgen. Im Einzelnen liegen aus diesen Evaluation folgende Ergebnisse vor.

Tabelle 73: Mittelwerte der einzelnen Skalen zu den verglichenen Projekten (Staninewerte)

Projekt		JVA Hameln (Weidner)	JVA Hameln (Wolters)	Saarland	Vorliegende Studie
FAF1	Vorher	5,53	6,90	5,81	5,35
	Nachher	4,79 (*)	6,10 (**)	5,23 (*)	4,83 (***)
FAF2	Vorher	5,05	6,70	6,58	5,70
	Nachher	3,95 (*)	4,30 (**)	4,58 (**)	4,26 (***)
FAF3	Vorher	6,90			6,64
	Nachher	5,37 (***)			5,67 (***)
FAF4	Vorher				
	Nachher				
FAF5	Vorher	4,63			4,62
	Nachher	5,05 (*)			5,26 (***)
SUM13	Vorher	5,84	7,60	6,81	6,00
	Nachher	4,68 (**)	6,00 (**)	5,58 (*)	4,81 (***)

* = p < 0,05, ** = p < 0,01 und *** = p < 0,001. Skalen, die keine Signifikanz nachweisen, werden unerwähnt gelassen.

Der Blick auf die Tabelle zeigt folgendes:

- Alle „Ergebnisse korrespondieren" (Kilb & Weidner 2000 b: 383) miteinander. Dies spricht für eine Reliabilität des FAF (siehe Abschnitt 3.3.3).
- Der Trend ist allgemein sehr positiv. In allen Projekten werden mindestens signifikante Veränderungen in den Skalen FAF1, FAF2 und SUM13 erreicht. Darüber hinaus erreichen die Evaluation von Weidner und die vorliegende Arbeit höchst signifikante Ergebnisse in der Skala FAF3.
- Der negative Effekt in der Skala 5 wird auch durch diese Zusammenschau offensichtlich. Allerdings nur bei Weidner und – wie schon ausführlich dargestellt (4.1.4) und am ausgeprägtesten – in unseren Untersuchungen.
- Die deutlichsten positiven Effekte haben sich in unseren Forschungsberechnungen ergeben. Alle für die Reduzierung der nach außen gerichteten Aggressivität relevanten Skalen weisen hier höchst signifikante Differenzen zwischen Pretest und Posttest aus. Dies erreicht kein weiteres Projekt.
- An zweiter Stelle erscheint uns auch ein Vergleich der deskriptiven Daten interessant. In der Skala FAF 1 haben die Testpersonen bei Wolters den höchsten Einstiegswert. Hier ist auch der Differenzwert zwischen Pre- und Postmittelwert mit 0,80 am größten. Dies setzt sich auch in der Skala FAF2 fort (Differentwert: 1,40) und gilt auch für den Summenwert der nach außen gerichteten Aggressivi-

tät (SUM13 – Differenzwert: 1,6). Die deskriptive Betrachtung der Testergebnisse bescheinigt Wolters eine Experimentalgruppe mit den höchsten Einstiegswerten, während die vergleichbaren Mittelwerte der Testpersonen aus den anderen Evaluationen – mit einigen Ausnahmen – ziemlich beieinander liegen. Zu Recht kann Wolters also vermuten, „dass die positiven Effekte deutlicher ausgeprägt seien als dies bei den ‚rein gesprächsorientierten Antagonistentrainings der Fall sei“ (Ohlemacher et al. 2001 a: 13). Ähnliche Vermutungen begründen auch unsere Ergebnisse (siehe Abschnitt 4.1.8).

Zusammenfassend ist – die grundsätzlichen Einschränkungen auch hier konzediert – festzustellen, dass der Vergleich der vorliegenden Arbeit mit vorherigen Evaluationen dem Anti-Aggressivitäts-Training eine kontinuierlich erreichte, positive Wirkung in der Arbeit mit aggressiven und gewaltbereiten Jugendlichen, Heranwachsenden und jungen Erwachsenen sehr deutlich demonstriert. Verstehen wir diesen Sachverhalt im Sinne von Kury als Wiederholungsuntersuchungen, die für alle erfolgreichen Untersuchungen notwendig sind, so tendieren wir dazu, ihn „als fundierter Bestandteil der Wissenschaft (...) und (...) theoretisch zuverlässig“ (Kury 1983 a: 27) zu interpretieren.

Dies lässt nochmals die Frage der Generalisierbarkeit aufkommen.

5.2) Zur Generalisierbarkeit der Befunde

„Die externe Validität oder äußere Gültigkeit einer Untersuchung bezieht sich auf die Frage nach der Generalisierbarkeit (Verallgemeinerbarkeit) der gefundenen Resultate: ‚Für welche Populationen, Gegebenheiten, Behandlungs- und Messvariablen kann dieser Effekt generalisiert werden?'“ (Kury 1983 a: 34).

Da unsere Population keine repräsentative Auswahl aus der Grundgesamtheit darstellt, ist eine allgemeine Generalisierung nicht möglich. Dies hatten wir im Rahmen des Methodenteils (Kapitel 3) schon erläutert. Gleichwohl sehen wir inhaltliche Gründe, die eine Generalisierung nicht gänzlich ausschließen.

Unserer Meinung nach gelten diese Ergebnisse für diejenigen Anti-Aggressivitäts-Trainingkurse, die nach den Qualitätsstandards für das AAT arbeiten und marken- und patentrechtlich geschützt sind. Mit diesen Standards verknüpfen sich die curricularen Faktoren, die sehr differenziert Anforderungen an die inhaltliche Gestaltung formulieren. Nach diesen Richtlinien hatten alle hier evaluierten Trainingsgruppen gearbeitet. Zur kritischen Überprüfung dieser Standards beschreiben wir weiter unten zahlreiche Anregungen. Daraus entstehende Modifikationen in der Durchführung des Anti-Aggressivitäts-Trainings müssten dann sicher wieder durch nachfolgende Evaluation überprüft werden.

Unsere Befunde, aber auch der im vorherigen Abschnitt vorgenommene Vergleich mit den Ergebnissen früherer Evaluationen, bilden ein breites Spektrum bezüglich Zielgruppen, Handlungsfelder, Rahmenbedingungen ab und mögen daher zusätzlich die Annahme einer, wenn auch eingeschränkten Generalisierbarkeit unterstreichen.

Einschränkend konzedieren wir allerdings, dass eine Verallgemeinerbarkeit auf weibliche Teilnehmerinnen nicht möglich ist. Alle bisher durchgeführten Untersuchungen erfassen Trainingskurse mit fast ausschließlich männlichen Personen.

Ebenso sehen wir aus fachlichen Gründen keine allgemeine Gültigkeit unserer Befunde für die Arbeit mit Personen über 30 Jahre und mit Klientel, deren Problemlagen den Bereich der Gewalttätigkeit im weitesten Sinne verlassen (beispielsweise Sexualstraftäter). Sie werden aber auch nicht durch die Standards erfasst oder als Zielgruppen von vornherein ausgeschlossen.

5.3) Die Ergebnisse als Anstoß zur Optimierung der Arbeit vor Ort

Zwei Ziele verbanden sich mit dem Auftrag an den Autor im Rahmen des Projektes „Qualitätsentwicklung des Anti-Aggressivitäts-Trainings" (Kilb & Weidner 2000 a) unter Federführung des ISS: Einerseits die Wirkung bei den Kursteilnehmern zu analysieren, andererseits Formen der Ausgestaltung diverser Trainingssettings zu betrachten. In Ansätzen vermögen wir dies nun im Folgenden zu leisten.

Im Abschnitt 4.1.7 hatten wir schon einige Aussagen bezüglich einzelner Projekte getroffen. Wir knüpfen im Folgenden daran an, indem wir die Ausführungen im vorherigen Abschnitt auf die einzelnen Projektorte transferieren. Neben einer Analyse der jeweiligen Ergebnisse geht es uns auch darum, Möglichkeiten zur Effizienzsteigerung zu erörtern, die sich aus unseren Forschungsergebnissen ableiten könnten. Da dem Forscher die Projekte bekannt sind, können die Befunde den Teams vor Ort mitgeteilt werden. Unserer Ansicht nach vermögen wir so einen wichtigen Beitrag zur „kontinuierlichen Qualitätsentwicklung in der Kinder- und Jugendhilfe" (BMFSFJ 2000: 4) zu leisten.

Zur besseren Übersicht werden wir so vorgehen, dass wir die Ergebnisse eines Ortes in eine tabellarische Zusammenstellung fassen:

FAF1	FAF2	FAF3	FAF4	FAF5	SUM13

Für eine Bewertung der Anti-Aggressivitäts-Trainings vor Ort legen wir die folgenden Symbole fest:

- Das Zeichen „👍“ bedeutet ein gutes Ergebnis in dieser Skala.
- Das Zeichen „👎“ bedeutet ein schlechtes Ergebnis in dieser Skala.
- Das Zeichen „☜“ bedeutet ein durchschnittliches Ergebnis in dieser Skala.

Projekt – Nummer 2

FAF1	FAF2	FAF3	FAF4	FAF5	SUM13
👍	👍	👍	👍	👎	👍

Das Projekt 2 sahen wir bereits in Abschnitt 4.1.7 als sehr erfolgreich an. Eine Lösung für das negative Ergebnis in der Skala FAF5 könnte nach unserer Erkenntnis die Integration von begleitenden Hilfen für die Teilnehmer bringen, auf die das Projekt bisher nach eigenen Angaben nahezu verzichtet hat.

Projekt – Nummer 3

FAF1	FAF2	FAF3	FAF4	FAF5	SUM13
👍	👍	👍	👍	👍	👍

Dieses Projekt arbeitete sehr erfolgreich. Alle statistisch bedeutsamen Merkmale, die ein erfolgreiches Anti-Aggressivitäts-Training prognostizieren, sind bei der Durchführung der Maßnahme dort berücksichtigt worden.

Projekt – Nummer 6

FAF1	FAF2	FAF3	FAF4	FAF5	SUM13
☜	👍	👍	👎	👍	👍

Die vorliegende Evaluation deckte einige Schwächen in diesem Projekt auf. Wir möchten auf der Basis der Befunde zu Folgendem raten, wobei wir konzedieren müssen, dass sich diese Anregungen nicht auf die Skala FAF4 beziehen (für diese Skala hatten wir keine statistisch bedeutsamen Variablen errechnen können). So dienen diese Hinweise eher einer Verbesserung in den verbleibenden Skalen:

- Das Projekt könnte Tutoren in die Gruppe einbinden, was bisher nicht geschieht.

- Eine weitere Erhöhung der Anzahl der Trainerinnen und Trainer verspricht größeren Erfolg. Diese Vergrößerung des Teams würde sich automatisch durch die Mitarbeit von Tutoren ergeben.
- Letztlich bedeutet die Steigerung der Anzahl der „Heißen Stühle" über den derzeit praktizierten einen hinaus, einen weiteren Hinweis für eine mögliche Steigerung der Effizienz.

Projekt – Nummer 9

FAF1	FAF2	FAF3	FAF4	FAF5	SUM13
👎	👍	👎	👍	👍	👎

Das Ergebnis der Projekt-Nummer 9 hatten wir schon im Abschnitt 4.1.7 als schlecht bezeichnet. Da es sich hier um die Skalen der nach außen gerichteten Aggressivität handelt, können wir dazu die folgenden Verbesserungen anregen:

- Die Mitarbeiterinnen und Mitarbeiter sollten Tutoren zur Mitarbeit zu gewinnen versuchen.
- Angeraten erscheint auch, die Anzahl der Personen im Team zu erhöhen. Die Mitarbeit von Tutoren wäre dazu eine Möglichkeit.
- Mit der Durchführung einer ganztägigen Maßnahme im Verlauf des Anti-Aggressivitäts-Trainings könnte vermutlich das Ergebnis ebenso verbessert werden.
- Die gesamte Stundenanzahl von 48 Stunden scheint nicht ausreichend. Unsere Ergebnisse geben Anlass zur Vermutung, dass die zeitliche Ausweitung der Maßnahme mehr Erfolg verspricht.
- Zu überlegen wäre auch, ob ein erlebnisorientiertes Angebot in den Kurs eingebunden werden kann.

Projekt – Nummer 15

FAF1	FAF2	FAF3	FAF4	FAF5	SUM13
👍	👍	👍	👍	👍	👍

In diesem Ort wurde ein sehr gutes Anti-Aggressivitäts-Training angeboten, was das Schaubild eindrucksvoll verdeutlicht. Wir regen zur Steigerung des Ergebnisses die Zusammenarbeit mit trägereigenen oder fremden Einrichtungen an, die den Jugendlichen und jungen Erwachsenen begleitend zum Kurs Unterstützung anbieten können.

Projekt – Nummer 26

FAF1	FAF2	FAF3	FAF4	FAF5	SUM13
👍	👍	👍	👍	👍	👍

Auch dieses Projekt gehört zu den erfolgreich durchgeführten Trainingskursen. Darauf hatten wir schon im Abschnitt 4.1.7 hingewiesen.

Projekt – Nummer 31

FAF1	FAF2	FAF3	FAF4	FAF5	SUM13
👍	👍	👍	👎	👍	👍

Die Ergebnistabelle offenbart Schwächen in der Skala FAF4, wohingegen die Resultate in den anderen Skalen durchaus sehr gut und nahezu alle positiv signifikanten Merkmale dort anzutreffen sind. Auf der Basis der hier vorliegenden Studie fehlen uns weitere Hinweise zur Erklärung dieses Befundes.

Projekt – Nummer 39

FAF1	FAF2	FAF3	FAF4	FAF5	SUM13
👍	👍	👍	👍	👍	👍

Auch dieses Team hat gut gearbeitet. Eine Anregung können wir aus unserer Arbeit ableiten: Die Erhöhung der „Heißen Stuhl“ – Sitzungen könnte vermutlich die Effizienz nochmals steigern.

Projekt – Nummer 42

FAF1	FAF2	FAF3	FAF4	FAF5	SUM13
👍	👍	👍	👎	👎	👍

Das Ergebnis des Anti-Aggressivitäts-Trainings ist verbesserungsbedürftig und scheint mit folgenden Ideen – ausgenommen die Skala FAF4 – auch möglich:

- Im Blick auf die Skala FAF5 könnte zur Verbesserung des Ergebnisses die Intensivierung einer trainingsbegleitenden sozialarbeiterischen Unterstützung der Teilnehmer beitragen.

- Unsere Befunde geben Anlass zur Vermutung, dass eine positive Erhöhung der Testergebnisse auch dadurch erreicht wird, dass das Team vergrößert
- und mindestens eine Ganztageseinheit durchgeführt wird.
- Zum anderen sollte das Anti-Aggressivitäts-Training zeitlich ausgeweitet werden.

Projekt – Nummer 44

FAF1	FAF2	FAF3	FAF4	FAF5	SUM13
👍	👍	👍	👎	👍	👍

Die Evaluation der Arbeit im Projekt – Nummer 44 weist auf Schwächen in der Skala FAF4 hin. Anregungen hierzu haben wir – wie wiederholt eingeräumt – durch unsere Studie nicht gewinnen können.

Projekt – Nummer 45

FAF1	FAF2	FAF3	FAF4	FAF5	SUM13
👎	👎	👎	👍	👎	👎

Dieser Projektort fiel schon zuvor (4.1.8) durch seine schlechten Ergebnisse auf. Aus unserer Studie erhalten wir zahlreiche begründete Vermutungen, welche Verbesserungen einen größeren Erfolg bringen könnten:

- Tutoren einbinden,
- das Team vergrößern (zum Beispiel mittels Tutoren),
- den Betreuungsschlüssel anheben,
- die Maßnahme zeitlich ausweiten,
- die Anzahl der „Heißen Stühle“ erhöhen und
- der negativen „Stimmung“ in der Gruppe begegnen.

Projekt – Nummer 69

FAF1	FAF2	FAF3	FAF4	FAF5	SUM13
👍	👍	👍	👍	👍	👍

Diesem Team kann ein durchgängig erfolgreiches Ergebnis konstatiert werden. Dennoch können wir zur Optimierung der Maßnahme zusätzliche Anregungen geben:

- Es sollte über eine Mitarbeit von Tutoren in den Anti-Aggressivitäts-Trainingskursen nachgedacht werden.
- Zumindest wäre es begrüßenswert, wenn die Anzahl der Mitarbeiterinnen und Mitarbeiter erhöht werden würde.
- Eine Effizienzsteigerung scheint unseren Erkenntnissen zufolge alternativ auch über die Reduzierung der Teilnehmerzahlen möglich.
- Die Jugendlichen und jungen Erwachsenen mehr als einmal auf den „Heißen" Stuhl zu setzen, könnte weiterhin einen noch besseren Output bringen.

Projekt – Nummer 72

FAF1	FAF2	FAF3	FAF4	FAF5	SUM13
👎	☜	👍	👍	👎	☜

Das Bild für den Projektort 72 ist sehr different und das Resultat als eher nicht erfolgreich beschreibbar. Möglichkeiten, dies zu verbessern bestehen unseren Vermutungen nach im Wesentlichen

- in der Akquirierung von Tutoren als Mitarbeiter im Team,
- in der Organisation einer Ganztageseinheit und
- im Aufgreifen der negativen Einschätzung durch die Gruppe (besonders im Blick auf die Skala FAF5).

Projekt – Nummer 73

FAF1	FAF2	FAF3	FAF4	FAF5	SUM13
👍	👍	👍	👍	👍	👍

Das Projekt 73 führte ein erfolgreiches Anti-Aggressivitäts-Training durch. Möglichkeiten zur weiteren Steigerung des Ergebnisses sehen wir in folgenden Schritten:

- Die Einbindung von Tutoren zur Unterstützung des Teams,
- die Reduzierung der Teilnehmerzahl zur Anpassung des Betreuungsschlüssels,

- die zusätzliche Hereinnahme einer Ganztagesveranstaltung in den Kursablauf sowie
- die Ausweitung des zeitlichen Umfangs der Maßnahme.

Projekt – Nummer 74

FAF1	FAF2	FAF3	FAF4	FAF5	SUM13
👍	👎	👍	☜	👍	👍

Diese Maßnahme haben wir im Abschnitt 4.1.7 als relativ „ergebnisneutral" beschrieben. Da wir in diesem Projekt keine qualitative Erhebung durchgeführt haben, kennen wir deren Gestaltungsmerkmale nicht, weswegen weitere Ausführungen hierzu nicht erfolgen können.
Wir fassen zum Schluss zusammen, dass die überwiegende Anzahl an Anti-Aggressivitäts-Trainingskursen als sehr positiv zu bewerten ist. Auf die Leistung dieser Teams vor Ort ist das insgesamt sehr gute Gesamtergebnis zurückzuführen.

5.4) Die Evaluation als Anstoß, das Anti-Aggressivitäts-Training weiterzuentwickeln

Wir sahen: Das Anti-Aggressivitäts-Training kann die Aggression gegen Fremde und gegen sich selbst reduzieren und Aggressionshemmungen aufbauen. Aber wir sahen auch, dass die Maßnahme durch nachfolgende Betreuung und spezielle, auf dem Training aufbauende, Inhalte ergänzt werden sollte. Um medizinisch zu sprechen, leistet das Anti-Aggressivitäts-Training den operativen Eingriff, an den sich eine Rehabilitation anschließen muss.

Als Ziel einer solchen „Rehabilitation" gilt nach Heilemann und Fischwasser-von Proeck das aktive „persönliche Wachstum des Körperverletzers" (2001: 48) zu fördern. Die Maßnahmen hierzu subsumieren sich unter dem Zwei-Phasen-Modell (4.1.4), dessen Realisierung das Hamelner Autorenteam unter dem Begriff „AAT.pro" (Heilemann und Fischwasser-von Proeck 2001 – siehe auch Abschnitt 2.5.2) beschreiben.

Zur Absicherung unserer Empfehlungen müsste die Wirkungsforschung selbstverständlich auch diese Leistungen evaluieren. Denkbar wären dafür Zeitreihentests, die Testergebnisse zu weiteren Zeitpunkten, beispielsweise zum Abschluss der zweiten Phase, erheben.

Unbeachtet einer solchen Ausweitung des Anti-Aggressivitäts-Trainings gilt es, die bisherigen Standards kritisch zu betrachten. Grundsätzlich – das konnten wir zeigen – sind sie Garant für eine gute Praxis und haben sich seit einigen Jahren sehr bewährt. Aber unsere Evaluation fand einige Schwachstellen, die wir der Fachgruppe am ISS (vgl. Abschnitt 3.1) zur weiteren kritischen Überarbeitung anheim stellen wollen (vgl. die Qualitätsstandards bei Kilb et al. 2000):

- Die Wichtigkeit einer Einbindung von Tutoren als prosoziale Vorbilder sollte mehr als bisher betont werden. Für eine Notwendigkeit, dies verbindlich zu fordern, geben unsere Befunde jedoch keine Anhaltspunkte.
- Unser Augenmerk sollte in diesem Zusammenhang auch auf den Betreuungsschlüssel gerichtet werden. Nach den Ergebnissen unserer Studie führt der sich aus den Qualitätsstandards errechnende Schlüssel (0,4) eher zu negativen Trainingsergebnissen.
- Neu zu den Standards sollten Überlegungen aufgenommen werden, die die Wichtigkeit begleitender Unterstützung für die Teilnehmer parallel zu den Trainingsmaßnahmen formulieren. Kernthemen sozialer Arbeit wie Vernetzung und Nachbetreuung sind auch Fragen, die sich im Zusammenhang mit dem Anti-Aggressivitäts-Training stellen.
- Eine differenziertere Darstellung der Zielgruppe des Anti-Aggressivitäts-Trainings könnte die Befunde der hier vorliegenden Evaluation aufgreifen, nach denen wir begründet vermuten, dass der Grad der Gewalttätigkeit und das Alter der Teilnehmer zu keiner Differenzierung des Ergebnisses beitragen.
- Auch die Aussage bei Kilb et al., nach der die Jugendlichen und jungen Erwachsenen „kognitiv und sprachlich dem Programm folgen können" (2000: 265) müssen, sollte mit dem Fazit unserer Studie konfrontiert werden, nach dem der Bildungsgrad der Teilnehmer den Erfolg eines Anti-Aggressivitäts-Trainings nicht erklären kann.

Weiter stoßen folgende Themen Fragen der zukünftigen fachlichen Entwicklung an.

- Die Verwendung der Begriffe Coolness-Training, Anti-Aggressivitäts-Training und Anti-Gewalt-Training sollte aus inhaltlichen und zielgruppenspezifischen Gründen präzisiert werden (siehe Abschnitt 4.1.7).
- Die Frage, warum das Anti-Aggressivitäts-Training im Strafvollzug effektiver eingesetzt zu werden scheint, sollte ebenfalls Anlass zu Überlegungen geben. So könnte vermutet werden, dass das Anti-Aggressivitäts-Training für den ambulanten Einsatz (noch mehr) modifiziert werden muss (Abschnitt 4.1.7).

5.5) Grundsätzliches zum Schluss

1) Es gilt, die Forschung zu intensivieren...

Eine „gründliche Evaluation" (Findeisen & Kersten 1999: 28) konnten wir nicht ganz leisten. Wir sehen den Grund im Mangel an entsprechend ausgearbeiteten Forschungsinstrumentarien. So stellt auch die Bundesregierung fest, dass „für alle Maßnahmen und Angebote (...) zudem (gilt), dass empirisch gesicherte Aussagen über ihre längerfristige Wirksamkeit - z. B. betreffend Rückfälligkeit und gesellschaftliche Integration der Täter - bislang nur in unzureichendem Maße möglich sind" (BMI & BMJ 2001 a: 610).

Dringender Handlungsbedarf besteht also für die bisher sehr unterentwickelte Forschung nicht nur zur Frage der Entstehung (gewalt-)kriminellen Handelns, wo beispielsweise die „Feldforschung in Deutschland chronisch unterrepräsentiert" (Findeisen & Kersten 1999: 235) im internationalen Vergleich ist. Findeisen & Kersten plädieren zur Erklärung der Phänomene gewaltdevianten Verhaltens bei jungen Menschen für eine „phänomenologisch-hermeneutische Herangehensweise, die den unterschiedlichen Identitätskonzepten der Jugendgewaltgruppen Rechnung trägt" (Findeisen & Kersten: 33) anstatt weiterhin auf den Fragebogen zu bauen.

Aber auch den Evaluationsforschern (so auch dem Autor) fehlen derzeit geeignete Erhebungsinstrumente, um die kurz- und mittelfristigen Wirkungen pädagogisch-psychologischer Interventionen (wie das Anti-Aggressivitäts-Training) zuverlässig qualitativ und/oder quantitativ erfassen zu können. Wir diskutierten dies ausführlich im Abschnitt 3.3 dieser Arbeit und wiesen darauf hin, dass der FAF als „Notlösung" (wenn auch keineswegs schlechte) fungieren konnte. Wir sehen beispielsweise in einem Einsatz inhaltsanalytischer Verfahren, Einzelfallstudien (Kury 1983 b) oder weiterer qualitativer Forschungsmethoden durchaus Alternativen. Durch Bezug auf die Hirnforschung erhoffen sich Heilemann und Fischwasser-von Proeck, die „direkte Wirksamkeit des AAT" einschätzen zu können. „Hierzu müsste vor, während und unmittelbar nach Absolvierung des Trainings auf der Einstellungsebene, auf der Verhaltensebene und möglicherweise mit hirnphysiologischen Parametern der Effekt des AAT, also der wahre Wert, gemessen werden" (2001: 90).

Auch die Rückfallforschung als langfristige Wirkungsforschung steckt noch in erheblichen Schwierigkeiten, wie Ohlemacher et al. (2001 a) konzedieren. Kilb et al wollen „eine möglicherweise stattfindende langfristige Wirkung bzw. eine Recherche über langfristige sich aufbauende Wirkungsketten (...) mit Instrumenten der Biografieforschung" (2000: 268) evaluieren.

Bei allen Entwicklungsbestrebungen dürfte auch die Altersstruktur der Teilnehmerinnen und Teilnehmer nicht unberücksichtigt bleiben. 1999 wurden doppelt so viele Kinder (bis 14 Jahre) in Anti-Gewalt-Programmen (eben in Coolness-Trainings) erfasst als Jugendliche, Heranwachsende und junge

Trainings) erfasst als Jugendliche, Heranwachsende und junge Erwachsene (vgl. Kilb & Weidner 2000 b: 380). Damit begegnet AAT/CT der – wenn auch nicht dramatischen (vgl. Lamnek 1998: 394), aber so doch vorhandenen – Gewaltkriminalität von Kindern mit einem (vermutlich, da bisher nicht evaluiert) effektiven Angebot.

Entsprechende Forschungsvorhaben finden also – dies konnte sicher deutlich gemacht werden – ein großes Betätigungsfeld.

2) ...die Angebotsstruktur in den Kommunen weiter auszubauen...

„Aus Primärdatenerhebungen (bzgl. ambulanter Maßnahmen für straffällige Jugendliche, Anmerkung des Verfassers) geht (...) hervor, dass zwar inzwischen ein weitgehend flächendeckendes Angebot hinsichtlich dieser Maßnahmen besteht, dass aber das Anwendungspotenzial bei weitem noch nicht ausgereizt ist. Eine bundesweite Bestandsaufnahme für das Jahr 1994 kam zu dem Ergebnis: ‚Der unter dem Aspekt der rein quantitativen Verbreitung der Maßnahmen so viel versprechende Eindruck relativierte sich ganz erheblich, wenn zur Bewertung des vorhandenen Angebots zusätzlich bestimmte qualitative Kriterien herangezogen werden'" (BMI & BMJ 2001 a: 368).

Genau diese qualitativen Kriterien sind für das Anti-Aggressivitäts-Training entwickelt. Daher raten wir öffentlichen und freien Trägern dringend, sich dem positiven Beispiel der Landesregierung des Landes Brandenburg anzuschließen und für einen (weiteren) Aufbau von Anti-Aggressivitäts-Training (und Coolness-Training) zu sorgen.

Wenn wir einige skeptische Stimmen auf Grund der noch bleibenden Einschränkungen mit unserer Evaluation nicht überzeugen konnten, dann gelingt dies vielleicht mit dem Hinweis auf unser Bemühen um eine anspruchsvolle Qualitätsentwicklung, zu der dieser Bericht einen Beitrag zu leisten versuchte. Oder wir bemühen die Empfehlungen der Bundesregierung in ihrem ersten Periodischen Sicherheitsbericht: „Auch das Anwendungspotential für ambulante Maßnahmen scheint bei weitem noch nicht ausgeschöpft, zumal in vielen Jugendamtsbezirken das Stadium einer Institutionalisierung der jeweiligen Maßnahmen noch nicht erreicht ist, das Angebot aus Kosten- oder sonstigen Ressourcengründen teilweise sogar rückläufig oder gefährdet ist und bisweilen die notwendigen Qualitätsstandards für eine an individuellen Bedürfnissen ausgerichtete Hilfe nicht erfüllt sind. Die Bundesregierung regt daher an, Breite und Qualität der Angebote weiter zu verbessern, regionale Anwendungsunterschiede auszugleichen und auf diese Weise die Akzeptanz von informellen und ambulanten Sanktionen zu fördern. Es muss dringend vermieden werden, dass die differenzierte Maßnahmenpalette, die das Jugendgerichtsgesetz und das Sozialgesetzbuch VIII zur Verfügung stellt, in der

Praxis leer läuft, weil entsprechende Angebote nicht vorgehalten werden" (BMI & BMJ 2001 a: 610).

3) ...die Selbstreflexion zu verstärken...

Diese Schlussfolgerung tangiert die Fragestellung des Berichts nur peripher, nichtsdestotrotz wollen wir sie hier erwähnen. In mehreren Gesprächen mit Praktikerinnen und Praktiker im Zuge der Datenerhebungen wurde deutlich, dass auch der persönliche Umgang mit eigenen Aggressionen stärker als bisher Berücksichtigung finden sollte. Dazu gehört auch die Frage, wie Konflikte in der Trainingsgruppe gelöst werden. Widersprüche zwischen den Inhalten des Anti-Aggressivitäts-Trainings, dem eigenen Verhalten der Trainerinnen und Trainer und deren persönlichen Einstellungen konterkarieren einen erfolgreichen Verlauf einer Maßnahme.

Diese Selbstreflexion sollte ein wichtiger Inhalt in den Ausbildungskursen sein und vor Ort beispielsweise durch die Einbindung eines neutralen Beobachters (Hospitation) unterstützt werden.

4) ...sowie den Dialog weiterzuführen...

Mit dieser Evaluation haben wir auf der Basis der 30 'Standards' das Anti-Aggressivitäts-Training einer kritischen Überprüfung zugeführt, deren Qualität festgestellt und Hinweise für Verbesserungen aufgezeigt. Evaluation muss aber immer wieder selbst im Sinne einer Meta-Evaluation in Frage gestellt werden. Deshalb möchten wir abschließend anregen und dafür eintreten, dass Anti-Aggressivitäts-Trainingskurse und auch unsere Studie weiterhin „wissenschaftlich begleitet und evaluiert werden, damit aus den Erfahrungen gelernt und erfolgreiche Maßnahmen auch an anderen Orten eingesetzt werden können" (BMI & BMJ 2001 a: 609).

Letztlich geht es in einer Evaluation jedoch darum, „ein orientierter Dialog zwischen Auftraggebern, Evaluatorinnen und anderen Beteiligten & Betroffenen" (‚Joint Committee' 1999: 26) anzuregen und zu erleichtern. Dieser Dialog möge fortgeführt werden!

Literatur:

Albrecht, Günter: Jugend, Recht und Kriminalität, in: Krüger, Heinz-Hermann, ed.: Handbuch der Jugendforschung. 2. Auflage. Opladen: Leske + Budrich, 1993: 495 – 525.

Albrecht, Peter-Alexis & Lamnek, Siegfried: Jugendkriminalität im Zerrbild der Statistik. Eine Analyse von Daten und Entwicklungen. München: Juventa-Verlag, 1979.

Arbeiterwohlfahrt, Kreisverband Köln e. V.: AWO Köln – Wir stellen uns vor... Köln o. J.

Atteslander, Peter: Methoden der empirischen Sozialforschung. 5. Aufl. Berlin und New York: Walter de Gruyter, 1984.

Bacher, Johann: In welchen Lebensbereichen lernen Jugendliche Ausländerfeindlichkeit? Ergebnisse einer Befragung bei Berufsschülerinnen und Berufsschülern, in: Kölner Zeitschrift für Soziologie und Sozialpsychologie, Jg. 53, Heft 2, 2001: 334 – 349.

Bauer-Cleve, Angelika & Jadasch, Michael & Oschwald, Alberta: Das Anti-Gewalt-Training in der JVA Neuburg-Herrenwörth, in: Zeitschrift für Strafvollzug und Straffälligenhilfe 44: 202 – 204.

Baumann, Zygmunt: Alte und neue Gewalt, in: Journal für Konflikt- und Gewaltforschung, 1/2000: 28 – 42.

Beck, Ulrich: Risikogesellschaft. Auf dem Weg in eine andere Moderne. Frankfurt am Main: Suhrkamp, 1986.

Behr, Stephanie & Cosmai, Anja: Konzeption. Iserlohn: Knackpunkt e. V: o. J.

Berner, Winfried: Jugendgruppen organisieren. Reinbek bei Hamburg: Rowohlt, 1983.

Blass-Wilhelm, Wolfgang: Neue Wege in der Strafvollzugsevaluation – Kontrolle von Störvariablen in zeitverzögerten Designs, in: Kury, Helmut, ed.: Methodische Probleme der Behandlungsforschung – insbesondere in der Sozialtherapie (Interdisziplinäre Beiträge zur kriminologischen Forschung, Band 2). Köln, Berlin, Bonn, München: Carl Heymanns Verlag KG: 1983, 231 – 258.

Brand, Markus & Saasmann, Markus: Anti-Gewalt-Training für Gewalttäter. Ein sozialpädagogisches konfrontatives Training zum Abbau der Gewaltbereitschaft, in: DVJJ-Journal, 4/1999: 419 – 425.

Brosius, Felix: SPSS 8.0, Bonn: MTP Verlag GmbH, 1998.

Buchert, Martin & Metternich, Jürgen: Entwicklung und Erprobung eines Konzeptes zur Einrichtung von Behandlungsgruppen im Bereich des Sozialen Trainings mit dem Themenschwerpunkt „Anti-Gewalt-Training" (AGT) – in der Zeit November 1993 bis Februar 1994, in: Zeitschrift für Strafvollzug und Straffälligenhilfe 6/1994: 327 – 332.

Bundesministerium des Innern (BMI), ed.: Polizeiliche Kriminalstatistik 2000, Berlin, 2001.

Bundesministerium des Innern (BMI) & Bundesministerium der Justiz (BMJ), eds.: Erster Periodischer Sicherheitsbericht (Langfassung), Berlin, Juli 2001 a.

Bundesministerium des Innern (BMI) & Bundesministerium der Justiz (BMJ), eds.: Erster Periodischer Sicherheitsbericht (Kurzfassung), Berlin, Juli 2001 b.

Bundesministerium für Familie, Senioren, Frauen und Jugend (BMFSFJ) ed.: Zielgeführte Evaluation von Programmen – ein Leitfaden. Düsseldorf: Vereinigte Verlagsanstalten, 2000.

Burschyk, Leo & Sames, Karl-Heinz & Weidner, Jens: Das Anti-Aggressivitäts-Training: Curriculare Eckpfeiler und Forschungsergebnisse, in: Weidner, Jens & Kilb, Rainer & Kreft, Dieter, eds.: Gewalt im Griff. Weinheim und Basel: Beltz, 1997: 74 – 90.

Buss, Arnold H.: The psychology of aggressions. New York, London: Wiley, 1961.

Campbell, Donald, T. & Julian C. Stanley: Experimental and quasi-experimental designs for research on teaching, in: Gage, N.L., ed.: Handbook of research on teaching. Chicago: Rand McNally & Company, 1963: 171 – 246.

Caritasverband für Brandenburg, e. V., Vorlage Sachbericht. Berlin, 2000.

Caritasverband für Brandenburg e. V., Projekt Boxenstopp, Zeitplan AAT, unveröffentlichte Arbeitsvorlage. Berlin, 2001.

Caritasverband für Brandenburg e. V., Projekt Boxenstopp, Dokumentation eines Anti-Aggressivitäts-Trainings. Berlin, erscheint 2002.

Cladder-Micus, Annita & Kohaus, Hermann: Ambulantes Antiaggressivitätstraining mit gewalttätigen Jugendlichen, in: deutsche jugend, 43. Jg., 6/1995: 257 – 265.

Cladder-Micus, Annita & Kohaus, Hermann: Ambulantes Antiaggressivitätstraining, in: Projekt: Rechtsextremismus und Fremdenfeindlichkeit – Jugendpolitische und pädagogische Herausforderungen, ed.: Rechtsextremismus und Fremdenfeindlichkeit – Aufgaben und Grenzen der Kinder- und Jugendhilfe. Leipzig: Deutsches Jugendinstitut, 2000: 77 – 86.

Collatz, Klaus-Günther: Zur Information über Theorien der Aggressivität, in: Neidhardt, Friedhelm & Sack, Fitz & Würtenberger, Thomas & Lüscher, Kurt & Thiersch, Hans: Aggressivität und Gewalt in unserer Gesellschaft. München: Juventa-Verlag, 1973: 127 – 137.

Corsini, Raymond J.: Konfrontative Therapie, in: Corsini, Raymond J., ed.: Handbuch der Psychotherapie, Bd. 1. München: Psychologie-Verlags-Union, 1994: 555 – 570.

Diakonisches Werk Coburg, ed.: Soziale Trainingsmaßnahmen, Jahresbericht 2000. Coburg, 2001.

Diekmann, Andreas: Empirische Sozialforschung. 5. Aufl. Reinbek bei Hamburg: Rowohlt Taschenbuch Verlag, 1999.

Drever, James & Fröhlich, Werner D.: Wörterbuch zur Psychologie. 9. Aufl. München: Deutscher Taschenbuch Verlag, 1975.

Dollard, John & Miller, Neal E. & Doob, Leonard W. & Mowrer, Orval Hobart & Sears, Robert R.: Frustration and aggression. New Haven: Yale University Press, 1939.

Elias, Norbert: Über den Prozess der Zivilisation. Band 2, 16. Aufl. Frankfurt/Main: Surkamp, 1991.

Engel, Ute: Wir über uns – der Verein kehrtwende stellt sich vor. Rundbrief. Mannheim, o. J..

Fahrenberg, Jochen & Hampel, Rainer & Selg, Herbert: Das Freiburger Persönlichkeitsinventar FPI. 6., ergänzte Aufl. Göttingen/Bern/Toronto und Seattle: Hogrefe-Verlag für Psychologie, 1994.

Farrelly, Frank & Matthews, Scott: Provokative Therapie, in: Corsini, Raymond J., ed.: Handbuch der Psychotherapie. 2. Band. Weinheim und Basel: Beltz, 1983: 956 – 977.

Farrelly, Frank & Brandsma, Jeffrey: Provokative Therapie. Berlin/Hamburg/Heidelberg/New York: Springer Verlag, 1986.

Feshbach, Seymour: The function of aggression and the regulation of aggressive drive, in: Psychological Review, 1964, 71, 257 – 272.

Findeisen, Hans V. & Kersten, Joachim: Der Kick und die Ehre. Vom Sinn jugendlicher Gewalt. München: Kunstmann, 1999.

Fischer, Wolfgang: Das Anti – Gewalt – Training (AGT) in der JSA. Schifferstadt (Konzeption), 1998.

Fuchs, Marek: Die Stilisierung von Männlichkeit und Gewalt. Männlichkeits-Vorstellungen in devianten Jugendgruppen. Manuskript eines Vortrags, o. J.

Fuchs, Marek & Lamnek, Siegfried & Luedtke, Jens: Schule und Gewalt. Realität und Wahrnehmung eines sozialen Problems. Opladen: Leske & Budrich, 1996.

Galtung, Johan: Strukturelle Gewalt. Beiträge zur Friedens- und Konfliktforschung. Reinbek b. Hamburg: Rowohlt, 1975.

Gastiger, Siegmund, ed.: Jugendgerichtsgesetz, in: Gastiger Gesetzestexte. Freiburg: Lambertus, verschiedene Ergänzungslieferungen.

Greenwood, Ernest: Das Experiment in der Soziologie, in: König, René: Beobachtung und Experiment in der Sozialforschung. 8. Aufl. Köln: Kiepenheuer & Witsch, 1972: 171 – 220.

Grissom, Grant R. & Dubnov, William, L: Without locks and bars. Reforming our reform schools. Westport: Praeger Publishers, 1989.

Hafner, Georg M. & Schapira, Esther: Der Fall B., Dokumentation, arte 2000.

Hampel, Rainer & Selg, Herbert: FAF - Fragebogen zur Erfassung von Aggressivitätsfaktoren, Göttingen/Bern/Toronto/Seatle: Hogrefe-Verlag für Psychologie, 1975 und 1998.

Heilemann, Michael: Gemeindenahe Sexualstraftätertherapie, in: Berufsverband deutscher Psychologen, ed.: Bericht über den 13. Kongress für angewandte Psychologe. Bonn, 1985.

Heilemann, Michael: Verhaltenstraining bei gehemmt-aggressiven Männern, in: Brandes, Holger & Bullings, Hermann, eds.: Handbuch Männerarbeit. Weinheim: Beltz, 1996: 243 – 258.

Heilemann, Michael & Fischwasser-von Proeck, Gabriele: Gewalt wandeln. Lengerich: Pabst Science Publishers, 2001.

Heitmeyer, Wilhelm: Jugend, Staat und Gewalt in der politischen Risikogesellschaft, in: Heitmeyer, Wilhelm & Möller, Kurt & Sünker, Heinz, eds.: Jugend – Statt – Gewalt. Politische Sozialisation von Jugendlichen, Jugendpolitik und politische Bildung. Weinheim und München: Juventa Verlag, 1989.

Heitmeyer, Wilhelm & Collmann, Birgit & Conrads, Jutta & Matuschek, Ingo & Kraul, Dietmar & Kühnel, Wolfgang & Möller, Renate & Ulbrich-Hermann, Matthias, eds.: Gewalt. Schattenseiten der Individualisierung bei Jugendlichen aus unterschiedlichen Milieus. Weinheim und München: Juventa Verlag, 1995.

Hurrelmann, Klaus & Rosewitz, Bernd & Wolf, Hartmann K.: Lebensphase Jugend. Eine Einführung in die sozialwissenschaftliche Jugendforschung. Weinheim und München: Juventa Verlag, 1985.

Hurrelmann, Klaus & Ulich, Dieter: Gegenstands- und Methodenfragen der Sozialisationsforschung, in: Hurrelmann, Klaus & Ulich, Dieter, eds.: Handbuch der Sozialisationsforschung. 5. Aufl. Weinheim und Basel: Beltz Verlag, 1998.

Institut für Sozialarbeit und Sozialpädagogik (ISS): Ergebnisprotokoll des Jahrestreffens „Weiterentwicklung und Evaluation des AAT 2000". Frankfurt/Main, 2000.

Joint Committee on Standards for Educational Evaluation & Sanders, James R., eds.: Handbuch der Evaluationsstandards. Opladen: Leske + Budrich, 1999.

Justizbehörde Hamburg, Jugend- und Frauenvollzugsanstalt Hahnöversand, Jugendvollzug, ed.: Konzept Sozialtherapeutische Abteilung, Haus III/2. Hamburg, Stand 2001.

Katholische Universität Eichstätt, Geschichts- und Gesellschaftswissenschaftliche Fakultät, Promotionsordnung. Eichstätt, 1996.

Kaufmann, Harry: Definition and methodology on the study of aggression, in: Psychological Bulletin, 1965, 64, 351 – 364.

Kehrtwende e. V. & Jugendgerichtshilfe des Stadtjugendamtes Mannheim: Kursangebote – soziales Training – gemäß § 10 JGG (Faltblatt). Mannheim, 1996.

Kersten, Joachim: „Dieser Wagon ist nur für Weiße" – Rechte Gewalt in Deutschland, in: Psychologie heute, Oktober 2000: 46 – 51.

Kiefl, Walter & Lamnek, Siegfried: Soziologie des Opfers. München: Wilhelm Fink Verlag.

Kilb, Rainer: Berufsbegleitende Fortbildung „Umgang mit gewaltbereiten Jugendlichen". Dokumentation Seminar I (12. – 14.12.1994), in: ISS-aktuell 31/94, Frankfurt: Eigenverlag, Dezember 1994.

Kilb, Rainer: Berufsbegleitende Fortbildung „Umgang mit gewaltbereiten Jugendlichen". Dokumentation Blockseminar 27./28.11.1997, in: ISS-aktuell 2/1998, Frankfurt: Eigenverlag, 1994.

Kilb, Rainer: Jugendkriminalität und sozialer Raum. Wie lassen sich diverse Kriminalitätsentwicklungen von ihrem sozialräumlichen Kontext her erklären? In: Sozialmagazin 27. Jg. 1/2002, 42 – 49.

Kilb, Rainer & Weidner, Jens: Eine neue Methode im Aufwind? in: sozialmagazin, 25. Jg. H. 1, 2000 a: S. 33 – 38.

Kilb, Rainer & Weidner, Jens: „So hat noch nie einer mit mir gesprochen...", in: DVJJ-Journal 4, 2000 b: 379 – 384.

Kilb, Rainer & Weidner, Jens & Jehn, Otto: Qualitätsanforderungen für das Anti-Aggressivitäts-Training (AAT) und das Coolness-Training (AAT/CT), in: Weidner, Jens & Kilb, Rainer & Kreft, Dieter, eds.: Gewalt im Griff. 2. Aufl. Weinheim und Basel: Beltz, 2000: 262 – 274.

Kunstreich, Timm: antiGewaltiges Training. Aktionsprogramme – Erfahrungen, Probleme und Einsichten, in: Sozial Extra, 24. Jahrgang 5/6 2000: 35 – 39.

Kury, Helmut: Zur Methodendiskussion in der Behandlungsforschung, in: Kury, Helmut, ed.: Methodische Probleme der Behandlungsforschung – insbesondere in der Sozialtherapie (Interdisziplinäre Beiträge zur kriminologischen Forschung, Band 2). Köln/Berlin/Bonn/München: Carl Heymanns Verlag KG: 1983 a, 27 – 79.

Kury, Helmut: Behandlungsforschung in der Kritik – Zusammenfassung der Diskussion, in: Kury, Helmut, ed.: Methodische Probleme der Behandlungsforschung – insbesondere in der Sozialtherapie (Interdisziplinäre Beiträge zur kriminologischen Forschung, Band 2). Köln/Berlin/Bonn/München: Carl Heymanns Verlag KG: 1983 b, 259 – 274.

Lamnek, Siegfried: Theorien abweichenden Verhaltens. 5. Aufl. München: Fink, 1993.

Lamnek, Siegfried: Neue Theorien abweichenden Verhaltens. München: Fink, 1994.

Lamnek, Siegfried: Qualitative Sozialforschung, Band 2, Methoden und Techniken. 3. Aufl. Weinheim: Psychologie Verlags Union, 1995.

Lamnek, Siegfried: Jugendkriminalität: Erscheinungen – Entwicklungen – Erklärungen, in: Gegenwartskunde 3/1998, S. 379 – 412.

Lamnek, Siegfried: Jugendgewalt in unserer Gesellschaft, in: Gegenwartskunde 2/2000: 237 – 264.

Lamnek, Siegfried: Individuelle Rechtfertigungsstrategien von Gewalt. Unveröffentlichtes Manuskript, o. J.

Lemert, Edwin M.: Social Pathology. A Systematic Approach to the Theory of Sociopathic Behavior. New York, 1951.

Märkischer Kreis, Der Landrat: Beratungsdrucksache Nr. 51/6/461 vom 8.3.2001.

Märkischer Kreis, Jugendamt, Erzieherischer Kinder- und Jugendschutz: Info Kinder- u. Jugendschutz, Aufgaben, Ziele, Angebote. Lüdenscheid o. J.

Merz, Ferdinand: Aggression und Aggressionstrieb, in: Thomae, Hans: Handbuch der Psychologie. Bd. II/2, Motivation. Göttingen: Verlag für Psychologie, Dr. C. J. Hogrefe, 1965: 569 – 601.

Mühlisch, Sabine: Mit dem Körper sprechen. Wiesbaden: Betriebswirtschaftlicher Verlag Dr. Th. Gabler GmbH, 1997.

Müller, C. Wolfgang: Evaluierung, in: Kreft, Dieter & Mielenz, Ingrid, eds: Wörterbuch Soziale Arbeit. 3. Aufl. Weinheim und Basel: Beltz, 1988: 177 – 179.

Neidhardt, Friedhelm: Gewalt. Soziale Bedeutung und sozialwissenschaftliche Bestimmung des Begriffs, in: Bundeskriminalamt, ed.: Was ist Gewalt? Wiesbaden, 1986.

Neidhardt, Friedhelm: Gewalt, Gewaltdiskussion, Gewaltforschung, in: Bielefelder Universitätsgespräche und Vorträge 7, 1997: 19 – 28.

Nolting, Hans-Peter: Lernfall Aggression. Reinbek bei Hamburg: Rowohlt, 72. – 75. Tausend Juli 1993.

Ohlemacher, Thomas & Sögding, Dennis & Höynck, Theresia & Ethé, Nicole & Welte, Götz: Anti – Aggressivitäts – Training und Legalbewährung: Versuch einer Evaluation, in: Bereswill, Mechthild & Greve, Werner, eds.: Interdisziplinäre Beiträge zur kriminologischen Forschung. Baden-Baden: Nomos – Verlag, 2001 a: 1 – 37.

Ohlemacher, Thomas & Sögding, Dennis & Höynck, Theresia & Ethé, Nicole & Welte, Götz: „Nicht besser, aber auch nicht schlechter“: Anti-Aggressivitäts-Training und Legalbewährung, in: DVJJ-Journal 4/2001 b, 380 – 386.

Ottmüller, Claus Otto: Glen Mills Schools. Ein Modell der Jugendkriminalrechtspflege in den USA. Pfaffenweiler: Centaurus-Verlags-Gesellschaft, 1988.

Peters, Helge: Da werden wir empfindlich. Zur Soziologie der Gewalt, in: Lamnek, Siegfried ed.: Jugend und Gewalt. Devianz und Kriminalität in Ost und West. Opladen: Leske + Budrich, 1995: 25 – 36.

Reck, Wolfgang & Morath, Rupert: Anti-Aggressivität s-Training (AAT). Konzeption. Ulm. o. J. .

Redl, Fritz & Wineman, David: Kinder, die hassen. Auflösung und Zusammenbruch der Selbstkontrolle. München und Zürich: R. Piper & Co, 1979.

Regionales Rechenzentrum für Niedersachen/Universität Hannover und Fachrichtung Psychologie der Universität des Saarlandes, Saarbrücken (RRZN), eds.: SPSS Fortgeschrittene – Durchführung fortgeschrittener statistischer Verfahren. 1. Aufl. Hannover, Mai 2000.

Sames, Karl-Heinz: Jahresbericht 1995/1996 – Stellenbeschreibung. Handschriftliche Aktualisierung. Aßlar, 2001.

Schanzenbächer, Stefan: Lückekinder im sozialen Brennpunkt, in: Berufsverband Deutscher Soziologen e. V., ed.: Sozialwissenschaften und Berufspraxis, H. 3, 18/1995: 213 – 227.

Schanzenbächer, Stefan: Den Frust von der Seele „racen“. Coolness-Training und Kartracing für Lückekinder im sozialen Brennpunkt, in: Weidner, Jens & Kilb, Rainer & Kreft, Dieter, eds.: Gewalt im Griff. Weinheim und Basel: Beltz, 1997: S. 172 – 197.

Schanzenbächer, Stefan: Boxenstop – Konzept des Caritasverbandes für Brandenburg e. V., in: DVJJ-Journal, 1/2001 a: 81 – 87.

Schanzenbächer, Stefan: Opferschutz ist Täterarbeit, in: Deutscher Caritasverband e. V., ed. Caritas 2002 – Jahrbuch des Deutschen Caritasverbandes. Freiburg: Deutscher Caritasverband e. V., Dezember 2001 b: 180 – 187.

Schanzenbächer, Stefan & Weidner, Jens: Sich den Frust von der Seele „racen“. Coolness-Training und Kartracing in der Gewaltprävention für Lückekinder, in: dt. jugend, 45. Jg., H. 6., 1997: 270 – 279.

Scholz Christian: Konfrontative Pädagogik im Grenzbereich von Jugendhilfe und Justiz. Zur Adaption der Glen Mills Idee in das deutsche Jugendkriminalrechtssystem, in: Colla, Herbert E. & Scholz, Christian & Weidner, Jens, eds.: Konfrontative Pädagogik. Mönchengladbach: Forum Verlag Godesberg GmbH, 2001: 93 – 139.

Schran, Peter: Abschied vom Faustrecht. Mainz: ZDF (Reportage), 5.11.1991.

Selg, Herbert: Menschliche Aggressivität. Göttingen: Verlag für Psychologie, Dr. C. J. Hogrefe, 1974.

Selg, Herbert: Einführung in die experimentelle Psychologie. 4. Aufl. Stuttgart/Berlin/Köln/Mainz: W. Kohlhammer GmbH, 1975.

Spielende, lachende, lernende Kinder e. V.: Konzeption. Mainz, o. J.

Stadt Rüsselsheim, Jugendamt: Wir akzeptieren den Täter, nicht seine Tat. Konzeption. o. J.

Steinhoff, Martin: Es geschah in 11 Sekunden (Reportage): Schleswig-Holstein: NDR, 1997.

Toprak, Ahmet: „Ich bin eigentlich nicht aggressiv“. Theorie und Praxis eines Anti-Aggressions-Kurses mit türkischstämmigen Jugendlichen. Freiburg im Breisgau: Lambertus-Verlag, 2001.

Verein für soziale und kulturelle Arbeit/Nordlicht e. V.: Breackin’out (Flyer). Hamburg, Oktober 1999.

Verein für soziale und kulturelle Arbeit/Nordlicht e. V.: Kurzbeschreibung, Hamburg, o. J.

Verein Kinder- und Jugendhilfe: Ambulante Jugendhilfemaßnahmen. Konzeption. Frankfurt am Main, 1995.

Waldhaus – Sozialpädagogische Einrichtungen der Jugendhilfe, ed.: Jahresbericht über das Jahr 1999. Böblingen, Druck-Medienhaus Wilhelm Schlecht'sche GmbH & Co. KG, o. J.

Waldhaus – Sozialpädagogische Einrichtungen der Jugendhilfe, ed.: Waldhaus – Ambulante erzieherische Hilfen, Soziale Gruppenarbeit, Jahresbericht 1999. Herrenberg, 1999.

Weber, Max: Wirtschaft und Gesellschaft. 5. Aufl., Tübingen: J.C.B. Mohr, 1980.

Weidner, Jens: Analyse des Behandlungskonzeptes der Glen Mills Schools, USA, und die Möglichkeit der Übertragung einzelner Programmpunkte in die Praxis der Kriminalrechtspflege in der BRD (Diplomarbeit). Lüneburg, 1986.

Weidner, Jens: Der „heiße Stuhl" in der Psychotherapie. Wo Ulrich Meyer und Olaf Kracht abkupfern, in: tendenz 1/1993: 8 – 11.

Weidner, Jens: Anti-Aggressivitäts-Training (AAT), in: Stimmer, Franz & Boogaart, Hilde, van den & Rosenhagen, Günter eds.: Lexikon der Sozialpädagogik und der Sozialarbeit, München und Wien: R. Oldenbourg Verlag, 1994: 31 – 34.

Weidner, Jens: Anti-Aggressivitäts-Training für Gewalttäter. 3. Aufl. Bonn/Bad-Godesberg: Forum-Verlag, 1995.

Weidner Jens: Vom Straftäter zum Gentleman? Über konfrontative Pädagogik als Erziehungs-ultima ratio, in: Colla, Herbert E. & Scholz, Christian & Weidner, Jens, eds.: Konfrontative Pädagogik. Mönchengladbach, Forum Verlag Godesberg GmbH, 2001: 7 – 54.

Weidner, Jens: Konfrontative Pädagogik. Erziehungs-ultima-ratio im Umgang mit Mehrfachauffälligen, in: Sozialmagazin, 27. Jg. 2/2002: 39 – 45

Weidner, Jens & Kilb, Rainer & Kreft, Dieter, eds.: Gewalt im Griff. 2. Aufl. Weinheim und Basel: Beltz, 2000.

Weidner, Jens & Wolters, Jörg-Michael: Aggression und Delinquenz: Ein Spezialpräventives Training für gewalttätige Wiederholungstäter, in: Monatszeitschrift für Kriminologie und Strafrechtsreform 4/1991: 210 – 224.

Werbik, Hans: Das Problem der Definition „aggressiver" Verhaltensweisen. Zeitschrift für Sozialpsychologie, 1971/2: 233 – 247.

Widmer, Thomas & Beywl, Wolfgang: Die Übertragbarkeit der Evaluationsstandards auf unterschiedliche Anwendungsfelder, in: Joint Committee on Standards for Educational Evaluation & Sanders, James R., eds.: Handbuch der Evaluationsstandards. Opladen: Leske+Budrich, 1999: 243 – 257.

Wolters, Jörg-Michael: Kampfkunst als Therapie, in: Weidner, Jens & Kilb, Rainer & Kreft, Dieter, eds.: Gewalt im Griff. Weinheim und Basel: Beltz, 1997: 215 – 223.

Wolters, Jörg-Michael: Konfrontative Sozialpädagogik. Streitschrift für endliches Umdenken in Jugendhilfe, Jugendstrafvollzug und Jugendpsychiatrie, in: Sozialmagazin, 26.Jg., 5/2001: 27 – 33.

Wormser, Rudi: Experimentelle Psychologie. München und Basel: Ernst Reinhardt Verlag, 1974.

www.bka.de

www.boxenstopp.org

Zimmermann, Ekkart: Das Experiment in den Sozialwissenschaften. Stuttgart: B. G. Teubner, 1972 (Studienskripten zur Soziologie).

ANHANG

Vertrag zum Antiaggressivitätstraining

1) Ich .... will am Antiaggressivitätstraining teilnehmen. Ich weiß, dass das Training bis .... dauert und stelle mich darauf ein, an allen Treffen teilzunehmen. Wenn ich krank bin, lege ich in der nächsten Sitzung ein ärztliches Attest vor. Unentschuldigtes Fehlen führt zum sofortigen Abbruch des Trainings.

2) Mir ist weiterhin bekannt, dass es in dem Training darum geht, gemeinsam mit den anderen Teilnehmern über die eigenen Straftaten und die eigene Person zu sprechen.

3) Ich bin bereit, mich auf dem „Heißen Stuhl" auch sehr persönlichen Angriffen und Provokationen aus der Gruppe und dem Trainer-Team zu stellen. Mit anderen Worten: ich erlaube, dass mit mir sehr hart und auch „gemein" umgegangen wird. Dabei habe ich das Recht und die Pflicht, während einer Sitzung „Stop" zu sagen, wenn ich bestimmte Situationen nicht mehr aushalte. Keinesfalls darf ich Spannungen, die während des Trainings auftreten, mit Gewalt lösen.

4) Ich nehme konstruktiv an dem Training teil und halte die dort geltenden Regeln ein. Tue ich dies nicht, werde ich darauf hingewiesen. Ändere ich dann mein Verhalten nicht, werde ich aus dem Training ausgeschlossen.

5) Ich gebe die Zustimmung, dass tatbezogenen Berichte, Anklageschriften und Urteile von den Trainern eingesehen und in der Gruppe besprochen werden. Ich stelle für das Training solche Unterlagen zur Verfügung.

6) Ich verpflichte mich zur absoluten Verschwiegenheit über Informationen, die ich über andere im Verlauf des Trainings erhalte. Das Team verpflichtet sich, die Fragebögen nach der Auswertung zu anonymisieren und mit einer Nummer zu versehen, damit nur sie Rückschlüsse auf die Personen ziehen können.

7) Ich akzeptiere die Aufnahme von Video- und Audiomitschnitten. Diese Mitschnitte werden nicht außerhalb der Gruppe gezeigt und während des Trainings – spätestens zum Ende – wieder gelöscht.

8) Je eine Kopie des Vertrages erhalten das Jugendgericht, die Jugendgerichtshilfe und/oder der Bewährungshilfe. Über den erfolgreichen Abschluss, aber auch bei vorzeitigem Ausstieg oder Ausschluss aus dem Training werden diese Stellen umgehend informiert.

9) Mit ihrer Unterschrift bestätigen die Vertragsparteien den Vertrag. Bei Minderjährigen ist zudem die Unterschrift eines Erziehungsberechtigten erforderlich.

....	....	....
Teilnehmer/in	Veranstalter	Erziehungsberechtigte(r)

FAF

Anleitung

Bitte machen Sie einen Kreis um das „ja", wenn diese Antwort auf die entsprechende Aussage für Sie zutrifft, und um das „nein", wenn die Aussage für Sie nicht zutrifft.

Arbeiten Sie so schnell wie möglich und benutzen Sie die Antwort, die Ihnen zuerst in den Sinn kommt. Es ist unbedingt notwendig, daß alle Aussagen beantwortet werden. Bitte antworten Sie, so gut Sie können.

		stimmt	
1.	Ich weiß, daß Leute hinter meinem Rücken über mich Schlechtes sprechen	ja	nein
2.	Ich schlage selten zurück, wenn man mich schlägt	ja	nein
3.	Ich verliere schnell meine Beherrschung, aber ich fasse mich auch schnell wieder	ja	nein
4.	Wenn man mir beim Geldwechseln eine Mark zuviel zurückzahlt, und wenn ich dann die Mark einstecke, bekomme ich später große Gewissensbisse	ja	nein
5.	Ich kann so wütend werden, daß ich z. B. Geschirr zerschlage	ja	nein
6.	Es macht mir offen gestanden manchmal Spaß, andere zu quälen	ja	nein
7.	Wenn mir jemand Unrecht getan hat, wünsche ich ihm eine gesalzene Strafe	ja	nein
8.	Ich glaube, daß man Böses mit Gutem vergelten soll, und ich handle auch dementsprechend	ja	nein
9.	Wird einer aus meinem Freundeskreis angepöbelt, so besorgen wir gemeinsam die Strafe	ja	nein
10.	Ich habe mitunter Geldsorgen	ja	nein
11.	Ein Hund, der nicht gehorcht, verdient Schläge	ja	nein
12.	Bei Leuten, die etwas freundlicher sind, als ich es erwarte, bin ich auf der Hut	ja	nein
13.	Wenn ich Zuflucht zu körperlicher Gewalt nehmen muß, um meine Rechte zu verteidigen, so tue ich es	ja	nein
14.	Zwischen anderen und mir gibt es oft Meinungsverschiedenheiten	ja	nein
15.	Ich glaube, die meisten bösen Handlungen finden einmal ihre Strafe	ja	nein
16.	Wenn ich in Zorn gerate, reagiere ich mich gern in körperlicher Betätigung – wie Holzhacken – ab	ja	nein
17.	Als Kind habe ich manchmal ganz gerne andere gequält, z. B. Arme umgedreht, an Haaren gezogen usw.	ja	nein
18.	Ich male mir manchmal aus, wie übel es denen eigentlich ergehen müßte, die mir Unrecht tun	ja	nein
19.	Ab und zu verliere ich die Geduld und werde wütend	ja	nein
20.	Wenn mich eine Fliege ärgert, bin ich erst zufrieden, wenn ich sie gefangen habe	ja	nein
21.	Ich habe vieles falsch gemacht im Leben	ja	nein
22.	Ich habe manchmal das Gefühl, daß andere über mich lachen	ja	nein
23.	Es gab Leute, die mich so ärgerten, daß es zu einer Schlägerei kam	ja	nein
24.	Wenn ich so zurückblicke auf das, was mir alles begegnet ist, bin ich mit meinem Schicksal nicht ganz zufrieden	ja	nein
25.	Der Begriff „Sünde" ist notwendig, und ich glaube, daß Sünden bestraft werden	ja	nein
26.	Mir hat es als Kind eigentlich Spaß gemacht, wenn andere von Eltern oder von Lehrern Prügel bezogen	ja	nein
27.	Ich hatte schon einmal solchen Zorn auf jemand, daß ich ihm den Tod wünschte	ja	nein
28.	Hin und wieder gebe ich ein bißchen an	ja	nein
29.	Ein Pferd, das nicht gut zieht, soll die Peitsche spüren	ja	nein
30.	Öfter habe ich depressive Stimmungen	ja	nein
31.	Mein Motto ist: vertraue Fremden nie!	ja	nein
32.	Ich kann mir keinen triftigen Grund dafür denken, daß man jemanden schlagen muß	ja	nein

		stimmt	
		ja	nein
33.	Ich tue vieles, was ich hinterher bereue	ja	nein
34.	Einem Menschen, der mich bösartig verlassen hat, wünsche ich eine gesalzene Strafe	ja	nein
35.	Wenn jemand meinem Freund was Böses tut, bin ich dabei, wenn es heimgezahlt wird	ja	nein
36.	Manchmal bin ich zu spät zu einer Verabredung oder zur Schule gekommen	ja	nein
37.	Ich habe – offen gestanden – schon Tiere gequält	ja	nein
38.	Manchmal bin ich bedrückt, ohne daß ich recht weiß, warum	ja	nein
39.	In den Fällen, in denen ich gemogelt habe, bekam ich unerträgliche Gewissensbisse	ja	nein
40.	Es macht mir Spaß, anderen Fehler nachzuweisen	ja	nein
41.	Gelegentlich kann ich einen Drang, anderen wehe zu tun, nicht beherrschen	ja	nein
42.	Ich stelle mir manchmal vor, daß meinen Widersachern etwas zustößt	ja	nein
43.	Sind wir zu mehreren, so überkommt mich oft eine unwiderstehliche Lust zu groben Streichen	ja	nein
44.	Ab und zu erzähle ich auch mal eine Lüge	ja	nein
45.	Wenn ich wirklich wütend werde, bin ich in der Lage, jemandem eine runterzuhauen	ja	nein
46.	Wenn man mich anschreit, schreie ich zurück	ja	nein
47.	Ich weiß nicht warum, aber manchmal möchte ich etwas kurz und klein schlagen	ja	nein
48.	Nach einer Party habe ich oft Lust, mit den anderen noch irgendwie Leute zu ärgern	ja	nein
49.	Ich muß auch schon mal über einen unanständigen Witz lachen	ja	nein
50.	Ich glaube, ich könnte ein leidenschaftlicher Jäger sein	ja	nein
51.	Bedenkt man alles Leid auf dieser Erde, so kann man eigentlich nur wünschen, nicht geboren zu sein	ja	nein
52.	Wer mich ernsthaft beleidigt, handelt sich eine Ohrfeige ein	ja	nein
53.	Wenn ich wütend bin, sage ich Ungehöriges	ja	nein
54.	Leute, die sich vor der Arbeit drücken, müßten eigentlich ein schlechtes Gewissen haben	ja	nein
55.	Es macht mir Spaß, mit einem Stock Blumen zu köpfen	ja	nein
56.	Ich gehöre leider zu denen, die oft in Wut geraten	ja	nein
57.	Ich gewinne viel lieber im Spiel mit Gleichaltrigen, als daß ich verliere	ja	nein
58.	Im Alter von 14 bis 18 hatte ich manchmal Selbstmordgedanken	ja	nein
59.	Ich bin leicht aus der Ruhe gebracht, wenn ich angegriffen werde	ja	nein
60.	Es gibt so viel, worüber man sich ärgern muß	ja	nein
61.	Ich lerne gerne bedeutende Menschen kennen, weil ich mir dann auch wichtiger vorkomme	ja	nein
62.	Ich habe schon mal ernstlich an Selbstmord gedacht	ja	nein
63.	Ich spreche oft Drohungen aus, die ich gar nicht ernst meine	ja	nein
64.	Wenn ich etwas Unrechtes tue, straft mich mein Gewissen heftig	ja	nein
65.	Wenn ich mit einem Bierdeckel spiele, so passiert es leicht, daß ich ihn allmählich in Stücke zerreiße oder ihn durchbohre	ja	nein
66.	Ich mache mich gern über andere Leute lustig	ja	nein

		stimmt ja	stimmt nein
67.	Manchmal macht es mir Freude, Menschen zu verletzen, die ich liebe	ja	nein
68.	Lieber jemandem die Nase einschlagen, als feige sein	ja	nein
69.	Mein Blut kocht, wenn man mich zum Narren hält	ja	nein
70.	Ich spreche manchmal über Dinge, von denen ich nichts verstehe	ja	nein
71.	Ich fühle oft, daß ich nicht den richtigen Lebenswandel führe	ja	nein
72.	Ich verbreite manchmal Klatsch über Leute, die ich nicht leiden kann	ja	nein
73.	Ich fühle mich oft wie ein Pulverfaß kurz vor der Explosion	ja	nein
74.	Meine Tischmanieren sind zu Hause weniger gepflegt als in Gesellschaft	ja	nein
75.	Ich neige dazu, bei Auseinandersetzungen lauter zu sprechen als sonst	ja	nein
76.	Lieber gebe ich mal in einem Punkt nach, als daß ich mich darüber streite	ja	nein
77.	Ich kann mich erinnern, mal so zornig gewesen zu sein, daß ich das nächstbeste Ding nahm und es zerriß oder zerschlug	ja	nein

---

Kreuzen Sie bitte das Zutreffende an:

Geschlecht

männlich ○
weiblich ○

Alter in Jahren

15 - 20 ○
21 - 30 ○
31 - 40 ○
41 - 50 ○
51 - 60 ○
über 60 ○

Schulabschluß

Volksschule ○
Mittl. Reife ○
Abitur ○

Hausfrauen kreuzen bitte zusätzlich auch den Beruf des Ehemanns an.

Rentner und Pensionäre kreuzen bitte den zuletzt ausgeübten Beruf an.

Gegenwärtiger Beruf

Lehrling ○
Schüler, Student ○
Arbeiter (ungelernt) ○
Facharbeiter ○
freier Beruf ○
Beamter, Angestellter ○
Höh. Beamter, Leit. Angest. ○
Selbständiger Gewerbetreibender ○
ohne Beruf ○